DEVOCIONALES PARA CADA DÍA

Reposo para el Alma

PABLO GIOVANINI

EDICIONES ICRE

Reposo para el alma

Agradecimientos

*A mi esposa Alexandra por la edición de este libro;
no puedo dejar de manifestarte mi amor y admiración.
Nos encontramos por Providencia divina,
nos casamos con Provisión divina,
caminamos juntos en los Propósitos divinos,
y esperamos el cumplimiento de todas las Promesas divinas.*

*A mi hijo Agustín, parte de la próxima generación
que anhelo nos sobrepase en fe, amor y esperanza
para transformar al mundo con el mensaje del evangelio.
Gracias por seguir haciendo buen uso
de tus talentos para la gloria de Dios.*

*A la Iglesia Cristiana Renacer, parte del inmenso
y maravilloso Pueblo de Dios, un lugar donde nuestras
almas encuentran reposo espiritual genuino.
Gracias por vivir la Verdad del Evangelio.*

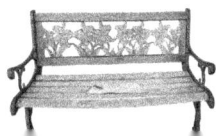

Reposo para el alma

Introducción

Que el mismo Dios habite dentro de nosotros por la obra del Espíritu Santo no quita que sigamos siendo humanos con todo lo que eso implica.

Y si somos humanos, tenemos problemas humanos. Nuestro espíritu puede estar encendido el fin de semana, y el lunes nuestra alma se cansa, se agota, se frustra, hasta se puede llenar de temores y ansiedades.

Sí, somos hijos de Dios bendecidos por el Padre, pero pueden llegar momentos en que el alma se turbe, aunque sea por un breve momento. Incluso sirviendo a Dios podemos pasar por tiempos de angustia. Nadie está exento. Ni Elías, ni Pablo, ni Jesús. Tampoco tú.

Nuestra alma tiene necesidad de un verdadero reposo, un descanso pleno, y no se obtiene por manejar bien nuestras emociones o controlar nuestros pensamientos. La Palabra de Dios nos dice que solo en comunión íntima con Jesús hallamos descanso.

Si anhelas encontrarte cada día en la presencia del Señor para experimentar su amor renovador y no sabes cómo empezar tu búsqueda diaria, aquí tienes en tus manos un libro de devocionales que te ayudarán a estrechar tu relación con Jesús los 365 días del año. Léelos, toma notas, no dejes pasar nada de todo lo que Dios quiere hablarte. El resultado será el reposo de tu alma.

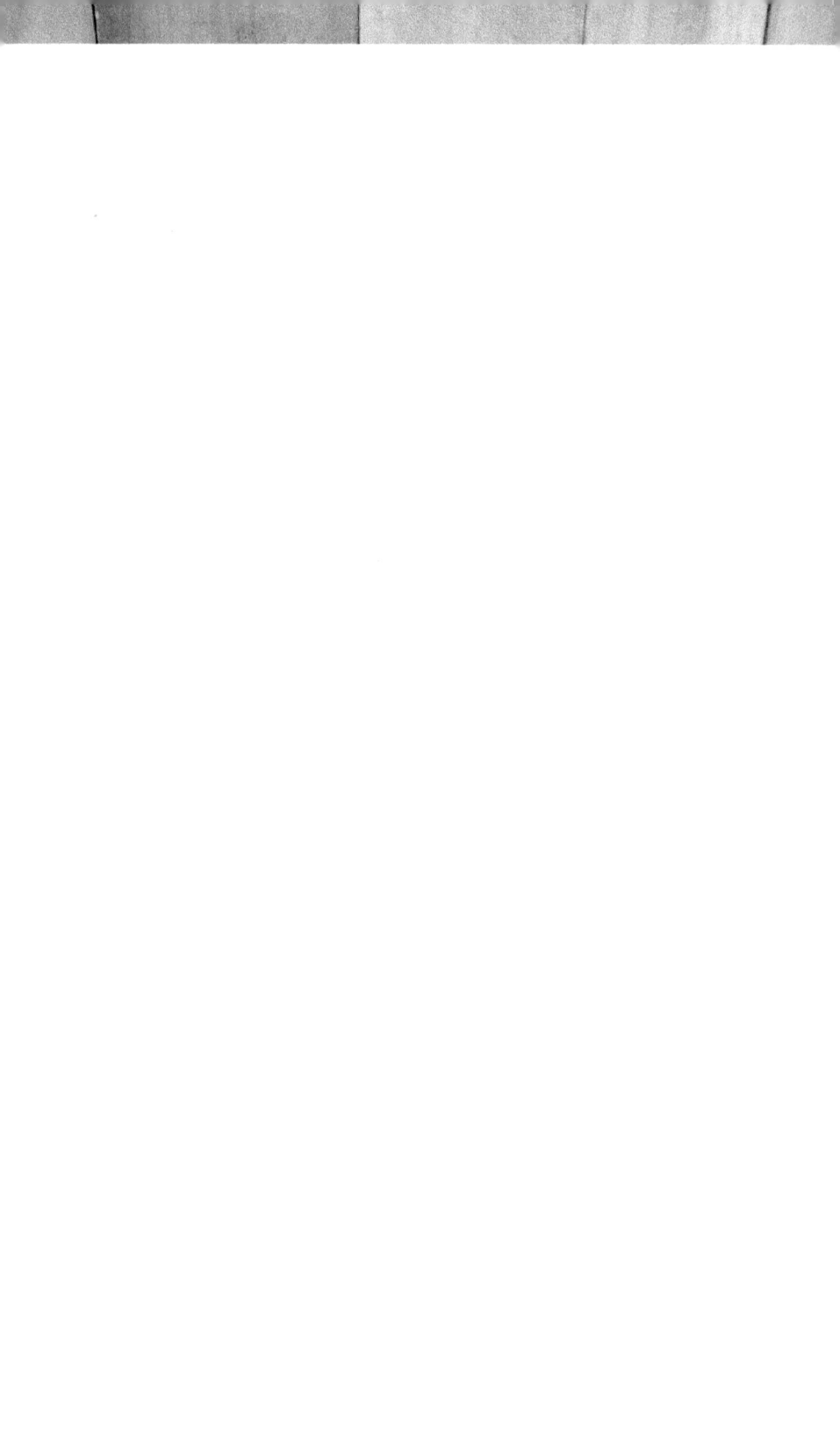

Reposo para el alma

"Vuelve, oh alma mía, a tu reposo, porque Jehová te ha hecho bien".
Salmo 116:7

El salmista le da gracias a Dios por haber librado su alma de la misma muerte. Al leer todo el salmo encontramos una descripción de su situación: estaba rodeado de angustia y dolor (v. 3). El agobio era tan grande que se encontraba postrado (v. 6). Había estado esperando una respuesta que no llegaba y se había cansado de llorar (v. 8). ¡Qué situación tan dramática!

Creo que todos conocemos los sentimientos que expresa el escritor. Cuando los problemas nos presionan, cuando las dificultades se acrecientan y no nos dan respiro, cuando nos sentimos atrapados sin poder ver la salida, entonces nuestra alma se agota. En momentos así, necesitamos entrar al reposo que nos promete el Señor.

La palabra "reposo" en hebreo es *manóakj* que significa 'estar quieto, en un lugar establecido, cobijado en el hogar, descansado, dejarse caer en un lugar seguro'. Es la misma palabra que se usa en el Salmo 23:2 cuando dice que en lugares de delicados pastos Dios nos hará *descansar*. Cuando estamos cansados y fatigados, debemos dejar que el Señor nos guíe a ese lugar de descanso.

A veces tenemos que hablarnos a nosotros mismos como lo hizo el salmista y decirnos: "Alma mía, reposa en el Señor". Llega el momento en que debemos decidir entregar nuestros pensamientos y sentimientos a Aquel que pelea nuestras batallas y es nuestro Protector.

Sin embargo, la incredulidad puede ser una piedra de tropiezo para nuestro descanso. A Israel muchas veces se lo exhortó a entrar en el reposo de Dios, pero no tomó la decisión correcta. En Isaías 28:12 leemos que Dios les dijo cuál era el reposo para el cansado, el refrigerio para el espíritu, pero no quisieron oír. ¡Qué problema es no querer oír al Espíritu de Dios! Cuántas veces nos habla claramente: "Ya basta, entrega todo lo que te irrita, preocupa, somete lo que más temes, perdona a tu enemigo, descansa en la justicia divina…"

Hoy debemos tomar la decisión correcta. Déjate caer en los brazos del Padre Celestial y hallarás el descanso que necesitas.

Jesús, tú das el verdadero descanso. Corro a tus brazos para hallar reposo.

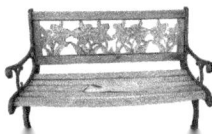

Lugares más altos

"Seis días después, Jesús tomó a Pedro, a Jacobo y a Juan su hermano, y los llevó aparte a un monte alto; y se transfiguró delante de ellos, y resplandeció su rostro como el sol, y sus vestidos se hicieron blancos como la luz".
Mateo 17:1-2

Jesús jamás hizo acepción de personas, pero hubo eventos en los que solo participaron Pedro, Jacobo y Juan. ¿Por qué? Porque ellos querían más. Deseaban conocer más al Señor, experimentarlo más, recibir todo lo que Jesús quería darles. El Señor no hizo la diferencia, ellos la hicieron. Aprendemos entonces que el que busca más, recibe más.

A estos buscadores de todo lo que podían recibir de Dios, el Señor se les reveló de una manera especial, única. Eso fue lo que sucedió en aquel monte alto. Literalmente el versículo dice que Jesús los "llevó". Esta palabra en griego es *anafero* y significa 'conducir a un lugar más elevado'. Interesante. Para experimentar la gloria de Dios debemos ser conducidos a lugares más altos, espiritualmente hablando.

Sin embargo, hay muchas cosas que compiten por tener nuestra atención, muchas distracciones que rivalizan con Dios y nos alejan de lo mejor que Él tiene para nuestra vida.

Descuidar nuestro tiempo con el Señor significa negarnos a recibir las bendiciones que Él promete a quienes lo buscan con diligencia. Alejarnos de su presencia nos priva de todo lo que tiene verdadero valor y puede cambiar nuestras vidas.

Hoy quiero animarte a ser parte del grupo de los buscadores incansables de la plenitud de Dios, los que no se conforman con un cristianismo nominal, los que están dispuestos a vender todo por la perla de gran precio, los que se atreven a dar unos pasos sobre el agua mientras los demás miran.

El Señor sigue buscando hombres y mujeres que anhelen más de Él, que deseen una relación más cercana y personal, que quieran seguir creciendo. A ellos les dará a conocer su poder y su gloria (Jeremías 29:12-14ª).

Empieza este año anhelando más de Dios, buscando más de su presencia. "El que busca halla". ¿Eres uno de ellos?

Señor, quiero ser un buscador incansable de tu presencia.
Voy a ser obediente a la voz de tu Espíritu para tener dirección sabia.

Cambio arena por perlas

"Porque esta leve tribulación momentánea produce en nosotros
un cada vez más excelente y eterno peso de gloria".
2 Corintios 4:17

Imagino que ya sabes cómo se forman las perlas naturales: son el resultado de un proceso de defensa. Las ostras, adheridas a elementos firmes en el fondo del mar, sólo se abren para filtrar el plancton, pero si una sustancia extraña, como por ejemplo un grano de arena, entra accidentalmente en la ostra y no puede expulsarlo, entonces tiene un plan B maravilloso: cubre la partícula irritante con una sustancia llamada nácar hasta convertir ese grano de arena en una preciosa perla.

¡No me digas que no es una enseñanza maravillosa para nosotros! Todos debemos lidiar con "partículas irritantes", circunstancias difíciles que no hemos elegido pero que llegan a nuestra vida de manera inesperada. ¿Qué hacemos en esos momentos? Podemos quejarnos todo el tiempo o tomar el ejemplo de la ostra y sacar algo bueno de las peores situaciones.

La alabanza es nuestro nácar. David lo sabía muy bien. Cuando era perseguido por sus enemigos, sus hijos, sus amigos, o el rey Saúl, podía decir: "Alabaré yo el nombre de Dios con cántico, lo exaltaré con alabanza. Y agradará a Jehová más que sacrificio... Lo verán los oprimidos, y se gozarán. Buscad a Dios, y vivirá vuestro corazón" (Salmo 69:30-32). ¡Cuántos dolores y sufrimientos David pudo transformar en "perlas"!

Alabar a Dios en medio de circunstancias difíciles nos ayuda a poner nuestra atención en Él y no en los problemas o las personas. La alabanza estimula nuestra fe y pone nuestra confianza en Dios. "¿Por qué te abates, oh alma mía, y por qué te turbas dentro de mí? Espera en Dios; porque aún he de alabarle, salvación mía y Dios mío" (Salmo 43:5).

En el cielo nos espera una corona de oro, mientras tanto aquí en la tierra podemos exhibir las "perlas" obtenidas como resultado de la transformación que el Señor ha llevado a cabo en nuestras vidas en los tiempos de dificultad.

Oh, Dios, te entrego mis "granitos irritantes" para que
tú los transformes en perlas.

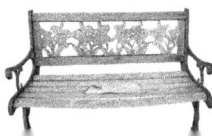

Yo caminé sobre las aguas

"Entonces le respondió Pedro, y dijo: Señor, si eres tú, manda que yo vaya a ti sobre las aguas. Y él dijo: Ven. Y descendiendo Pedro de la barca, andaba sobre las aguas para ir a Jesús".
Mateo 14:28-29

Imagino al apóstol Pedro escribiendo en su diario las experiencias que tuvo con Jesús: "Queridos hermanos y hermanas que llegarán a leer estas palabras, soy Pedro, sí, el pescador rescatado por la gracia de Jesús. Hoy me pasó algo fascinante, espectacular. Si no lo cuento ¡exploto!

Todos los discípulos salimos en la barca de mi familia rumbo a Betsaida y Jesús nos dijo que se reuniría con nosotros más tarde. A la mitad de nuestro viaje se levantó una tormenta feroz. Entraba agua por todos lados. Todos intentamos hacer algo porque sabíamos que teníamos pocas probabilidades de salir vivos.

De pronto vimos que algo venía caminando sobre las olas hacia nosotros y creímos que era un fantasma, pero al acercarse un poco más nos dimos cuenta que era ¡Jesús! Con su voz inconfundible nos dijo: '¡Tened ánimo, yo soy, no temáis!' Wow… ¡¿Jesús también camina sobre el agua?! ¡Increíble! Enseguida me olvidé de la tempestad, solo quería ver a Jesús. Era como si el agua fuera un bloque de hielo bajo sus pies.

Desde la barca le grité: '¡Señor, si eres tú, manda que vaya a ti sobre las aguas!' Y para mi sorpresa la respuesta fue: 'Ven'. Pegué un salto y no sé si me creerán, pero… ¡el agua estaba firme bajo mis pies! ¡Qué sensación extraordinaria! Pero de repente, una ola golpeó mi cara y me di cuenta que era una locura lo que estaba haciendo. Entonces, en un instante, mi atención volvió a estar en la tormenta. Al dar lugar al temor y a la razón sobre la fe, comencé a hundirme. Jesús se dio cuenta y se acercó para darme la mano, levantarme y ayudarme a volver a la barca. Después de esto, me hizo una pregunta que hasta el día de hoy resuena en mis oídos: '¡Hombre de poca fe! ¿Por qué dudaste?'

Algunos de mis amigos estaban tentados a burlarse de mi fracaso, pero yo les dije: 'Muchachos, ¿qué hacían ustedes en la barca mientras yo paseaba con Jesús sobre las aguas?' Silencio. De esa experiencia aprendí que si Jesús da una palabra, la cumple, y no hay nada imposible para Él; pero mi parte es tener fe. Como dijo el Señor: 'Al que cree, todo le es posible'. Y tú, ¿crees?".

Señor, quiero atreverme a experimentar tu poder extraordinario como lo hizo Pedro.

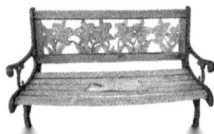

Mi Dios suplirá

*"Mi Dios, pues, suplirá todo lo que os falta conforme a sus riquezas
en gloria en Cristo Jesús".*
Filipenses 4:19

Fíjate como empieza este versículo: "Mi Dios". Pablo pudo hacer esta aseveración porque conocía muy bien al Dador. Es "mi" Dios, a quien sirvo, con quien me relaciono ininterrumpidamente, el que ha provisto para mis necesidades tantas veces y lo seguirá haciendo debido a su eterna fidelidad.

El apóstol Pablo estaba preparado para todo: "En todo y por todo estoy enseñado, así para estar saciado como para tener hambre, así para tener abundancia como para padecer necesidad" (Filipenses 4:12). Ni las necesidades ni la abundancia le hacían perder su dependencia de Dios. Su vida estaba completamente rendida a Él y sabía que, si algo le faltaba, el Señor lo supliría.

La palabra suplir en griego es *pleróo*, que significa 'estar repleto, cubierto por encima, satisfecho, lleno, completo, sin necesidad de nada'. ¡Aleluya! La medida con la que Dios suple a sus hijos está más allá de lo que podemos imaginar. Como nuestro Padre, asume la responsabilidad de satisfacer nuestras necesidades a su manera y en su tiempo.

"Conforme a sus riquezas en gloria". Esta frase enfatiza la suficiencia de la provisión de Dios. No hay limitaciones para Él; todo le pertenece. No es posible que al llegar pidiendo ayuda, ya no tenga bendiciones disponibles. ¡Él es una fuente inagotable!

Cuando aceptamos a Jesús como nuestro Salvador y Señor, quedamos bajo su protección y cuidado. Si diariamente ponemos nuestra confianza en Él, podemos estar seguros de que proveerá para todas nuestras necesidades.

¿Estás pasando por momentos difíciles? Recuerda que el Señor es tu Pastor y si dependes de Él, nada te faltará.

El Señor te invita a descansar en Él y a vivir en la seguridad de su fidelidad. Comienza por el principio, reconociendo que Él es "tu Dios" Todopoderoso.

---

*Eres mi Pastor y Proveedor. Dame la sabiduría para tomar buenas decisiones y ser
responsable en mi administración. Confiaré en tu cuidado.*

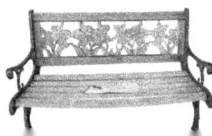

Sobre sus alas

"Así como el águila revolotea sobre el nido y anima a sus polluelos a volar, y extiende sus alas y los levanta y los sostiene sobre sus plumas, así también el Señor los guio sin la ayuda de ningún dios extraño".
Deuteronomio 32:11-12

A través de un precioso himno, Moisés describió las maneras en que Dios instruyó, condujo y estableció a su pueblo usando como ejemplo la forma en la que el águila enseña a volar a sus pichones.

En primer lugar, dice que "revolotea sobre el nido". El águila sabe muy bien cuando sus crías ya están listas para usar sus alas. El problema es que hay mucha comodidad en el nido. Los pichones están listos, pero prefieren seguir en ese lugar sin hacer ningún esfuerzo. Por eso la madre los arroja fuera del nido. Wow, ¡qué desalmada!, dirían los que no saben lo que sucede, pero el águila sabe que si sus polluelos permanecen en el nido nunca aprenderán a volar. Dios muchas veces hace lo mismo. Cuando ve que sus hijos deciden permanecer en una zona de comodidad espiritual permite circunstancias que los ayuden a recordar que deben usar su fe.

"Anima a sus pichones a volar". Mientras los principiantes voladores se ven forzados a usar sus alitas, el águila los acompaña en esos primeros vuelos. No hay simulador, el bautismo de vuelo se hace directamente en el aire. Entonces algunos de los pichones comienzan a protestar: "¡Sálvame mamá, me estás dejando solo!". "¿Qué te sucede, es que ya no me amas?". "¿Por qué a mí si mis hermanos siguen en el nido?" El águila nunca deja solos a sus pichones, siempre está cerca de ellos, pero no interviene hasta que empiezan a mover sus alas. También Dios permite desafíos para que nosotros llevemos su Palabra de la teoría a la práctica.

"Extiende sus alas y los levanta y los sostiene sobre sus plumas". Cuando la clase número uno parece que terminará con el pico del pichón clavado en el suelo, el águila vuela rápidamente, extiende sus alas y su cría cae sobre sus plumas. Entonces remonta vuelo una vez más y deja caer otra vez a su pichón para que siga perfeccionando su vuelo.

Cuando nuestra fe parece desvanecerse, Dios nunca nos dejará caer, siempre llegará a tiempo para socorrernos, pero su deseo es que ¡aprendamos a volar!

Voy a abrir mis alas espirituales por fe. Tu gracia me sostendrá.

La maravillosa presencia de Dios

"Detrás y delante me rodeaste, y sobre mí pusiste tu mano. ¿A dónde me iré de tu Espíritu? ¿Y a dónde huiré de tu presencia?"
Salmo 139:5,7

David sabía que Dios es Omnipresente, que está en todo lugar. En este salmo hace una descripción maravillosa de este atributo divino contándonos algunos detalles que a veces pasamos por alto. Por favor, toma un minuto y lee todo el salmo.

David dice que, si él pudiera subir al cielo, allí estaría Dios, y si fuera a las profundidades más bajas de la tierra, también se encontraría con Él. Si pudiera volar como un ave e irse al extremo del mar, Dios lo estaría esperando.

¿Y si me encuentra la noche en un lugar peligroso? "Si dijera: ciertamente las tinieblas me encubrirán, aun la noche resplandecerá alrededor de mí" (v. 11). ¡Wow! La presencia de Dios es luz que rompe la oscuridad.

¿Se le habrá pasado por alto a Dios algún detalle de tu cuerpo cuando estabas en la matriz de tu madre? No, Él estaba allí entretejiéndote, formándote, y atento a cada detalle. "Mi embrión vieron tus ojos, y en tu libro estaban escritas todas aquellas cosas que fueron luego formadas, sin faltar una de ellas" (v. 16).

¡Qué maravilloso es saber que Dios nos diseñó con un propósito desde la eternidad! Eso nos da mucha seguridad en tiempos inciertos. Dios tiene el control de tu vida, tu familia, tu trabajo, tus estudios y tu futuro.

Dios tiene el plan, ya sabe lo que va a suceder hoy, mañana, el próximo mes, el año entrante… Está en su trono reinando. Eso nos da descanso. Él sabe qué va a hacer a través de nosotros.

Si Cristo es nuestro Salvador y Señor, y andamos en obediencia delante de Él, deberíamos experimentar paz al saber que Él está a nuestro lado siempre. Su presencia continua también es un gran consuelo. Nunca atravesaremos solos los desafíos o las pruebas pues tenemos plena confianza de que Él siempre nos ayuda, protege y guía.

Hoy podemos decir: "Tu presencia me envuelve por completo; tu mano reposa sobre mí". ¡Gracias Señor!

¡Qué descanso es saber que me conoces, que estás conmigo siempre y que tienes un plan eterno! Confío en ti.

¿Quién decís que soy yo?

"Él les dijo: Y vosotros, ¿quién decís que soy yo?"
Mateo 16:15

Jesús siempre supo hacer las preguntas correctas, las que llevaban a sus oyentes a reflexionar. En esta oportunidad, el Señor iba hacia Cesarea con sus discípulos y les preguntó: "¿Quién dice la gente que soy?" Las respuestas fueron: que eres Juan el Bautista, Elías, Jeremías, o algún otro profeta. Hasta allí llegaba el conocimiento de la sociedad de esa época. La multitud lo comparaba con hombres de Dios del pasado.

Entonces Jesús les hizo la misma pregunta a sus discípulos: "Y ustedes, ¿quién dicen que soy yo?" Ahora de manera individual debían dar una respuesta. Imagino a los discípulos en silencio, cruzando sus miradas, con pensamientos como: "Juan, habla tú, eres el discípulo amado...". "Natanael, eres el más reflexivo, di algo...". "Tomás, responde, aunque sea por las dudas...". Pero de pronto se oyó la voz de Pedro. "Nooo, Pedro no, el que habla y después piensa... por favor, que se calle...". Pero Pedro, con una seguridad inusual y con autoridad espiritual respondió asertivamente: "Tú eres el Cristo, el Hijo del Dios viviente" (v. 16).

Entonces las miradas de todos se dirigieron al Señor... y Él sonrió porque sabía que el Padre había hecho algo sobrenatural. "Entonces le respondió Jesús: Bienaventurado eres, Simón, hijo de Jonás, porque no te lo reveló carne ni sangre, sino mi Padre que está en los cielos" (v. 17). ¡Aleluya! ¡El pescador más impulsivo tuvo la revelación más importante!

Y para ti, ¿quién es Jesús realmente? ¿Es el profeta más ilustrado de la historia? ¿Fue el rey de los judíos, tal como decía el cartel en la cruz? ¿Fue una persona noble que terminó clavado en una cruz por envidia? O es el Hijo de Dios, el Mesías, el Salvador de la humanidad, quien está vivo y sentado en su trono reinando por la eternidad.

Solo si has recibido a Jesús como Salvador y Señor de tu vida podrás tener una revelación más profunda de su persona y eso debería afectar cada área de tu vida.

Jesús, eres mi Salvador, mi Rey y mi Señor. Vivo por ti y para ti. Que hoy puedan verte a Ti a través de mi vida.

En el tiempo señalado

"Y Sara concibió y dio a Abraham un hijo en su vejez,
en el tiempo que Dios le había dicho".
Génesis 21:1-2

Sara tuvo a su hijo Isaac a los noventa años. ¡Noventa! Y tú crees que a veces esperamos demasiado tiempo por una respuesta divina… Presta atención al pasaje bíblico. Dice que Sara dio a luz "en el tiempo que Dios le había dicho". La palabra hebrea para "tiempo" es *moéd* que significa "tiempo señalado o establecido; temporada, hora, ocasión, plazo". Isaac nació en el momento señalado en la agenda eterna de Dios.

Cuando Dios les dio la promesa de un hijo, a Abraham y Sara les pareció una broma. "Entonces Abraham se postró sobre su rostro, y se rio, y dijo en su corazón: ¿A hombre de cien años ha de nacer hijo? ¿Y Sara, ya de noventa años, ha de concebir?" (Génesis 17:17). "Se rio, pues, Sara entre sí, diciendo: ¿Después que he envejecido tendré deleite, siendo también mi señor ya viejo?" (Génesis 18:12). La cuestión no era que una mujer estéril pudiera dar a luz, cosa que ya era un milagro, sino el tiempo.

"Ay… el tiempo pasa y no pasa nada". ¿Te suena esa frase? ¿Por qué Dios se toma tanto tiempo para responder? ¿Acaso se goza con nuestra desesperación? No, por supuesto que no. Lo que debemos recordar siempre es que Él trabaja dentro y fuera de nosotros para concretar sus planes y llevar a cabo las transformaciones necesarias en nuestra vida. Como sabemos, Dios es un Dios de orden, y no hará nada sin un propósito y en el tiempo perfecto.

Abraham y Sara nos dejaron el camino marcado para perseverar cuando el tiempo pasa y todavía no veamos la respuesta. "Tampoco dudó, por incredulidad, de la promesa de Dios, sino que se fortaleció en fe, dando gloria a Dios" (Romanos 4:20). El secreto es fortalecernos en fe dándole gloria a Dos anticipadamente por lo que hará.

¿Estás esperando el cumplimiento de una promesa que Dios te hizo? ¿Tus amigos te dicen que la olvides y seas realista? Toma el ejemplo de Sara: "Por la fe, siendo estéril, recibió fuerza para concebir; y dio a luz aun fuera del tiempo de la edad, *porque creyó que era fiel quien lo había prometido.*" (Hebreos 11:11). No desesperes. Alimenta tu fe. La promesa se cumplirá en el tiempo señalado por Dios.

Señor, confío en tus promesas. Sé que cumplirás tu propósito en tu tiempo perfecto.

¿Arrojarás la piedra?

*"¿Por qué miras la paja que está en el ojo de tu hermano, y no miras la viga
que está en tu propio ojo? ¿Cómo dirás a tu hermano: 'Déjame sacar
la paja de tu ojo', cuando tienes una viga en el tuyo?"*
Mateo 7:3-4

No sé si conoces a la hermana Cleta (personaje de ficción). Ella miraba por la ventana de su casa al patio de su vecina cuando vio que colgaba sábanas recién lavadas para que se secaran al sol. Ella no podía creer lo sucias que se veían, aunque las acababa de lavar. "¡Increíble! ¡Qué mujer sucia! ¡No sabe lavar la ropa! ¡Así debe estar toda su casa…!" Y mientras seguía murmurando se acercó un poco más a su ventana y se dio cuenta que los que estaban realmente sucios ¡eran sus vidrios!

¿Te sientes identificado de alguna manera con la hermana Cleta? Creo que todos, en mayor o en menor medida, miramos primero lo que está mal en otros, pero nos resulta difícil reconocer nuestras propias faltas. Parece que siempre tenemos un justificativo para nuestros errores.

En este pasaje el Señor deja claro que no podemos asumir el papel de jueces mientras pasamos por alto nuestros propios pecados. Y lo ilustró de manera simple: el que tiene una viga en su propio ojo no puede ocuparse de una pajita en el ojo ajeno. Literalmente puede haber una basurita en el ojo de alguien, pero obviamente no habrá una viga, sin embargo, el Señor usó estas imágenes para que no quedaran dudas acerca del mensaje que quería transmitir.

Un ejemplo de esto lo encontramos en la historia de los religiosos que llevaron ante Jesús a la mujer sorprendida en adulterio. Por supuesto ella había pecado, pero ellos actuaron como si sus vidas fueran intachables. Por eso la respuesta del Señor fue: "El que de vosotros esté sin pecado sea el primero en arrojar la piedra contra ella".

¿Prohíbe entonces Jesús que saquemos la "paja" del ojo de nuestro hermano? No. En el versículo 5 leemos: "…saca primero la viga de tu propio ojo, y entonces verás bien para sacar la paja del ojo de tu hermano". Lo que Jesús nos pide es que primero tengamos la actitud correcta ante nuestras propias faltas.

Que podamos actuar como el publicano que ni siquiera se atrevía a levantar la mirada al cielo, y decía: ¡Dios, ten compasión de mí, y perdóname por todo lo malo que he hecho! (Lucas 18:13).

Empiezo por mí. Señor, me someto a ti para que me santifiques.

No mires para atrás

"Acordaos de la mujer de Lot".
Lucas 17:32

Dios había sido muy claro con Lot y su familia. Debían escapar dejando atrás la ciudad de Sodoma, caso contrario el juicio podría alcanzarlos (Génesis 19:15). El pecado de Sodoma y Gomorra llegó a un punto en el que Dios decidió exterminarlas poniéndolas como ejemplo (2 Pedro 2:6).

Lot había conocido a Dios, principalmente viendo la relación que su tío Abraham tenía con el Señor, y aunque no conocemos detalles de su vida espiritual, Dios lo consideraba justo comparándolo con los hombres de su época. Sin embargo, al momento de elegir una tierra para establecerse, fue cautivo por la hermosura del valle de Sodoma y poco a poco fue extendiendo sus tiendas hasta vivir en esa ciudad pervertida. Esa decisión fue terrible, porque la comodidad y los lujos de su época empezaron a atrapar su corazón y su relación con Dios ya no era la misma.

Ahora había que escapar urgentemente de Sodoma. No había tiempo para pensar en las cosas que iban a dejar. Ni siquiera debían mirar atrás. Pero alguien desobedeció. Ay... la esposa de Lot. Puedo escuchar los gritos de Lot y de sus dos hijas, pero ella se dio vuelta y se convirtió en una estatua de sal.

¿En qué posición habrá quedado como estatua? ¿Levantando los brazos al cielo en alabanza por los juicios de Dios? No creo. ¿Haciendo señas para que otros también escapen y sean salvos? Tampoco. ¿Tal vez con un gesto de espanto por las cosas que estaba perdiendo? Qué triste final.

Al igual que Lot y su familia, somos llamados a dejar atrás lo que nos aleja de Dios. ¿Cómo es posible entonces que de vez en cuando echemos una mirada hacia "Sodoma" deseando volver a lo que nos estaba destruyendo?

Tú y yo somos llamados a correr con paciencia la carrera que tenemos por delante, poniendo nuestra mirada en Jesús (Hebreos 12:2). No podemos mirar hacia atrás añorando con tristeza lo que hemos dejado. ¡Dios tiene una vida eterna llena de sus tesoros incalculables, con bendiciones diarias y la manifestación de su presencia en nuestras vidas! Nuestra mirada siempre debe estar puesta en Él.

Señor, que no ponga mi mirada en las cosas de este mundo, sino en las eternas.

Repara tu saco

"Sembráis mucho, y recogéis poco; coméis, y no os saciáis; bebéis, y no quedáis satisfechos; os vestís, y no os calentáis; y el que trabaja a jornal recibe su jornal en saco roto. Así ha dicho Jehová de los ejércitos: Meditad sobre vuestros caminos. Subid al monte, y traed madera, y reedificad la casa; y pondré en ella mi voluntad, y seré glorificado, ha dicho Jehová".
Hageo 1:6-8

Israel estaba pasando por momentos de mucha necesidad. Pobreza extrema, sequía, cosechas arruinadas, incluso lo que habían podido recoger parecía desaparecer rápidamente. Hay una imagen muy fácil de entender en el mensaje del profeta Hageo: tenían el "saco roto". Todo lo que ganaban se esfumaba; cuando iban a buscar a la bolsa ya no había nada. Aunque siguieran añadiendo, ahorrando o trabajando más, todo se perdía.

Muchas veces experimentamos lo mismo que Israel a nivel emocional, espiritual y también material. Conseguimos lo que hemos estado buscando y en un par de días volvemos a estar vacíos. Recibimos poder y gozo del Espíritu Santo el domingo y el lunes vuelve la desesperanza. Nada dura más que eso. Sin duda, necesitamos encontrar el "agujero" interno que debemos reparar.

Dios le dijo al pueblo que debía comenzar por el principio, ordenando bien sus prioridades. En el caso de Israel era construir, literalmente, el templo que había sido destruido por los enemigos; en nuestro caso, edificar nuestro espíritu (1 Corintios 3:16).

Podemos recibir mucho de Dios, pero si la sensación es la de estar siempre vacíos, entonces es hora de reparar nuestra vida espiritual. Si no estamos conectados permanentemente con el Señor, todo se perderá.

¿Qué tipo de "agujeros" pueden alejarnos de las bendiciones de Dios? Pecados ocultos, pereza espiritual, dudas, incredulidad, orgullo, vanidad, conformismo, mediocridad, autocomplacencia, resentimiento, amargura, o algo que solo el Espíritu Santo nos puede mostrar. Apenas lo descubras, repáralo inmediatamente o las pérdidas podrían ser cada vez mayores.

Toma la decisión de no perder nada de lo que recibas de Dios.

Señor, si hay "agujeros" en mi vida espiritual, repáralos. Tomo el compromiso de no perder nada de lo que tienes para mí.

La fragancia que nos precede

"Entonces María tomó una libra de perfume de nardo puro, de mucho precio,
y ungió los pies de Jesús, y los enjugó con sus cabellos;
y la casa se llenó del olor del perfume".
Juan 12:3

El apóstol Juan hizo una observación especial y la registró para que sea notorio a todos. Juan estuvo ahí, fue testigo presencial de ese momento. Estaban cenando en la casa de unos queridos amigos del Señor y todo parecía seguir su ritmo normal. Marta servía (pero esta vez no se estaba quejando), Lázaro estaba sentado a la mesa participando de las conversaciones, Tomás dudaba de qué queso comer, y María estaba sentada a los… ¿Dónde está María?

De pronto, apareció con un frasco de perfume, pero no cualquier perfume, uno por el que había que trabajar un año entero para poder comprarlo. Se acercó al Señor, quebró la tapa y lo derramó absolutamente todo sobre los pies de Jesús, y luego los secó con sus cabellos. Puedes imaginar la fragancia que invadió esa casa. Pero a María no le importaba el olor en la casa ni en sus cabellos, su único propósito era expresarle adoración al Hijo de Dios. ¡Qué lección de entrega!

¿Y qué tal nuestra adoración? ¿Cómo expresamos nuestro amor a Jesús? ¿Somos capaces de sacrificar algo que nos cuesta para rendírselo a Cristo?

Observa lo que dice el apóstol Pablo: "Mas a Dios gracias, el cual nos lleva siempre en triunfo en Cristo Jesús, y por medio de nosotros manifiesta en todo lugar el olor de su conocimiento. Porque para Dios somos grato olor de Cristo en los que se salvan, y en los que se pierden; a estos ciertamente olor de muerte para muerte, y a aquellos, olor de vida para vida." (2 Corintios 2:14-16). Nosotros manifestamos en todo lugar "el olor de su conocimiento". Nuestras experiencias diarias con Jesús nos anteceden como un perfume para otros. ¡Es imposible que pasemos desapercibidos!

Quiera Dios que hoy alguien pueda sentir la fragancia de tu testimonio a tal punto que te pregunten de dónde viene ese "perfume" y puedas decir: "He estado a los pies de Jesús".

Señor, que mi vida entera sea una fragancia para ti. Que mis pensamientos,
palabras y conducta te glorifiquen cada día.

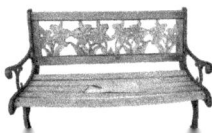

¿Cómo lees?

"Él le dijo: ¿Qué está escrito en la ley? ¿Cómo lees?"
Lucas 10:26

Un intérprete de la ley se había acercado a Jesús para probarlo. Los religiosos estaban tratando de encontrar algún error o contradicción que pudiesen usar contra Él. Entonces, como si estuviese realmente interesado en aprender, le pregunta al Señor: "Maestro, ¿haciendo qué cosa heredaré la vida eterna?" Jesús, sabiendo lo que había en su corazón, le pregunta: "¿Qué está escrito en la ley? ¿Cómo lees?"

La pregunta de Jesús era válida porque este era un intérprete de la ley que prácticamente se sabía la Biblia de memoria. Sin embargo, el Señor quería llegar a lo más profundo de su corazón y descubrir sus intenciones. Por eso no le preguntó "qué lees" porque era obvio, la pregunta fue: "¿Cómo lees?".

Este hombre leía e interpretaba para otros. Diariamente, muchas personas se acercaban a él para hacerle preguntas y estaba obligado a responder bien. Estudiaba mucho la Palabra, investigaba. En teoría la conocía a la perfección. En la práctica, había muy poco de las Escrituras que había aplicado a su vida. Este hombre leía con los lentes de los hipócritas religiosos.

A la pregunta que le hizo a Jesús, él ya tenía la respuesta. No robaba, no adulteraba, guardaba el día de reposo, no tenía que arrepentirse de nada… Si algo había que hacer para heredar la vida eterna, él creía que ya lo había hecho, aunque su conciencia lo declarara culpable.

La pregunta de Jesús sigue en pie para nosotros. ¿Cómo leemos la Palabra de Dios? ¿La leemos para juzgar a otros, con ideas preconcebidas, para auto justificarnos, solo buscando una bendición? ¿O la leemos como la Palabra que nos revela a Jesucristo y puede cambiar nuestras vidas?

Permite que la Palabra de Dios llegue a lo más profundo de tu corazón. Hebreos 4:12 nos dice que la Palabra de Dios es viva y eficaz, y más cortante que toda espada de dos filos, que penetra hasta partir el alma y el espíritu, las coyunturas, los tuétanos, y discierne los pensamientos y las intenciones del corazón. ¡Qué obra maravillosa!

Gracias por tu Palabra, Señor. Ayúdame a ser un hacedor de ella y no un oidor olvidadizo. Que ella transforme mi vida.

Pronto amanecerá

"Mi alma espera a Jehová más que los centinelas a la mañana,
más que los vigilantes a la mañana… en Jehová hay misericordia,
y abundante redención con él".
Salmo 130:6-7b

Las noches se hacían largas para los centinelas y vigilantes. Ellos debían estar atentos a cualquier ruido y amenaza. La noche los hacía más vulnerables y aumentaba su ansiedad. Su atención debía ser absoluta. Por eso esperaban con ansias el amanecer. Ese primer rayo de luz traía mucho alivio a sus vidas.

Así es como se sentía el escritor de este salmo. Desde el primer versículo podemos notar la situación de angustia en la que se encontraba. Dice: "De lo profundo, oh Jehová, a ti clamo". En el lenguaje retórico de los salmos, cuando alguien se sentía en angustia, tristeza profunda, depresión, desilusión, temor paralizante, lo expresaba usando la frase "en lo profundo".

Seguramente nos hemos sentido como el salmista en alguna oportunidad. Los motivos pueden ser muy variados: tristeza por una pérdida irreparable, desilusión por una promesa incumplida, frustración por repetir errores, o tal vez enojo por la traición de alguien de confianza.

El tiempo que transcurre desde el momento en que elevamos nuestro clamor a Dios y su respuesta, nos puede parecer una eternidad. Podemos sentirnos como los vigías, rodeados de oscuridad y deseando ver pronto ese primer rayo de luz.

Aunque todavía esté oscuro, pronto llegará la luz del día. La respuesta está en camino. No desesperes, siempre habrá un nuevo amanecer. La base de nuestra confianza es la abundante misericordia de Dios. Él sabe lo que necesitamos. Es el único que puede disipar la más densa oscuridad y hacer que resplandezca en nosotros la esperanza.

El centinela no dudaba que la mañana llegaría, solo vigilaba su llegada diligentemente. Aunque a nuestro alrededor todo parezca seguir oscuro, pronto amanecerá. "…mas sobre ti amanecerá Jehová, y sobre ti será vista su gloria" (Isaías 60:2).

¡Que hoy Dios manifieste su gloria en ti!

Espero en ti, Señor. Esta situación difícil pasará. Me mostrarás
una vez más tu fidelidad.

Nosotros nos levantamos

"Ellos flaquean y caen, mas nosotros nos levantamos y estamos en pie".
Salmo 20:8

David era un guerrero valiente. Siempre que salía a la guerra le consultaba a Dios para saber qué estrategias usar y cuándo era el mejor momento para actuar, y el Señor le daba la victoria. Sin embargo, no todo era color de rosa. Muchas veces sufrió pérdidas, fue traicionado por amigos e incluso por sus propios hijos, y por siete años vivió escapando de Saúl. A pesar de todo, siempre se mantuvo confiando en Dios.

Muchas veces los ejércitos enemigos que David debió enfrentar eran más numerosos, contaban con muchos carros y caballos, tenían mejores armas, pero él y sus soldados sabían que tendrían la victoria porque peleaban con la ayuda de Dios.

El salmista podía decir: "Ellos flaquean y caen, pero nosotros nos levantamos y estamos en pie". ¡Aleluya! Puede ser que alguna vez recibamos un golpe que no vimos venir o caigamos por falta de fuerzas, pero no nos quedamos en el suelo. ¡Nos levantamos y nos ponemos de pie en el nombre de Jesús!

En palabras del apóstol Pablo: "Derribados, pero no destruidos" (2 Corintios 4:9). Nuestro Poderoso Gigante nos levanta y nos sostiene con su mano. Jehová se reveló a Isaías diciéndole que Él era su Dios, quien le sostenía de su mano derecha, y no debía temer porque siempre estaría a su lado para ayudarlo (Isaías 41:10).

¿Te sientes derribado? A veces los problemas en la familia parecen golpearnos muy duro y no sabemos si podremos resistir. Otras veces nos hieren con palabras que vienen del mismo infierno; o tal vez luchas con una dolencia que te roba las fuerzas. Hoy el Señor te recuerda que Él pelea tus batallas y te sostiene para que permanezcas firme.

Al Señor no se le ha pasado por alto tu dolor, tu angustia, tus heridas. Tampoco es indiferente a las situaciones que te han hecho sentir derrotado. Si piensas que estás peleando solo, Dios quiere recordarte que está a tu lado peleando por ti.

Hay una gran diferencia entre los que confían en el Señor y los que lo hacen en sus propias fuerzas. Ya lo dijo David: "Ellos flaquean y caen, mas nosotros nos levantamos y estamos en pie".

¡Aleluya! Me sostengo de la mano de mi Dios Todopoderoso.

"Aquí estoy, dando vueltas"

"Y descendí a casa del alfarero, y he aquí que él trabajaba sobre la rueda".
Jeremías 18:3

El alfarero trabaja sobre una rueda, un plato giratorio que le permite crear diferentes vasijas. Si personificáramos al barro, quizás le escucharíamos decir: "Aquí estoy, dando vueltas. Creo que es la vuelta número setenta y cinco y no tengo forma, sigo siendo el mismo barro amasado por el maestro, solo que estoy más mojado, más blando... pero no mucho más. ¿Tantas vueltas para esto? Aunque parece que ahora puede darme forma. Bueno, sigo dando vueltas...

Ya pasó la vuelta ciento cinco, ciento seis, y ahora el alfarero está apretándome, demasiado fuerte para mi gusto. ¡Me está haciendo un agujero! Ay... Vuelta ciento cincuenta. Parece que el agujero es para darme altura y ser capaz de contener algo. Vuelta doscientos. ¿Más vueltas? ¿No habría sido más sencillo formarme en la vuelta veinte? Empiezo a descubrir que el alfarero disfruta teniéndome en sus manos, moldeándome, diseñándome. Puedo ver su sonrisa de satisfacción. ¿Será que el propósito de su trabajo sobre mí es agradarle o será el producto terminado? Hummm, parece que son las dos cosas...

Vuelta trescientos. ¡Recién me doy cuenta que hay un espejo detrás del alfarero! Puedo verme en él. ¡Pero si ya tengo forma! Soy un hermoso jarrón. Wow... no sabía que para esto había que dar tantas vueltas. Ahora el alfarero me toma en sus manos con cuidado y me lleva a un lugar especial... ¡Debe ser la sala más agradable de su taller! Me acerca a una caja extraña, abre una puerta, y me mete adentro... ¡un horno de fuego! Ay...

Uf, uf, ya salí de allí y ahora el alfarero comienza a decorarme; hace dibujos muy delicados y los pinta con pinturas especiales. Una vez que se secó la pintura, me envolvió en un hermoso papel y me entregó a una persona que estaba sentada en una silla de ruedas. Pude ver su cara de felicidad. Entonces se acercó alguien, me llenó de agua y puso en mi interior flores frescas. Ahora estoy al lado de esta abuela, viéndola sonreír diariamente. Aunque seguramente disfruta más de las flores que de mí, yo me siento satisfecho porque estoy cumpliendo la misión con la que me hizo mi creador".

Señor, sé que cada vuelta es parte del plan. Confío en tu diseño y propósito para mí.

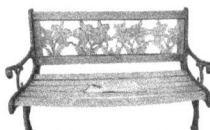

23

Salvos por su misericordia

"Pero cuando se manifestó la bondad de Dios nuestro Salvador, y su amor para con los hombres, nos salvó, no por obras de justicia que nosotros hubiéramos hecho, sino por su misericordia, por el lavamiento de la regeneración y por la renovación en el Espíritu Santo".
Tito 3:4-5

La historia de la humanidad se divide en dos: Antes y después de Cristo. Nuestra historia también. Antes de conocer a Jesús y recibirlo como nuestro Salvador y Señor éramos uno más de la multitud que sigue el camino que conduce al infierno. Éramos insensatos, rebeldes, extraviados, esclavos de deleites diversos, viviendo en malicia y envidia, aborrecibles, y aborreciéndonos unos a otros (v. 3). ¡Pero algo maravilloso sucedió! Escuchamos la verdad del evangelio y decidimos entregarle nuestra vida a Jesucristo.

La Palabra de Dios nos exhorta a recordar que hemos sido salvos por misericordia y no por "obras de justicia que nosotros hubiéramos hecho". ¿Qué está primero, la salvación o los mandamientos? Algunos piensan que primero deben obedecer los mandamientos de Cristo para ser salvos, pero la Palabra de Dios nos dice lo opuesto, que somos justificados por la fe y no por las obras de la ley, porque por las obras de la ley nadie será justificado (Gálatas 2:16). Una vez que somos salvos, entonces obedecemos los mandamientos de Cristo. Si pensamos que es al revés, debemos recordar este versículo.

Según la Palabra de Dios, nadie puede guardar los mandamientos de Cristo si primero no ha sido salvo, antes necesitamos una obra sobrenatural en nuestro espíritu llamada regeneración, y solo el Espíritu Santo puede producir una nueva vida, una nueva naturaleza en nosotros.

¡Somos justificados por la gracia de Dios! Él nos ve como si nunca hubiésemos pecado, y nos ha librado de culpa y cargo. Tenemos entrada a su presencia continuamente, somos capacitados con poder del Espíritu Santo para obedecerle y además nos espera una herencia eterna en los cielos. "Para que, justificados por su gracia, viniésemos a ser herederos conforme a la esperanza de la vida eterna" (v. 7).

¿No te parecen razones suficientes para agradecer y alabar al Señor por lo que hizo en tu vida?

Me has rescatado y dado vida eterna. ¡Nadie puede arrebatarme de tu mano!
Te alabo, Señor.

Yo y mi casa serviremos al Señor 24/7

"Y si mal os parece servir a Jehová, escogeos hoy a quién sirváis; si a los dioses a quienes sirvieron vuestros padres, cuando estuvieron al otro lado del río, o a los dioses de los amorreos en cuya tierra habitáis; pero yo y mi casa serviremos a Jehová".
Josué 24:15

Josué tuvo la misión de guiar al pueblo de Dios a la conquista de Canaán. Al final de sus días reunió al pueblo y les exhortó a tomar decisiones que estuvieran de acuerdo con lo que Dios les había mandado.

Los enemigos externos habían sido derrotados y la tierra les pertenecía a los israelitas, pero había que atacar a los enemigos internos, los más peligrosos, los que se infiltran sigilosamente y nos apartan de Dios.

Muchas veces el pueblo de Israel escuchó más la voz de Satanás que la de Dios. Y sí, ya sabemos, el diablo siempre actúa con astucia para que miremos y hagamos lo que hacen los demás antes que la voluntad de Dios. "Si la mayoría lo hace, no debe estar mal", un pensamiento tan viejo como la idolatría en Israel. Dios nunca dijo que hagamos lo que hace la mayoría, sino que le obedezcamos a Él.

Josué lo tenía muy claro y se lo dijo al pueblo sin reparos: "Ustedes hagan lo que quieran y afronten las consecuencias de sus decisiones, pero yo y mi casa serviremos a Jehová".

La palabra servir en hebreo es *abad* que significa 'trabajar (en todo sentido); hacer tareas de un siervo, adorar, honrar, ministrar, servir'. Josué y su casa estaban decididos a trabajar 24/7 para Dios. Todo lo que hacían estaba enfocado en el Señor, aun las tareas diarias, su tiempo de descanso, con todo querían honrar a Dios.

No sé qué harán los demás. No sé si mis amigos o familiares irán a la iglesia, pero nosotros hemos tomado la decisión de seguir a Jesús y serle fieles en todo. Tal vez otros retrocedan y se aparten, nosotros no, seguiremos firmes. Otros serán espectadores, pero nosotros no, serviremos a Dios en cualquier cosa que nos pida. Tal vez seamos los únicos, tal vez en algunos momentos nos encontremos solos, pero sabemos en Quién hemos creído, confiado y a Quién hemos rendido nuestras vidas.

Yo tomé esta decisión hace muchos años y nunca la he cambiado por nada: "Yo y mi casa serviremos al Señor". ¿Cuál es tu decisión?

Yo decido servirte solo a ti Señor. Seré un instrumento para que mi casa bendiga tu nombre siempre.

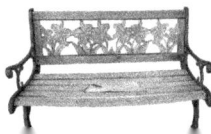

Impaciencia

"Y él esperó siete días, conforme al plazo que Samuel había dicho; pero Samuel no venía a Gilgal, y el pueblo se le desertaba. Entonces dijo Saúl: Traedme holocausto y ofrendas de paz. Y ofreció el holocausto".
1 Samuel 13:8-9

El rey Saúl debía esperar a Samuel, ya que solo los sacerdotes podían ofrecer sacrificios. Pero Saúl miró las circunstancias a su alrededor, se asustó y decidió encargarse de eso personalmente. Resultado: su impaciencia lo llevó a tomar una decisión fuera de la voluntad de Dios y esto le costó su reino.

Los costos de la impaciencia son siempre más altos que los beneficios que pensamos que podemos obtener ignorando la voluntad de Dios. Considera lo que revela la impaciencia:

Orgullo. Si lees la historia de Saúl verás que solo quería quedar bien ante los ojos del pueblo. Buscaba el reconocimiento y la adulación. Ser aprobado. ¡Qué celoso se puso cuando el pueblo cantaba que David había vencido a diez mil y él solo a mil!

Sabios en nuestra propia opinión. Podemos llegar a pensar que nosotros manejamos el tiempo mejor que Dios. Que podemos ayudarlo con sus "retrasos". Que si Él no está haciendo lo que dijo que iba a hacer, nosotros podemos encargarnos…

Independencia. Presta atención a las palabras de Saúl: "Ahora descenderán los filisteos contra mí a Gilgal, y yo no he implorado el favor de Jehová. Me esforcé, pues, y ofrecí holocausto". "No he implorado", "me esforcé", "ofrecí". Todo en primera persona. ¡Qué ciego estaba al pensar que podía ignorar a Dios!

Las presiones de los demás, los plazos que nos imponen, la ayuda que no llega, puede llevarnos a tomar decisiones fuera de la voluntad del Señor. La madurez espiritual se manifiesta en la capacidad de esperar con confianza, teniendo fe de que, en el tiempo de Dios, llegarán las respuestas que necesitamos.

No te impacientes. Hay asuntos que no puedes controlar porque no son tu responsabilidad y ni siquiera están en tus manos. Es hora de entregarle a Dios lo que te preocupa y descansar en Él.

Escucha las palabras de David: "Pacientemente esperé a Jehová, y se inclinó a mí, y oyó mi clamor" (Salmo 40:1).

Señor, voy a esperar en ti. Gracias por darme descanso en el proceso.

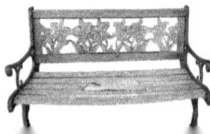

¿Árbol o tamo?

"Será como árbol plantado junto a corrientes de aguas, que da su fruto
en su tiempo, y su hoja no cae; y todo lo que hace, prosperará.
No así los malos, que son como el tamo que arrebata el viento".
Salmo 1:3-4

Un árbol plantado junto a corrientes de agua puede vivir más años que un ser humano. No solo permanece firme y siempre verde, sino que sigue creciendo en altura, anchura y profundidad. El secreto está en ser plantado en el lugar correcto, donde tenga agua y reciba los nutrientes necesarios.

Estos dos versículos contienen la respuesta a preguntas como: ¿De qué manera un cristiano pueda permanecer firme en sus convicciones durante toda su vida? ¿Cuál es el secreto para que un creyente sea fiel a Dios, a su Palabra, a su iglesia, y le sirva todos los días de su vida? Presta atención a las verdades espirituales que contiene este salmo.

El salmista compara a un árbol firme, siempre verde y que produce buenos frutos con la persona que se alimenta diariamente de la Palabra de Dios, no sigue malos consejos, no anda con personas que se burlan de los caminos de Dios, y además se deleita en obedecerle.

También nos recuerda que si seguimos siempre el consejo del Señor seremos bienaventurados, muy dichosos, y todo lo que hagamos prosperará. Pero, ¿qué sucede con la persona que no se alimenta de la Palabra de Dios, que no es hacedor de ella y sigue solo el consejo que quiere escuchar? Dice el salmista que será como el "tamo".

La palabra hebrea para tamo es *mots* que significa 'lo que es aventado, lo que se lleva el viento'. El tamo es la cáscara liviana que cubre el grano y que debe ser quitada antes de molerse para hacer harina. En la antigüedad, ponían el grano en una zaranda, lo sacudían y lo lanzaban hacia arriba para que el viento se llevara el tamo y quedara solo el grano limpio.

¿Deseas conocer realmente la voluntad de Dios? ¿Tomas tiempo para meditar en su Palabra? ¿Te aseguras de aplicar a tu vida lo que Dios te habla? La verdad divina que penetra nuestra mente y corazón, finalmente se expresa con obediencia, y en la obediencia siempre hay bendición.

Quiero ser como un árbol firme, bien alimentado y que dé fruto para la gloria de Dios.

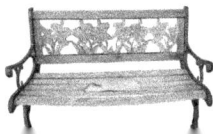

Clama a mí y Yo te responderé

*"Clama a mí, y yo te responderé, y te enseñaré cosas grandes
y ocultas que tú no conoces".*
Jeremías 33:3

Jeremías vivía rodeado de personas que se encontraban en una condición espiritual deplorable. El pecado abundaba, la disciplina prometida por Dios no llegaba y el profeta parecía predicarle a las rocas y a los árboles. Nadie quería escucharlo, la mayoría seguía el camino de sus propios deseos; y por predicar la verdad, Jeremías terminó en la cárcel. Entonces recurrió a Dios, y la respuesta que recibió fue: "Clama, porque voy a mostrarte cosas grandes y ocultas que aún no conoces".

La palabra hebrea para clamar es *cará* que significa 'llamar fuera para, aclamar, anunciar, invocar, pedir, pregonar, gritar, proclamar, dar voces'. Evidentemente un clamor nunca pasa desapercibido.

El clamor está relacionado con la pasión, el celo, la determinación de escuchar al Señor bajo cualquier circunstancia, pero también se refiere a la angustia que provoca el pecado y sus consecuencias, la tristeza por la desidia e indiferencia ante los llamados de Dios.

Quienes claman, buscan alejarse de la mediocridad espiritual, son los que no se conforman con migajas pues saben que en la mesa del Padre hay pan que satisface verdaderamente al alma; son los que buscan agua de vida donde apagar su sed interior. Clamar a Dios es mucho más que un mero hábito de oración, es expresar con gran sentimiento lo que hay en nuestro corazón, pedir una intervención divina urgente.

Tal vez deberíamos comenzar pidiéndole a Dios que despierte el deseo de orar, de pasar tiempo con Él en su presencia porque aprendemos a clamar orando.

Dios nunca fue indiferente al clamor de sus hijos. Siempre libró, hizo justicia, milagros, proveyó, abrió puertas, trazó nuevos caminos, reveló secretos, pero cuando se clamó con todo el corazón.

El mismo profeta recibió una palabra de aliento de parte del Señor: "Me buscaréis y me hallaréis, porque me buscaréis de todo vuestro corazón" (Jeremías 29:13).

Señor, gracias porque respondes al clamor de tus hijos.
Hay respuesta para todo aquel que se acerca a ti sinceramente.

Me libró de todos mis temores

"Busqué a Jehová, y él me oyó, y me libró de todos mis temores".
Salmo 34:4

Al leer el encabezamiento de este salmo, sabrás que David estaba en peligro de perder su vida. Es muy probable que escribiera estas palabras en la cueva de Adulam, mientras buscaba refugiarse de las circunstancias difíciles que lo rodeaban. En medio de la persecución y al borde de la muerte, David pudo alabar a Dios diciendo que Él le había librado de todos sus temores.

La palabra temor en hebreo es *megorá* que significa 'miedo, terror o pavor'. Es mucho más que una preocupación. Cuando tienes esta clase de temor, sientes que puedes perderlo todo en un segundo, incluyendo tu vida.

Podemos sentir *megorá* cuando nuestro matrimonio está a punto de quebrarse, cuando alguno de nuestros hijos está en peligro de muerte, cuando podríamos perder la libertad, cuando todo lo que habíamos construido con tanto esfuerzo empieza a derrumbarse.

¿Puede un hijo de Dios sentir esta clase de temor? David dice que sí. Él también dice que las aflicciones del justo son muchas, pero de todas ellas le librará Jehová (v. 19). No podemos pensar que nunca tendremos tribulaciones, o si sobrellevamos alguna quizás sea porque Dios no nos ama tanto como antes. De ninguna manera. Podemos pasar muchas aflicciones, pero… ¡hay liberación en el Señor! ¿Qué hizo David para librarse de todos estos temores?

Lee todo el Salmo 34. El salmista se había propuesto bendecir a Dios en todo tiempo, aun en medio del temor. Buscó el rostro de Dios, clamó al Señor y fue liberado, pidió protección y el ángel del Señor lo defendió milagrosamente.

¿A qué le tienes temor? ¿Crees que Dios no puede controlar eso? Debes atreverte a confiar en Él. Da un paso de fe y pon tus temores en las manos del Señor. Dios es quien tiene la respuesta a tu necesidad y si crees, quitará toda carga que pueda estar agobiándote en ese momento. El Señor es tu refugio.

Confío en ti, Señor, y me librarás de todos mis temores. Decido alabarte y gozarme de antemano por lo que tú harás.

¿Sano o salvo?

"Porque, ¿qué es más fácil, decir: Los pecados te son perdonados,
o decir: Levántate y anda?"
Mateo 9:5

En cierta ocasión, cuatro amigos trajeron a un paralítico para que Jesús lo sanara. Como no podían pasar la cama por la puerta debido a la multitud, decidieron hacer un agujero en el techo y bajarlo por allí. De pronto el paralítico se encontró cara a cara con Jesús. ¿Qué haría el Maestro? Conociendo al Señor, lo sanaría... Pero le dice: "Tus pecados te son perdonados". Todos se quedaron en silencio por unos segundos y de repente se escuchó un murmullo: "¿Cómo...? ¿Qué dijo...?" Sí, lo escucharon bien. No lo sanó inmediatamente, sino que le perdonó sus pecados.

Entonces comenzaron a mirarse unos a otros y a acusar a Jesús de blasfemo. "¡Solo Dios puede perdonar pecados!" En ese momento Jesús los interrumpe y les pregunta: "¿Qué es más fácil, decir: tus pecados te son perdonados o levántate y anda?" Imagino a algunos cabizbajos y a otros mirando hacia el agujero en el techo. "Pues para que sepáis que el Hijo del Hombre tiene potestad en la tierra para perdonar pecados (le dice al paralítico): Levántate, toma tu cama, y vete a tu casa" (v. 6). ¡Y el paralítico se levantó y comenzó a caminar! ¡Aleluya!

Jesús primero perdonó los pecados del paralítico y después lo sanó. Primero atacó la raíz de todos los problemas quitando el pecado del medio. El Señor dejó claro que el perdón de pecados es más importante que la sanidad. De nada sirve tener la mejor salud del mundo y perdernos en el infierno. El Salmo 103:3 dice que Dios es quien perdona todas nuestras iniquidades y el que sana todas nuestras dolencias.

Jesucristo es el mismo, ayer, hoy y por los siglos, y sigue haciendo milagros. Pero primero es el Salvador, el que nos reconcilia con el Padre, el que nos da vida nueva y nos adopta como hijos de Dios.

Siempre estaremos agradecidos al Señor por los milagros que hace en nuestra vida, pero no olvidemos que la obra más grande que se llevó a cabo en la cruz fue el perdón de nuestros pecados.

Señor Jesús, eres primero mi Salvador, luego también mi Sanador,
Proveedor, Sustentador, Protector, y todo lo que necesito.

Yo soy tu Consolador

"Yo, yo soy vuestro consolador. ¿Quién eres tú para que tengas temor del hombre,
que es mortal, y del hijo de hombre, que es como heno?"
Isaías 51:12

En este capítulo, Isaías menciona que el pueblo de Dios estaba siendo presionado por personas que se oponían a los planes del Señor. En ese momento reciben una palabra de Dios que les anima a no temer ninguna afrenta de hombre, ni desmayar por sus ultrajes (v. 7). Dios sabía lo que estaban pasando, y la presión que estaban sufriendo tenía un límite, no iría más allá de lo que Él permitiera.

Para animar a su pueblo les dice que Él es su "Consolador". Esta palabra en hebreo es *nakjám* que significa 'aliento, aliviar, moverse por misericordia'. Ellos debían recordar que nunca estarían solos. Dios les daría las fuerzas para levantarse, el valor para enfrentar las presiones, la fortaleza que necesitaban para avanzar, y también el ánimo para mantenerse confiados.

Antes de ascender a los cielos, Jesús les dijo a sus discípulos que les convenía que Él se fuera para poder enviar al Consolador. Después de Pentecostés, el mismo Dios de los tiempos antiguos sigue con su pueblo. El Espíritu Santo ahora habita en cada uno de los que recibieron a Cristo como Salvador de sus vidas y actúa trayendo el aliento, ánimo y alivio a todo aquel que lo necesita.

¿Te sientes presionado en este momento por ciertas personas o circunstancias? Dios sabe por lo que estás pasando. Él es el que te sostiene para que no resbales, el que te levanta si has caído, el que te protege durante los tiempos más oscuros, el que te da paz sobrenatural.

La ayuda que el Señor nos brinda es personal y está siempre a nuestro alcance. Recibimos su consuelo por medio del Espíritu Santo que vive en nosotros y es suficiente para satisfacer cualquier necesidad.

Vamos a confiar en el Señor en medio de las pruebas y podremos decir como el salmista: "En el día que temo, yo en ti confío… En Dios he confiado; no temeré; ¿qué puede hacerme el hombre?" (Salmo 56:3-4).

Gracias por ser mi Consolador. Eres mi Amigo y Ayudador en todo tiempo.

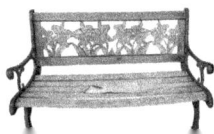

¿En qué piensas?

"Porque los que son de la carne piensan en las cosas de la carne;
pero los que son del Espíritu, en las cosas del Espíritu".
Romanos 8:5

Si somos hijos de Dios, el Espíritu Santo ha venido a morar en nosotros. Él habla a nuestra mente, a nuestra conciencia, y nos ayuda a discernir entre lo que nos edifica y lo que no.

El Espíritu Santo no nos impone nada porque está sujeto a nuestro libre albedrío. En su amor, el Señor nos dio la libertad de escoger, pero también nos enseña cuáles serán las consecuencias de nuestras elecciones. Si queremos una vida espiritual victoriosa, debemos comenzar por nuestra mente.

La verdad es que nuestros pensamientos nos afectan más de lo que podemos darnos cuenta. Nuestra manera de pensar determina nuestras actitudes, emociones, deseos y acciones. Por eso, cuanto más lugar le demos al Espíritu Santo, mayor será nuestra fortaleza para ganar las batallas que se libran en nuestra mente.

Debemos tener una mente *pura*. Lee el pasaje de Filipenses 4:8. ¿Tienes problemas con pensamientos impuros? Examina lo que estás dejando entrar a tu mente. El Espíritu Santo quiere ayudarte a filtrar diariamente tus pensamientos porque sabe que del pensamiento a la decisión de pecar hay un paso.

Debemos tener una mente *positiva*. No es positivismo, no es confesión positiva, es pensar con fe, con actitud de vencedor, recordando las promesas que nos hizo el Señor. Dedica tiempo a la Palabra de Dios, llenando tu mente con verdades que te mantengan firme y creyendo.

Debemos tener una mente *productiva*. Escuché decir una vez que una "mente ociosa es el taller de Satanás". ¿Recuerdas lo que le sucedió a David mientras estaba aburrido y ocioso en su terraza? Todo comenzó con una mirada y luego sus pensamientos lo condujeron a pecar. Usa bien tu tiempo. (2 Pedro 1:5-8).

¿Quieres ser fuerte a la hora de enfrentar tentaciones? Pregúntate con qué has estado alimentado tu mente últimamente. "Poned la mirada en las cosas de arriba, no en las de la tierra" (Colosenses 3:2). Guiados por el Espíritu Santo podemos elegir qué pensar y cómo actuar.

Espíritu Santo renueva mi mente, purifícala, y dame fuerzas contra las tentaciones del diablo. Quiero ser santo desde mis pensamientos.

Tipos de terrenos

"Y les habló muchas cosas por parábolas, diciendo: He aquí, el sembrador salió a sembrar... Pero parte cayó en buena tierra, y dio fruto, cuál a ciento, cuál a sesenta, y cuál a treinta por uno. El que tiene oídos para oír, oiga".
Mateo 13:3, 8, 9

Las enseñanzas de Jesús son fáciles de comprender, pero a la vez nos llevan a pensar más profundamente. El Señor sembró la semilla de la Palabra de Dios en todo tiempo y lugar, pero no siempre produjo el crecimiento esperado. ¿Fue culpa del sembrador? No. La variable más importante para evaluar si habrá buena cosecha o no es el tipo de terreno donde se siembra.

En la parábola del sembrador, cada suelo corresponde a un tipo de corazón.

Junto al camino (v. 19). Este es el que solo escucha y no reflexiona sobre la Palabra, el oidor que no es hacedor, el que cree que el sermón fue muy apropiado… para la persona que no fue ese día a la iglesia. El diablo arrebata la semilla de muchas maneras. A través de argumentos falsos, con orgullo para no aceptar corrección, con auto justificación, poniendo la mirada en otros. La palabra sembrada desaparece en menos de 24 horas.

En pedregales (vs. 20-21). El que sigue el camino de sus sentimientos. Le encanta la música que se toca en la iglesia, los sermones antropocéntricos, siente que le hace bien llorar o reír en los servicios, pero ante las burlas de los incrédulos, la presión de grupo, la pérdida de amistades o cuando todos sus deseos no son satisfechos, abandona el camino. Parecía fe, pero eran solo sentimientos. No hay profundidad en su relación con Cristo.

Entre espinos (v. 22). El que tiene como prioridad su carrera profesional, el trabajo, el dinero, los bienes materiales, la comodidad antes que su vida espiritual. Puede ganar el mundo, pero al fin pierde su alma.

Buena tierra (v. 23). El que abre su corazón para obedecer todo lo que dice Dios. Escucha la Palabra y enseguida busca al Señor para ayudarle a cambiar, a poner en orden sus prioridades. Quiere que otros experimenten lo que Él ha experimentado. Vive como un verdadero hijo de Dios.

No cambiemos al Sembrador, tampoco alteremos la semilla, trabajemos en nuestro corazón para que sea buena tierra.

Aquí está mi corazón, Señor. Quiero ser buena tierra para llevar frutos para tu gloria.

Aprovecha el tiempo

"Mirad, pues, con diligencia cómo andéis, no como necios sino como sabios, aprovechando bien el tiempo, porque los días son malos".
Efesios 5:15-16

Si realmente anhelamos ser sabios en todo, debemos considerar seriamente esta exhortación del apóstol Pablo. No necesitamos un devocional para saber que los días son malos, pero debemos preguntarnos si realmente estamos aprovechando bien el tiempo.

La palabra griega para "aprovechar" es *exagorazo* que significa 'comprar, rescatar, redimir o liberar'. También se usa con el sentido de comprar una oportunidad. Por supuesto que el tiempo no se puede comprar, pero ¿cuánto pagarías por un día más de vida? Tu respuesta manifestará el valor que le das a tu tiempo. Estoy seguro que si tuviéramos que pagar por él, lo invertiríamos mucho mejor.

Hay tres verdades que siempre deberíamos tener presentes a la hora de decidir cómo usar el tiempo:

El tiempo no nos pertenece. Es un regalo de Dios, por lo tanto, Él tiene derecho de involucrase en nuestra vida. Es sabio acudir al Señor para pedir que nos guíe. Es de necios creer que tenemos toda una vida por delante sin considerar a Dios como el Dueño de todo.

El tiempo es irreversible. No vuelve atrás. Es breve. Nuestra vida tiene principio y fin. Hay muchas cosas en esta vida que ya no podremos recuperar.

El tiempo no se ahorra, se invierte. No es dónde lo guardo, sino cómo lo uso. Incluso el tiempo de descanso, de recreación, de vacaciones. Debemos saber cómo invertir todo nuestro tiempo.

Alguien dijo en una oportunidad que apoderarse del día es difícil para la mayoría e imposible para algunos. Entonces, cuando el día se apodera de mí, cuando las cosas se salen de control, es el momento de detenerme y orar para pedir más sabiduría.

Nunca es demasiado tarde para poner en orden las próximas 24 horas, y las siguientes… Piensa en las oportunidades que Dios te está dando y cómo aprovecharlas al máximo.

Pídele al Señor que te guíe y podrás experimentar la satisfacción de un día bien vivido.

Señor Jesús, te rindo mi tiempo a ti. Necesito tu sabiduría para administrarme mejor. Ayúdame a invertir el tiempo pensando en la eternidad.

A cada día sus propios problemas

"Así que, no os afanéis por el día de mañana, porque el día de mañana traerá su afán. Basta a cada día su propio mal".

Mateo 6:34

No es ningún secreto que las enseñanzas de Jesús son sabias. Lo que dijo hace dos mil años sirve para cualquier época, incluyendo la nuestra.

Al comenzar cada semana, estamos propensos a preocuparnos en un solo día de todos los problemas que podríamos tener los próximos siete días, o diez días, o veinte días... Hay asuntos que ni siquiera sabemos si se van a presentar y sin embargo nos angustiamos. Si seguimos el consejo de Jesús, no deberíamos preocuparnos hasta el momento en que toque hacerlo. Debemos resolver los problemas un día a la vez.

Recuerda que Dios es quien está controlando tu vida. Si todavía hay algo que lo mantiene detenido, no es por olvido o descuido; el Señor está trabajando de manera integral en tu vida. A Isaías le dijo que sus pensamientos no son los nuestros, ni nuestros caminos los suyos. Además, los comparó con los cielos, así como son más altos que la tierra, son sus caminos y pensamientos (Isaías 55:8-9).

Allí, en el tercer cielo, está su trono. Eso significa que Él es Soberano y hará su voluntad. Nada se le pasará. Todo lo tiene calculado.

Su providencia está en funcionamiento desde que Dios creó los cielos y la tierra. Su sabiduría es inagotable. Su fidelidad inalterable, lo mismo que su amor y misericordia. Si sabes que Dios está de tu parte, entonces es suficiente para que puedas descansar.

No te adelantes a resolver lo que tienes que hacer mañana si Dios te ha dicho que esperes. No estés en ansiosa inquietud si Él te dijo que se hará cargo de tu situación. Tu parte es creer, y los milagros... déjaselos al Especialista.

Hoy es un gran día. Es el tiempo de ver a Dios en acción. Si este es el día que hizo el Señor, entonces gózate y alégrate en Él (Salmo 118:24). No permitas que las preocupaciones y los temores te roben el gozo. ¡Alégrate en tu Creador y verás su intervención!

¡Aleluya! Este es el día en donde veré la intervención de Dios.
Descanso en Él.

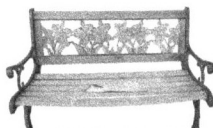

No desaproveches las oportunidades

"Y Pablo permaneció dos años enteros en una casa alquilada, y recibía a todos los que a él venían, predicando el reino de Dios y enseñando acerca del Señor Jesucristo, abiertamente y sin impedimento".
Hechos 28:30-31

¡Cuántas situaciones difíciles tuvo que atravesar el apóstol Pablo para que se cumpliera este versículo! Fue apresado en Jerusalén; un grupo de judíos ultra religiosos planeó matarlo; fue eximido de ser juzgado en Jerusalén por haber apelado al César. Sufrió un naufragio, fue picado por una serpiente venenosa. Incluso algunos dudaban de que fuera un apóstol de Cristo. ¿Qué más podía pasarle?

Pablo dice que todos sus sufrimientos redundaron en beneficio del reino de Dios (Filipenses 1:13). En esos años, muchos recibieron a Cristo como Salvador, el evangelio fue predicado a las personas más prominentes e influyentes de su época. Pablo fue llamado "una plaga" para el mundo pecador (Hechos 24:5), uno que "trastornaba el mundo" (Hechos 17:6), un "sectario" (Hechos 28:22). Sin embargo, a través de él, muchos conocieron la verdad que trae salvación eterna.

Al llegar a Roma, mientras esperaba ser juzgado, Pablo siguió predicando el evangelio. Él se encontraba en una casa alquilada y bajo la custodia permanente de un soldado romano, sin embargo, podía predicar abiertamente y sin limitaciones. Ya hacía tiempo que no había experimentado esa libertad religiosa, y por supuesto no desaprovechó un solo momento. Siguió cumpliendo con la misión que Dios le había encomendado.

Pablo nos dejó un gran ejemplo: aprovechar las oportunidades que tenemos hoy. Si esperamos a que llegue el momento ideal para hablar del Señor, se nos pasará la vida y nos estaremos lamentando por haber perdido las ocasiones que se nos presentaron.

¿A quién estás compartiendo lo que Dios está haciendo en tu vida? Tenemos ámbitos en donde todavía podemos hablar "abiertamente y sin impedimento" de Jesús. Hay personas que todavía no han escuchado la Verdad, que no tienen esperanza de vida eterna, y el tiempo se acorta. Tú tienes el mensaje, ¡compártelo!

Señor, quiero ser un instrumento para compartir el evangelio a los que no te conocen.
Dame sabiduría, valor, fe y creatividad para compartir tu Palabra.

Cada día te bendeciré

"Todos los días te bendeciré, por siempre alabaré tu nombre. Grande es el Señor, y
digno de suprema alabanza; su grandeza es inescrutable".
Salmo 145:2-3

¿Cómo empezaste la mañana? ¿Tuviste una mala noche? ¿Te despertaste pensando en los problemas que tienes que resolver? Si no comenzaste bien tu día, es momento de enderezar el rumbo.

El salmista David nos recuerda que lo mejor que podemos hacer es "bendecir cada día a Dios". La palabra "bendecir", en hebreo *barak*, significa arrodillarse en actitud de agradecimiento y adoración, pero también se usaba para saludar o dar la bienvenida a un visitante. ¿No crees que puedes darle la bienvenida al Espíritu Santo cada mañana y entregarle el control de tu vida para que te guíe?

Recuerda que es David el que escribió estos versículos. Si lees detenidamente todos sus salmos, notarás que tuvo días en que se sintió solo, inseguro, angustiado, con temor. En otras palabras, era tan humano como nosotros.

Sí, es difícil bendecir cuando tus amigos te traicionan, tus familiares más íntimos de abandonan, tus hijos te rechazan, y todo el mundo se vuelve en tu contra. David experimentó todo esto en carne propia, sin embargo, había resuelto bendecir a Dios cada día pase lo que pase.

¿Por qué era tan fuerte su determinación? Porque conocía a Dios y sabía en Quién creía. Él podía decir: "Grande es el Señor, y digno de suprema alabanza; su grandeza es inescrutable".

Dios es más grande que nuestros problemas, es más grande que nuestras necesidades, es más grande que nuestro enemigo, ¡su grandeza es inescrutable! Esta palabra en hebreo es *áyin-kjéquer* que significa 'aquello imposible de comprender o de conocer dada su profundidad, infinito'.

Si puedes creer esto, entonces podrás descansar sabiendo que su plan se cumplirá hoy.

¡Cómo no bendecir al Dios que hace grandes cosas, al que es Inigualable, Eterno, Todopoderoso! Hoy nos postramos delante de Él para reconocer su grandeza y darle la gloria que se merece por siempre.

Te alabo, Señor, y te reconozco como el Todopoderoso, el que no está limitado en nada.
Confío en tu poder y grandeza.

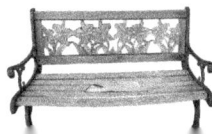

Vencedores

"Y temerán desde el occidente el nombre de Jehová, y desde el nacimiento
del sol su gloria; porque vendrá el enemigo como río, mas el Espíritu
de Jehová levantará bandera contra él".
Isaías 59:19

No debería sorprendernos que Satanás se nos oponga. Isaías nos dice que puede venir como un río, haciendo alusión a las corrientes de aguas que arrasan todo por donde pasan.

Muchas veces el diablo va a persuadir a personas que están a nuestro alrededor para atemorizarnos, ofendernos, despreciarnos, pero debemos recordar que no luchamos contra personas, sino contra principados, contra potestades, contra los gobernadores de las tinieblas de este siglo, contra huestes espirituales de maldad en las regiones celestes (Efesios 6:12). Nuestra lucha no es contra la gente que se nos opone, sino contra Satanás que está detrás de ella.

El enemigo también vendrá como un río para probar nuestra fe, atacando nuestras convicciones. ¿Recuerdas la parábola de la casa edificada sobre la roca? "Vinieron ríos" contra ella, pero permaneció firme porque estaba edificada sobre el cimiento correcto (Mateo 7:24-25). Satanás no puede derribar lo que Dios construye diariamente en nuestra vida.

Satanás lanzará sus dardos de fuego para tratar de intimidarnos, hacernos retroceder o que caigamos de nuestra firmeza, ¡pero el escudo de la fe los apaga! (Efesios 6:16). Cuando dependemos de las promesas de victoria que nos ha dado el Señor, nos mantenemos firmes y vamos a prevalecer ante sus ataques.

El diablo seguirá intentándolo hasta el final de los tiempos, pero la sangre de Cristo vence toda provocación y ataque de Satanás (Apocalipsis 12:10-11[a]).

¡En la cruz Jesús logró la victoria sobre Satanás y nos delegó su autoridad y poder para vivir en victoria! Por lo tanto, no debes temer al enemigo.

Proclama la verdad y las promesas de Dios sobre tu vida. Recuérdale al diablo que está vencido. No tengas temor, avanza por fe, estás cubierto con la sangre de Cristo.

Gracias Jesús por el poder y autoridad que me has dado contra el enemigo.
Voy a permanecer firme porque tú estás conmigo como Poderoso Gigante.

Nueva criatura

"De modo que si alguno está en Cristo, nueva criatura es;
las cosas viejas pasaron; he aquí todas son hechas nuevas".
2 Corintios 5:17

Tal vez sepamos este versículo de memoria, pero la clave de su cumplimiento está en la aplicación diaria. Léelo nuevamente, pero lento, poniendo énfasis en cada palabra y con la certeza de que está escrito para ti. Ahora cambia la palabra "alguno" por tu nombre y léelo en voz alta. Qué sentiste…

¡Soy una nueva criatura! Tan nueva como si Dios me acabara de crear, como Adán despertando a la vida. Semejante a un cuaderno sin estrenar, listo para comenzar a escribir una nueva historia.

Pero los años pasan y la nueva criatura parece desgastarse y terminamos siendo "nuevas criaturas viejas". Llegamos a pensar que fuimos nuevas criaturas solo el día en que recibimos a Cristo como Salvador. A partir de allí, nuestro "cuaderno" empezó a ensuciarse, aparecieron dobleces en las hojas, rayones… ¿Qué pasó con la nueva criatura?

El versículo no dice "nueva criatura *fue*". No. Está en presente. Cada día somos una criatura nueva. Esto es posible por la obra del Espíritu Santo (Tito 3:5). El primer día que nos salvó, nos regeneró, pero su obra no terminó allí. Diariamente y de manera continua, el Espíritu Santo renueva nuestro espíritu.

Nadie está exento de pecar, de contristar al Espíritu, de desobedecer su voz, de darle más lugar a la duda que a la fe. Sabemos por la Palabra de Dios que cuando esto sucede, debemos arrepentirnos verdaderamente, pedir perdón a Dios, y decidir no volver a repetir el error (Filipenses 3:13-14).

El secreto para vivir renovado está en el comienzo del versículo: "El que está en Cristo", también en presente. La preposición griega "en" significa 'dentro de'. Cristo en nosotros, identificado con Él en su muerte, sepultura y resurrección. Hemos muerto a nuestra vieja vida y ahora vivimos para agradar al Señor.

Si estás en Cristo, Él guiará tu vida, te recordará su Palabra, tomarás decisiones comprometidas con tu nueva vida. ¡Las cosas viejas pasaron, todas son hechas nuevas!

¡Soy una nueva criatura en Cristo! Gracias por la renovación diaria del Espíritu.

39

Sabiduría divina

"Porque Jehová da la sabiduría, y de su boca viene el conocimiento y la inteligencia. Él provee de sana sabiduría a los rectos; es escudo a los que caminan rectamente".
Proverbios 2:6-7

Vivimos en una época con gran acceso a todo tipo de conocimiento, pero eso no significa que el mundo se vuelva más sabio. Parece que está sucediendo justamente lo contrario. Por supuesto, la verdadera sabiduría no viene de este sistema, sino de Dios. Estoy seguro que ya sabes que "el principio de la sabiduría es el temor de Jehová" (Proverbios 1:7).

No es lo mismo conocimiento que sabiduría. Podemos llenar nuestra cabeza de conocimiento y a la vez actuar sin sabiduría. Conocimiento es recopilación de información, la sabiduría es el uso correcto de lo que hemos aprendido en nuestra vida diaria. El conocimiento, por ejemplo, nos permite saber cómo funciona el sistema financiero de nuestro país, pero la sabiduría se evidencia en la manera en que administramos nuestras finanzas. Podemos ser doctores en pedagogía y psicología infantil y no criar bien a nuestros hijos.

La palabra sabiduría usada en los versículos de Proverbios es *kjokmá* que significa 'ser sabio en mente, palabra, acción y entendimiento'. Es decir, que es la capacidad de ver las cosas desde la perspectiva de Dios y responder según los principios bíblicos.

Cuando estamos frente a un dilema, o tenemos que tomar una decisión importante, debemos saber qué dice Dios sobre ese asunto y obedecerlo. Además, contamos con ayuda sobrenatural: el Espíritu Santo, quien nos guía para saber cuál es la voluntad de Dios y de esa manera hacer las decisiones correctas. ¡El mismo Sabio Dios mora dentro de ti!

Lee todo el capítulo de Proverbios y descubrirás los beneficios de la sabiduría que viene de lo alto: te guardará del mal en todos tus caminos (vs. 8,12). Serás instruido en justicia, juicio y equidad (v. 9). Sabrás actuar con discreción (v. 11). Serás librado de personas infieles (vs. 16-19). Habitarás confiado en el Señor siempre (v. 22).

¿Anhelas la sabiduría divina? Dios siempre la da abundantemente a todo aquel que se la pide.

Necesito sabiduría, Señor. Quiero ver las cosas como tú las ves y conducirme siempre de acuerdo con tu voluntad.

Vuelve al redil

"Yo anduve errante como oveja extraviada; busca a tu siervo,
porque no me he olvidado de tus mandamientos".
Salmo 119:176

Puede ser que no le hayamos prestado la debida atención a las palabras de este versículo. Sí, ya sé, pertenecen al capítulo más largo de la Biblia, pero eso no significa que solo persigamos completar su lectura y después no recordemos nada de lo que dice. A ver… volvamos a leerlo. Ah, sí, el salmista se compara con una oveja descarriada.

Dicen lo que saben, que los animales más torpes y fáciles de extraviar son las ovejas. Por algo Dios siempre compara a su pueblo con este animal.

Todos nacimos descarriamos, incluyendo los que nacieron en un hogar cristiano. Alguien dijo: "No por haber nacido en un garaje soy un automóvil, tampoco por nacer en un hogar cristiano soy cristiano". Estábamos fuera del redil, a merced del león rugiente, el diablo, pero Dios no quiso dejar las cosas así. Él mismo se preocupó por rescatarnos. El Padre envió a su Hijo Unigénito como el Buen Pastor que "da su vida por las ovejas" (Juan 10:11), y cuando le recibimos como nuestro Salvador y Señor, pasamos a formar parte de su redil y comenzamos a disfrutar de su tierno cuidado.

Sin embargo, a veces alguna oveja ve pastos que parecen más verdes más allá del rebaño y termina extraviada, apartada de la protección del Buen Pastor y sufriendo las consecuencias del desvío. ¿Qué hacer para remediarlo? ¿Se puede regresar otra vez al seno del Padre después de haberle fallado?

Esta es la respuesta del salmista: "Ven en busca de tu siervo". Y justamente eso hace el Señor Jesús. Va a buscar a la descarriada, la toma en sus brazos, venda sus heridas y la trae otra vez al lugar de protección y bendición. ¡Siempre hay restauración para aquel que regresa a Cristo!

Déjame preguntarte: ¿Eres una de esas "ovejas" que se ha alejado de Jesús? Hoy el Señor vuelve a decirte: regresa. Él perdona a aquel que se arrepiente sinceramente y confiesa sus pecados. Dice Miqueas 7:19 que los arroja al fondo del mar y no se acuerda más de ellos.

Sus brazos permanecen abiertos, esperando que vuelvas a Él. Debes hacer una decisión. Regresa a tu Buen Pastor.

Aquí estoy Señor. Soy una oveja de tu redil. Quiero permanecer siempre junto a ti.

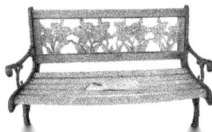

Dios mira la aflicción

"Porque Jehová vio que Israel sufría una amarga aflicción, y que no había siervo ni libre, ni nadie que ayudara a Israel".
2 Reyes 14:26

Israel se encontraba en una condición deplorable. Sus líderes eran corruptos, inmorales, idólatras, y el pueblo imitaba a los cananeos y seguía a sus dioses. Las consecuencias fueron desastrosas, a tal punto que nadie quería ayudar a Israel. Ni siquiera les convenía a los pueblos vecinos hacer alianzas con los hebreos porque no tenían nada que ofrecer. Estaban en "amarga aflicción".

La palabra aflicción usada aquí es el vocablo hebreo *oni* que significa 'depresión, miseria, angustia, pobreza, abatir, humillar, quebrantar y deshonrar'. El pueblo estaba experimentando pobreza espiritual y económica, eran menospreciados por todos, y habían caído en depresión. No había salida.

Dios era el único que podía ayudar a Israel. Siempre es así, Él ve la aflicción de su pueblo y acude a socorrerlo. Su misericordia y compasión no le permiten permanecer quieto. Así fue como Dios levantó al profeta Jonás. Sí, el mismo que unos ocho años más tarde fuera a predicar a Nínive e hiciera un viaje de tres días en un "crucero submarino" en el estómago de un gran pez. El profeta les dijo que Dios los iba a prosperar y que iban a expandir su territorio; y así sucedió según el relato de 2 Reyes 14:25.

¡Qué incomprensible es la misericordia de Dios! ¿Crees que su pueblo merecía esta salvación? Claro que no. De la misma manera sucede con nosotros, nunca seremos merecedores de la salvación de Dios, de sus rescates oportunos, de su benevolencia, de sus bendiciones diarias.

¿Por qué Dios se mueve con esa compasión? Porque Él realmente ama a su pueblo, no lo puede ver en amarga aflicción. Dios siempre nos está buscando para darnos oportunidad de arrepentimiento y restaurar nuestra relación con Él. ¡Sigue siendo Emanuel, Dios con nosotros!

Siempre que nos volvamos sinceramente al Señor, nos perdonará y nos guiará por el camino correcto. Él está atento a nuestro clamor. "Entonces clamaron a Jehová en su angustia, y los libró de sus aflicciones." (Salmo 107:6).

¡Qué tremenda es tu misericordia! Tu compasión es incomparable.

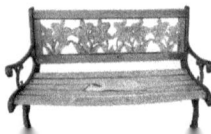

Persevera hasta el fin

"Mas el que persevere hasta el fin, éste será salvo".
Mateo 24:13

Según las profecías bíblicas, los últimos tiempos antes de la venida del Señor estarán marcados por conflictos a nivel global, proliferación de enfermedades y pandemias, cambio climático, pero también apatía y tibieza espiritual, pérdida de los valores morales, falta de amor verdadero, entre otras cosas. ¡Qué duda cabe que ya estamos viviendo esos tiempos!

La presión que se ejerce desde la sociedad para aceptar como normal lo que Dios llama pecado pretende destruir la fe de los hijos de Dios. Cada día parece ser más difícil mantenerse firme frente a tantas amenazas e intimidación, y sin duda el diablo, que está detrás de todo esto, busca sembrar dudas y debilitar nuestra confianza en el Señor para que abandonemos la carrera, aunque sea por un tiempo.

Alguien me dijo en cierta oportunidad, después de que lo animara a congregarse, que por el momento no lo haría porque se había tomado "un break" en su relación con Dios. Increíble. ¡Menos mal que Dios no se toma recreos con nosotros!

El Señor Jesús, sabiendo todo esto de antemano, nos animó a perseverar hasta el fin. La palabra perseverar en griego es *hypomeno* que significa 'soportar, resistir, tener entereza, sufrido'. La única manera de ser victorioso ante tantas presiones y ataques es mantenerse bajo la autoridad de Cristo y ser capacitado con su poder para resistir.

Indudablemente vamos a atravesar situaciones difíciles, pero tenemos la promesa de que nunca estaremos solos. Jesús nos dijo que Él mismo estaría con nosotros todos los días, hasta el fin del mundo (Mateo 28:20b).

La Biblia simboliza la vida cristiana con una maratón, no como una carrera de 100 metros. Los victoriosos no son los más rápidos, sino los que saben perseverar hasta el fin. Debemos correr con paciencia la carrera espiritual, poniendo nuestros ojos en Jesús (Hebreos 12:1-2).

Cristo viene pronto y espera encontrarnos perseverando. Cuando las presiones te agobien, piensa en ese maravilloso acontecimiento que está a las puertas. ¡Lo mejor está por llegar!

Señor, voy a perseverar por fe hasta el fin con tu ayuda.
Cuando venga el desánimo, recuérdame mi destino y el gozo eterno.

Estimado a los ojos de Dios

"Porque a mis ojos fuiste de gran estima, fuiste honorable, y yo te amé;
daré, pues, hombres por ti, y naciones por tu vida".
Isaías 43:4

¿Qué vio el Señor en nosotros para amarnos? Sigue siendo la pregunta del millón.

¿Has visto la mirada de una madre ante su hijo recién nacido? Creo que se aproxima un poquito al amor que Dios siente por nosotros. Ella ama a ese bebé sin haberlo visto antes y sin importar lo que sucederá a partir del momento de su nacimiento. Está dispuesta a dar su vida por alguien que solo llora y pide comida. Sin embargo, sabe que es parte de ella, lo ha llevado en su vientre por varios meses y siente algo que... ¿cómo explicarlo? No soy madre, pero he visto esa mirada. Si tú eres mamá, entiendes lo que quiero decir.

Dios nos mira con ojos llenos de amor; para Él somos de "gran estima". Pero no nos confundamos, no somos valiosos por nosotros mismos sino a través del sacrificio de Cristo en la cruz. Fuimos comprados con su sangre y valemos su misma vida. Además, para Él somos "honorables". Esta palabra en hebreo es *kabad* que significa 'ser distinguido, ilustre, insigne, noble o renombrado'. ¡Wow! ¿Así nos ves Señor? ¡Qué amor!

Observa que Dios no dice "yo te amaré", dice "yo te amé". Nos ama desde la eternidad y nada ni nadie puede cambiar eso. Su amor es ininterrumpido, inalterable, incondicional, infinito. Dios tiene su mirada sobre ti, no se cansa de contemplarte. Te ama porque te creó, pero además porque te volvió a comprar para que seas doblemente suyo.

Cuando comprendemos que somos amados sin merecerlo, solo podemos corresponder a ese amor entregando nuestra vida al Señor sin reservas. A través de esa relación de amor Padre-hijo llegamos a entender para qué fuimos creados y nos envuelve una profunda seguridad de que el Señor cumplirá sus planes en nuestra vida, hoy y por la eternidad. Si esa es tu confianza, ¿cómo no creer que Él se ocupará de cada detalle de tu vida?

Recuerda que a los que aman a Dios, todas las cosas les ayudan a bien, porque están siendo formados según sus propósitos (Romanos 8:28).

¡Qué tremendo amor que nos tienes Señor! Perdóname por ser indiferente
en ciertas ocasiones. Quiero amarte cada día más.

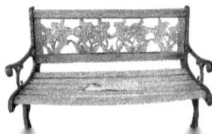

Jesús elogia la prudencia

"Cualquiera, pues, que me oye estas palabras, y las hace, le comparará a un hombre prudente, que edificó su casa sobre la roca".

Mateo 7:24

Al cerrar el sermón del monte, Jesús relató la parábola de los dos constructores de casas. Uno necio, que perdió su casa por no tener un fundamento firme, y el otro prudente porque supo construir sobre la roca. La principal cualidad del constructor de la casa firme es que fue "prudente". Esta palabra en griego es *frónimos* y se refiere a una persona que ejercita su mente, que lleva su conocimiento a la práctica, que tiene visión o noción intelectual, que es juicioso, sagaz, sensato, sabio. Una persona prudente piensa con cordura, toma buenas decisiones, tanto para él como para los que están bajo su cuidado. "Con sabiduría se edificará la casa, y con prudencia se afirmará" (Proverbios 24:3).

Un cristiano prudente es aquel que no actúa movido por impulsos o emociones, que no toma riesgos innecesarios. No podemos tentar a Dios y ser irresponsables. La prudencia nos dice que debemos actuar teniendo en cuenta la Palabra de Dios cuando dice que el avisado ve el mal y se esconde; y que solo los simples pasan y reciben el daño (Proverbios 22:3).

Muchas veces personas más prudentes y sabias que nosotros nos darán consejos, pero también nos corregirán con madurez espiritual para evitar daños, tropiezos, errores y aun pecados. Si somos prudentes, aceptaremos esa corrección. Solo los necios menosprecian el consejo. Los prudentes guardan la corrección (Proverbios 15:5).

Los prudentes se preparan para lo que vendrá, tanto en la vida diaria como en lo espiritual. Es interesante que Jesús usara la misma palabra *frónimos* para hablar de las cinco vírgenes prudentes que estaban preparadas para la venida del Esposo. Las prudentes fueron las que tomaron aceite en sus vasijas, juntamente con sus lámparas (Mateo 25:4).

Si eres prudente aplicando la Palabra de Dios, permanecerás firme como el buen edificador. "Descendió lluvia, y vinieron ríos, y soplaron vientos, y golpearon contra aquella casa; y no cayó, porque estaba fundada sobre la roca" (Mateo 7:25).

Quiero conducirme con prudencia y sabiduría.
Dependo de ti, Espíritu Santo.

No te afanes

"Por nada estéis afanosos, sino sean conocidas vuestras peticiones delante de Dios en toda oración y ruego, con acción de gracias".
Filipenses 4:6

¡Cuántas situaciones diarias pueden llevarnos a estar preocupados y hasta producirnos ansiedad! La Biblia llama a eso "afanarse". Esta palabra en griego es *merimnao* y significa 'dividirse por una distracción o estar en ansiosa inquietud'.

"Por nada estéis afanosos". ¿Será posible no estar afanados por nada? El apóstol Pablo nos dice que es posible si podemos confiar en el cuidado del Padre Celestial. No creas que esto es mera teoría paulina. El apóstol pasó por todo tipo de situaciones apremiantes y siempre supo encomendarlas al Señor.

El Señor les dijo claramente a sus discípulos que estaban pasando por ansiedad y temor: "Por tanto os digo: No os afanéis por vuestra vida, qué habéis de comer o qué habéis de beber; ni por vuestro cuerpo, qué habéis de vestir. ¿No es la vida más que el alimento, y el cuerpo más que el vestido?" (Mateo 6:25). Dios conoce todas nuestras necesidades y sabe cómo suplirlas. Si Dios cuida de las aves y las flores del campo, qué no hará por sus hijos.

¿Qué debes hacer entonces si las preocupaciones comienzan a tomar el control de tu vida? Debes ir a Dios en oración y ruego. En el pasaje de Filipenses, Pablo dice que la oración guardará de ansiedad nuestro corazón. Orar resultará en la protección más eficaz contra las preocupaciones.

Cuando ores, no olvides hacerlo con acción de gracias. Expresarle agradecimiento al Señor antes de que Él actúe, es una clara evidencia de fe que Dios recompensará.

Revisa tu lista de necesidades. Antes de comenzar tu día, recurre al Señor. Háblale de ellas y permítele que se manifieste como el Padre que sabe dar buenas dádivas a sus hijos. El Señor está esperando que deposites todas tus cargas en Él y no vivas en ansiosa inquietud. ¡Dios tiene cuidado de sus hijos!

Señor, conoces todas mis necesidades y sabes cuales me producen mayor preocupación. Quiero depender de tu cuidado y provisión. Gracias por lo que harás, porque sé que en Ti tengo todo lo que necesito.

Dispuestos a alabar a Dios

"Pronto está mi corazón, oh Dios, mi corazón está dispuesto;
cantaré, y trovaré salmos. Despierta, alma mía; despierta,
salterio y arpa; me levantaré de mañana".
Salmo 57:7-8

No creas que David pasaba por situaciones mejores que las nuestras y por eso le cantaba a Dios. Cuando escribe este salmo, de acuerdo con la introducción, estaba siendo perseguido y se había escondido en una cueva. Allí mismo le dice al Señor que su corazón estaba dispuesto a alabarle.

La palabra "dispuesto" en hebreo es *kun* que entre otras cosas significa 'alistar, componer, consolidar, encaminar, establecer, preparar'. El corazón del salmista estaba siempre listo para adorar a Dios, había hecho de esto una prioridad en su vida.

En el caso de David, lo hacía con cantos e instrumentos. Aquí se menciona el salterio y el arpa, dos instrumentos muy usados en esa época. Desde temprana edad él aprovechaba los tiempos de quietud mientras cuidaba a las ovejas para cantar salmos y acompañarse con su arpa. Además, también se dice que David inventaba instrumentos musicales para exaltar al Señor (Amós 6:5). Entonces, ¿por qué no hacerlo también dentro de una cueva?

David escribe en otros salmos que cuando se acostaba a dormir pensaba en el Señor y cuando se despertaba todavía seguía pensando en Él. ¿No te parece maravilloso terminar el día pensando en el Señor y levantarnos con un corazón dispuesto a alabarle en lugar de estar malhumorados?

Seguramente David no estaba cómodo en esa cueva, y sabía los peligros que le rodeaban, sin embargo, le dice a su alma: "Despierta, vamos a alabar a Dios". Él quería expresar su confianza en el Señor a través del canto y la música.

Hoy tenemos la oportunidad de comenzar el día con un canto de gratitud a nuestro Dios. Piensa en su amor por ti, en su bondad y misericordia, y seguramente esa alabanza brotará naturalmente de tu corazón. No importa lo que digan los demás. ¡Siempre hay motivos para honrar y exaltar al Señor!

Te alabo mi Dios, porque eres incomparable. No hay otro como tú.
Empiezo mi día con alabanza y gratitud a Ti.

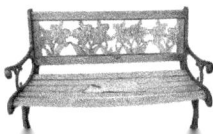

Fe incondicional

"Por la fe Abraham, siendo llamado, obedeció para salir al lugar que había de recibir como herencia; y salió sin saber a dónde iba".
Hebreos 11:8

Abraham nunca le puso condiciones a Dios para obedecerlo. No hizo un pacto con Dios, fue Dios quien hizo un pacto con él. No estaba en condiciones de hacer arreglos con Dios, ni mejorarle los planes eternos. El Señor le dio una promesa incondicional y requería de él una fe incondicional.

Para el cumplimiento de la promesa divina era necesario dar el primer paso: dejar su tierra, su parentela, su viejo estilo de vida, y aprender a depender de Dios diariamente.

La fe incondicional de Abraham lo llevó a obedecer y Dios cumplió la promesa de bendecir a todas las familias de la tierra a través de su descendencia porque encontró en él a un hombre dispuesto a creer pase lo que pase.

Pensando de manera lógica, si Dios que es eternamente sabio y fiel hizo un plan y nos da una promesa, ¿por qué deberíamos añadir alguna condición? Solo nos resta obedecer y estar a la expectativa de lo que hará.

La fe condicional no es fe. Las frases "creo, pero", "creo si" o "creo cuando" son contrarias a la fe. Si ponemos condiciones, estamos manifestando dudas, inseguridad, desconfianza, incredulidad. Para que nuestra fe sea verdadera debe ser confirmada a través de nuestra obediencia a lo que Dios nos dijo.

Abraham era tan humano como nosotros, así que, si él pudo caminar con Dios por la fe, nosotros también podemos. Él es un ejemplo digno de imitar. "Por lo tanto, sepan que los descendientes de Abraham son aquellos que viven por la fe" (Gálatas 3:7).

También leemos en la Biblia que nosotros tenemos mejores promesas (Hebreos 8:6) y que en nosotros reside el Espíritu Santo para capacitarnos con poder y afirmar nuestra fe (Juan 14:17).

Te pregunto: ¿crees que tu fe es condicional o incondicional? ¿La confianza y la seguridad en el Señor caracterizan tu vida? Reflexiona sobre esto.

Señor, quiero creer en ti y punto, sin condiciones.
Solo tú sabes lo que es mejor para mí, siempre.

Nunca dejar de buscar a Dios

"Jehová estará con vosotros, si vosotros estuviereis con él; y si le buscareis, será hallado de vosotros; mas si le dejareis, él también os dejará".
2 Crónicas 15:2b

El rey Asa y su ejército venían de obtener la victoria más importante. Dios había destruido al ejército enemigo de ¡un millón de soldados! Venían eufóricos celebrando el triunfo, y a su regreso a Jerusalén les salió al encuentro Azarías, un profeta de Dios que tenía un mensaje de parte de Él: "Oídme, Asa y todo Judá y Benjamín: Jehová estará con vosotros, si vosotros estuviereis con él; y si le buscareis, será hallado de vosotros; mas si le dejareis, él también os dejará" (v. 2).

Las palabras de Azarías, les hizo recordar Quién les había dado la victoria y de Quién debían seguir dependiendo.

Muchas veces nos sucede que después de experimentar una victoria espiritual o recibir una respuesta milagrosa de Dios, nos olvidamos de seguir dependiendo de Él. Es fácil llegar a pensar que tenemos derecho permanente al favor y la bendición de Dios, aunque no le busquemos. Sin embargo, si queremos su respaldo, necesitamos acudir a Él en todo momento. "Mi corazón ha dicho de ti: Buscad mi rostro. Tu rostro buscaré, oh Jehová" (Salmo 27:8).

Para convertirnos en las personas que Dios quiere que seamos y cumplir con su voluntad en nuestra vida, debemos sumergirnos en una relación de dependencia diaria y no circunstancial. Si descuidamos nuestra relación con el Señor, nos privamos de todos los beneficios que Él promete a aquellos que le buscan con interés. "Cercano está Jehová a todos los que le invocan, a todos los que le invocan de veras." (Salmo 145:18).

También lo sabía el profeta Jeremías que lo expresó de esta manera: "Mi porción es Jehová, dijo mi alma; por tanto, en él esperaré. Bueno es Jehová a los que en él esperan, al alma que le busca". (Lamentaciones 3:24-25). Estas son las palabras de alguien que ha buscado al Señor y le ha hallado, de alguien que sabe que fuera del Señor no habrá nada que satisfaga verdaderamente su vida.

Comienza tu día dándole gracias por las victorias espirituales pasadas, pero también reconociendo tu necesidad de Él hoy mismo.

Señor, reconozco que hasta aquí has sido fiel, pero también que sin ti nada soy y nada puedo hacer. Dependo de ti.

Amor primero

"Pero tengo contra ti, que has dejado tu primer amor. Recuerda, por tanto, de dónde has caído, y arrepiéntete, y haz las primeras obras; pues si no, vendré pronto a ti, y quitaré tu candelero de su lugar, si no te hubieres arrepentido".
Apocalipsis 2:4-5

La iglesia de Cristo en Éfeso era muy buena en obras, doctrina, paciencia, santidad… Todo iba bien hasta que Dios dijo "pero". Si Dios dice "pero", es mejor prestar mucha atención.

"Has dejado tu primer amor". No fue una pérdida por accidente, sino una decisión intencional y voluntaria. La construcción gramatical griega de este versículo dice literalmente: "Pero estoy teniendo contra ti que el amor de ti, el primero, dejaste ir". No solo habían perdido el entusiasmo inicial, el gozo de ser salvos, sino que el Señor ya no era lo que más amaban. La obra, el servicio, la firmeza en la doctrina, y tantas otras cosas buenas pasaron a ser lo más importante, y amar a Jesús por sobre todas las cosas fue desplazado del primer lugar.

Las justificaciones podrían haber sido bíblicas: "Amamos la verdad, sabemos distinguir muy bien a los falsos profetas, nos esforzamos al máximo en el servicio, ayudamos a los necesitados, recibimos con amor a los que son salvos…". Todo eso es muy loable, pero si esos amores están antes que el amor a Jesús, algo está mal.

Si nuestro amor por el Señor no es constante, llegará el momento en que nos dedicaremos a hacer cosas, pero sin la motivación correcta. Ocuparemos el tiempo en actividades, pero nos alejaremos de la presencia de Dios, y si nos alejamos de la comunión íntima con el Señor, el amor finalmente se enfriará.

Recuerda 1 Corintios 13:1-3. Puedes hablar lenguas humanas y angélicas, tener profecías, entender todos los misterios y toda ciencia, tener toda la fe, repartir todos tus bienes, pero si no tienes amor, de nada te sirve.

Acércate al Señor; pon "leña" cada día a tu relación con Él para que esa llama nunca se apague. Pasa tiempo en su presencia. Recuerda todo lo que hizo por ti. Dile cuánto lo amas. Que tu relación de amor con el Señor sea tan evidente que otros digan: "Sí que está enamorado/a de Jesús".

Jesús, eres mi primer amor. Ordeno todo lo demás debajo de esta mi prioridad.

Su brazo extendido

"Oh Señor, ten misericordia de nosotros, pues nosotros esperamos en ti. Tú, brazo de ellos en la mañana, sé también nuestra salvación en tiempo de la tribulación".
Isaías 33:2

Israel se encontraba amenazado por Asiria, un país que se caracterizaba por su crueldad. En esa situación es que claman a Dios por salvación. La verdad es que no merecían la ayuda de Dios porque se habían alejado de Él, sin embargo, apelan a su misericordia.

Es muy llamativa la expresión de Isaías "brazo de ellos", en hebreo *zeroá*, que tiene el significado de un brazo estirado hacia afuera. Se refiere al brazo en movimiento, no a un brazo inmóvil. Israel le pide a Dios que su brazo se extienda para ayudarlos en ese momento crítico.

Es interesante notar que le piden a Dios que su brazo se extienda desde el inicio del día. No claman pidiendo ayuda para el final de su jornada, cuando ya habían intentado todo en sus propias fuerzas. Por el contrario, su oración es que Dios los ayude "desde la mañana".

Desde tiempos antiguos Dios se había manifestado a su pueblo como el Todopoderoso que salva con su brazo extendido (Éxodo 6:6). También lo menciona en Deuteronomio 4:34; 5:15; 7:19; 11:2; 26:8; 2 Reyes 17:36; Salmo 98:1 y muchos pasajes más. Cuando oraban haciendo referencia al brazo extendido de Dios sabían muy bien de qué se trataba.

¿Puedes imaginar a Dios con su brazo extendido ayudando a su pueblo para librarlo de la tribulación? Ahora… ¿puedes imaginarlo con sus dos brazos extendidos para dar salvación? Sin duda que nuestra mente viaja rápidamente al monte Calvario, donde Cristo fue crucificado en nuestro lugar para salvarnos.

Pero, ¿puedes imaginarlo hoy con sus brazos extendidos desde su trono ayudando a su pueblo? Imagino el día en que me encuentre con Jesús en el cielo, lo veré cara a cara y sus brazos estarán extendidos para darme el abrazo más amoroso que alguien pueda darme jamás.

Los brazos del Señor siguen extendidos para sanar, renovar, liberar, ayudar a todo el que se acerque con fe a Él. "El Dios eterno es tu refugio, y sus brazos eternos te sostienen…" (Deuteronomio 33:27[a])

Aquí estoy Señor, deseoso/a de recibir tu abrazo de amor.
Sé que te preocupas por mí y eso me hace sentir seguro/a.
Tus brazos extendidos me llenan de confianza.

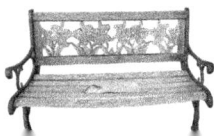

Cicatrices

*"Y cuando les hubo dicho esto, les mostró las manos y el costado.
Y los discípulos se regocijaron viendo al Señor".*
Juan 20:20

Todos tenemos alguna cicatriz en nuestro cuerpo. Cada una de ellas forma parte de una historia que puede recordarnos alguna hazaña o también sufrimiento y dolor.

Jesús resucitó con un cuerpo transformado, indestructible, perfecto, sin embargo, mantuvo las cicatrices que le provocaron los clavos al ser crucificado y la lanza que traspasó su costado. Esas marcas quedarán visibles por toda la eternidad y nos recordarán los propósitos que cumplieron.

Sus cicatrices nos hablan de sustitución. Nosotros debíamos ir a la cruz por nuestro pecado, pero Él tomó nuestro lugar. Desde el Antiguo Testamento estaba profetizado (Salmo 22:16). Cada vez que veamos las cicatrices de Jesús vamos a agradecerle eternamente por haber tomado nuestro lugar.

Sus cicatrices nos hablan de perdón. Jesús no fue herido por sus pecados porque jamás pecó, fue herido por nuestras rebeliones y pecados (Isaías 53:5). Sus cicatrices manifiestan que no hay nada más que pagar. Todo lo que era necesario hacer ya lo hizo Cristo. Hay perdón de pecados por su sacrificio expiatorio.

Sus cicatrices nos hablan de restauración. Cuando somos perdonados comienza su obra de restauración, transformando nuestras propias heridas en cicatrices. "Por su llaga hemos sido curados". Él trabaja en nuestro espíritu, alma y cuerpo. Esa restauración también será escatológica. Cuando Israel sea restaurado después de la gran tribulación llorarán al ver sus cicatrices (Zacarías 12:10; 13:6).

Sus cicatrices también nos hablan de una relación eterna. Cuando le des la mano a Jesús verás sus cicatrices, si le abrazas, tocarás su costado traspasado, si te postras ante Él, verás las marcas en sus pies. Será un recordatorio permanente de su amor hacia nuestras vidas y un motivo para alabarle por la eternidad. "Al que está sentado en el trono, y al Cordero, sea la alabanza, la honra, la gloria y el poder, por los siglos de los siglos." (Apocalipsis 5:13b).

---

*¡Qué tremenda ha sido tu obra en la cruz! Por tu muerte y
resurrección tenemos vida. Te adoraré eternamente.*

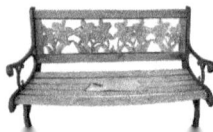

¿Haces tú bien en enojarte tanto?

"Y oró a Jehová y dijo: Ahora, oh Jehová, ¿no es esto lo que yo decía estando aún en mi tierra? Por eso me apresuré a huir a Tarsis; porque sabía yo que tú eres Dios clemente y piadoso, tardo en enojarte, y de grande misericordia, y que te arrepientes del mal. Ahora pues, oh Jehová, te ruego que me quites la vida; porque mejor me es la muerte que la vida. Y Jehová le dijo: ¿Haces tú bien en enojarte tanto?"
Jonás 4:2-4

¡Increíble que alguien pudiera orar con tanto enojo! Jonás quería que Dios destruyera a Nínive, la capital de Asiria. Allí vivía gente sanguinaria, cruel y despiadada, los peores enemigos de Israel. Sin embargo, Dios los estaba perdonando porque se habían arrepentido de sus pecados. La misericordia de Dios se estaba derramando más allá de Israel y Jonás no podía aceptar esto. En su mente estaba claro que lo que merecían era la destrucción total.

La palabra "enojo" usada aquí, en hebreo es *kjará*, significa 'arder de cólera, airarse, encenderse, encolerizarse, ensañarse, inflamarse'. ¿Has experimentado alguna vez este sentimiento? Para qué entrar en detalles… A veces nos parecemos a Jonás cuando las cosas funcionan del modo opuesto a nuestros deseos.

Entonces Dios le respondió a Jonás con una pregunta: "¿Haces tú bien en enojarte tanto?" ¡Wow! ¿Qué pasaría si el Señor nos hiciera la misma pregunta hoy? La respuesta debería ser: No. Cada vez que nos enojamos como Jonás, solo podemos esperar consecuencias negativas.

Al final del relato, Dios prepara una lección objetiva para el profeta a través de una calabacera y le enseña que Él nunca dejará de mostrar compasión por el ser humano perdido. Por lo tanto, si era misericordioso con Israel a pesar de sus rebeldías, también podía serlo con otros pueblos que se encontraban en la misma posición. "Por cuanto todos pecaron, y están destituidos de la gloria de Dios." (Romanos 3:23).

La gracia de Dios está más allá de nuestro entendimiento. No nos toca a nosotros decirle a Dios cómo debe actuar; mucho menos cuando nosotros somos objeto de su misericordia diariamente.

Te pregunto, ¿albergas ira en tu corazón? Renuncia a ella en favor del perdón. Deja que el Espíritu Santo cambie lo que sientes. Con cada paso de obediencia que damos, la paz de Cristo aumentará y la ira desaparecerá.

Señor, te entrego las situaciones que me producen ira y descanso en tu justicia.

Poemas de Dios

"Porque somos hechura suya, creados en Cristo Jesús para buenas obras, las cuales Dios preparó de antemano para que anduviésemos en ellas".
Efesios 2:10

No nos salteemos nunca este versículo. Hay una revelación especial de Dios para nosotros. Dice que somos "hechura" de Dios, formados con un propósito.

La palabra griega para "hechura" es el término *poiema* de donde se deriva la palabra castellana poema, y denota aquello que es hecho a mano, un diseño realizado por un artesano. Somos una obra maestra de Dios, la "poesía en la mente del Autor" antes de escribirla, el "diseño del Alfarero" antes de darle forma al barro. Somos únicos e irrepetibles, tenemos el sello del Hacedor en nuestras vidas.

David lo expresó de esta manera: "Porque tú formaste mis entrañas; tú me hiciste en el vientre de mi madre. Te alabaré; porque formidables, maravillosas son tus obras; estoy maravillado, y mi alma lo sabe muy bien. No fue encubierto de ti mi cuerpo, bien que en oculto fui formado, y entretejido en lo más profundo de la tierra. Mi embrión vieron tus ojos, y en tu libro estaban escritas todas aquellas cosas que fueron luego formadas, sin faltar una de ellas." (Salmo 139:13-16).

Pero no somos una obra terminada, estamos en construcción. Dios usa todas las situaciones que vivimos para añadir un capítulo más a su poesía. A veces puede parecernos un relato épico, otras veces una tragedia, la realidad es que Él sabe lo que está "escribiendo". Lo mejor que podemos hacer es permitirle que trabaje con nosotros a su manera (Isaías 45:9).

Tenemos la seguridad dada por la Palabra que al final del proceso nos daremos cuenta que todo ayudó a bien. "Y sabemos que a los que aman a Dios, todas las cosas les ayudan a bien, esto es, a los que conforme a su propósito son llamados" (Romanos 8:28).

Descansa en la sabiduría del Poeta y permite que hoy haga su trabajo. "Ahora pues, oye............ (*pon aquí tu nombre*), siervo mío, y tú…, a quien yo escogí. Así dice Jehová, *Hacedor tuyo*, y el que te formó desde el vientre, el cual te ayudará: No temas, siervo mío…, y tú… a quien yo escogí" (Isaías 44:1-2).

Tú eres mi Alfarero, yo soy el barro. Haz conmigo según tus planes para que se cumplan tus propósitos en mi vida.

Mi alma apegada a ti

"Está mi alma apegada a ti; tu diestra me ha sostenido".
Salmo 63:8

El subtítulo de este salmo en la versión RVR1960 es: "Salmo de David, cuando estaba en el desierto de Judá." David, como muchos otros hombres y mujeres de Dios, atravesó lo que solemos llamar un desierto, un tiempo de necesidad, de aflicciones, para probar su fe. En su caso fue literal, escapando del rey Saúl y ocultándose en donde pudiera.

A pesar de las condiciones ambientales extremas en las que se encontraba, David le canta a Dios y le dice: "Mi alma tiene sed de ti, mi carne te anhela, en tierra seca y árida donde no hay aguas" (v. 1). Este era su secreto, deseaba a Dios más que a nada en el mundo, por eso escribe que su alma, a pesar de la situación en la que se encontraba, estaba apegada a Él.

La palabra "apegada" en hebreo es *dabác* que significa 'asirse, adherirse, ligar, pegar, trabar, unir'. Esta es la misma palabra que se usa en 2 Samuel 23:10 cuando se menciona que Eleazar, uno de los valientes de David, tenía la espada "pegada" a su mano después de un intenso combate.

El salmista estaba adherido, agarrado de la mano derecha de Dios. Como un niño pequeño tomado de la mano de su padre, él podía caminar seguro, aunque transitara por un sendero escabroso. Él sabía que amigos, familiares y aun los mejores soldados podían desaparecer en los momentos difíciles de su vida, pero Dios se mantendría a su lado sosteniéndolo con su diestra.

Nosotros también podemos atravesar desiertos simbólicamente hablando; momentos en donde podemos experimentar soledad, temor, ansiedad por no saber lo que nos espera más adelante. Pero debemos recordar que el Señor nos dijo que no debemos tener miedo porque Él está con nosotros; que no nos desanimemos, porque Él es nuestro Dios quien nos da las fuerzas que necesitamos, y siempre nos sostendrá con su diestra salvadora (Isaías 41:10).

David confiaba totalmente en Dios; tenía motivos más que suficientes para perseverar sin desmayar. ¿Y tú?

Confío en ti Señor. Aunque pase por desiertos espirituales,
sé que estarás conmigo siempre y me darás la victoria.

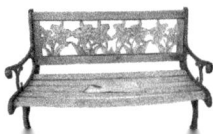

La casa llena del olor del perfume

"Entonces María tomó una libra de perfume de nardo puro, de mucho precio, y ungió los pies de Jesús, y los enjugó con sus cabellos; y la casa se llenó del olor del perfume".
Juan 12:3

En la década de los '80 se había puesto de moda entre las jóvenes un perfume ¡difícil de olvidar! Parecía que todas las chicas habían decidido no pasar desapercibidas. Esa fragancia era tan fuerte que era imposible no darse cuenta de la presencia de alguna de las fans de ese perfume. ¡Imagínate lo que era una reunión de jóvenes con cinco de ellas con esta fragancia!

El perfume de nardo puro usado en la antigüedad era muchísimo más caro y de una fragancia más refinada que el usado por las jóvenes de mi ciudad. El costo de una libra de ese perfume era igual al salario de un año de trabajo, y sabemos que María había invertido todos sus ahorros en él seguramente pensando en el día de su boda o en el funeral de un ser querido. Sin embargo, el amor de María por Jesús la llevó a tomar el perfume y derramarlo en los pies del Maestro. Los pies de Jesús quedaron impregnados de la fragancia y añade Juan, "la casa se llenó del olor del perfume". Nadie quedó indiferente a esa muestra de amor al Señor.

Nuestra devoción por Jesús no debería ser un secreto. No puedes aplicarte un poco de tu perfume favorito secretamente y pretender que nadie se dé cuenta. Cuando todo lo que hacemos es motivado por el amor que le tenemos al Señor y el deseo de agradarlo en toda circunstancia, en donde estemos esa fragancia debería "llenar toda la casa".

¿Llenamos del perfume de nuestra devoción a Jesús en donde nos encontramos? ¿Esa "fragancia" es percibida por nuestros compañeros de trabajo, nuestros amigos? ¿Nuestro amor por Jesús es fácilmente percibido por nuestro cónyuge y nuestros hijos?

No puedes decir que amas al Señor y mantenerlo "encerrado". Nadie se avergüenza ni esconde algo cuando sabe el valor que tiene. María hizo la diferencia cuando abrió el frasco. Fue una entrega sin reservas a Jesús y lo hizo públicamente, como debe ser.

Es hora de abrir tu frasco y darle toda tu devoción a Él. Deja que todos los que te rodean sepan quién es tu Salvador.

Señor Jesús, eres el centro de mi vida, el motivo de vivir.
Se me hace difícil expresarte todo mi amor con palabras. Sé que conoces
mi corazón y sabes lo que siento por ti.

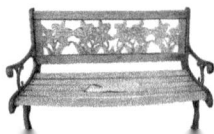

La reina tenía razón

"La reina, por las palabras del rey y de sus príncipes, entró a la sala del banquete, y dijo: Rey, vive para siempre; no te turben tus pensamientos, ni palidezca tu rostro. En tu reino hay un hombre en el cual mora el espíritu de los dioses santos... Llama ahora a Daniel, y él te dará la interpretación".
Daniel 5:10-12

El rey Belsasar estaba espantado. No era para menos. Una mano comenzó a escribir en la pared del salón donde celebraba una fiesta mientras todos "bebían vino, y alababan a los dioses de oro y de plata, de bronce, de hierro, de madera y de piedra" (v.4). Y para complicar más la situación, habían traído los vasos y utensilios del Templo de Jerusalén que le pertenecían a Jehová para dedicarlos a los dioses babilónicos.

Nadie en el reino pudo entender esa escritura y mucho menos interpretarla. La confusión se había apoderado de todos en el recinto y el jolgorio se transformó en desesperación. De pronto la reina madre, que había sido testigo de primera mano de los sucesos extraordinarios en días de Nabucodonosor, mencionó que había alguien que podía resolver el misterio.

"¡Hay un hombre!". Sí, era de carne y hueso. Tal vez en el reino de Belsasar ya no tenía una posición política, pero nadie podía quitarle su posición espiritual. "¡En él mora el espíritu de los dioses santos!" La reina no había realizado ningún curso de teología para poder definir el espíritu de Daniel, sin embargo, sabía que el poder y la capacidad de este hebreo provenían de un Dios Santo, muy diferente a los dioses que ellos veneraban.

Entonces trajeron a Daniel delante de esos "fiesteros" turbados y paralizados por el miedo, y sin buscar ser políticamente correcto, interpretó el mensaje para el rey. La escritura en la pared dice: "Contó Dios tu reino, y le ha puesto fin. Pesado has sido en balanza, y fuiste hallado falto. Tu reino ha sido roto, y dado a los medos y a los persas" (vs. 26-28). Esa misma noche Dios cumplió su palabra, mataron al rey y Darío tomó su lugar.

Dios sigue usando a sus "Danieles" para que sean portadores de un mensaje de amor y misericordia mientras dure el tiempo de su gracia. Que hoy alguien pueda ver en ti al Dios Santo, el único que tiene la respuesta para nuestro mundo en crisis.

¡Úsame Señor para tu gloria! Que otros puedan reconocer tu carácter en mí.

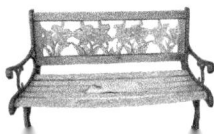

Tener a Dios por Jefe

"Mas en cuanto a nosotros, Jehová es nuestro Dios, y no le hemos dejado...
Y he aquí Dios está con nosotros por jefe..."
2 Crónicas 13:10, 12b

Jeroboam, el rey idólatra del norte de Israel, le presentó batalla a Abías con ochocientos mil soldados frente a la mitad de hombres que tenía el rey de Judá. La diferencia era desorbitante, imposible ganar una batalla tan desigual. El ejército judío parecía estar sentenciado a una clara derrota, pero las palabras del rey de Judá manifestaban otra cosa. Presta atención a la expresión que usa: "Dios es nuestro jefe". ¡Aleluya! Abías se apoyó en Jehová. Todos debían saber esto: ningún ejército que tenga al Señor por jefe pierde una batalla.

Cuando parecía el final de Judá, sucedió algo. "Y cuando los de Judá se dieron cuenta de que eran atacados por el frente y por la retaguardia, clamaron al Señor y los sacerdotes tocaron las trompetas; entonces los de Judá gritaron con todas sus fuerzas y en el momento en que gritaron, Dios desbarató a Jeroboam y a todo Israel delante de Abías y de Judá" (vs. 14-15). ¡Dios intervino cuando los sacerdotes comenzaron a alabar!

El ejército de Judá deshizo al de Jeroboam dándoles el golpe más dramático de toda la historia del Antiguo Testamento, ¡perdieron a quinientos mil hombres! (v. 17). No hubo ayuda de ningún dios para los derrotados.

La historia termina así: "Fueron humillados los hijos de Israel en aquel tiempo, y los hijos de Judá prevalecieron, porque se apoyaban en Jehová el Dios de sus padres" (v. 18). ¡El Señor fue su punto de apoyo!

¡Qué gran enseñanza para nosotros hoy! Las victorias se obtienen cuando nos apoyamos en Dios. No importa si el desafío que tenemos por delante es más grande que nuestras fuerzas y recursos, o los que se nos oponen nos doblan en número, si hemos puesto a Dios al mando, ¡Él tendrá la última palabra!

Comienza este día enfocado en Cristo y dependiendo de Él para enfrentar cualquier dificultad. El Señor está listo para demostrarnos su asombroso poder en medio de nuestras batallas.

Tú eres mi Jefe. Acato tus órdenes y pelearé mis batallas confiando en tu poder.
Gracias por los recursos espirituales que vienen de ti.

Levanta tus ojos al cielo

"¿A quién tengo yo en los cielos sino a ti? Y fuera de ti nada deseo en la tierra. Mi carne y mi corazón desfallecen; mas la roca de mi corazón y mi porción es Dios para siempre".
Salmo 73:25-26

Asaf era un adorador permanente en Jerusalén. No se había ofrecido como voluntario para estar en el ministerio de alabanza y adoración, sino que estaba consagrado y dedicado al servicio del Señor todos los días de su vida. Sin embargo, como hombre, tenía debilidades y temores.

Debemos estar agradecidos con Asaf por ser tan sincero al hablar de sus sentimientos. En este salmo menciona que muchas veces su cuerpo y su alma parecían "desfallecer". Esta palabra en hebreo es *kalá* que significa 'acabar, cesar, decaer, desmayar, desvanecer, marchitar o secar'. Muchas veces se sintió frustrado por lo que veía y fue impactado física y emocionalmente. Sin embargo, volvía a levantarse porque amaba a Dios más que a nada. Para el salmista, su "bien" siempre era estar cerca del Señor.

De él también podemos aprender que nuestra mirada debe elevarse a los cielos. Si solo miramos las circunstancias que nos presionan, el diablo ganará ventaja. Recordemos que Satanás busca debilitarnos para tener oportunidad de dañarnos.

También el escritor del Salmo 121 nos dice que debemos alzar nuestros ojos al cielo cuando nos sentimos desfallecer, porque nuestro socorro viene de Jehová, que hizo los cielos y la tierra (vs.1-2). Su ayuda no vendría de los "montes", sino del que creó los montes y todo lo que hay en el cielo y en la tierra.

Si te sientes decaído, puede ser que ni siquiera tengas fuerzas para susurrar una oración, pero aunque no puedas pronunciar una palabra, te animo a levantar tus ojos al cielo y hablarle a Jesús en tu espíritu. Solo dile: "Señor, ayúdame. Esto es demasiado para mí. No puedo hacer nada excepto poner mi fe en ti. Confío que vendrás en mi ayuda".

Asaf termina el Salmo 73 con estas palabras: "Pero en cuanto a mí, el acercarme a Dios es el bien; he puesto en Jehová el Señor mi esperanza…" (v.28).

Cuando me sienta decaído, levantaré mis ojos al cielo. Tú estás sentado en tu trono reinando y tienes el control de mi vida.

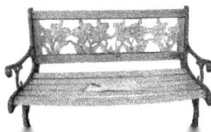

Beneficios del pastoreo de Dios

"Jehová te pastoreará siempre, y en las sequías saciará tu alma, y dará vigor a tus huesos; y serás como huerto de riego, y como manantial de aguas, cuyas aguas nunca faltan".
Isaías 58:11

La Palabra de Dios se refiere muchas veces al Señor como nuestro Pastor. Seguramente sabes lo que dice el Salmo 23. Jesús mismo dijo que Él era el buen Pastor que daba su vida por las ovejas (Juan 10:11). Los beneficios de ser pastoreados por el Señor son múltiples. Veamos algunos de ellos señalados por Isaías.

"En las sequías saciará tu alma". El profeta menciona que seremos saciados por Dios en tiempos "de sequía". ¿Has experimentado esos tiempos en donde nada ni nadie puede satisfacer tu alma excepto el Señor? Él promete ser el agua que sacie tu sed (Juan 7:37b); el sustento que tu alma necesita en los momentos de necesidad.

"Dará vigor a tus huesos". También podemos pasar por tiempos de debilidad física, incluso cuando alguna enfermedad o dolencia llega a reducir nuestro potencial. En esos momentos Dios promete darnos fuerzas y sostenernos.

"Serás como huerto de riego". Dios promete alimentarnos cada día para que los resultados de esa relación viva y profunda con Él sean evidentes a todos los que nos rodean. Aunque a nuestro alrededor todo se vea seco y sin vida, el Señor actúa en nuestras vidas para que demos fruto abundante en todo tiempo.

"Manantial de aguas que nunca faltan". El Señor es la fuente de vitalidad y abundancia en nuestra vida. Como una corriente en movimiento que fluye a través de nosotros y que salpica a los que nos rodean para que sepan dónde hallar el agua viva. Aunque haya tiempos difíciles semejantes a una gran sequía, Dios sigue siendo la Fuente de agua que satisface el alma sedienta.

Ser una de las ovejas de Cristo es la condición más segura que existe. En Él hay protección, guía segura, alimento permanente, y sentido de pertenencia. El Señor siempre caminará a nuestro lado y contaremos con su amoroso cuidado cada día hasta que lleguemos a salvo al hogar de nuestro Padre Celestial.

Jesús, tú eres mi Buen Pastor. Estoy en tus brazos, eso me hace estar seguro y confiado. Aunque ande en valles oscuros, tú estarás conmigo.

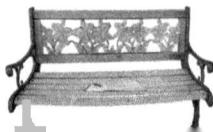

Síndrome del Hermano Mayor

"Él entonces le dijo: Hijo, tú siempre estás conmigo, y todas mis cosas son tuyas. Mas era necesario hacer fiesta y regocijarnos, porque este tu hermano era muerto, y ha revivido; se había perdido, y es hallado".
Lucas 15:31-32

A la parábola del hijo prodigo podemos dividirla en dos. En los versículos 11 al 25 se encuentra la historia del hijo menor que se fue de la casa y finalmente regresó arrepentido después de haberlo perdido todo. Y del versículo 25 al 31 tenemos la historia del hermano mayor que se enojó muchísimo por la fiesta que el padre había organizado para celebrar el regreso de su hermano.

¿Alguna vez te sentiste inquieto al ver que el Señor bendecía abundantemente a alguien que acababa de conocerle, mientras tú seguías esperando por algo que le habías pedido hace mucho tiempo? Si es así, puede ser que hayas sufrido el "Síndrome del Hermano Mayor". Estos son algunos de los "síntomas":

a. Enojo: Disgusto por la alegría de la familia espiritual al celebrar "demasiado" el regreso de un perdido.

b. Enfoque centrado en uno mismo. Solo puede dar gracias por las bendiciones que él recibe.

c. Superioridad: Creer que sus acciones son mejores que las de los demás y merece una mejor recompensa.

d. Pérdida de la memoria: Olvida todos los beneficios recibidos y las promesas que siguen vigentes.

e. Desprecio: Se aleja, juzga y hasta condena a los que el Padre ha aceptado.

Al juzgar incorrectamente lo que Dios hace, estamos creyendo que Él se equivoca y que no debería mostrar tanto amor y misericordia con algunos, olvidándonos que nosotros seguimos siendo objeto de su amor y misericordia, aunque no lo merecemos.

Dios espera que nos gocemos por los perdidos restaurados, por los pecadores perdonados y bendecidos, por los descarriados que han vuelto a casa, y que participemos de la fiesta.

¡Celebra las bendiciones que el Padre da a otros y gózate por su gracia abundante!

Señor, quiero gozarme con los que se gozan y llorar con los que lloran, como me enseña tu Palabra.

El que sabe aclamar a Dios

"Bienaventurado el pueblo que sabe aclamarte; andará, oh Jehová, a la luz de tu rostro. En tu nombre se alegrará todo el día, y en tu justicia será enaltecido".
Salmo 89:15-16

Es muy feliz el pueblo que sabe "aclamar" a Dios. Esta palabra en hebreo es *teruá* que denota un estruendo de alegría o grito de batalla, específicamente con toque de trompetas, aclamando con júbilo, pregón o vocerío. Si lees detenidamente la definición te darás cuenta que no es una acción silenciosa, apagada. Es una alabanza que otros pueden escuchar.

Esta expresión no se refiere solo a la aclamación del pueblo de Dios en la iglesia una vez por semana, sino a la actitud diaria del corazón de cada persona que pertenece al pueblo de Dios. Sí, tú y yo también estamos involucrados.

Vivimos en una época en donde el sistema que rige este mundo trata de silenciar las voces de los que quieren alabar a Jesucristo. El Señor muchas veces mencionó que el mundo nos aborrecería, pero eso no debería impedir que sigamos aclamando a nuestro Dios. Es imposible apagar las voces de los que han tenido un encuentro real con Jesucristo.

El que alaba al Señor anda "a la luz de su rostro", es decir, le conoce profundamente, tiene un diálogo permanente e íntimo, en consecuencia, sabe tomar decisiones que honren su Nombre.

El salmista destaca que el que sabe aclamar a Dios "se alegrará todo el día". La alabanza nos ayuda a mantener nuestra atención en el Señor, por lo tanto, aunque lleguen desafíos, sabemos Quién es el que nos está guiando y lo que puede hacer por nosotros.

Alabar al Señor no solo llena nuestro corazón de gozo, sino que fortalece nuestra fe y nos da paz. ¡Somos renovados en la alabanza!

El que alaba a Dios descansa en su soberanía y su justicia perfecta. ¡Qué tranquilidad nos da saber que Él pone a cada uno en su justo lugar!

Diariamente enfrentamos situaciones injustas, pero cuando confiamos en Dios sabemos que Él nos hará justicia. Esa es la promesa para todo aquel que primero se humilla y depende del Dios Justo.

Comienza tu día alabando al Señor por sus obras, por sus hechos maravillosos. Si lo haces, eres bienaventurado.

Te alabo Señor con todo mi corazón. Comienzo este día con la actitud correcta y sé que te veré actuando en todo momento.

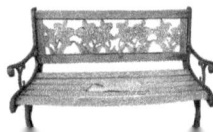

Cuando Dios nos hace esperar

"Todo lo hizo hermoso en su tiempo".
Eclesiastés 3:11ᵃ

Como seres limitados por el tiempo, podemos encontrar la espera muy frustrante. Todos queremos respuestas rápidas, inclusive de Dios. Si el tiempo pasa y lo que hemos pedido no llega, comenzamos a entrar en desesperación, ansiedad, enojo y hasta podemos comenzar a hacerle reclamos a Dios. Pensamos que se olvidó de nosotros, que no nos ama como antes, que su "reloj" no funciona… Sin embargo, Dios no percibe el tiempo como nosotros.

Alguien dijo que "la espera no es un accidente, es un propósito". En esas "salas de espera" es que Dios llama nuestra atención y cumple muchos de sus propósitos en nuestra vida.

En los tiempos de espera Dios trata con nuestro carácter. En momento así el Señor puede exponer aspectos de nuestra personalidad que deben ser transformados. Piensa por un momento, ¿cómo has reaccionado durante las últimas veces que el Señor te hizo esperar? ¿Fuiste paciente, le diste gracias antes de que llegara la respuesta, o en cambio te preocupaste, te frustraste, te enojaste, y hasta le diste un "ultimátum" a Dios?

Cuando debemos esperar, nuestra fe es probada. ¿Creemos realmente que Dios puede hacer todo lo que dice? ¿Vamos a mantenernos confiando en Él mientras esperamos sus respuestas o tomaremos el asunto en nuestras manos? Si entendemos de verdad quién es el Señor, podremos confiar en Él; y si lo hacemos, podremos esperar con paciencia su tiempo perfecto.

Durante el proceso de espera debemos recordar que el Señor siempre cumple sus promesas y responde a todo aquel que clama. Por lo tanto, debemos descansar y seguir el consejo del salmista: No abatirnos, no turbarnos dentro de nosotros, y esperar en Dios, porque de esta situación saldrá una nueva alabanza (Salmo 42:5).

Siempre que te sientas invadido por una sensación de urgencia recuerda quién es Dios y lo que Él te ha prometido. "Porque yo sé los pensamientos que tengo acerca de vosotros… pensamientos de paz, y no de mal, para daros el fin que esperáis" (Jeremías 29:11).

Espero en ti. Pase lo que pase sé que estás obrando lo mejor para mi vida y me ayudarás.

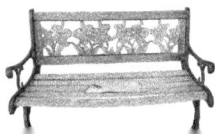

Dos hombres intrépidos

"Dijo, pues, Jonatán a su paje de armas: Ven, pasemos a la guarnición de estos incircuncisos; quizá haga algo Jehová por nosotros, pues no es difícil para Jehová salvar con muchos o con pocos".
1 Samuel 14:6

Jonatán no se parecía en nada a su padre Saúl; tenía otra manera de ver las cosas y confiaba completamente en Dios. Mientras su padre estaba preocupado por mantener su puesto de rey, Jonatán estaba enfocado en ganar batallas para la gloria de Dios.

En cierta ocasión se atrevió a invadir al enemigo solo con su paje de armas. La manera en que decidió atacarlos fue irrisoria, pero creía en lo que Dios podía hacer. La declaración de Jonatán habla por sí misma: "No es difícil para Jehová salvar con muchos o con pocos".

Para llegar a la guarnición filistea, Jonatán cruzó un paso entre dos peñascos y su paje de armas se mantuvo detrás de él. Jonatán subió trepando con manos y pies, seguido por su escudero, y empezó a luchar contra los filisteos; a los que caían delante de él, su escudero los mataba. En esa ocasión mataron como a veinte hombres en un espacio muy reducido y luego el pánico se apoderó de todo el campamento. Los filisteos estaban tan confundidos que se mataron unos a otros con sus propias armas (vs. 13-20).

¡Dios le dio la victoria a Israel porque dos personas confiaron en su poder! El Señor respaldó las palabras que Jonatán le habló a su escudero diciéndole que le siguiera porque Dios los había entregado en manos de Israel (v. 12).

Dios sigue respaldando a los que confían en Él. Hay batallas que deberemos enfrentar solo con el Señor, y otras en las que tendremos que unirnos a otros. Ponte de acuerdo con tu familia, con tus amigos y hermanos en la fe para ganar batallas espirituales. Cuando oramos juntos, nos motivamos unos a otros, nuestra fe se fortalece y podemos ver de qué manera el Señor pelea por nosotros.

Jesús dijo: "Otra vez os digo, que si dos de vosotros se pusieren de acuerdo en la tierra acerca de cualquiera cosa que pidieren, les será hecho por mi Padre que está en los cielos" (Mateo 18:19).

Gracias por mis compañeros de oración, aquellos que me ayudan a pelear mis batallas espirituales.

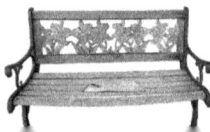

Magnífico Dios

"Cantad salmos a Jehová, porque ha hecho cosas magníficas;
sea sabido esto por toda la tierra".
Isaías 12:5

El capítulo 12 de Isaías está escrito desde el corazón de un adorador y nos motiva a alabar al Redentor de la humanidad por sus hechos magníficos.

La palabra "magnífica" en hebreo es *gueut* que significa 'braveza, magnificencia, majestad, ornamento, engrandecer, alzar, levantarse o triunfar'. Una palabra apropiada para describir a un Rey en todo su esplendor y majestad. Así lo expresa también el Salmo 93:1: "Jehová reina; se vistió de magnificencia; Jehová se vistió, se ciñó de poder. Afirmó también el mundo, y no se moverá".

Los salmos describen la grandeza de Dios a través de la historia de su pueblo. Las canciones de los salmistas nos hacen recordar las cosas magníficas que siempre ha hecho, a tal punto que renuevan nuestra fe y nos animan a seguir esperando cosas grandes del Señor.

Las palabras del rey David siempre fueron de reconocimiento a la magnificencia de Dios. Él dice que del Señor es la magnificencia y el poder, la gloria, la victoria y el honor, debido a que todas las cosas que están en los cielos y en la tierra son suyas, incluyendo el reino. También añade que Él es excelso sobre todos, que las riquezas y la gloria proceden de Él, y que domina sobre todo. En su mano está la fuerza, el poder, y el dar poder a todos (1 Crónicas 29:11-12). ¡Todo lo hace a la perfección porque es Magnífico!

¿Puedes ver a Jesús en toda su majestad? No podemos quedarnos únicamente con la imagen de la cruz porque solo estuvo unas horas allí para consumar su obra salvadora. Él resucitó y el Padre lo exaltó hasta lo sumo para reinar por los siglos de los siglos.

Cuando Juan vio la magnificencia de Jesús cayó como muerto. Lee la descripción que hizo el apóstol en Apocalipsis 1:12-18. ¡Dirás aleluya!

¿Estás maravillado ante su presencia y sus hechos? ¡Que glorioso es nuestro Salvador! ¡Cómo no exaltarlo siempre! Toma tiempo hoy para alabarlo porque solo Él es digno de nuestra adoración.

Bendito seas Señor, porque eres el Creador de todo. Merecedor de toda gloria y
alabanza porque realmente eres Magnífico.

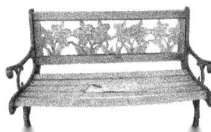

Los ungidos de hoy

"… Jehová no mira lo que mira el hombre; pues el hombre mira lo que está
delante de sus ojos, pero Jehová mira el corazón".
1 Samuel 16:7

Samuel era un hombre de Dios, consagrado a Él desde antes de nacer. Desde niño supo escuchar a Dios y obedecerlo. Su mayor deseo era agradarlo en todo. Sin embargo, era un ser humano con debilidades e imperfecto como tú y yo. El pasaje que acabas de leer nos muestra el momento en donde debió aprender una importante lección.

Samuel había ido a la casa de Isaí por mandato de Dios. En ese hogar encontraría al próximo rey de Israel. Entonces comenzaron a pasar delante de él los siete hijos de Isaí, uno más apuesto que el otro, de buena estatura, músculos desarrollados, tal vez con voces potentes. Al llegar el primogénito, Samuel pensó: ¡Este es el ungido de Dios! Tenía todo el biotipo para serlo, pero Dios estaba viendo el *"cardiotipo"*. Al Señor le importaba el corazón.

Ninguno de ellos era el elegido por Dios para ser rey. Samuel se sentía desconcertado. Entonces le preguntó a Isaí si tenía más hijos, y la respuesta fue: "Queda aún el menor…" (v.11). Y así fue que esperaron hasta que viniera David, el "descartado". Y cuando llegó David, Dios le dijo a Samuel: "Levántate y úngelo, porque éste es…" (vs. 12-13).

¿Existen estereotipos para reconocer a los ungidos de Dios? ¿Cómo deberían ser? ¿Bien vestidos y bien peinados, con el ceño fruncido, con voz fuerte, que usen un vocabulario grandilocuente y que tengan muchos "seguidores"? En serio, ¿cómo deberían ser?

Para Dios hay un solo punto importante: tener un corazón como el suyo, lo demás es secundario. Incluso la capacitación, ya que el que está ungido por Dios, también es dotado por su Espíritu y los resultados son evidentes en su vida. Dijo Jesús que por sus frutos los vamos a reconocer.

Los que tienen un corazón como el de Dios son humildes, reconocen sus propias necesidades, se muestran vulnerables, viven lo que predican, actúan como lo haría Jesús, buscan crecer en santidad. Algunos predican desde un púlpito, otros mientras trabajan, estudian, crían a sus hijos o suplen necesidades para la gloria de Dios. ¿Eres tú a quien el Señor está buscando?

Aquí estoy, Señor, para que me uses para tu gloria.
Confío en que me capacitarás para hacer mi parte. A ti la gloria.

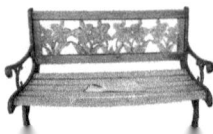

Leche espiritual no adulterada

"Mas la palabra del Señor permanece para siempre. Y esta es la palabra que por el evangelio os ha sido anunciada. Desead, como niños recién nacidos, la leche espiritual no adulterada, para que por ella crezcáis para salvación".
1 Pedro 1:25, 2:2

Cuando nuestro hijo Agustín tenía unos pocos meses de vida, sin darme cuenta le preparé su biberón con poca cantidad de leche de fórmula y demasiada agua. ¡Perdóname, eran las 3 de la mañana! Al primer sorbo mi hijo rechazó el biberón y su cara parecía decir: "¿Qué es esto? ¡Esta leche está adulterada…!" Él ya sabía cómo debía saber su leche, y esta no se parecía a la que tomaba normalmente.

El apóstol Pedro nos dice que debemos ser como un bebé en relación a la Palabra de Dios, desearla, pero también prestar atención a las enseñanzas que recibimos.

Como cristianos debemos darnos cuenta que hoy por hoy muchos adulteran la Palabra de Dios, la adaptan a su conveniencia, la recortan para ser aceptados por todo el mundo, le añaden "saborizantes" para que resulte apetecible para muchos, pero lejos de alimentar, esas enseñanzas debilitan la fe y alejan de la verdad.

Frente a esta realidad, es sumamente importante que diariamente vayamos a la Palabra de Dios, y que al alimentarnos de la verdad nuestro "paladar espiritual" pueda reconocer fácilmente la diferencia entre lo auténtico y lo falso, lo genuino de lo adulterado. De esa manera estaremos protegiendo nuestra vida espiritual.

Desear la leche es algo natural en un niño, y desear el alimento espiritual también debería ser una señal de nuestro deseo de crecer. Una vez que vemos nuestra necesidad de la Palabra de Dios y empezamos a hallar los nutrientes que necesitamos, nuestro apetito espiritual aumentará y comenzaremos a madurar.

Toma un tiempo significativo para leer y estudiar la Biblia. Si no sabes por dónde comenzar, empieza por Mateo, el primer libro del Nuevo Testamento y deja que el Espíritu Santo te hable.

Recuerda, el crecimiento sano lo obtienes a través del alimento sano.

Señor, necesito alimentarme de tu Palabra. Ayúdame a aplicar todo lo que reciba de ti hoy.

Dios te ciñe de poder

"Los arcos de los fuertes fueron quebrados, y los débiles se ciñeron de poder".
1 Samuel 2:4

Ana se sentía avergonzada y menospreciada porque no podía engendrar hijos. Esto era una afrenta en esos tiempos para las mujeres. Así que sintiéndose muy triste fue a Dios y le pidió que hiciera un milagro. Si ella tenía un hijo lo dedicaría a Él para que le sirviera toda su vida.

Y Dios hizo el milagro. Ana dio a luz a Samuel y fue dedicado al Señor por el resto de su vida. Ella alabó a Dios por sus hechos maravillosos y le dio gracias por su vindicación.

Al Señor le encanta intervenir en lo imposible y quebrar argumentos lógicos a través de su gran poder. La oración de aquel que se reconoce débil atrae a Dios, es la oportunidad para manifestar quién es Él y lo que puede hacer. Ana lo sabía y lo expresó de esta manera: "los débiles se ciñeron de poder". ¡Aleluya!

Bienvenido al grupo de los que Dios toma en sus manos, los reviste de poder y los usa para manifestar su grandeza. Cuanto más débil e insignificante sea el instrumento, mayor gloria recibirá Dios.

Dime si no te sientes identificado con las palabras del apóstol Pablo. Él dijo que lo insensato de Dios es más sabio que los hombres, y lo débil de Dios es más fuerte que los hombres. Les dice a los corintios que debían darse cuenta que no eran sabios según los criterios humanos, ni tampoco poderosos o nobles. Sin embargo, el secreto estaba en que Dios eligió lo necio del mundo para avergonzar a los sabios, y lo débil del mundo para avergonzar a lo fuerte. También dice que Dios escogió lo vil del mundo, lo menospreciado, lo que no es, para deshacer lo que es, a fin de que nadie pueda jactarse en su presencia (1 Corintios 1:25-29). ¡Wow, qué tremenda declaración! ¡Fuimos escogidos por Él para mostrar su gloria y poder!

Una cosa más... Débil no significa ser miedoso o cobarde, sino reconocer que no triunfamos por nuestras propias fuerzas. ¡Las victorias que vienen de la mano de Dios son las verdaderas victorias!

Ante los desafíos que debas enfrentar hoy, recuerda que "todo lo puedes en Cristo que te fortalece". Dios es el que ciñe de poder a los débiles.

¡Aleluya! Confío en las fuerzas que me das. Manifiesta tu poder en mis debilidades.

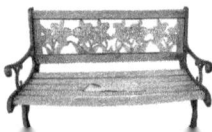

Poniendo nuestra esperanza en Dios

"En Jehová Dios de Israel puso su esperanza; ni después ni antes de él hubo otro como él entre todos los reyes de Judá".
2 Reyes 18:5

Cuando Ezequías asumió como rey de Judá, el pueblo estaba apartado de Dios. Su padre Acaz tuvo mucho que ver con esto. Siendo rey se olvidó de Dios y se entregó a la idolatría; incluso llegó a reformar el altar del holocausto siguiendo los planos del altar de los ídolos de Siria. Parecía un mal presagio para Ezequías después de ver actuar a su padre fuera de la voluntad de Dios. Sin embargo, a pesar de su juventud, comenzó a buscar al Señor.

Su reinado no fue nada fácil. Además de limpiar a Jerusalén de la idolatría y volver a reestablecer a los sacerdotes a sus funciones de acuerdo con lo establecido por Dios, tuvo que resistir al poderoso ejército Asirio que ya había destruido al reino del norte y se había llevado cautivos a los israelitas.

En un momento de intensa presión, Ezequías oró a Dios y le pidió a Isaías que intercediera por el pueblo. Entonces el profeta le envió un mensaje: "Así ha dicho Jehová, Dios de Israel: Lo que me pediste acerca de Senaquerib rey de Asiria, he oído... Y aconteció que aquella misma noche salió el ángel de Jehová, y mató en el campamento de los asirios a ciento ochenta y cinco mil…" (2 Reyes 19:20,32-35). Dios le respondió dándole una gran victoria.

¿Cuál fue el secreto de Ezequías? El versículo es claro al decir que "en Jehová puso su esperanza". La palabra que se traduce como esperanza en hebreo es *batakj* que significa 'apresurarse a refugiarse, confiar, estar seguro, apoyarse, esperar, fiarse y estar tranquilo'. Es poner toda nuestra confianza en Dios y estar seguros de que nos ayudará. No importa cuán difícil se vea la situación, podemos permanecer confiados.

¿Ezequías fue perfecto? La verdad que no. Se equivocó varias veces, pero se arrepintió a tiempo y Dios lo ayudó hasta el final de sus días.

No importa cuál sea nuestra historia, ni la situación que estemos enfrentando, si ponemos nuestra esperanza en Dios, Él puede cambiar todas las cosas. Pon tu confianza en el Señor porque Él nunca te defraudará.

Señor, pongo mi esperanza en ti. Eres mi Dios y nunca me has fallado.
Tu fidelidad y misericordia son eternas.

Dios perdona y olvida

"Jehová, si mirares a los pecados, ¿quién, oh Señor, podrá mantenerse?
Pero en ti hay perdón, para que seas reverenciado".
Salmo 130:3-4

En la actualidad, la palabra pecado ha pasado a ser un arcaísmo, es casi desconocida por las nuevas generaciones. Por supuesto, ninguna universidad ni escuela tiene el mínimo interés de traer el tema a la mesa de discusión, y esto es un gran problema, porque si no se reconoce el pecado, no hay posibilidad alguna de salvación.

La palabra que se traduce como pecado en hebreo es *avón* que proviene de *avá* y significa 'torcer algo, actuar perversamente, cometer iniquidad, obrar inicuamente, hacer mal, algo perverso, trastornar'. Pecado es torcer la ley de Dios, es actuar en contra de su santidad, es pervertir sus palabras, es actuar con mala intención. Evidentemente, todos hemos hecho muchas cosas malas, hemos pecado de una u otra forma, lo reconozcamos o no.

Como menciona el salmista, nadie podría mantenerse en pie si Dios simplemente aplicara su justicia, pero debido a su gracia y misericordia, Él envió a Cristo a tomar nuestro lugar y morir por nuestros pecados. Aunque el costo para nuestro Salvador y Señor fue enorme, voluntariamente pagó el castigo que merecíamos, tomó sobre sí mismo nuestros pecados, los llevó a la cruz, y canceló nuestra deuda en su totalidad. ¡Aleluya!

Observa lo que dice Miqueas 7:8-9 (y no olvides que este pasaje está en el Antiguo Testamento): "¿Qué Dios como tú, que perdona la maldad, y olvida el pecado del remanente de su heredad? No retuvo para siempre su enojo, porque se deleita en misericordia. El volverá a tener misericordia de nosotros; sepultará nuestras iniquidades, y echará en lo profundo del mar todos nuestros pecados".

Cuando reconocemos nuestros pecados, nos arrepentimos de ellos, y le pedimos perdón a Dios, él no solo nos perdona, sino que nunca más los traerá a su memoria.

¡Somos libres de la deuda del pecado, su esclavitud y la culpa que nos agobiaba! Caminar con Cristo es caminar en libertad.

Gracias Jesús por perdonar mis pecados. Me has hecho libre para amarte,
servirte y adorarte eternamente.

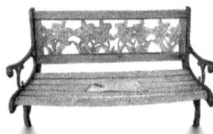

Recupera tu pozo

"Y todos los pozos que habían abierto los criados de Abraham su padre en sus días, los filisteos los habían cegado y llenado de tierra. Y volvió a abrir Isaac los pozos de agua que habían abierto en los días de Abraham su padre, y que los filisteos habían cegado después de la muerte de Abraham; y los llamó por los nombres que su padre los había llamado".
Génesis 26:15,18

En Canaán, para encontrar agua potable que garantizara la subsistencia, había que cavar pozos profundos. Cuando Isaac va a ver los pozos que habían sido abiertos por los criados de su padre, encuentra que los filisteos los habían segado. Envidiaban tanto a Isaac, que decidieron complicar su vida tapando las fuentes de agua. Pero lejos de desalentarse, él recordó las promesas que Dios les había dado y decidió recuperar los pozos perdidos. ¡Y hasta encontró pozos nuevos!

Metafóricamente hablando, nuestro corazón también puede ser "tapado" por nuestro enemigo. Desde donde debería fluir Agua Viva, ahora solo hay un montón de tierra, y a menos que identifiquemos lo que está obstruyendo el fluir de Cristo en nuestras vidas, podemos secarnos y morir espiritualmente. Algunas posibles causas que detienen su fluir:
- Desaliento. Todo comenzó con una palabra, una noticia.
- Desesperanza por pérdidas humanas, materiales o espirituales.
- Desilusión. Aquellos en quienes confiábamos nos defraudaron.
- Impaciencia. Las respuestas de Dios se "demoran".
- Sentimiento de soledad. Nuestros seres queridos ya no están.
- Pereza. Descuidamos nuestro crecimiento espiritual.
- Frustración. ¿Seguir luchando por aquello que nadie valora?
- Cansancio. Ya no tenemos más fuerzas para seguir.

Es hora de levantarte y recuperar lo perdido. No permitas que Satanás te siga engañando. Él quiere verte morir de sed, pero el Señor espera que lo resistas. Dios te ha dado poder para vencer. El Señor está esperando que te vuelvas a Él de todo corazón. Estás solo a un paso de que se cumpla su Palabra: "El que cree en mí, como dice la Escritura, de su interior correrán ríos de agua viva" (Juan 7:38). Él es el único que puede recupera tu corazón y saciar tu sed.

Señor, necesito apagar la sed de mi alma y solo tú eres mi Fuente de agua viva. Despierta mi ser para buscarte. Espero en ti y confío en tu renovación diaria.

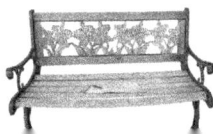

Te enseña provechosamente

"Así ha dicho Jehová, Redentor tuyo, el Santo de Israel:
Yo soy Jehová Dios tuyo, que te enseña provechosamente,
que te encamina por el camino que debes seguir".
Isaías 48:17

Dios nos dice que Él nos "enseña provechosamente". Prestemos atención a estas dos palabras.

La palabra hebrea para enseñar es *lamád* que denota 'enseñar con un incentivo, instruir, hacer hábil'. Cuando Dios nos enseña, no lo hace simplemente para que sumemos conocimiento intelectual o nos volvamos unos grandes teóricos. Él busca prepararnos, entrenarnos para saber actuar en cualquier situación.

El Señor no nos enseña desde un simulador, sino que nos coloca en situaciones reales para ver si responderemos de acuerdo con su voluntad.

Además, nos enseña "provechosamente", que en hebreo es *yaál* y significa 'ser valioso, que resulte en beneficio, que se pueda aprovechar, mejorar, que sirva y sea útil'.

¡Nunca pasamos por una prueba porque sí! Dios siempre tiene en mente nuestra transformación y capacitación para realizar lo que nos ha llamado a hacer.

El salmista David podía decir en medio de situaciones desafiantes: "Enséñame a hacer tu voluntad, porque tú eres mi Dios; tu buen espíritu me guíe a tierra de rectitud" (Salmo 143:10).

Tal vez hoy tengas que atravesar por las mismas situaciones que ayer, pero Dios puede enseñarte algo diferente. Ninguna prueba parecida a la anterior es inútil. Siempre aprendemos algo único en cada una de ellas.

Tal vez pases por situaciones nuevas e inesperadas, por desafíos que nunca has experimentado, pero en cualquier caso puedes estar seguro que el bondadoso Padre Celestial está llevando a cabo la tarea de perfeccionarte.

Hoy, tu Redentor, el Dios tuyo, te enseñará provechosamente y te encaminará por el camino que debes seguir. Cuando te enfrentes a un dilema o conflicto, pregúntale: ¿Qué me quieres enseñar? Te sorprenderás al ver lo que el Señor hará en tu vida al responder con obediencia.

Ayúdame a crecer en las situaciones que deba enfrentar.

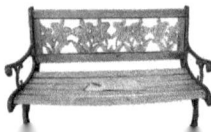

Si Dios quiere

"¡Vamos ahora! los que decís: Hoy y mañana iremos a tal ciudad, y estaremos allá un año, y traficaremos, y ganaremos; cuando no sabéis lo que será mañana. Porque ¿qué es vuestra vida? Ciertamente es neblina que se aparece por un poco de tiempo, y luego se desvanece. En lugar de lo cual deberíais decir: Si el Señor quiere, viviremos y haremos esto o aquello".
Santiago 4:13-15

Santiago, el hermano de Jesús, siempre fue muy directo. Lo sabemos por sus intervenciones en la iglesia primitiva, pero también por su epístola. Con total claridad nos dice que debemos tener cuidado de la forma en que nos referimos al mañana.

Uno de los errores que podemos cometer es estar tan confiados de que dispondremos del día de mañana, que nos conducimos como si no estuviéramos regidos por lo que Dios ha determinado. Por supuesto que también la Biblia nos dice que debemos planificar, ser organizados, y prepararnos para el futuro, pero la intención de Santiago es recordarnos que el futuro siempre está en las manos de Dios.

Antes de planificar debemos orar preguntándole al Señor qué tiene pensado para nosotros. A veces Dios nos mostrará claramente lo que debamos hacer, otras veces nos impulsará a avanzar hasta llegar a la puerta abierta, y en otras ocasiones esperará que nosotros avancemos hasta que Él nos detenga con una puerta cerrada. Una puerta cerrada no significa que nos hemos equivocado en todo lo que hemos hecho. El apóstol Pablo había predicado en muchos lugares, pero cuando avanzó hacia la región de Asia y Bitinia, el Espíritu Santo se lo prohibió (Hechos 16:6-10). Luego le mostró otra puerta abierta y partió para Macedonia.

El futuro no nos debe provocar ansiedad, como nos exhortó el Señor (Mateo 6:25), pero tampoco debemos llegar a creer que nosotros tenemos el control total de lo que pasará. Ahí es cuando Santiago nos dice que debemos sujetarnos a la voluntad de Dios.

Cuando te toque planificar para mañana, recuerda que tus planes están en las manos del Señor. No uses la expresión "si Dios quiere" y luego en la práctica te guíes por tus deseos y percepciones. Si conoces cómo Dios ha obrado en el pasado, entonces confía que sabrá guiar tu futuro.

Me sujeto a ti Señor para ser guiado hoy en todo lo que deba hacer. El mañana está en tus manos.

Abba Padre

"Y por cuanto sois hijos, Dios envió a vuestros corazones el Espíritu
de su Hijo, el cual clama: ¡Abba, Padre!"
Gálatas 4:6

Todo aquel que ha recibido a Cristo como Salvador y Señor ha pasado a formar parte de la gran familia espiritual de Dios. Pero hay momentos en que nuestros sentimientos nos pueden jugar una mala pasada y dudemos de que realmente seamos hijos de Dios. Conociendo las luchas que íbamos a enfrentar, el Padre envió al Espíritu Santo para que habite en nosotros y nos recuerde permanentemente que Él nos adoptó. ¡Somos sus hijos eternamente y para siempre!

El Espíritu Santo clama por nosotros interiormente "¡Abba, Padre!". *Abba* es la palabra aramea para padre, o más específicamente 'papá', un término familiar que manifiesta amor, seguridad y confianza como el que siente un niño al estar en los brazos de su padre. Pero también usa la palabra *pater* en griego, que en la época de Jesús era usada en los tribunales para certificar legalmente la paternidad. Según las leyes romanas, tanto los hijos biológicos como los adoptados tenían los mismos derechos y recibían los mismos beneficios.

Nosotros como hijos, hemos recibido del Padre Celestial los mismos derechos ¡que Jesucristo! ¿Sabes lo que eso significa? Relación permanente con Dios y además somos coherederos con Cristo. ¡Aleluya!

Creo que a todos nos encanta la palabra *pater* y disfrutar de su significado. Pero ¿qué sucede con *abba*? ¿Con cuánta regularidad le decimos a Dios "papá"? Tal vez nos excusemos diciendo que Dios merece respeto y llamarlo de esa manera es irreverente, o quizás la relación con nuestro padre terrenal fue tan difícil y dolorosa que no queremos usar esta palabra con Dios. Sin importar cómo haya moldeado nuestro padre terrenal nuestra percepción de lo que un padre debería ser, el amor y cuidado de nuestro Padre Celestial no se puede comparar al de ninguna persona.

¿Has experimentado la dulzura de su amor? Quizás sea el momento de comenzar a desarrollar una relación más profunda con Él. Toma tiempo para considerar las maneras en las que Dios te manifiesta su amor diariamente y experimentarás una seguridad única.

¡Qué Papá maravilloso que tengo! Gracias por tu cuidado, amor y guía permanente.
A tu lado me siento seguro, confiado y amado.

Jehová Shafat

"Porque Jehová es nuestro juez, Jehová es nuestro legislador,
Jehová es nuestro Rey; él mismo nos salvará".
Isaías 33:22

Los que tenemos una ciudadanía celestial no estamos exentos de sufrir injusticias en esta vida, sin embargo, nuestros casos no dependen únicamente de los tribunales humanos. ¡Dios es nuestro juez! Desde su trono el aplica su justicia y marca la diferencia entre los que confían en Él y los que no.

La palabra juez en hebreo es *shafat* que denota la idea de 'juzgar, pronunciar sentencia, vindicar, castigar, litigar una causa, contender, defender y juzgar'. Uno de los atributos de Dios es ser perfectamente justo. No pasa nada por alto y las sentencias que ejecuta son absolutamente justas.

Su modo de operar es distinto al de los tribunales humanos. Hay casos que para nosotros deberían resolverse en un día, pero Dios da tiempo para el arrepentimiento. Incluso podemos llegar a pensar que el Señor solo aplicará su justicia el día del Juicio Final, sin embargo, Dios está juzgando aquí y ahora.

Un día toda persona comparecerá delante del Juez. Los creyentes en el Tribunal de Cristo para recibir las recompensas por nuestro servicio al Señor (2 Corintios 5:10), y los pecadores delante del Gran Trono Blanco para ser juzgados (Apocalipsis 20:11-15). Allí nadie podrá torcer las leyes de Dios.

El apóstol Pablo tenía su confianza puesta en la justicia de Dios a tal punto que en sus últimos días de vida declaró: "Por lo demás, me está guardada la corona de justicia, la cual me dará el Señor, juez justo, en aquel día; y no sólo a mí, sino también a todos los que aman su venida" (2 Timoteo 4:8). ¡Aleluya! ¡Estás incluido en sus palabras!

Si estás siendo objeto de alguna injusticia, pon tu caso delante del Señor y confía en su justicia perfecta. Todo está siendo anotado en los libros de Dios y podemos estar seguros de que todo será juzgado.

Isaías termina diciendo: "Él mismo nos salvará". Descansa, el Señor está trabajando de acuerdo con sus leyes. Confiesa su Nombre ante las dudas o el desánimo y espera en Él. "¡Jehová Shafat!"

Oh Señor, tú eres mi Shafat. Confío en tu justicia y misericordia.
Encomiendo mis causas a ti porque sé que les darás un final glorioso.

Me levantaré e iré a mi Padre

"Me levantaré e iré a mi padre, y le diré: Padre,
he pecado contra el cielo y contra ti".
Lucas 15:18

El hijo pródigo tuvo que tocar fondo. Cuando se dio cuenta de la situación en la que se encontraba, reaccionó. Ya había desperdiciado todos sus bienes, no le quedaba nada, ni siquiera dignidad. Ya no había esperanzas para él.

Fue en ese momento que un pensamiento cruzó su mente: "¿Qué hago en esta inmunda pocilga? ¿Para qué seguir perdiendo más tiempo? La única salida es volver a la casa de mi padre". Entonces se armó de valor y regresó.

La mayoría conoce como termina la parábola. El hijo volvió a su hogar, fue recibido por su padre y se le devolvió su dignidad vistiéndolo con ropas nuevas y colocando un anillo valioso en su mano. Además, hubo una gran celebración porque decidió cambiar la muerte por la vida.

¿Te encuentras lejos del Padre Celestial? ¿Quisieras regresar a Él? Es necesario que reconozcas tu situación, le pidas perdón por tus pecados, y creas en su amor incondicional. Debes dejar atrás la "pocilga" que te deshonra como hijo y acceder a la casa del Padre. Él te está esperando con los brazos abiertos para celebrar ese reencuentro contigo.

No pierdas más tiempo, "levántate y ve al Padre". Acércate confiado a su presencia. "En él tenemos redención por medio de su sangre, el perdón de pecados según las riquezas de su gracia" (Efesios 1:7). En Dios no hay reproches, amenazas ni venganza cuando nos volvemos a Él arrepentidos.

No esperes más confirmaciones, más señales, o circunstancias especiales para reconocer que Dios te está hablando. Tampoco debes estar "preparado" para volver. Debes venir tal cual estás y dejar que Él te transforme. Es tiempo de volver a casa. El Padre te está esperando.

"Pero el padre les dijo a sus siervos: 'Traigan la mejor ropa, y vístanlo. Pónganle también un anillo en su mano, y calzado en sus pies. Vayan luego a buscar el becerro gordo, y mátenlo; y comamos y hagamos fiesta, porque este hijo mío estaba muerto, y ha revivido; se había perdido, y lo hemos hallado'. Y comenzaron a regocijarse" (vs. 22-24).

Gracias Dios por tu salvación. En ti hallo dignidad, aceptación, amor, seguridad. En
tu presencia es donde quiero habitar eternamente.

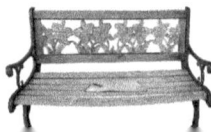

Pensamientos íntimos

*"Examíname, oh Dios, y conoce mi corazón; pruébame y
conoce mis pensamientos; y ve si hay en mí camino
de perversidad, y guíame en el camino eterno".*
Salmo 139:23-24

En este salmo, David siente la necesidad de pedirle a Dios que chequee sus pensamientos más íntimos para saber si son buenos.

Internamente, podemos tener toda una red de elaboradas excusas para acallar nuestra conciencia cuando ésta nos advierta que algo no está bien. Como consecuencia se pueden generar sentimientos de tensión y culpabilidad o podemos llegar a endurecernos y terminar creyendo nuestras propias mentiras.

David sabía muy bien de qué estaba hablando. Durante un año estuvo justificando su adulterio con Betsabé y el homicidio de Urías. Por eso recurre al Único que puede examinar sus más íntimos pensamientos y proveer la ayuda necesaria para vivir en rectitud. ¡Examíname oh Jehová! ¡No dejes que pase un día más sin que reconozca mis errores, desaciertos y pecados!

Quizás estés sosteniendo una lucha interior que tenga que ver con pensamientos de venganza por alguna injusticia; de poder y control; de deseos impuros; o de cualquier otra índole contraria a la voluntad de Dios. Si se ha encendido esa "alarma divina" en tu mente, no la ignores, actúa rápido.

Conozco a una persona que ¡tapó con una pegatina! la luz roja que le avisaba que el motor de su auto tenía un problema, para que no lo distrajera al conducir. Ya te imaginarás lo que le pasó a su auto.

No apagues la voz del Espíritu Santo, no desobedezcas el consejo de la Palabra de Dios, no deseches los consejos y advertencias que vienen de personas que te envía el Señor para hablarte como lo hizo el profeta Natán con David.

Siempre estamos a un paso de obtener misericordia, perdón y restauración si tan solo clamamos a Dios.

Que podamos decir siempre como David: "Crea en mí, oh Dios, un corazón limpio, y renueva un espíritu recto dentro de mí" (Salmo 51:10).

---

*Señor, tú me conoces y sabes lo que hay en mi corazón.
Examíname y mantenme dócil para obedecerte.*

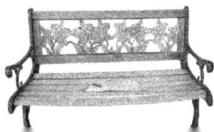

No te canses de hacer el bien

"No nos cansemos, pues, de hacer el bien; porque a su tiempo
segaremos, si no desmayamos".
Gálatas 6:9

Y sí, a veces nos cansamos de vencer con el bien el mal sin que se produzcan cambios. Hasta llegamos a pensar si vale la pena tanto esfuerzo.

Hay situaciones que nos roban toda la energía y terminamos agotados físicamente, exhaustos mentalmente y fatigados espiritualmente. Nos vamos a dormir con la esperanza de recuperarnos, pero sabemos que a la mañana siguiente nos espera un día similar. Lo único que nos alienta es saber que estamos haciendo la voluntad Dios. Sin embargo, no deja de surgir ese pensamiento de abandonarlo todo, de dejar de lado la bondad para actuar de otra manera...

El apóstol Pablo no fue inmune a estos sentimientos, incluso en una ocasión llegó a decir: "...porque fuimos abrumados de manera extraordinaria y más allá de nuestras fuerzas, de tal modo que hasta perdimos la esperanza de seguir con vida" (2 Corintios 1:8). Sin duda, nosotros no tenemos tareas, situaciones ni personas que sean más desgastantes que las que él vivió. Si prestamos atención a sus palabras, veremos que siempre nos impulsa a seguir adelante a pesar de todo, a no descorazonarnos, a no desmayar y a seguir haciendo el bien.

El apóstol también sabía que los resultados de todos sus esfuerzos no siempre se verían inmediatamente. Así como se debe esperar que las semillas crezcan, maduren y produzcan fruto, también debemos aguardar con paciencia los resultados de lo que hacemos para el Señor. Pero de una cosa podemos estar seguros: vamos a cosechar lo que sembremos. "No se engañen. Dios no puede ser burlado. Todo lo que el hombre siembre, eso también cosechará" (Gálatas 6:7).

Dios sabe recompensar a los que obran el bien en su Nombre, aquí y en la eternidad. Todo está anotado en su libro. "He aquí yo vengo pronto, y mi galardón conmigo, para recompensar a cada uno según sea su obra" (Apocalipsis 22:12).

¡No te canses de hacer el bien! ¡Dios ha puesto su mirada en ti! Pronto verás la bendita cosecha de tu servicio al Señor.

Señor, renueva mi espíritu y fortalece mis manos para seguir adelante.
No me voy a cansar de hacer el bien por amor a ti.

¿Quién quita la piedra?

"Dijo Jesús: 'Quiten la piedra'. Marta, la hermana del que había muerto, le dijo:
'Señor, hiede ya, pues ha estado allí cuatro días'. Jesús le dijo:
'¿No te he dicho que si crees, verás la gloria de Dios'?"
Juan 11:39-40

Marta conocía muy bien la Palabra de Dios, incluyendo la escatología. Podía decir con toda convicción que su hermano Lázaro iba a resucitar… en el día postrero.

¿Qué le pasó a Marta? Ella estaba segura que no había nada imposible para Jesús. De hecho, momentos antes le había dicho: "Sí, Señor; yo he creído que tú eres el Cristo, el Hijo de Dios, que has venido al mundo" (v. 27). Pero ahora estaba frente al sepulcro de Lázaro.

Entonces el Señor dio esta orden: "¡Quiten la piedra!". ¿Qué…? "Señor, hiede ya, pues ha estado allí cuatro días. Podría haber sucedido durante las primeras horas de su muerte, pero ya lleva cuatro días en el sepulcro… Creo que es mejor dejar todo como está…"

Muchos conocen lo que dice la Biblia acerca del poder ilimitado de Dios y hasta lo alaban por ser el Todopoderoso, pero otra cosa es creer que puede actuar aquí y ahora.

Jesús nunca nos pone frente a una situación que solo puede resolverse mediante un milagro si no tiene algo entre manos. A Marta debió decirle: "¿No te he dicho que si crees verás la gloria de Dios?" Era importante que recordara todo lo que había escuchado de Jesús, pero era aún más importante que lo creyera, porque la fe es la clave para ver a Dios moverse de manera sobrenatural.

Muchos quieren "ver para creer", pero Jesús dice que "si crees, verás". Con esto el Señor enfatiza una vez más la importancia de la fe. Por eso, el que tiene fe es el primero que corre para quitar la piedra. La fe verdadera aplica la Palabra de Dios en el mismo momento de la necesidad, no espera.

Todos conocemos el final de la historia. El Señor resucitó a Lázaro y trajo tanta gloria a Dios con su testimonio que muchos creyeron en Jesús. Lázaro volvió a la vida ¡porque no hay nada imposible para Dios!

¿Estás calculando las probabilidades? ¿Estás midiendo el diámetro de tu piedra? ¿O sabes que el Señor hará un milagro hoy? Atrévete y quita tu piedra.

Creo en ti, Señor. Muevo mi piedra para ver tu gloria en mi vida.

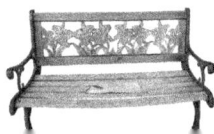

Remando con gran fatiga

"Y viéndoles remar con gran fatiga, porque el viento les era contrario,
cerca de la cuarta vigilia de la noche vino a ellos andando
sobre el mar, y quería adelantárseles".
Marcos 6:48

Las intervenciones sobrenaturales de Dios se hacen patentes cuando sus hijos están pasando por necesidades. Así sucedió en esta historia. El milagro fue extraordinario: ¡Jesús caminó sobre el agua!

Los apóstoles llevaban bastante tiempo remando con el viento en contra. El Señor les había pedido que cruzaran al otro lado, pero sus esfuerzos parecían inútiles. El viento soplaba muy fuerte, a tal punto que parecían estancados en medio de la tormenta. Sin embargo, es importante notar, que no retrocedieron.

Marcos dice que Jesús los vio, espiritualmente, que remaban con "gran fatiga". Esta palabra en griego es *basanízo* que significa 'estar afligido, atormentado, azotado, agobiado, sentirse torturado'. El sentimiento de los discípulos no era tanto de preocupación sino de agobio y frustración por no poder avanzar.

Imagínatelos: "¡Agarren los baldes, saquen más agua!" Parecía que había más agua adentro del barco que afuera. "¡Bajen las velas, átenlas al mástil!" Todas sus habilidades y experiencias marítimas no les estaban ayudando en nada. Estaban parados, estáticos, estancados, y eso era muy frustrante.

¿Te sientes como los discípulos en medio de la tormenta? ¿Estás pasando por circunstancias difíciles y nada parece ayudarte a avanzar? ¿La situación te tiene estancado, paralizado? Quizás tú también te estés sintiendo un poco *"basanízo"*. Jesús te entiende, sabe por lo que estás atravesando, y no se quedará de brazos cruzados. ¡Él intervendrá a tu favor! El Señor es capaz de caminar sobre el agua para ir a ayudarte.

Jesús se subió al barco de los discípulos y calmó la tempestad en un segundo. ¡Aleluya! Él nunca llega tarde, sus tiempos son perfectos y sigue cumpliendo sus propósitos en medio de nuestras tormentas.

Jesús tiene el control de cualquier tempestad y si clamas a Él se asegurará de que llegues a puerto seguro. ¡Anticipa tu milagro!

Aunque me sienta remando con gran fatiga, te veré llegar en medio de mis tempestades y traerás la paz y soluciones que necesito.

Ora hasta que algo suceda

*"Y se tendió sobre el niño tres veces, y clamó a Jehová y dijo: Jehová Dios mío, te
ruego que hagas volver el alma de este niño a él. Y Jehová oyó la voz de Elías,
y el alma del niño volvió a él, y revivió".*
1 Reyes 17:21-22

Elías pasó los tres años de la sequía que profetizó, en la casa de
una viuda y su hijo. Seguramente, el tiempo compartido fomentó un
ambiente familiar en la casa, por eso no resulta difícil imaginar lo que
sintió cuando el muchacho se enfermó gravemente y murió.

¿Qué pensamientos habrán pasado por la mente de Elías en ese
momento? ¿Qué pensaríamos nosotros? ¿Por qué Dios permitió una
situación tan dramática cuando esa viuda estaba dando hospedaje a un
siervo de Dios? Ya no había nada que hacer. No para Elías. Él tomó el
cuerpo del muchacho y lo llevó a su cuarto. Allí comenzó a orar a Dios:
"Jehová Dios mío, ¿aun a la viuda en cuya casa estoy hospedado has
afligido, haciéndole morir su hijo?" (v. 20). No puede ser. Entonces clamó
al Señor para que le devolviera la vida.

Dios no respondió a la primera oración. Habrá sido extraño para
él, ya que al orar por lluvia llovió y cuando pidió que cayera fuego del
cielo Dios lo envió inmediatamente. Entonces lo intentó por segunda vez
y tampoco sucedió nada. Una tercera vez, y al fin el muchacho revivió.

Muchas veces Dios quiere ver si somos capaces de perseverar en
oración, por eso, si dejamos de orar después de hacerlo solo una vez, es
muy posible que la respuesta no llegue.

Podemos recordar la parábola de la viuda y el juez injusto que
Jesús contó "sobre la necesidad de orar siempre, y no desmayar" (Lucas
18:1). Al finalizar esta parábola el Señor nos deja esta enseñanza: "¿Y
acaso Dios no hará justicia a sus escogidos, que claman a él día y noche?
¿Se tardará en responderles? Os digo que pronto les hará justicia" (Lucas
18:7-8). Por eso también el apóstol Pablo nos exhorta a ser "constantes en
la oración" (Ro. 12:12).

No renuncies a tus peticiones. Persiste en orar; clama una y otra
vez, hasta que el Señor te responda. "Yo amo al Señor porque él me
escucha, porque oye mi voz cargada de súplicas. El Señor se digna
escucharme; por eso lo invocaré mientras viva" (Salmo 116:1-2).

---

*Perseveraré en la oración, porque sé que siempre respondes al que clama a ti
sinceramente.*

El Dios de la gloria

"Varones hermanos y padres, oíd: El Dios de la gloria apareció a nuestro padre Abraham, estando en Mesopotamia, antes que morase en Harán, y le dijo: Sal de tu tierra y de tu parentela, y ven a la tierra que yo te mostraré".
Hechos 7:2-3

¿Qué anhelamos, la gloria de Dios o al Dios de la gloria? Esteban lo tenía muy claro. Cuando hizo referencia a nuestro Señor, lo llamó "el Dios de la gloria".

Israel fue impactado, movido, sostenido y maravillado por la gloria de Dios. La habían visto manifestada desde que salieron de Egipto a través de acciones sobrenaturales. Las diez plagas marcaron la diferencia entre ellos y los paganos. Vieron el mar Rojo abrirse de manera poderosa, lo mismo que el Jordán para entrar a la tierra prometida. Caminaron por cuarenta años bajo una nube que les servía de sombra de día y fuego de noche. Fueron testigos de su manifestación en el tabernáculo y luego en el templo. Ningún israelita quedó indiferente ante la tremenda y poderosa manifestación de la gloria de Dios.

Incluso el apóstol Pablo hizo alusión a esa gloria al mencionar los privilegios que había recibido Israel y aun así le desobedecieron y rechazaron permanentemente (Romanos 9:4). Estaban tan enfocados en la gloria de Dios que olvidaron al Dios de la gloria.

Pero Esteban era diferente. Había conocido a Dios a través de Jesucristo. Relacionarse diariamente con Él hizo que su gloria sea simplemente una consecuencia, un reflejo de esa relación profunda. Esto fue tan evidente que cuando Esteban comenzó a hablar a los miembros del concilio, todos "vieron su rostro como el rostro de un ángel" (Hechos 6:15). Al terminar su discurso Esteban, lleno del Espíritu Santo, puestos los ojos en el cielo, *vio la gloria de Dios*, y a Jesús que estaba a la derecha de Dios (v. 55). Allí estaba el Señor, esperándolo con los brazos abiertos mientras lo apedreaban. ¡Dios lo recibió en su misma gloria!

Y nosotros, ¿anhelamos solo ver la manifestación de su gloria de vez en cuando, o nuestra pasión es conocer a Cristo? ¿Nos conformamos con los milagros de Dios o anhelamos al Dios de los milagros?

Hoy podemos cambiar nuestra perspectiva y enfocarnos en la persona de Jesucristo para construir una relación más profunda con Él.

Jesús, tuya es la gloria por los siglos de los siglos. Te anhelo a ti.

Insondables e inescrutables caminos

"¡Oh profundidad de las riquezas de la sabiduría y de la ciencia de Dios! ¡Cuán insondables son sus juicios, e inescrutables sus caminos!
Romanos 11:33

Si no pusiéramos la cita a estas palabras, seguramente podríamos pensar que se trata de un salmo de David, pero son palabras del apóstol Pablo. A través de ellas el apóstol alaba al Señor por la perfección de sus planes eternos.

Los caminos de Dios son "inescrutables", es decir, que no pueden ser comprendidos plenamente por el ser humano. Aun así, cuando pasamos por experiencias difíciles de explicar y no llegamos a entenderlas plenamente, nuestra fe nos dice que Dios sabe lo que está haciendo. Él no actúa de manera arbitraria, sino que gobierna nuestras vidas con perfecta sabiduría, justicia y amor.

Cuando leemos las historias de hombres y mujeres como José, Abraham, Moisés, Ester, Rut, Elías, Daniel, Pablo y tantos otros que aceptaron ser guiados por Dios, aun cuando atravesaron circunstancias que en principio fueron difíciles de entender, se rindieron al Señor y siguieron confiando y alabándole.

Ahora nosotros leemos sus historias y no tenemos ninguna duda acerca de lo perfecto que fueron los planes y propósitos de Dios. No hubo ningún error, no había plan B. Como tampoco hay equivocación en lo que Dios está haciendo con tu vida, con la mía, y con todo aquel que se entrega en sus manos, aunque a veces no lo entendamos todo.

En Isaías 55:8-10 Dios mismo nos dice: "Porque mis pensamientos no son vuestros pensamientos, ni vuestros caminos mis caminos, dice el Señor. Como son más altos los cielos que la tierra, así son mis caminos más altos que vuestros caminos, y mis pensamientos más que vuestros pensamientos".

Teniendo en cuenta que Dios quiere lo mejor para sus hijos, descansemos en su sabiduría, misericordia y amor infinitos. Que podamos decir como el apóstol Pablo en Romanos 8:28: "Y sabemos que a los que aman a Dios, todas las cosas les ayudan a bien, esto es, a los que conforme a su propósito son llamados".

Oh Señor, tus planes eternos, tus maravillosos propósitos, tu providencia infinita manifiestan siempre que eres un Dios Todopoderoso que sabe el camino que nos está haciendo andar.

Libres de maldición

"Cristo nos redimió de la maldición de la ley, hecho por nosotros maldición (porque está escrito: Maldito todo el que es colgado en un madero)… a fin de que por la fe recibiésemos la promesa del Espíritu".
Gálatas 3:13-14

El sacrificio de Jesús en la cruz fue perfecto. Esto significa que no debemos añadirle acciones de ningún tipo a su obra redentora. ¡Todo lo que necesitábamos para ser salvos ya fue provisto por Jesucristo! No hay nada que completar. ¡Aleluya!

Para muchos, este concepto bíblico está claro en la teoría, pero en la práctica se contradicen. La culpa, la vergüenza y el temor nos pueden jugar una mala pasada y podemos terminar creyendo las mentiras con las que Satanás busca esclavizarnos espiritualmente.

En la mayoría de las culturas hispanas, la consulta a brujos, santeros, médiums, parece ser normal. Muchos se acercan a estas personas para que les ayuden con problemas de salud, relaciones rotas, venganzas, deshacer maldiciones generacionales, entre otras cosas. El diablo, el dios de este siglo, cegó el entendimiento de la gente para que crean más en cuestiones esotéricas que en la Palabra de Dios. Incluso muchos cristianos son capaces de leer el horóscopo para saber cómo les irá en el día… y después leen la Biblia. Ay…

Haber vivido en estos ambientes ha condicionado la fe de muchos cristianos, y aunque creen que Jesús tiene poder para salvar, piensan que ciertas historias de su pasado relacionadas con la hechicería y maldiciones, siguen siendo parte de su vida. Frente a semejante mentira del infierno, debemos recordar el pasaje con el que comenzamos. Cristo murió en la cruz para llevarse toda maldición sobre Él, y esta fue una obra perfecta y completa. No hay ningún mal que la cruz no haya podido cancelar.

No permitas que Satanás te hagan dudar del sacrificio perfecto de Jesús en la cruz. No permitas que aquellos que distorsionan la Palabra de Dios con el fin de manipularte te mantengan esclavizado. Pablo nos exhorta a no hacernos esclavos de los hombres (1 Corintios 7:23).

¡Jesús te ha redimido, se llevó toda tu culpa, tu vergüenza, tus temores y te ha hecho una nueva criatura! ¡Bendito sea Jesús!

Aleluya. Soy libre de toda maldición por la sangre de Jesucristo. Satanás no puede atemorizarme porque Cristo me hace vivir confiado.

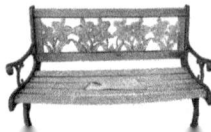

Rostros alumbrados

"Los que miraron a él fueron alumbrados,
y sus rostros no fueron avergonzados".
Salmo 34:5

Este salmo fue escrito por David después de haber experimentado el cuidado de Dios en medio de los filisteos. Su relato nos detalla cómo intervino Dios de manera poderosa cuando él decidió poner su confianza en el Señor.

Mirar a Jesús no es un evento único. Hebreos nos dice que debemos hacerlo constantemente: "puestos los ojos en Jesús, el autor y consumador de la fe, el cual por el gozo puesto delante de él sufrió la cruz, menospreciando el oprobio, y se sentó a la diestra del trono de Dios. Considerad a aquel que sufrió tal contradicción de pecadores contra sí mismo, para que vuestro ánimo no se canse hasta desmayar" (Hebreos 12:2-3). Para perseverar, no cansarnos, ni desmayar, debemos mantener nuestra mirada en Cristo.

En la práctica significa cambiar nuestro enfoque. En lugar de poner la mirada en las personas que nos prometieron ayuda, en las circunstancias para ver si son favorables, en los recursos que tenemos disponibles, o en nuestras propias capacidades y experiencia, debemos mirar con fe al Señor y recordar quién es Él.

Cuando ponemos nuestra mirada en el Señor nuestros rostros se iluminan, cambia nuestro semblante. El gozo por sentirnos amparados por Él se refleja en nuestra cara.

Cuando la carga se va de nuestra mente y corazón, cuando nos sentimos seguros en Dios, esto se manifiesta en nuestra apariencia. Los demás pueden ver esperanza y paz en nuestro rostro.

Nadie que haya confiado en Dios puede lamentarse de ello, ninguna persona que decida poner toda su confianza en el Todopoderoso podrá llegar a sentirse defraudado o avergonzado. David sabía que Dios jamás abandonaría a aquel que confía en Él. El Señor sería su ayudador y le haría justicia a su tiempo.

Levanta tu mirada al Aquel que está sentado en su trono; al que todo lo sabe y todo lo puede, al que conoce tu futuro, y descansa en su amor y cuidado.

Pongo mi mirada en ti, Señor. Cuando mis circunstancias puedan ser desfavorables,
tu Palabra me alienta a mantener mi enfoque en ti.

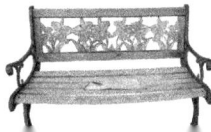

Una generación que conozca a Dios

"Y murió Josué hijo de Nun, siervo de Jehová… Y murió también toda
esa generación, y se reunió con sus antepasados. Después de ellos vino otra generación
que no conocía a Dios, ni sabía lo que había hecho por Israel".
Jueces 2:8-10

¡Qué triste comienzo en Canaán! Había que consolidar y extender la conquista y la generación que le seguía a Josué no había visto las obras poderosas que Dios había hecho por su pueblo, y tampoco lo buscaron para conocerlo.

Fundamentalmente, el propósito de incluir relatos como estos en la Biblia es dejarnos saber lo que sucede cuando no sembramos en nuestros hijos la Palabra de Dios, cuando no los motivamos a tener una relación viva con el Señor y no les damos ejemplo ni los acompañamos a dar sus primeros pasos hacia Él.

Nuestro mundo está desenfrenándose a pasos agigantados. Los agentes educativos que en otro tiempo compartían la responsabilidad, junto con la familia, de enseñar y reforzar los valores éticos y morales, hoy, en su gran mayoría, son los promotores de un nuevo concepto de libertad y tolerancia que va directamente en contra de todo principio establecido por Dios.

Se pone peor cuando incluso los padres se ven amenazados al intentar hacer prevalecer los valores cristianos que enseñan a sus hijos. No hace falta ser profeta para decir que la próxima generación tendrá que luchar intensamente para mantenerse firme en la fe.

¿Qué anhelamos para nuestros hijos? ¿Qué valores le estamos transmitiendo a la próxima generación? ¿Tenemos claro que si ellos no son capaces de conocer al Señor estarán perdidos? Nuestros niños, adolescentes y jóvenes necesitan experimentar a Dios.

No alcanza con relatarles historias bíblicas, deben probar en sus propias vidas el poder de Dios. Si ellos no lo ven primero en nosotros, nunca lo anhelarán.

Debemos volver al tiempo de oración en familia; la lectura de la Biblia debe formar parte de las actividades diarias; y tener conversaciones espirituales que nos motiven a crecer debería ser algo normal (1 Timoteo 4:12-15). Lo que sembramos eso es lo que vamos a cosechar.

Señor, ayúdame a compartir tu Palabra, no solo con palabras sino
a través de experiencias reales contigo cada día.

En días de adversidad

"¿Por qué he de temer en los días de adversidad, cuando la iniquidad
de mis opresores me rodeare?"
Salmo 49:5

Hay días que quisiéramos que nunca lleguen. Preferimos escondernos, irnos al otro extremo del mundo y no tener que lidiar con los problemas que se avecinan o desafíos que parecen superarnos. A esos días el salmista los define como "de adversidad". En hebreo es la palabra *rah* que se traduce primeramente como "malo", sin embargo, tiene otras acepciones que detallan como pueden ser esos días: 'de aflicción, agravio, calamidad, calumnia, desastre, desgracia, difícil, doloroso, duro, penoso, fastidioso, injusto, terrible, triste'. Creo que todos hemos pasado más de una vez por algún "día de adversidad", pero ¿cómo lo afrontamos?

A los días de adversidad hay que enfrentarlos en oración. Dios puede mostrarnos el propósito por el cual enfrentamos esa época difícil y la salida que tiene preparada. "Clama a mí, y yo te responderé, y te enseñaré cosas grandes y ocultas que tú no conoces" (Jeremías 33:3).

A los días de adversidad hay que enfrentarlos con fe. El salmista se pregunta: "¿Por qué he de temer?". No está diciendo que tiene temor, sino que se dice a sí mismo: "No tienes por qué sentir miedo. ¡Vives bajo el cuidado de Dios!" Cuántas veces el Señor intervino en una situación que parecía no tener solución.

A los días de adversidad hay que enfrentarlos con valentía. Son días que sirven para saber cómo está nuestra fe, nuestra dependencia, nuestro sometimiento a los propósitos perfectos de Dios. "Porque no nos ha dado Dios espíritu de cobardía, sino de poder, de amor y de dominio propio" (2 Timoteo 1:7).

A los días de adversidad hay que enfrentarlos con el poder del Espíritu Santo. Todos los recursos que necesitamos para vencer vienen de Él. "No con ejército, ni con fuerza, sino con mi Espíritu, ha dicho Jehová de los ejércitos" (Zacarías 4:6).

Recuerda que hemos sido redimidos por Cristo, le pertenecemos a Él y ha prometido estar con nosotros todos los días. Nuestras vidas están en sus manos. "Alma mía, en Dios solamente reposa, porque de él es mi esperanza" (Salmo 62:5).

En días de adversidad confiaré en tu cuidado y dirección.
Contigo me siento confiado y seguro.

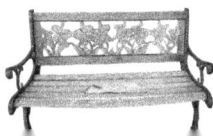

Muchos días sin orar

"Entonces oró Jonás a Jehová su Dios desde el vientre del pez".
Jonás 2:1

Jonás era un hombre de Dios, comprometido con predicar la Palabra, pero cuando supo que por su predicación sus enemigos podían arrepentirse y librarse del castigo, hizo su maleta y viajó en sentido contrario a su llamado.

Conocemos la historia. Durante su viaje se levantó una gran tempestad y el capitán del barco lo fue a buscar para que orara. ¡Pero cómo iba a orar… si sabía que lo que estaba sucediendo era por su culpa, por intentar huir de Dios! Finalmente pidió que lo arrojaran al mar para que la tormenta se aquietara. Seguro pensó que ya no tendría que preocuparse por lo que Dios le había encomendado. Pero no fue así…

Jonás pasó tres días y tres noches en el vientre del pez (Jonás 1:18) sin orar… Recién al final del tercer día reaccionó y decidió hablar con Dios. El capítulo 2 registra la oración de Jonás.

Todos podemos tener la actitud de Jonás en ciertas circunstancias. Creemos que si dejamos de orar el Señor se dará cuenta de que estamos enojados por no responder a lo que le pedimos y quizás "reaccione y cambie de opinión". ¿En serio? Si quienes necesitan la oración somos nosotros, no Dios. Alejarnos del Señor es perder totalmente el rumbo.

Otras veces dejamos de orar porque hemos desobedecido a Dios y creemos que hasta no "pagar" por nuestro error e intentar arreglar las cosas por nuestra cuenta, no podemos ir a su presencia. Pero Dios es claro en su Palabra: "Si confesamos nuestros pecados, él es fiel y justo para perdonar nuestros pecados y limpiarnos de toda maldad" (1 Juan 1:9).

A pesar de nuestros errores, Dios no puede dejar de amarnos, no puede dejar de ser fiel, es parte de su misma naturaleza. "Si fuéremos infieles, él permanece fiel; Él no puede negarse a sí mismo" (2 Ti. 2:13). Por eso nos busca, y si es necesario envía alguna "tempestad" para hacernos reaccionar.

Si te sientes distanciado de Dios, no des más vueltas, solo vuelve a Él. El Señor te está esperando. Él es paciente y persiste en su intento de llegar a nosotros. ¿Le abrirás la puerta de tu corazón?

Señor, perdóname si he sido testarudo.
Me rindo a ti para que tomes el control de mis decisiones.
Solo dirigido por ti es que mi rumbo es seguro.

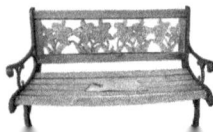

La fuerza del Espíritu

"Y el Espíritu de Jehová vino sobre Sansón, quien despedazó al león
como quien despedaza un cabrito, sin tener nada en su mano;
y no declaró ni a su padre ni a su madre lo que había hecho".
Jueces 14:6

Cuando mi hermano José y yo éramos niños, mi papá nos contaba…, mejor dicho, dramatizaba para nosotros el relato de la historia de Sansón. Nos parecía ser parte de la escena, siendo testigos de la hazaña de este hombre. ¡Tremenda fuerza la de Sansón! Sin embargo, mi papá siempre nos recordaba que su fuerza venía del Espíritu Santo.

¿Y si Sansón no era tan musculoso como lo presentan las ilustraciones bíblicas o en las películas? La verdad es que no necesitaba músculos para deshacer a un león. Cuando la ocasión lo requería, el Espíritu Santo venía sobre él y hacía lo que humanamente era imposible. Al final, la gloria y el poder eran de Dios, no de los músculos ni del pelo largo.

Pero él no fue el único que mató a un león con sus manos, también lo hizo David, incluyendo a un oso (1 Samuel 17:34-36). El pastor de ovejas no tenía el pelo largo como Sansón, y al parecer no tenía músculos muy marcados. De hecho, Goliat lo menospreció y se burló de él. Sin embargo, fue el Espíritu Santo el que lo capacitó para vencer a estos animales y también para cumplir con sus tareas como rey.

Hoy, el mismo Espíritu de Dios habita en nosotros desde el momento que aceptamos a Cristo como nuestro Salvador. Obviamente que no hace residencia en nuestras vidas para que vayamos destrozando leones, literalmente hablando, pero su poder se manifiesta cuando necesitamos fuerzas espirituales, emocionales y hasta físicas.

Pablo lo experimentó en muchas ocasiones y su conclusión fue que todo lo podía en Cristo que le daba las fuerzas necesarias. Seguro que sabes de memoria Filipenses 4:13. Pablo dice "me fortalece". Esta palabra en griego es *endynamóo*, muy usada hoy para hablar de empoderamiento. Se refiere al poder de Dios para vencer cualquier reto.

Si enfrentas algún desafío que requiere de ti todas tus energías tanto físicas como emocionales, recuerda que el Espíritu Santo está listo para actuar y capacitarte de manera sobrenatural. Tus "leones" serán como cabritos cuando los enfrentes con el poder del Espíritu Santo.

Señor, tú me das las fuerzas que necesito. En ti tengo la victoria.

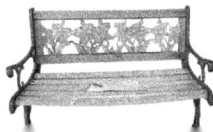

La barrera de la mitad

"Edificamos, pues, el muro, y toda la muralla fue terminada hasta la mitad de su altura porque el pueblo tuvo ánimo para trabajar… Y dijo Judá: Las fuerzas de los acarreadores se han debilitado, y el escombro es mucho, y no podemos edificar el muro. Y nuestros enemigos dijeron: No sepan, ni vean, hasta que entremos en medio de ellos y los matemos, y hagamos cesar la obra".
Nehemías 4:6,10-11

El trabajo iba maravillosamente bien, todos trabajaban con mucho ánimo, energía y entusiasmo… pero al llegar a la mitad de la construcción, se detuvieron. Los trabajadores comenzaron a pensar en lo que les faltaba hacer y se desanimaron.

A todos nos puede pasar que lleguemos a la "barrera de la mitad" y en lugar de ver lo que logramos con la ayuda de Dios, ponemos la atención en lo que nos falta y dejamos de esforzarnos para avanzar.

Cuando el pueblo estaba construyendo el muro, los enemigos comenzaron a desanimarlos, a burlarse de ellos, a decirles que era muy complicado terminar la obra y también peligroso. ¡Menos mal que estaba Nehemías, el líder que siempre veía el vaso medio lleno! Él se movía con fe, valor y determinación, y sabía que Dios les daría los recursos y las fuerzas para completar la obra. "No temáis delante de ellos; acordaos del Señor, grande y temible", le decía al pueblo. A partir de ese momento, los trabajadores volvieron a construir hasta que terminaron el muro.

Cada vez que nos proponemos "edificar", ya sea nuestra vida, a nuestra familia, iglesia, amigos, vecinos o familiares, aparece el diablo, enemigo de Dios y de su pueblo. Busca desanimarnos para que dejemos todo a medias. Nehemías sabía esto y no estuvo dispuesto a aceptar las amenazas de sus enemigos, ni las quejas del pueblo y los animó a trabajar. La historia nos dice que el muro se construyó en 52 días y los enemigos no pudieron entrar más a Jerusalén porque estaba protegida.

Si estás enfrentando tu propia "barrera de la mitad", recuerda todo lo que Dios ha hecho hasta aquí por ti, sus intervenciones, sus milagros, su ayuda, su fidelidad. Ahora levántate y termina lo que empezaste. Aprópiate de las palabras de Nehemías: "El Dios de los cielos, él nos prosperará, y nosotros sus siervos nos levantaremos y edificaremos" (Nehemías 2:20). ¡Toma nuevas fuerzas y sigue adelante!

Señor, no me voy a detener hasta terminar lo que me encomendaste.
Seguiré sirviéndote con gozo y paciencia, y los resultados los veré a su tiempo.

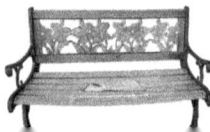

Devoción incomprendida

"Mientras ella oraba largamente delante de Jehová, Elí estaba observando la boca de ella. Pero Ana hablaba en su corazón, y solamente se movían sus labios, y su voz no se oía; y Elí la tuvo por ebria. Entonces le dijo Elí: ¿Hasta cuándo estarás ebria? Digiere tu vino. Y Ana le respondió diciendo: No, señor mío; yo soy una mujer atribulada de espíritu; no he bebido vino ni sidra, sino que he derramado mi alma delante de Jehová. No tengas a tu sierva por una mujer impía; porque por la magnitud de mis congojas y de mi aflicción he hablado hasta ahora. Elí respondió y dijo: Ve en paz, y el Dios de Israel te otorgue la petición que le has hecho".
1 Samuel 1:12-17

No todo el mundo entenderá nuestra relación con el Señor. Algunos pueden juzgarnos mal o llegar a conclusiones desacertadas por sus ideas preconcebidas, estereotipos o la opinión y presión de la mayoría. Le pasó a Ana, la madre de Samuel. Mientras estaba en el santuario, se retiró a un lugar apartado para orar. Ella anhelaba tener un hijo. Su clamor era profundo, su oración estaba cargada de angustia debido a su esterilidad, pero no se oían sus palabras, solo movía los labios. Entonces el sumo sacerdote, al verla, sacó una conclusión apresurada: "Está ebria". Sin duda habló sin ninguna guía de Dios.

Si hubiéramos estado en el lugar de Ana, ¿qué habríamos contestado? Ella actuó con humildad y mansedumbre, explicándole a Elí lo que le estaba ocurriendo. Al fin, su oración fue contestada, tuvo a su hijo Samuel y se lo entregó al mismo sumo sacerdote que un tiempo atrás la había confundido con una borracha.

Nosotros también podemos enfrentarnos a personas que nos juzguen de manera equivocada. Tenemos que saber que no todos comprenderán nuestro amor y devoción al Señor, nuestros anhelos espirituales más elevados, nuestras peticiones más intensas. "No saben ni entienden; porque cerrados están sus ojos para no ver, y su corazón para no entender" (Isaías 44:18).

No dejes de orar por lo que digan los demás. No cambies tu devoción para ser aceptado por otros que no están conectados con el Señor. Sigue creciendo en la verdad. Derrama tu corazón en su presencia y no dejes de creer. Si confías en lo que Dios te ha dicho, podrás ver las respuestas a muchas de tus peticiones para la gloria del Señor.

Persevero en la oración porque sé que tú responderás en el tiempo oportuno. Tú eres fiel a tus promesas.

Inmutables promesas

"Por lo cual, queriendo Dios mostrar más abundantemente a los herederos de la promesa la inmutabilidad de su consejo, interpuso juramento; para que por dos cosas inmutables, en las cuales es imposible que Dios mienta, tengamos un fortísimo consuelo los que hemos acudido para asirnos de la esperanza puesta delante de nosotros".
Hebreos 6:17-18

De todos los atributos de Dios, en el libro de Hebreos se señala su inmutabilidad. Esta palabra en griego denota algo que no puede ser cambiado o alterado. Nadie ni nada puede cambiar a Dios. Él es eterno, sabio, misericordioso, fiel, justo, santo, amoroso, bondadoso, y lo seguirá siendo por la eternidad.

Hay "dos cosas inmutables en las cuales es imposible que Dios mienta", sus promesas y su juramento de cumplirlas. La palabra promesa en griego es *epangelía* que significa 'anuncio de algo que vendrá; asentimiento, seguridad divina de algo bueno'. Cuando Dios declara que algo va a suceder, sucederá. ¡Amén!

Todo lo que el Señor ha establecido y prometido desde la eternidad se cumplirá al pie de la letra. ¡Qué seguridad y descanso es saber que es imposible que Dios mienta!

Alguien contó las promesas que Dios dejó registradas en la Biblia y según sus cálculos, ¡hay 3573! Pero realmente no nos debe movilizar la cantidad exacta de promesas que pueda haber, sino que nuestro mayor anhelo debe ser que se cumplan en nuestra vida, familia y en cada hijo de Dios.

Cuando leemos la Palabra con la actitud de esperar que el Señor nos hable, el Espíritu Santo nos mostrará esas promesas y nos dará convicción de que se han escrito para nosotros. La fe sólida se establece al estudiar y creer lo que Dios nos dice. Según Hebreos, eso nos da un "fortísimo consuelo" para mantenernos unidos a Cristo, nuestra esperanza.

Vivimos en un mundo caracterizado por el cambio; nosotros mismos cambiamos, pero el Señor sigue siendo el mismo. Podemos confiar en Él porque su Palabra nos confirma su inmutabilidad. Recuerda que el Señor Jesucristo es el mismo ayer, hoy, y por los siglos (Hebreos 13:8). ¡Aleluya! ¡Dios nunca ha cambiado y seguirá interviniendo en nuestras vidas!

¡Aleluya! Tu amor es inmutable, y eso me da descanso. Confío en ti.

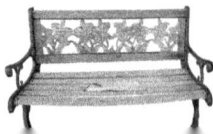

Ejemplo de servicio

"De los hijos de Hemán: Buquías, Matanías, Uziel, Sebuel, Jeremot, Hananías, Hanani, Eliata, Gidalti, Romanti-ezer, Josbecasa, Maloti, Hotir y Mahaziot…Y todos éstos estaban bajo la dirección de su padre en la música, en la casa de Jehová, con címbalos, salterios y arpas, para el ministerio del templo de Dios".
1 Crónicas 25:4, 6ª

Lamentablemente muchos se saltean las genealogías de la Biblia porque no ven su propósito, pero en el versículo citado tenemos un motivo para no perdérnoslas. Se menciona a Hemán y aparecen los nombres de sus catorce hijos. Si prestamos atención, descubriremos por qué Dios decidió incluirlos en la Biblia.

Tal vez te sorprenda saber quién es Hemán. Su padre se llamaba Joel y su abuelo… ¡Samuel! (1 Crónicas 6:33). ¡Quién no conoce al profeta que ungió a David para ser rey! Lo cierto es que este nieto podría haber vivido a la sombra de la gran figura de su abuelo, pero lo que Hemán recibió desde niño lo llevó a amar a Dios y a decidir servirle con entusiasmo y excelencia.

Lo llamativo es que tuvo ¡catorce hijos y tres hijas! Si tú estás preocupado por uno o dos, imagínate lo que fue criar a 17. A pesar del desafío, este levita tomó tiempo para enseñarles música a sus hijos, un instrumento a cada uno, y los ensambló para formar una orquesta. ¡Debería sonar muy bien la "Heman's Sons Band"! Ministraban en la presencia de Dios y lo hacían con excelencia.

Esa era la medida para servir en el Templo en los tiempos de David. Nadie que no tuviera pasión por el Señor pasaba el umbral del templo.

La historia de Hemán debe motivarnos a ser responsables de la parte que nos toca: llevar a nuestros hijos a los pies de Cristo para que tengan una fuerte y viva relación con Él y anhelen servirle.

Si todavía no eres padre o madre, prepárate. Si lo eres, no te canses de sembrar en la vida de tus hijos. Motívalos a amar y a tener experiencias reales con Jesucristo. No estás solo, el Espíritu Santo te dará sabiduría, paciencia, discernimiento y autoridad.

¡Qué tus hijos puedan ver en ti, el privilegio y el gozo de servir al Señor!

Señor, que mi familia te sirva con excelencia. Que la próxima generación también le enseñe a sus hijos el privilegio de servirte.

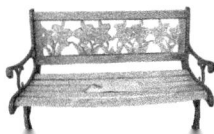

A la manera de Dios

"Mas Jehová dijo a Josué: Mira, yo he entregado en tu mano a Jericó... Rodearéis, pues, la ciudad todos los hombres de guerra, yendo alrededor de la ciudad una vez; y esto haréis durante seis días... y al séptimo día daréis siete vueltas a la ciudad, y los sacerdotes tocarán las bocinas..."
Josué 6:2-4

Moisés había muerto y ahora era Josué quien debía completar la tarea de introducir al pueblo a la tierra prometida. Jericó fue la primera parada. Cuando leemos sobre la estrategia que Dios le presentó a Josué para conquistar esa ciudad nos puede parecer, como mínimo, extraña. Me imagino al pueblo pensando: ¿Rodear la ciudad en silencio durante seis días? ¿Dar siete vueltas al séptimo día y gritar? ¿No sería mejor si el muro se cayera en cuanto llegáramos para no perder tiempo? Sí, podría haber sido más fácil, pero Dios no tenía en mente solo entregarles una ciudad.

Observa por lo menos tres propósitos por los que Dios permitió que las cosas se desarrollaran de esa manera.

Primero, engrandecer a Dios y no a los instrumentos humanos. Podemos obstaculizar que el Señor sea engrandecido cuando actuamos por nuestra cuenta y usando nuestros métodos. La obra que Dios hizo a favor de Israel puso a temblar a los pueblos enemigos y tuvieron que reconocer que sólo su mano podía hacer algo así, que no se trataba del poder de un grupo de hombres.

Segundo, afirmar que las victorias se obtienen a la manera de Dios y en su tiempo. Los tiempos y las formas de obrar del Señor pueden ser incomprensibles para nosotros, pero Él es Dios. Nosotros percibimos con los cinco sentidos. Dios no se limita a ellos.

Por último: probar la obediencia del pueblo. Dios les pidió que rindieran sus opiniones sin reservas a Él, y lo hizo ordenándoles que sometieran lo más difícil: su lengua. Seis días en silencio... ¡sin poder quejarse! Israel había perdido muchas bendiciones a causa de sus murmuraciones y Dios esperaba que no volvieran a caer en lo mismo.

Piensa por un momento, ¿estás obstruyendo de alguna manera la posibilidad de que Dios sea engrandecido? ¿Estás aceptando las maneras y tiempo de Dios en tu vida? ¿Estás sometiendo tus opiniones al Señor y manifestando obediencia a Él? Déjale a Dios ser Dios y confía.

Señor, ocupa el trono de mi corazón. Tú mandas y yo me sujeto. Mi parte es obedecerte.

La Fuente de todo bien

"La vida es más que la comida, y el cuerpo que el vestido. Considerad los cuervos,
que ni siembran, ni siegan; que ni tienen despensa, ni granero, y Dios los
alimenta. ¿No valéis vosotros mucho más que las aves?"
Lucas 12:23-24

A mis vecinos les encanta colocar comederos en los árboles para que los pájaros vengan a sus jardines y patios. No estoy seguro que lo hagan por la preservación de la vida animal, sino más bien para disfrutar de los maravillosos colores de las aves y también de sus cantos.

En cierta ocasión me puse a observar los diferentes alimentos para aves que estaban a la venta. Me sorprendí de la cantidad de productos. Hay de todo para todos... excepto para cuervos. ¡Quién quisiera alimentar a los cuervos! No tienen bellos colores, su canto es irritante y destruyen los cultivos. Nadie quiere darles de comer. Bueno, nadie no... Dios sí. Él se encarga de que cada día tengan lo que necesitan. "¿Quién prepara al cuervo su alimento, cuando sus polluelos claman a Dios, y andan errantes por falta de comida?" (Job 38:41).

Jesús dijo, específicamente, que si Él cuida de los cuervos ¡cómo no lo que hará con sus hijos amados! Para Dios somos extremadamente valiosos, tanto que envió a su Hijo a morir por nosotros.

Es cierto que tenemos la responsabilidad de trabajar para procurarnos nuestro sustento, sin embargo, Dios promete que suplirá lo que nos falte cuando atravesemos momentos difíciles. Nuestra verdadera seguridad está en Él. Ya sea que tengamos mucho o poco, deberíamos estar tranquilos porque el Señor es nuestro proveedor.

Sin embargo, hay algo más importante que el alimento y el vestido. "La vida es más que la comida". La palabra vida en griego es *psyje* que hace referencia al alma, allí donde está nuestra voluntad, sentimientos, pensamientos. El alma es lo que Dios santifica diariamente para que nuestro carácter se parezca más al de Él. Entonces debemos preocuparnos por alimentar primero la *psyje*. Un alma bien alimentada sabe pedir a Dios con fe y está confiada en su cuidado.

El principio fundamental sigue siendo el mismo: "Mas buscad primeramente el reino de Dios y su justicia y todas estas cosas os serán añadidas" (Mateo 6:33).

Gracias Señor porque te preocupas por mí y por cada uno de tus hijos. Eres nuestro
Proveedor y Sustentador. En ti tenemos todo lo que necesitamos.

Cánticos de liberación

"Tú eres mi refugio; me guardarás de la angustia;
con cánticos de liberación me rodearás".
Salmo 32:7

¡Qué descanso trae a nuestra alma saber que hemos sido perdonados por Dios! Esta es la declaración de David en este salmo. Son muy bienaventurados aquellos que han sido justificados. Ahora sabemos que Dios puso nuestros pecados sobre Jesucristo en el Calvario y nos liberó del peso de la culpa.

David nos dice que Dios era su *"refugio"*. Esta palabra en hebreo es *séter* que significa 'estar escondido, bajo cubierta, oculto, en un escondedero, protegido, en un lugar secreto'. Cuando los susurros maliciosos del diablo o recuerdos de nuestra vieja y pecaminosa historia vienen a nuestra mente, estamos escondidos, protegidos bajo la cubierta de la cruz. Ahora, Dios ya no nos ve como injustos sino como sus hijos. ¡Él mismo es nuestra protección!

Dios nos guarda *de* la angustia y otras veces *en* la angustia. Cuando enfrentamos situaciones difíciles o consecuencias de decisiones pasadas, Dios guarda nuestro corazón. El Espíritu Santo siempre tiene una palabra reconfortante, una promesa que aplica a nuestra situación que nos levanta y nos ayuda a seguir adelante.

Somos rodeados con cánticos de "liberación". En hebreo esta palabra es *palát* que significa 'librar, guardar, salvar, dar seguridad'. El Espíritu Santo nos envuelve no solo con pensamientos de justicia sino también con cánticos de alabanza.

Muchas veces nos trae a memoria alguna canción que hemos aprendido en la iglesia que nos recuerda lo que Cristo hizo por nosotros. Cuando alabamos a Dios estamos recordando sus grandes obras. "¡Grande y Fuerte es nuestro Dios!" "¡Eres Todopoderoso, eres Grande y Majestuoso!" "¡Te doy gloria, gloria a ti Jesús!"

Este salmo termina así: "Alegraos en Jehová y gozaos, justos; y cantad con júbilo todos vosotros los rectos de corazón" (v. 11). Le alabamos y nos gozamos por la maravillosa seguridad que llena nuestro corazón: somos hijos de Dios.

¡Soy tu hijo! Soy parte de tu pueblo y estaré por la eternidad contigo.
¡Gracias Señor!

Acallar nuestra alma

"En Dios solamente está acallada mi alma; de él viene mi salvación. Él solamente es mi roca y mi salvación; es mi refugio, no resbalaré mucho".
Salmo 62:1-2

¿Te has dado cuenta que los salmistas son totalmente sinceros cuando expresan lo que sienten? Ellos describen su estado de ánimo con muchos detalles, hablan sobre sus debilidades, expresan sus temores, pero también enfatizan su confianza en Dios a pesar de todo lo que les acontece.

David había aprendido a "acallar su alma". La palabra acallar en hebreo es *dumiyá* que denota 'estar en quietud, de manera silenciosa, estar reposado, tener confianza'. Muchas voces llegan a nuestros oídos físicos y espirituales y debemos silenciarlas para poder escuchar la única voz que necesitamos oír, la del Señor. Si hay una salida a una situación desesperante, guía frente a un gran desafío, o una palabra de sabiduría para tomar una decisión, se encuentra exclusivamente en el Señor.

David se conocía muy bien, sabía que sus debilidades habían podido con él más de una vez, por eso dice: *"No resbalaré mucho"*. Tal vez estaba pensando que podía llegar a resbalar otra vez. La palabra resbalar en hebreo es *mot* que se traduce como 'oscilar, deslizarse, sacudir, caer, temblar o titubear'. Sin embargo, tres versículos más adelante su confianza empieza a crecer y declara: "Él solamente es mi roca y mi salvación. Es mi refugio, *no resbalaré*". Ahora sí su fe está puesta totalmente en Dios.

¡Qué gran verdad para aplicar a nuestras vidas! Definitivamente debemos aprender a acallar nuestra alma para escuchar al Señor y reposar en Él.

Alguien dijo: "Dios puede lograr mucho más a través de un espíritu rendido, que nosotros en veinticuatro horas de actividad frenética". Cuando somos capaces de eliminar todas las distracciones para poder enfocar nuestra atención en el Señor, entonces encontraremos el descanso y las respuestas que necesitamos.

"Porque así dijo Jehová el Señor, el Santo de Israel: En descanso y en reposo seréis salvos; en quietud y en confianza será vuestra fortaleza..." Isaías 30:15.

Señor, cuando el ruido del trajín diario no me deje oír tu voz, debo acallar mi alma y esperar en ti. Tú tienes palabras de vida eterna.

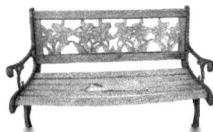

La voz del Espíritu Santo

"Mas el Consolador, el Espíritu Santo, a quien el Padre enviará en mi nombre, él os enseñará todas las cosas, y os recordará todo lo que yo os he dicho".
Juan 14:26

El Espíritu Santo ha venido a morar en el corazón de todo aquel que ha recibido a Cristo como Salvador y Señor de su vida. Habita en nosotros con muchos propósitos y uno de ellos es hablar a nuestro espíritu para dirigirnos.

Desde que el Espíritu Santo irrumpió en la Iglesia a partir de Hechos 2, ha sido notorio que Él habla permanentemente a los creyentes. No se expresa a través una voz audible a nuestros oídos, sino que es esa voz interior que debemos aprender a reconocer.

Presta atención a los siguientes pasajes bíblicos: "Y mientras Pedro pensaba en la visión, *le dijo el Espíritu*: He aquí, tres hombres te buscan" (Hechos 10:19). "Y *el Espíritu me dijo* que fuese con ellos sin dudar" (Hechos 11:12). "Ministrando éstos al Señor, y ayunando, *dijo el Espíritu Santo*: Apartadme a Bernabé y a Saulo para la obra a que los he llamado" (Hechos 13:2). "Esto *dice el Espíritu Santo*: Así atarán los judíos en Jerusalén al varón de quien es este cinto, y le entregarán en manos de los gentiles" (Hechos). "El que tiene oído, oiga lo que *el Espíritu dice* a las iglesias" (Apocalipsis 2:7a). El Espíritu Santo siempre habla a todo aquel que le quiere oír.

Aprendemos a escuchar… escuchando. No se trata de tomar un curso, sino de desarrollar nuestros oídos espirituales a través de una comunión diaria con el Espíritu Santo. Él te hablará y nada de lo que te diga se contradecirá con la Palabra de Dios. Esto te servirá también para distinguir su voz de otras voces. Es el Espíritu de Verdad que nos guiará a toda verdad.

Dedica suficiente tiempo a la comunión con el Espíritu Santo. Él no hablará con nadie que tenga prisa. Permítele enseñarte las cosas profundas y ocultas de Dios. Cuanto más nos rindamos a Él, más transformados seremos a imagen de Cristo, más dispuestos estaremos a llevar a cabo la voluntad de Dios y mejor equipados para servirle.

Ser guiados por el Espíritu Santo debe ser el estilo de vida de todo hijo de Dios.

Espíritu Santo, anhelo escucharte. Ayúdame a ser guiado solo por tu voz.

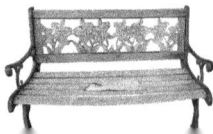

Dios redimirá mi vida

"Ninguno de ellos podrá en manera alguna redimir al hermano, ni dar a Dios su rescate (porque la redención de su vida es de gran precio, y no se logrará jamás), para que viva en adelante para siempre, nunca vea corrupción… Pero Dios redimirá mi vida del poder del Seol, porque él me tomará consigo".
Salmo 49:7-9,15

Humanamente hablando, los hijos de Coré tenían razón. No había persona en este mundo que pudiera redimir ni pagar el rescate por su vida, por lo tanto, el hombre estaba destinado a la muerte eterna. Sin embargo, hay una expresión profética en este salmo: "Dios redimirá mi vida del poder del Seol". Y así fue, Jesús lo hizo posible al morir en la cruz. "Y no por sangre de machos cabríos ni de becerros, sino por su propia sangre, entró una vez para siempre en el Lugar Santísimo, habiendo obtenido eterna redención" (Hebreos 9:12).

¡Cuántas gracias debemos darle al Señor por su obra redentora! Lo que era imposible para el ser humano Dios lo hizo posible al enviar a su Hijo. Jesús se despojó de toda su gloria y se hizo hombre igual a nosotros, pero sin pecado para hacernos libres. "Anulando el acta de los decretos que había contra nosotros, que nos era contraria, quitándola de en medio y clavándola en la cruz" (Colosenses 2:14).

Hay una parte de la redención que todavía no se ha completado y es la destrucción total de la muerte. Un día, los cristianos que murieron serán resucitados con cuerpos transformados al igual que los creyentes que estemos vivos en ese momento y seremos llevados por Cristo a su gloria eterna (1 Tesalonicenses 4:16-17).

El plan de Dios es perfecto, y la redención de Jesucristo también lo es. Pronto nos uniremos al coro celestial para adorar al Rey de reyes y Señor de señores eternamente (Apocalipsis 5:9).

Espero que estés listo para ese día. Jesús vendrá en las nubes a buscar a los que le recibieron como su Salvador, le aman y esperan su venida. No busques señales, ya están cumplidas. En cualquier momento, "en un abrir y cerrar de ojos, a la final trompeta; porque se tocará la trompeta, y los muertos serán resucitados incorruptibles, y nosotros seremos transformados" (1 Corintios 15:52).

¡Ven Señor Jesús! Espero tu venida para estar contigo
y con tu pueblo por la eternidad.

La manifestación de Jesús

"Le dijo Judas (no el Iscariote): Señor, ¿cómo es que te manifestarás a nosotros, y no al mundo? Respondió Jesús y le dijo: El que me ama, mi palabra guardará; y mi Padre le amará, y vendremos a él, y haremos morada con él".
Juan 14:22-23

Los discípulos estaban recibiendo la noticia de que Jesús se iba para estar con el Padre, pero que se manifestaría al que lo amara y guardara sus mandamientos. Frente a esta declaración, Felipe le preguntó: "¿Cómo es que te manifestarás a nosotros y no al mundo?" Claro, todos estaban esperando al Mesías político y social que los libraría del yugo romano. Y ahora Jesús les dice que solo se manifestará a los que lo aman. ¿Pero qué pasará con el mundo entero? ¡Necesitan una manifestación de Cristo!

Piensa en esto, desde su mismo nacimiento Jesús no se manifestó al mundo. ¿Cuántos lo vieron de bebé y se gozaron? Contemos: José, María, los pastores (¿unos cinco tal vez?), unos días más tarde el sacerdote que lo presentó en el templo, Simeón y Ana el día de su dedicación, luego los magos de oriente… ¡Menos de quince personas! ¡Qué paradoja! El nacimiento del Rey de reyes fue celebrado por pocos. Era limitado el número de personas que tenían un corazón dispuesto y preparado para su llegada.

Cuando Jesús resucitó tampoco se manifestó a todo el mundo, solo a los discípulos. No se apareció a Anás, ni a Caifás, ni a Pilato, tampoco a los soldados romanos o a los que se burlaron de Él mientras estaba en la cruz. ¡Me hubiera encantado verles la cara a esos sinvergüenzas! Pero no, Jesús no se manifestó a ninguno de ellos, solo a los que lo amaban.

¡Cómo nos gustaría que hoy mismo Jesús se le apareciera a todos lo que se burlan de Él, a los que gritan que si existe Dios se haga presente, incluso a nuestros familiares y amigos que no creen! Pero Jesús ya dijo cómo podemos experimentarlo y no podemos cambiar eso. Es necesario creer en Él y decidir amarlo voluntariamente.

Los que le amamos también le adoramos, le honramos y le agradecemos por su perfecta obra en la cruz, porque sabemos que somos los beneficiarios eternos de todas las promesas de Dios.

Gracias Señor por manifestarte a mi vida. Me diste salvación y esperanza eterna.
Quiero ser un instrumento de tu amor para que otros te conozcan.

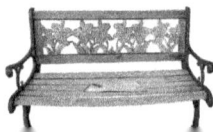

Dios responde cuando le invocamos

"Te acercaste el día que te invoqué; dijiste: No temas.
Abogaste, Señor, la causa de mi alma; redimiste mi vida".
Lamentaciones 3:57-58

El libro de Lamentaciones fue escrito por Jeremías después de que los babilonios destruyeran Jerusalén, mataran a una gran parte del pueblo, se llevaran deportados a varios y dejaran solo a unos pocos en una ciudad destruida, entre ellos, Jeremías. En medio de esa desolación, él hace la oración registrada en los vs. 57 y 58.

A este profeta le tocó vivir durante el tiempo más difícil de Israel. Pasó varios años anunciando la caída de la santa ciudad, exhortando al pueblo al arrepentimiento sin ver resultados. Hubo una conspiración contra su vida, intentaron matarlo, lo metieron en la cárcel, en una cisterna, se burlaron continuamente de su mensaje. En medio de tanto sufrimiento invocó a Dios y recibió la respuesta que necesitaba.

Dios se acercó en el momento que oró. Jeremías pudo sentir su presencia. Es que Dios nunca desampara a sus hijos y siempre responde cuando clamamos a él. De hecho, le dijo al profeta que hiciera eso: "Clama a mí, y yo te responderé".

Dios trae paz y seguridad al que confía en Él. Le dijo a Jeremías: "No temas". Cuando Dios nos dice esto significa que tiene el control, sabe lo que está sucediendo y está interviniendo a nuestro favor.

Dios es nuestro abogado defensor. Todas nuestras causas están en sus manos. Cuando somos objeto de alguna injusticia, podemos descansar sabiendo que Él se ha hecho cargo de nuestra situación.

Dios redime nuestra vida. Sabe cómo rescatarnos del hoyo más profundo. Jeremías lo experimentó en carne propia. Cuando fue puesto en una cisterna con el propósito de que muriera, Dios envió un grupo de personas temerosas de Él que lo libraron de ese terrible final.

Jeremías, por ser levita, conocía los Salmos y más de una vez habrá venido a su mente este pasaje: "Invócame en el día de la angustia; te libraré, y tú me honrarás" (Salmo 50:15). Si estás atravesando un día de angustia, invoca al Señor Todopoderoso y espera en Él porque intervendrá oportunamente y tendrás otro motivo más para honrar y alabar a Dios. Él está atento a tu oración.

Señor, clamo a ti porque eres el único que puede ayudarme en cualquier circunstancia.
Tu oído está siempre atento a mis súplicas. Gracias, Padre.

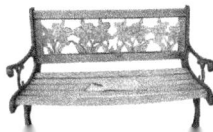

Visión de eternidad

"Y Jesús le dijo: Yo soy; y veréis al Hijo del Hombre sentado a la diestra
del poder de Dios, y viniendo en las nubes del cielo".
Marcos 14:62

Faltaban pocas horas para que Jesús fuera crucificado. La comparecencia ante las autoridades religiosas fue un mero trámite porque hacía tiempo que estaban buscando a Jesús para matarlo; nunca tuvo un juicio justo. Les había llegado la oportunidad, y ante la pregunta "¿Eres tú el Hijo de Dios?", la respuesta era obvia: Yo Soy, en presente, la misma frase del hebreo antiguo que se escribía "Jehová".

El "Yo soy el que soy" les estaba mostrando el plan eterno y ninguno de ellos lo quiso ver. Jesús podía proyectarse hacia el futuro y declarar que el mundo vería "al Hijo del Hombre sentado a la diestra de Dios, y viniendo en las nubes del cielo". Les estaba diciendo que el sufrimiento y la muerte que ellos estaban planificando era algo temporal, ese no sería el final de la historia.

Jesús tenía visión de eternidad. Estaba viendo más allá de lo inmediato. Jesús estaba pasando por alto los sufrimientos para verse glorificado eternamente, sentado en el trono y volviendo a reinar (Hebreos 12:2). El gozo del triunfo final era mucho mayor que el sufrimiento temporal.

Recuerda que Jesús, además de ser Hijo de Dios, era tan humano como nosotros, y como hombre nos mostró la importancia de vivir cada día con visión de eternidad. Lo que suframos en esta vida es temporal. Piensa en tu destino final. El Señor "enjugará toda lágrima; y ya no habrá muerte, ni habrá más llanto, ni clamor, ni dolor; porque las primeras cosas pasaron" Apocalipsis 21:4. Hay una herencia en los cielos reservada para cada hijo de Dios.

¿Estás siendo víctima de burlas, desprecios, chismes, injurias por causa de Cristo? ¿Estás pasando sufrimientos sin entender las causas? ¿Parece que todo lo que haces para el Señor no da resultado, no vale la pena? Necesitas reforzar tu visión de eternidad.

Del presente se encarga el Señor. No lo dudes. Él es tu Proveedor, Sustentador, Protector, Sanador, y sobre todas las cosas tienes un Padre Celestial que te ama como nadie jamás podría haberlo hecho.

Gracias por darme visión de eternidad. Sé que soy parte del inmenso pueblo
que ganaste con tu sangre. Te alabaré por siempre.

Amplio en perdonar

"Deje el impío su camino, y el hombre inicuo sus pensamientos, y vuélvase a Jehová, el cual tendrá de él misericordia, y al Dios nuestro, el cual será amplio en perdonar".
Isaías 55:7

No hay carga más pesada que la culpa por haber pecado, y es aún peor si le hemos fallado a Dios en algo sobre lo que ya le pedimos perdón varias veces. ¿Cómo deshacernos de ese peso? ¿Podremos compensar a Dios haciendo buenas obras o "castigándonos" de alguna manera? ¿Será que habremos agotado las oportunidades de ser perdonados por Dios?

Hay una respuesta divina a todas estas preguntas que no deja de asombrarme: el Dios nuestro es "amplio" en perdonar a todo aquel que se arrepiente sinceramente.

La palabra amplio en hebreo es *rabá* que significa 'aumentar, algo abundante, colmar, dar demasiado, ensanchar, exceder, multiplicar, ser numeroso'. No hay cantidad de pecados que la gracia de Dios no pueda alcanzar. Si el pecado abunda, sobreabunda la gracia divina (Romanos 5:20).

Por supuesto no debemos tomar su gracia livianamente, como un permiso para seguir viviendo en pecado. El apóstol Pablo lo dijo de esta manera: "¿Seguiremos pecando para que la gracia abunde? ¡De ninguna manera! Porque los que hemos muerto al pecado, ¿cómo podemos seguir viviendo en él?" (Romanos 6:1-2). El Espíritu Santo no solo nos da convicción cuando pecamos, sino también poder para vencer toda tentación. ¡Hay victoria sobre el pecado!

Cuando Dios perdona, olvida. No guarda rencor ni tiene deseos de venganza contra el arrepentido. Miqueas exalta a Dios preguntándose qué Dios perdona la maldad y olvida el pecado del remanente de su heredad como lo hace nuestro Dios, porque no retiene para siempre su enojo, sino que se deleita en misericordia (Miqueas 7:18).

El perdón de Dios está disponible ahora mismo. Cristo dio su vida para hacerte libre, así que no te quedes encadenado a la culpa.

Si hay gozo en el cielo por un pecador que se arrepiente, ese gozo también estará en el corazón del arrepentido. ¡Bendito sea Dios que es amplio en perdonar!

¡Aleluya! ¡Qué tremendo es el perdón de Dios!
Te has olvidado de todos mis pecados y me has hecho justo por tu gracia.

El que se humilla será enaltecido

"Porque cualquiera que se enaltece, será humillado;
y el que se humilla, será enaltecido".
Lucas 14:11

En cierta ocasión, Jesús fue invitado a comer a la casa de un gobernante fariseo y al ver cómo las personas intentaban ocupar los mejores lugares de la mesa, el Señor aprovechó la situación para enseñar acerca de la humildad con estas palabras: "El que se enaltece, será humillado; y el que se humilla, será enaltecido".

La palabra "humillar" viene del latín *humiliare* (de aquí *humus*) que denota el hacer que uno se postre, obligar a reconocer su bajeza ante otro. Bajar el orgullo hasta el *humus* (suelo) para reconocer que otros pueden tener mayor honor. En términos bíblicos, morir a nuestra carne para permitir que el Espíritu Santo controle nuestra vida.

Sin embargo, los mensajes que recibimos diariamente nos invitan a actuar como si todo girara alrededor nuestro, como si todo se tratara de nosotros; incluso, en algunos lugares donde se predica el evangelio, se ha infiltrado la idea de que Dios existe para satisfacer todos nuestros deseos egoístas. Nada más alejado de lo que el Señor nos ha enseñado y demostrado con su propia vida.

Filipenses 2:5-8 nos dice que debemos tener el sentir que hubo también en Cristo Jesús, quien siendo en forma de Dios, no estimó el ser igual a Dios como cosa a que aferrarse, sino que se despojó a sí mismo, tomando forma de siervo, se hizo semejante a nosotros; y estando en la condición de hombre, se humilló a sí mismo, haciéndose obediente hasta la muerte, y muerte de cruz.

El pasaje comienza diciendo que debemos "tener la misma actitud que tuvo Cristo" ¿Cuáles es esa actitud? La humildad. Como hijos de Dios debemos estar dispuestos a mirar más allá de nuestros propios intereses para poder pensar en el bien de los demás.

Algunos que hoy parecen muy "grandes" desaparecerán en el futuro; otros que reciben reconocimiento en este tiempo, no tendrán recompensas eternas. Pero los que se conducen con humildad, el Señor lo enaltecerá a su tiempo.

Señor, hazme humilde como tú. Morir a mí mismo para
darte a ti la gloria en todo.

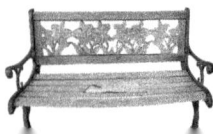

Vivificados

"Si anduviere yo en medio de la angustia, tú me vivificarás".
Salmo 138:7[a]

David sabía muy bien lo que es vivir bajo presiones que producen angustia. Las pruebas que atravesó fueron muy variadas, pero en cada una de ellas experimentó la liberación de Dios. Presiones del enemigo, de la familia, del pueblo, de los líderes. ¡Era un experto en angustias!

La fe y confianza de David en Dios son dignas de imitar. En momentos difíciles donde la angustia llegaba a su pico más alto, podía declarar su confianza en Dios, seguro de que Él lo iba a "vivificar".

La palabra vivificar en hebreo es *kjaiá* que significa 'dar vida o revivir, avivar, conservar, infundir, reanimar o resucitar'. Cuando parece que la angustia nos quita el último aliento, cuando todo parece terminado, ¡Dios trae nueva vida!

¡De cuántas situaciones Dios libró a David! Observa todos los salmos que describen esas intervenciones del Señor. Cuando el salmista estaba pasando por situaciones de injusticia donde parecía que iba a perderlo todo, confiaba en la justicia divina y Dios lo vivificaba (Salmo 143:11).

¡Qué buena enseñanza para nosotros! Cuando estamos en angustia, además de recurrir a la oración, debemos alimentar nuestra alma con la Palabra de Dios. En el Salmo 119, el autor menciona 10 veces que la Palabra vivifica su alma (Salmo 119:25).

En su obra en la cruz, Jesús logró la redención de todo aquel que cree en Él y le otorga vida eterna. Hoy somos renovados continuamente por el Espíritu Santo que mora en nuestro espíritu. Jesús lo envió para hacer realidad su vida abundante en nosotros: "…mas el espíritu vivifica" (2 Corintios 3:6). En tiempos de angustia, Él tiene los recursos para renovarnos, fortalecernos, mostrarnos la salida, y llenarnos de su gozo inquebrantable.

Si estás pasando por angustias, recuerda que tienes al Dios que vivifica. Cuando todo parece haber muerto, Él lo resucita, cuando parezca que tus fuerzas se agotaron, Él trae renovación, cuando la fe desmaya, la aviva con el fuego del Espíritu. Proclama con certeza la obra del Dios Todopoderoso en ti: "¡Tú me vivificarás!"

Tú eres la resurrección y la vida; aunque algo parezca sin posibilidades de revivir, tú tienes el poder para vivificarlo, tú lo vivificarás.

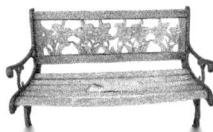

No te vencerán

"Y te pondré en este pueblo por muro fortificado de bronce, y pelearán contra ti, pero no te vencerán; porque yo estoy contigo para guardarte y para defenderte, dice Jehová. Y te libraré de la mano de los malos, y te redimiré de la mano de los fuertes".
Jeremías 15:20-21

Como cristianos, somos presionados constantemente por nuestra cultura a alejarnos de la ley de Dios, a tolerar el pecado y abandonar los valores bíblicos. Por eso, más que nunca, necesitamos convicciones firmes y una fe inalterable.

No podemos extrañarnos del comportamiento antagónico del sistema contra los que permanecen fieles a la verdad divina. Ya lo dijo Jesús, si nosotros fuéramos del mundo, el mundo nos amaría, pero porque no somos del mundo, nos aborrece sin remedio (Juan 15:19). Puede ser que muchas personas se levanten para presionarnos a cambiar nuestros valores, pero Dios ha prometido fortalecernos en todo tiempo.

El Señor será un muro fortificado de bronce a nuestro alrededor. No hay manera de derribarlo. Un muro de piedra se puede desmantelar piedra por piedra, pero no uno de bronce. Dios es nuestra protección contra todos los ataques que puedan venir contra nosotros.

"Pelearán contra ti, pero no te vencerán". Nadie dijo que no vamos a tener que enfrentar situaciones difíciles, pero la promesa es que nadie nos vencerá. El Poderoso Gigante está con nosotros y tenemos la victoria asegurada.

"Yo estoy contigo para guardarte y defenderte". ¡Amen, así será! Su presencia será evidente sobre nosotros en todo tiempo. No hay momento ni circunstancia en que Dios nos abandone. ¡Él mismo nos defenderá! Cuando le damos nuestra causa a Dios, interviene con su justicia y levanta nuestra cabeza.

"Te libraré de la mano de los malos". Gente mala hubo y habrá en esta vida, pero el Dios que no cambia seguirá librando a sus hijos de los ataques de los malos.

No tengas temor, Dios es tu Ayudador. La promesa que le dio a Jeremías sigue vigente. "Y pelearán contra ti, pero no te vencerán; porque yo estoy contigo, dice Jehová, para librarte". (Jeremías 1:19).

Eres mi escudo de protección, mi muralla de bronce.
No tenga nada a que temer. ¡Hay victoria en ti!

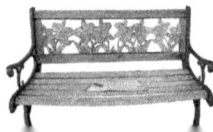

Mirando por lo de los otros

"No mirando cada uno por lo suyo propio, sino cada cual también por lo de los otros.
Haya, pues, en vosotros este sentir que hubo también en Cristo Jesús".
Filipenses 2:4-5

Directa o indirectamente, la cultura pone mucho énfasis en los éxitos individuales, la búsqueda del placer, el bienestar personal y mirar por nuestros propios intereses, esto hace que las personas cada vez piensen menos en su prójimo y se debilite la solidaridad. Sin embargo, Jesús nos enseñó, no solo con sus palabras sino con su propio ejemplo, a renunciar al egoísmo para poder servir a los que nos necesitan.

El apóstol Pablo, uno de los grandes imitadores del Señor, nos exhorta en este pasaje bíblico a tener el mismo sentir de Jesús, es decir, genuino interés por los demás.

Pensemos. ¿Con cuánta frecuencia abandonamos el egoísmo por el bien de los demás? ¿Me importan más mis derechos que bendecir al prójimo? ¿Espero recibir algo a cambio de ofrecer ayuda? ¿Siento más satisfacción cuando me sirven o cuando sirvo?

Vencer el egoísmo comienza con una decisión. Jesús lo dijo claramente, si alguno quiere seguirle, debe negarse a sí mismo (Lucas 9:23).

Negarse a uno mismo no es un consejo para algunos, sino un mandamiento para todo cristiano verdadero. Quien ha aprendido a someter su egoísmo podrá ser un instrumento útil en las manos del Señor. Además, viviríamos más felices porque brindarnos a otros trae una enorme satisfacción.

Dios está interesado en las necesidades temporales y espirituales de quienes nos rodean y nosotros somos los instrumentos que Él quiere usar. De hecho, cuando suplimos necesidades de otros, Dios suple las nuestras.

El Señor quiere desarrollar en sus hijos un espíritu generoso y la disposición a hacer lo que nos pida. Es parte de ser un imitador de Cristo (Efesios 5:1). Si Jesús dejó su gloria para servir, ¡cómo no podremos abandonar nuestro egoísmo para servir a los demás!

Prestemos atención a las necesidades de los que nos rodean y brindemos la ayuda que Dios ponga en nuestras manos, de esa manera el mundo será testigo de su amor.

Aquí estoy Señor, listo para ser usado por ti.

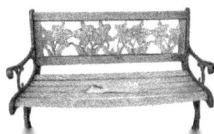

Persevera en la Palabra

"Cualquiera que se extravía, y no persevera en la doctrina de Cristo, no tiene a Dios; el que persevera en la doctrina de Cristo, ese sí tiene al Padre y al Hijo".
2 Juan 1:9

El apóstol Juan estaba preocupado por la proliferación de falsas enseñanzas que se estaban infiltrando en la iglesia. Ya lo había profetizado el Señor, pero ahora lo estaba viendo con sus propios ojos. La tercera generación de creyentes que había surgido en Pentecostés, comenzaba a abandonar las enseñanzas de la Palabra de Dios.

Entonces Juan declara con contundencia: "Si alguien se extravía de la doctrina, no tiene a Dios". La palabra extraviar en griego es *proago* y connota la idea de conducirse hacia adelante o adelantarse. Cuando alguien se extravía, normalmente pensamos que se ha desviado del camino que seguía, sin embargo, la palabra original nos indica que es alguien que ha ido más allá de lo establecido, que traspasó los límites señalados.

Cuando era niño (¡y sí, hace muchos años atrás!) recuerdo haber visto los resultados de un grave accidente automovilístico cuando regresaba de un campamento. La imagen de las personas que estaban siendo atendidas por los servicios de emergencia está en mi memoria hasta hoy. Al día siguiente supe la causa del choque: uno de los vehículos trató de adelantar al otro de manera ilegal en lugar de permanecer en su carril.

En la vida cristiana, la impaciencia también nos puede llevar a tomar decisiones que luego tengamos que lamentar. Cuando alguien comienza a ir más allá de lo que Dios estableció en su Palabra para obtener lo que quiere sin importar las consecuencias, se meterá en graves problemas. Y si continúa actuando de esa manera, finalmente va a extraviarse. Como menciona Juan, esa persona ya "no tiene a Dios".

El Señor espera que nos mantengamos fieles a Él en cualquier circunstancia. Y para eso, debemos comprometernos a obedecerle siempre en lugar de intentar manipular las circunstancias para conseguir lo que deseamos. Seguir al Señor requiere obediencia a su Palabra y sensibilidad al Santo Espíritu. Él nos ha provisto todo lo necesario para mantenernos firmes y perseverando, pero debemos elegir caminar en el poder de su Espíritu cada día

---

Quiero permanecer firme en tu Palabra. Líbrame de los extravíos y de las enseñanzas que están fuera de lo que tú has dicho.

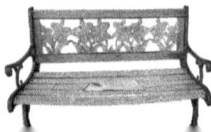

No te duermas

"Y creyó a Jehová, y le fue contado por justicia… Mas a la caída del sol sobrecogió el sueño a Abram, y he aquí que el temor de una grande oscuridad cayó sobre él".
Génesis 15:6,12

Dios le dijo a Abram que le daría una descendencia tan numerosa como las estrellas del cielo, y para confirmar esta promesa el patriarca debía presentar un sacrificio y esperar en la presencia del Señor. Así que el padre de la fe preparó el altar y los animales para el sacrificio y esperó, pero solo había silencio. Siguió esperando y nada. Miraba hacia los cielos, pero no había respuesta.

Entonces Abram tuvo sueño. Sí, el padre de la fe empezó a dormirse durante el tiempo devocional… La palabra "sueño" en hebreo es *tardemá* que significa 'letargo o entorpecer'. ¿Te resulta familiar? Por supuesto, seguramente durante un tiempo de oración, con el deseo de escuchar al Señor, de pronto el sueño parece dominarnos.

Abram no solo tenía sueño, también sentía temor porque podía ser atacado por un animal salvaje. Entonces, en ese momento, Dios intervino dándole una revelación tremenda de lo que le acontecería a su descendencia en los próximos ¡cuatrocientos años! ¡Menos mal que el patriarca pudo mantenerse despierto! Allí mismo Dios hizo un pacto con Abram prometiéndole, no solo una innumerable descendencia, sino también la configuración del territorio que le daría por haberle creído.

¡Qué aplicación tan clara para nosotros! Cuántas veces nos hemos presentado ante el Señor con nuestras preguntas, peticiones e inquietudes y creemos que Él nos va a responder, pero durante la espera entramos en un período de adormecimiento, letargo, y finalmente se produce la desconexión con el Señor. Él se ha quedado con la respuesta en sus labios porque no hemos podido perseverar hasta escuchar su voz.

Muchas veces el Señor nos prueba para saber hasta qué punto estamos interesados en conocer lo que tiene que decirnos. Toda espera que Él permite tiene un propósito.

No permitas que el adormecimiento se apodere de tu alma. Sigue orando, intercediendo, clamando, que el Señor ha oído tus ruegos y la respuesta está en camino.

Señor, aquí estoy, en tu presencia, perseverando en mi búsqueda de ti.
Aunque venga el cansancio, resistiré con tu poder y gracia.

El día está por llegar

"Y dijo Faraón a sus siervos: ¿Acaso hallaremos a otro hombre como este,
en quien esté el espíritu de Dios?"
Génesis 41:38

Y llegó el día… El jefe de la cárcel y varios sirvientes del rey entraron a la celda donde estaba José y comenzaron a prepararlo para comparecer ante el Faraón. El gobernante había solicitado su presencia para que le interpretara un sueño.

El corazón de José, seguramente, latía con mucha fuerza y por su mente habrán pasado miles de imágenes de su pasado reciente. Ya hacía ¡13 años! que su vida había cambiado para siempre. Sus hermanos lo habían vendido como esclavo y nunca más volvió a ver a su padre. Cuando las cosas parecían mejorar en la casa del general Potifar, su esposa lo acusa falsamente y termina en la cárcel. Allí tuvo la oportunidad de interpretar un sueño al copero del rey y cuando salió de la prisión, José le pidió que se acordará de él, pero después de dos años no tenía noticias.

Ahora está delante del Faraón y el Espíritu lo capacita para interpretar su sueño y aconsejarle lo que debía hacer en los años venideros. Tal fue el asombro del rey que dijo que había sido Dios el que le había hecho saber todo esto, que no había entendido ni sabio como él (v. 39), y en ese mismo momento nombró a José gobernador de Egipto. En un segundo pasó de esclavo a gobernante.

La miseria quedó atrás, el desamparo y la soledad también, ahora José tenía su propio despacho, un carro, provisión, personas que lo asistían y también comenzó a formar su propia familia. Así es el Señor. Su providencia es real.

Los años más difíciles de José sirvieron para formarlo y prepararlo para ese momento. Ni un día más ni uno menos. Era el tiempo perfecto de Dios. Los sueños que José tuvo en su adolescencia se hicieron realidad porque Dios siempre cumple sus promesas.

Quizás te sientas identificado con José porque el tiempo pasa y Dios todavía no responde tu petición. Tal vez hasta hayas pensado que se olvidó de ti y de las promesas que te hizo. Pero esta historia te demuestra lo contrario. Dios está trabajando en ti y alrededor de ti. Hay situaciones que aún necesitan ser ajustadas y el Señor lo está haciendo. El Espíritu Santo quiere que sepas que "el día está por llegar". ¿Y si fuera hoy?

Señor, espero pacientemente en ti. Hoy puede ser el día de la respuesta.

Un remanente preservado con propósito

*"Las palabras de Jehová son palabras limpias, como plata refinada en horno
de tierra, purificada siete veces. Tú, Jehová, los guardarás;
de esta generación los preservarás para siempre".*
Salmo 12:6-7

Sabemos por la Palabra de Dios que la maldad se multiplicará en los últimos tiempos. ¿Esto significa que desaparecerá la bondad en la tierra? No. No mientras la Iglesia de Cristo esté aquí siendo sal y luz. ¿Pero no te parece que la Iglesia está cada día más tibia, a punto de desaparecer? Sin embargo, Dios siempre ha preservado un remanente fiel. Siempre ha sido así a lo largo de la historia.

El "remanente" está conformado por aquellos que permanecen fieles a Dios y a los principios de su Palabra. El Señor le habló sobre un remanente a Elías cuando Israel se encontraba en una situación espiritual deplorable en tiempos de Acab (1 Reyes 19:18). También al rey Ezequías cuando estaban a punto de ser destruidos por los asirios (2 Reyes 19:4, 31).

Dios continuó hablando de este remanente en tiempos de Isaías (Isaías 10:21), de Josías (2 Crónicas 34:9, 21), de Jeremías (Jeremías 23:3), de Ezequiel (Ezequiel 9:8); se lo mencionó a Joel, Amós, Abdías, Miqueas, Sofonías, Zacarías… y también al apóstol Pablo. Esto es lo que dijo en Romanos 11:5, que también en este tiempo ha quedado un remanente escogido por gracia.

Pero hay otra realidad paralela a esta, y es que muchos están abandonando sus convicciones. Esto es lo que veía David cuando escribió el Salmo 12 diciendo que *se acabaron los piadosos*, porque han *desaparecido los fieles* de entre los hijos de los hombres (v.1). David miraba a su alrededor y solo veía personas retrocediendo.

A pesar de esta triste situación, no estamos solos. Dios tiene fieles en todas partes del mundo. Él los preserva, cuida, capacita y dirige para ser luz a la nueva generación. Por eso oramos, enseñamos, predicamos, aconsejamos, y exhortamos hasta el día en que el Señor venga por nosotros.

¿Eres parte del remanente? Entonces estás involucrado en la formación de la próxima generación para que conozca, ame al Señor y viva Su Palabra.

¡Soy parte de tu remanente! Aunque otros retrocedan, voy a permanecer fiel por la fe, confiando en que tu gracia me sostiene.

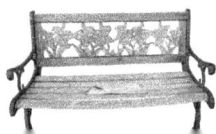

No desmayes

"Mira que te mando que te esfuerces y seas valiente; no temas ni desmayes, porque Jehová tu Dios estará contigo en dondequiera que vayas".
Josué 1:9

Josué fue elegido por Dios, nada más ni nada menos, que para ser el sucesor de Moisés. ¡Tremenda responsabilidad! Sin embargo, Dios le dice que debía esforzarse y ser valiente, no tener temor, ni tampoco desmayar. Josué tenía un objetivo desafiante que alcanzar y una congregación difícil de guiar, por eso Dios le da estas instrucciones.

"Desmayar" en hebreo es *kjatát* que denota la idea de estar postrado por violencia, derribado por confusión y temor, acobardado, amedrentado o intimidado. Alude a una persona que se encuentra en el suelo después de haber recibido un duro golpe. Emocionalmente hablando, es una persona desanimada, desmotivada, deprimida por una situación adversa.

Muchos hombres y mujeres de Dios pasaron por circunstancias tan difíciles que llegaron a sentir que estaban a punto de desmayar. David, en uno de sus salmos, lo expresó de esta manera: "¡Clamo a ti desde los confines de la tierra, pues ya mi corazón desfallece! Llévame a una roca más alta que yo" (Salmo 61:2).

Hay personas que nos hacen desmayar. No es fácil sobrellevar relaciones con personas negativas, incrédulas, injustas, hasta burlonas. A veces podemos sentir que no solo estamos perdiendo la paciencia sino nuestro ánimo. Dios sabe cómo motivarnos para seguir adelante. El apóstol Pablo nos exhorta a no cansarnos de hacer el bien, porque vamos a cosechar en el tiempo oportuno si no desmayamos (Gálatas 6:9).

El mismo Dios que estuvo con Josué está contigo. Y las palabras con las que lo alentó a seguir adelante, son las mismas con las que quiere animarte hoy: "Esfuérzate y se valiente. No temas ni desmayes, porque Jehová tu Dios estará contigo dondequiera que vayas".

La confianza frente a los desafíos que nos plantea el Señor nunca viene de nosotros mismos. Cuando creemos en lo que nos ha prometido y no en nuestros sentimientos, Él nos da la capacidad y la valentía para seguir adelante y hacer su voluntad.

Gracias por esta palabra de ánimo. Voy a levantarme, seré valiente y haré lo que tengo que hacer. ¡Dios está conmigo a dondequiera que vaya!

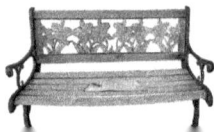

En un abrir y cerrar de ojos

"Entonces estarán dos en el campo; el uno será tomado, y el otro será dejado. Dos mujeres estarán moliendo en un molino; la una será tomada, y la otra será dejada. Velad, pues, porque no sabéis a qué hora ha de venir vuestro Señor".
Mateo 24:40-42

La Segunda Venida de Cristo será repentina y sorpresiva. No habrá oportunidad de reflexión, ni de arrepentimiento de último minuto. La elección que hayamos hecho determinará nuestro destino eterno. El propósito de Jesús al referirse a su regreso no es estimular predicciones ni cálculos acerca de la fecha sino advertirnos que debemos estar preparados.

El arrebatamiento sucederá en un día normal. La gente estará trabajando, comiendo, durmiendo, estudiando, leyendo devocionales… y "en un momento, en un abrir y cerrar de ojos… los muertos serán resucitados incorruptibles, y nosotros seremos transformados" 1 Corintios 15:52.

¿Te has puesto a pensar que sucedería si Cristo viniera a buscarnos ahora mismo? Si el arrebatamiento fuese hoy…

Deberíamos estar en plena comunión con el Señor. "Si decimos que tenemos comunión con él, y andamos en tinieblas, mentimos, y no practicamos la verdad" (1 Juan 1:6).

Deberíamos estar comprometidos con nuestra santificación, porque sin santidad nadie verá al Señor (Hebreos 12:14).

Deberíamos estar usando nuestros talentos naturales y dones espirituales para servir al Señor, porque no podemos "enterrar" lo que se nos asignó.

Deberíamos haber arreglado toda "cuenta pendiente". Romanos 12:18: "En cuanto dependa de vosotros, estad en paz con todos los hombres". Como hijos de Dios debemos promover la concordia y no estar enredados en pleitos y peleas.

Deberíamos haber compartido el evangelio con las personas que están a nuestro alrededor, familia, amigos, compañeros de trabajo, de estudio, incluso con aquellos desconocidos a los que el Espíritu Santo nos impulsó a hablarles de Cristo.

Pero no podemos vivir en el "deberíamos", tenemos que vivir y tomar decisiones aquí y ahora, como si el Señor volviera hoy.

¡Cuántos necesitan todavía escuchar el mensaje del evangelio! Ven pronto Señor, mientras tanto úsame como tu portavoz.

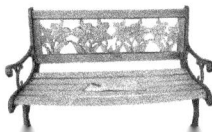

Jehová Kadosh

"Habla a toda la congregación de los hijos de Israel, y diles: Santos seréis,
porque santo soy yo Jehová vuestro Dios".
Levítico 19:2

Los nombres de Dios revelan su carácter. Uno de ellos es "El Santo", del hebreo *kadosh* que significa 'sagrado, apartado del pecado, pureza de carácter'. El Señor es santo y demanda que toda persona que se relacione con Él también lo sea.

Desde que los israelitas supieron esto intentaron estar a la altura de este requerimiento, pero fracasaron en todos sus intentos. Los sacrificios no eran suficientes para cubrir todos sus pecados. En menos de 24 horas, el oferente volvía a pecar y debía presentar otro sacrificio. Es que el problema está en la naturaleza interior del ser humano.

Entonces el remedio vino directamente del cielo. Jehová Kadosh envió a su Santo Hijo para ser el sacrificio perfecto y definitivo. Toda persona que recibe por la fe a Jesús como su Salvador es perdonada instantáneamente y Dios la ve como si nunca hubiera pecado. ¡Al fin santos delante de Dios! "Porque el que santifica y los que son santificados, de uno son todos; por lo cual no se avergüenza de llamarlos hermanos" (Hebreos 2:11).

Para que esta obra no sea efectiva solo el día que aceptamos a Cristo como nuestro Salvador, Dios envió al Espíritu Santo para habitar dentro de los que hemos sido justificados. De esta manera, Él mismo nos sigue santificando diariamente hasta pasar a la eternidad (1 Corintios 6:11).

Pero hay una parte que debemos hacer nosotros en colaboración con el Espíritu Santo, y es morir al deseo de pecar y someternos a su control para que nuestras decisiones estén alineadas con la voluntad de Dios. "Así que, amados, puesto que tenemos tales promesas, limpiémonos de toda contaminación de carne y de espíritu, perfeccionando la santidad en el temor de Dios" (2 Corintios 7:1).

El proceso de santificación se completará cuando estemos en la presencia de Dios, en ese momento seremos perfectos. Lo que parecía imposible, Dios lo ha hecho posible, así que: "Regocíjate y canta, oh moradora de Sion; porque grande es en medio de ti el Santo de Israel" (Isaías 12:6). ¡Gracias Señor por salvarnos y santificarnos por tu Espíritu!

Santo eres Señor. Como hijo tuyo, anhelo esa santidad. Espíritu Santo purifícame.

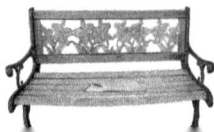

No permitas que te roben

"Volviendo los mensajeros otra vez, dijeron: Así dijo Ben-adad: Yo te envié a decir: Tu plata y tu oro, y tus mujeres y tus hijos me darás… Y he aquí un profeta vino a Acab rey de Israel, y le dijo: Así ha dicho Jehová: ¿Has visto esta gran multitud? He aquí yo te la entregaré hoy en tu mano, para que conozcas que yo soy Jehová".
1 Reyes 20:5,13

El rey de Israel estaba desesperado. El gran ejército de Siria venía contra ellos para despojarlos de todo. Entonces aparece en acción un profeta que le dice a Acab que Dios los entregaría en su mano para que conociera quien era Él. Con la poca fe que le quedaba, el rey se atrevió a enfrentarlos y la victoria fue aplastante. ¡El Señor les dio la victoria!

Observa la manera en la que el enemigo buscó intimidarlos: "Tu plata y tu oro, tus mujeres y tus hijos me darás". Esta es la manera en la que el diablo sigue intimidando hasta el día de hoy. Satanás es el ladrón que viene para "matar, hurtar y destruir" (Juan 10:10), y está empecinado en arrebatarte todo lo que Dios te ha dado

Muchas veces sus ataques comienzan con cuestiones materiales: "Tu oro y plata me darás". Cuando nuestras finanzas, bienes o trabajo están en peligro, analicemos las causas, el origen de la situación. A veces es el resultado de nuestras malas decisiones, pero en otras oportunidades son ataques del enemigo para robarnos las bendiciones de Dios.

Satanás no se quedará satisfecho solo con robarnos bienes materiales, él quiere arrasarlo todo. Está enfocado en destruir tu familia. "Tus mujeres y tus hijos me darás" le dijo el enemigo al rey de Israel. Por eso necesitamos estar alertas y no darle ningún lugar en nuestro hogar. Debemos intervenir a tiempo si identificamos alguna de sus acciones.

No permitas que Satanás te robe el amor que te unió a tu cónyuge. No dejes que tus hijos se pierdan por la presión de programas educativos ateos, entretenimientos que desprecian los valores bíblicos, o compañías que influyen negativamente sobre sus vidas. Actúa enseguida. Enséñales a relacionarse con Dios y a reconocer los ataques de Satanás.

Recuerda que nuestra lucha no es contra las personas sino contra el diablo (Efesios 6:12), pero bajo la sangre de Jesús ¡somos más que vencedores! Enfrenta tus batallas en oración y con la autoridad que te delegó el Señor para deshacer todo ataque del diablo.

No dejaré que el diablo me robe nada. Defenderé lo que Dios me dio y permaneceré firme con el poder del Espíritu Santo.

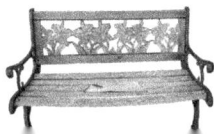

Obediencia incondicional

"También privó a su madre Maaca de ser reina madre porque había hecho
un ídolo de Asera. Además, deshizo Asa el ídolo de su madre,
y lo quemó junto al torrente de Cedrón".
1 Reyes 15:13

El rey Asa hizo lo recto ante los ojos de Dios, pero no fue nada fácil después de lo que heredó de los reyes anteriores. Su padre Abiam fue un rey que desobedeció a Dios cometiendo los mismos pecados que sus abuelos. Pero la situación se puso peor cuando su propia madre Maaca se hizo construir un ídolo de Asera que inducía a cometer los pecados sexuales más aberrantes de esa época. Asa sabía que esto desagradaba a Dios y debía tomar una decisión: su madre… o Dios.

Para muchos, esta hubiera sido una decisión muy difícil. En nuestras culturas hispanas hemos aprendido a obedecer ciegamente a nuestras madres, sin examinar sus consejos, y con el tiempo quizás nos dimos cuenta que algunas de sus recomendaciones no estaban alineadas con la Palabra de Dios. Pero Asa lo tuvo claro desde el primer momento, debía obedecer a Dios antes que al legado que le habían dejado sus antepasados.

El rey sabía que la idolatría era abominación a Dios; un pecado que traería gravísimas consecuencias. Entonces, no solo deshizo el ídolo de su madre, sino que lo quemó públicamente junto al torrente de Cedrón. Todos debían saber que la obediencia al Señor estaba por encima de todo. Además, Asa no permitió que su madre asumiera como reina. Piénsalo bien, eran muy duras las decisiones que estaba tomando. No creo que su madre estuviera muy contenta. Sin embargo, la responsabilidad de Asa era que él, su familia y su pueblo le rindieran adoración solo a Dios.

El Señor dejó registrada esta historia con el propósito de recordarnos que nada debe ser más importante que nuestra obediencia a Él. Tenemos el ejemplo también del apóstol Pedro. Cuando él y los discípulos fueron intimidados por el concilio y el sumo sacerdote para que dejaran de predicar la Palabra de Dios, les dijo que era necesario obedecer a Dios antes que a los hombres (Hechos 5:29).

Evaluemos los consejos que otros nos han dado desde que tenemos uso de razón. ¿Están de acuerdo con la Palabra de Dios? Que sean gratos los dichos de nuestra boca y la meditación de nuestro corazón.

Examina mi corazón, Señor. Si ha quedado algún vestigio de la vieja vida, límpiame.

Ni mercaderes ni cambistas

*"Y haciendo un azote de cuerdas, echó fuera del templo a todos, y las ovejas y
los bueyes; y esparció las monedas de los cambistas, y volcó las mesas;
y dijo a los que vendían palomas: Quitad de aquí esto, y no hagáis
de la casa de mi Padre casa de mercado".*
Juan 2:15-16

El templo era un caos. Se escuchaban balidos de animales, los gritos de los vendedores, anuncios de los cambistas de dinero y las quejas de los que venían a adorar a Dios. Era una confusión generalizada y en medio de ese desorden apareció Jesús. ¿Cómo te imaginas al Señor en ese momento? ¿Lleno de ira, dando latigazos a la gente, rompiendo todo y gritando? ¿Realmente fue así?

Jesús no tuvo un arrebato de ira, ni actuó movido por un impulso carnal. En el v. 15 leemos que el Señor se hizo un azote de cuerdas. Un látigo no se arma en unos segundos, tomó un poco de tiempo. Debió trenzar las cuerdas y unirlas fuerte para que no se rompieran. Me imagino a Jesús probando el látigo contra el piso. Entonces empezó a poner las cosas en orden. Echó fuera a todos los que habían convertido el lugar de adoración a Dios en una cueva de ladrones (Mateo 21:13); incluso sacó a los animales. ¡Increíble que estuvieran dentro del templo!

En ningún momento Jesús azotó a una persona. El látigo le sirvió para llamar la atención y mostrar autoridad. Entonces volcó las mesas de los cambistas y reprendió a todo el que estaba haciendo negocios. El Señor tenía derecho a hacerlo por ser judío, pero sobre todo por ser el Hijo de Dios. Una vez que hubo limpiado el templo, entraron los que realmente querían adorar a Dios. Incluso pudo sanar a mucha gente (Mateo 21:14).

Siempre mencionamos este pasaje al referirnos a los negocios literales que "mercaderes" del evangelio lleven a cabo en algunos templos actualmente, sin embargo, pocas veces lo aplicamos a nuestra vida. Ahora nosotros somos el templo del Espíritu Santo (1 Corintios 3:16,17; 6:19) y debemos vigilar que nada se interponga en nuestra relación con el Señor.

Cuidado con ser "cambistas" con Dios: "Dame más y te daré más". "Responde mi oración para que pueda creer". "Dame el ministerio que merezco y asistiré regularmente a la iglesia". No permitamos que nada contamine nuestra devoción al Señor. Que nuestras acciones se correspondan con nuestra identidad: hijos de un Dios Santo.

Guárdame de toda conducta que tú no apruebas. Quiero vivir rendido a ti.

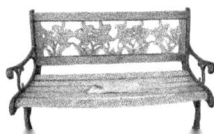

Sanar el manantial

"Y saliendo él a los manantiales de las aguas, echó dentro la sal, y dijo: Así ha dicho Jehová: Yo sané estas aguas, y no habrá más en ellas muerte ni enfermedad. Y fueron sanas las aguas hasta hoy, conforme a la palabra que habló Eliseo".
2 Reyes 2:21-22

Los profetas que vivían cerca de Jericó se acercaron a Eliseo y le dijeron que, aunque la ciudad donde vivían era buena, el suelo era estéril porque el agua era mala. Aunque plantaran las mejores semillas y pusieran el mejor abono, nada crecería allí.

Para que esas aguas fueran sanadas, Eliseo hizo algo extraño, echó sal, pero no en cualquier lugar sino en los manantiales, es decir, en el lugar desde donde surgía el agua. Había que ir a la raíz del problema. Entonces Dios hizo el milagro, el agua fue potable, y los profetas pudieron vivir en esa ciudad.

Esta historia tiene una importante lección espiritual. Si queremos solucionar un problema, pero no tratamos el "manantial", cualquier esfuerzo será en vano. Para que se produzcan cambios en nuestra vida debemos enfocarnos en nuestro corazón (Mateo 15:18-19). Hay que ir a la raíz del problema.

Escuché la historia de una persona que cuando oraba en la iglesia siempre repetía lo mismo: "Señor, ¡quita las *telarañas* que atrapan mi corazón!". Un día, un hermano, cansado de escuchar esta frase por tanto tiempo, puso una mano en su hombro y oró por él diciendo: "Señor, ¡quita las *arañas* de su corazón!"

Tratar de "portarnos bien" en nuestras propias fuerzas funcionará por poco tiempo. Los cambios reales en nuestro carácter y conducta comienzan cuando permitimos que el Espíritu Santo trabaje en nuestro corazón. Como sabemos, Él no pone parches, hace todo nuevo, por lo tanto, los resultados estarán a la vista (Gálatas 5:22-23).

Si todavía estás luchando con algún aspecto de tu carácter, ve a la raíz del asunto y somételo al Espíritu Santo. La amargura, la ira, los celos, el resentimiento, la envidia, la lujuria, el egoísmo, la avaricia solo pueden ser controlados por Él. "Si vivimos por el Espíritu, andemos también por el Espíritu" (Gálatas 5:25). ¡Permítele trabajar en tu corazón y verás lo que puede hacer!

Me someto a ti, Espíritu Santo, para que transformes mi ser.
Produce tu fruto en mi carácter para poder agradar al Padre en todo tiempo.

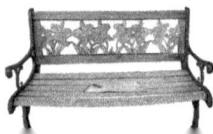

¡Anímate!

*"En el séptimo año se animó Joiada, y tomó consigo en alianza a los jefes de
centenas… Y toda la multitud hizo pacto con el rey en la casa de Dios.
Y Joiada les dijo: He aquí el hijo del rey, el cual reinará, como
Jehová ha dicho respecto a los hijos de David".*
2 Crónicas 23:1,3

Atalía, hija del perverso rey Acab, cuando vio que su hijo Ocozías
había muerto, ¡mandó matar a todos sus nietos y se autoproclamó reina
de Judá! Después de este inicio, imagínate el resto. Idolatría, violencia,
injusticia, corrupción, y toda transgresión a la ley de Dios estaban a la
orden del día. Pero había una esperanza…

Josabet, una hermana del rey, escondió a un hijo de Ocozías en el
templo. Era el único sobreviviente con sangre real para ascender al trono.
Lo ocultaron allí por seis años y al fin, Joiada "se animó".

La palabra animarse en hebreo es *kjazác* que significa 'valentía,
obstinarse en reparar, conquistar, alentarse, ceñirse, hacerse fuerte,
resistir, estar resuelto". La resolución de Joiada cambió la historia. Él "se
animó" a ordenar las cosas de acuerdo con la Palabra de Dios. Había que
tomar una decisión muy difícil: eliminar a la reina impostora y a todo su
séquito para reestablecer el trono a la descendencia de David, y lo hizo.
Joiada hizo un pacto con todo el pueblo y con el rey, de que siempre serían
el pueblo del Señor (v.16).

Después de esto, todo el pueblo entró en el templo de Baal y lo
derribaron, también sus altares y sus imágenes. Entonces Joiada restituyó
a los sacerdotes y levitas a sus funciones y puso también porteros a las
puertas de la casa de Dios para que no permitieran que entrara nada
inmundo. Y finalmente, sentaron al rey en su trono. Leemos en el v. 21
que "se regocijó todo el pueblo del país, y la ciudad estuvo tranquila".

Los cambios vinieron porque alguien no estuvo de acuerdo con
que se siguiera ignorando la voluntad de Dios. Hoy el Señor sigue
buscando a los "Joiadas" contemporáneos que se animen a enfrentar el
statu quo espiritual actual. Hombres y mujeres que quieran reestablecer
los principios de la Palabra de Dios en sus hogares, iglesias, y en todo lugar
en donde el Señor les permita ejercer influencia.

Solo cuando ponemos las cosas según el orden que estableció el
Señor, gozaremos de la paz y las bendiciones que nos prometió Dios.

Quiero ser un Joiada, poner en alto tu verdad y que sea evidente en mi vida.

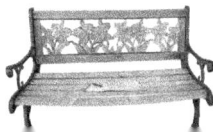

Nunca estamos solos

"He aquí yo estoy con vosotros todos los días, hasta el fin del mundo".
Mateo 28:20b

Los discípulos habían disfrutado de la presencia y obra de Jesús por unos tres años y medio, pero ahora debía ascender a los cielos y sentarse en su trono. La despedida era muy dolorosa para sus seguidores, pero el Señor les aseguró que estaría con ellos hasta el fin.

Esta promesa no fue solo para los primeros discípulos, sino para todo seguidor de Cristo en cualquier lugar y en cualquier tiempo de la historia. El problema es que a veces no "sentimos" su presencia y esto nos hace olvidar su promesa.

Hay días en que estamos solos, sin amigos, sin familia y pensamos que el Señor también se ha alejado de nosotros. Oramos con la intención de acercarnos a Él y nuestras súplicas parecen monólogos; incluso nuestros oídos espirituales escuchan mejor el "ruido" de las hojas cayendo de los árboles que la voz de Dios. Y nos preguntamos: ¿será que solo me pasa a mí?

El profeta Elías se sintió solo, también David, Jeremías, Ezequiel, Isaías por mencionar a algunos. Hasta el apóstol Pablo: "En mi primera defensa ninguno estuvo a mi lado, sino que todos me desampararon; no les sea tomado en cuenta" (2 Timoteo 4:16). Sin embargo, todos ellos sabían que Dios nunca desampara a sus hijos. "Pero el Señor estuvo a mi lado, y me dio fuerzas" (2 Timoteo 4:17).

Jesús conoce muy bien ese sentimiento de soledad. "A lo suyo vino, y los suyos no le recibieron". Sus discípulos lo dejaron solo en Getsemaní, en el sanedrín, en la crucifixión. Hasta en la cruz, humanamente hablando, sintió que el Padre lo había abandonado. ¡Por supuesto que sabe lo que es la soledad!

El Señor nos entiende y sabe lo que necesitamos. De hecho, tal vez este devocional sea una respuesta suya para ti (lo siento si estabas esperando que fuera el ángel Gabriel…). Dios usa lo que tiene a mano para decirte: "No estás solo. Yo estoy contigo y lo estaré todos los días hasta el fin del mundo". Jesús nunca romperá esta promesa, por lo tanto, hoy puedes encontrar fuerzas en Él.

Aunque a veces no te sienta, sé que estás conmigo en todo tiempo.
Gracias por tu presencia continua en mi vida.

Un Mediador perfecto

"Porque no es hombre como yo, para que yo le responda, y vengamos juntamente a juicio. No hay entre nosotros árbitro que ponga su mano sobre nosotros dos".
Job 9:32-33

Job estaba sumido en un profundo dolor sin saber las causas de su sufrimiento. Trataba de encontrar una explicación y no la hallaba. Exponía su queja a Dios y no había respuesta. Entonces llegó a esta conclusión: Dios no es humano como yo para entenderme y para que podamos disputar en un juicio. ¡Necesito un Mediador! ¡Wow, qué clamor tan significativo!

Job sentía la gran distancia entre él y Dios, y al no tener respuestas sentía que era tratado injustamente. Había perdido la esperanza de poder exponer su caso delante de Él y demostrar su inocencia. Tenía un pensamiento muy terrenal: "Dios está en su trono, Todopoderoso, Soberano, Perfecto, Santo, y yo solo soy un ser humano lleno de debilidades que soporta dolor y angustia. Dios no me entiende… ¡Si fuera humano sabría lo que estoy sintiendo!" Entonces expresó un deseo desde lo más profundo de su corazón: "Si hubiera alguien que pudiera acercarnos el uno al otro".

El anhelo de Job también está latente en nuestros corazones, aunque ya hace más de 2000 años que tiene respuesta. Lamentablemente Job todavía no sabía del "Árbitro" que iba a llegar, alguien que se identificaría con el ser humano, pero sin pecado, para que pudiera interceder constantemente ante Dios por sus hijos.

¡Jesús es el Mediador entre Dios y nosotros! *"Porque hay un solo Dios, y un solo mediador entre Dios y los hombres, Jesucristo hombre"* (1 Timoteo 2:5). Un hombre perfecto que puede identificarse con nosotros en cualquier aspecto de la vida humana. "Porque no tenemos un sumo sacerdote que no pueda compadecerse de nuestras debilidades, sino uno que fue tentado en todo según nuestra semejanza, pero sin pecado" (Hebreos 4:15).

El Señor te entiende; conoce tus sufrimientos, angustia y dolor y está esperando que te refugies en Él. Recuerda cómo ha obrado en tiempos anteriores en tu vida y ten la seguridad de que esta situación será otra oportunidad para mostrarte su fidelidad. "El Dios eterno es tu refugio, y sus brazos eternos te sostienen…" (Deuteronomio 33:27).

Jesús, eres mi Mediador ante Dios. Por tu obra en la cruz puedo estar ahora unido a ti eternamente. Eres mi refugio.

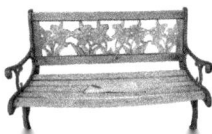

Miraré al Señor

"Porque el hijo deshonra al padre, la hija se levanta contra la madre, la nuera contra su suegra, y los enemigos del hombre son los de su casa. Mas yo a Jehová miraré, esperaré al Dios de mi salvación; el Dios mío me oirá".
Miqueas 7:6-7

Miqueas fue llamado a profetizar lo que le sucedería a Israel y a Judá por haberse apartado de los caminos de Dios. Eran tiempos difíciles para alguien que quería ser fiel al Señor. No se podía confiar en los líderes políticos ni religiosos, tampoco en los amigos (v.5) ni en la familia. Increíble. Los justos eran condenados y los ricos opresores actuaban con total impunidad.

Hoy vivimos tiempos parecidos. De hecho, Jesús lo profetizó: "Estará dividido el padre contra el hijo, y el hijo contra el padre; la madre contra la hija, y la hija contra la madre; la suegra contra su nuera, y la nuera contra su suegra" (Lucas 12:53). Lamentablemente, para muchos, la familia ha dejado de ser el ámbito de protección, seguridad y confianza.

Aunque Miqueas se sentía solo, tomó la mejor decisión de su vida: "Mas yo a Jehová miraré". Es la manera de no desilusionarse cuando los que se suponen deben apoyarte de manera incondicional en los momentos difíciles, te abandonan. Hebreos nos anima a hacer lo mismo que Miqueas (Hebreos 12:2-3).

Hay momentos en que lo único que podemos hacer por nuestros seres queridos es orar, ya que hemos agotado todos los recursos y argumentos posibles para acercarlos al Señor sin ver resultados. Miqueas estaba seguro de que Dios lo oiría y esa debe ser también nuestra seguridad. Debemos interceder sin desanimarnos porque nuestras oraciones hacen la diferencia.

Además, Miqueas se propuso no hacer nada que Dios no quisiera. Él prefería esperar hasta que el Señor interviniera: "Esperaré al Dios de mi salvación". Aunque todo siga igual, sigue esperando hasta que Dios intervenga. No bajes los brazos. Pon tu mirada en Cristo y continúa orando por tus seres queridos. No estás solo. De hecho, aquí tienes a alguien que te anima a no desmayar con estas palabras que el Señor puso en su corazón esta mañana.

Señor, intercedo por mis familiares que todavía no te conocen. Que tu Palabra llegue a sus corazones y tomen la mejor decisión de sus vidas

Nadie estorba a Dios

"Aun antes que hubiera día, yo era; y no hay quien de mi mano libre.
Lo que hago yo, ¿quién lo estorbará?"
Isaías 43:13

Nuestro Dios es Omnipotente. ¡No hay nada que no pueda hacer! Él existe desde la eternidad y seguirá existiendo hasta la eternidad. Por eso es Eterno e Infinito. A veces tratamos de entender su grandeza con dimensiones naturales y nos equivocamos.

Cuando leas que el telescopio Webb ha recopilado una extraordinaria colección de imágenes desde los confines más lejanos del universo, créeme, hay mucho más de lo que pudo observar. Estrellas, planetas, nebulosas, galaxias, todo es pequeño a la luz de Quien los creó.

Entonces, ¿crees que algo o alguien podría "estorbar" a Dios o cambiar su plan eterno? Nadie puede "desbaratarlo", "deshacerlo", "contrarrestarlo", "impedirlo", "torcerlo", "resistirlo", estos son algunos de los significados de la palabra estorbar en hebreo. Lo que Dios ha determinado se cumplirá.

Dios ha determinado que la salvación de la humanidad es solo a través de Jesucristo, su Hijo Unigénito (Juan 3:16). ¿Alguien puede cambiar esto? ¡Nadie! Él dice que todos los que le recibieron son hechos hijos de Dios (Juan 1:12). ¿Hay algo que pueda separarnos del amor de Dios? ¡Ni el mismo diablo! Jesús dijo que estará con nosotros todos los días hasta el fin del mundo. ¿Acaso puede abandonarnos temporalmente? ¡Nunca! Jesús dijo que vendrá otra vez para llevarnos a vivir con Él por la eternidad ¿Faltará a su promesa? ¡No!

Con semejantes declaraciones, ¿podríamos pensar que Dios se ha olvidado de nosotros, que no se compadece de nuestras necesidades, que no entiende nuestro quebranto? Jesús mismo, el Hijo de Dios, se hizo hombre para ser nuestro Salvador, intercesor, abogado, amigo fiel.

Si has aceptado a Cristo como tu Salvador, eres parte del pueblo de Dios que vive bajo su cuidado permanente. ¡El Dios Omnipotente es tu Padre! ¿Cómo no se ocupará de ti? Pon tu fe en marcha y deja que te guíe a hacer su voluntad. Nadie podrá estorbar lo que Él ya ha planificado para tu vida.

Señor, eres Todopoderoso y Soberano. Lo que has determinado se cumplirá.
Creo y confío en tus planes eternos perfectos. Condúceme este día para
que esté en el centro de tu voluntad.

Cañas cascadas y pábilos que humean

"He aquí mi siervo, yo le sostendré; mi escogido, en quien mi alma tiene contentamiento… No quebrará la caña cascada, ni apagará el pábilo que humeare; por medio de la verdad traerá justicia".
Isaías 42:1,3

Aunque nosotros no estamos muy familiarizados con cañas rotas o pábilos humeantes, sí entendemos la realidad que describen. Una caña cascada y un pábilo extinguido son ejemplos de cosas que parecen inútiles y acabadas. Simbólicamente, representan nuestras vidas y Cristo el único que puede restaurarnos milagrosamente.

Cuando Jesús comenzó su ministerio habló de su obra restauradora. "El Espíritu del Señor está sobre mí, por cuanto me ha ungido para dar buenas nuevas a los pobres; me ha enviado a sanar a los quebrantados de corazón…" (Lucas 4:18). Dios ve un plan eterno detrás de cada persona desanimada, angustiada, deprimida y sin esperanza. El Señor es nuestro ayudador. Trabaja en la "caña cascada" hasta que esté nuevamente fuerte y en el "pábilo" que humea hasta que esté completamente encendido.

¿Te sientes quebrantado como una caña o apagado como un pábilo humeante? Dios no te aplastará ni te echará a un lado como algo inútil, sino que con amor te levantará. ¡Jesús vino por ti! Él conoce toda tu historia, sabe cómo te sientes, conoce a quienes te trataron injustamente, conoce tu dolor y angustia. Pero no solo eso, Él es quien puede transformar tu vida. Como hace más de dos mil años, sigue llamándonos para seguirle, porque a su lado es donde ocurren los milagros, caminando con Él es cuando crece nuestra fe y dependencia, solo en Él hay verdadera paz con Dios y vida eterna.

Esta es una palabra del Señor para ti: Dios no permitirá que caigas. Él sabe que tu situación es demasiado agobiante, pero te proveerá su fuerza sobrenatural y te dará todo lo que necesitas para seguir hacia adelante.

¡Levántate y confía! El tiempo ha llegado en que creas que Jesús está contigo en tu tormenta. Desecha las mentiras del diablo. Él está vencido. No importa cuán herido te sientas, el Señor no permitirá que seas derrotado o que el fuego se apague. ¡Tú llama volverá a arder!

¡Aleluya! Gracias por tu restauración. Estoy en tus manos confiando que puedes cambiar lo imposible y transformarlo para tu gloria.

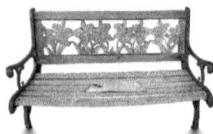

Preparando el camino a Jesús

"Y hará que muchos de los hijos de Israel se conviertan al Señor Dios de ellos. E irá delante de él con el espíritu y el poder de Elías, para hacer volver los corazones de los padres a los hijos, y de los rebeldes a la prudencia de los justos, para preparar al Señor un pueblo bien dispuesto".
Lucas 1:16-17

Estos versículos se refieren a Juan el Bautista, quien tuvo la tarea de "preparar el camino" para que la gente recibiera a Jesús como el Salvador. A nosotros también se nos ha delegado la tarea de presentar a Cristo. Observemos las similitudes.

Proclamamos un mensaje de conversión. Como Juan, hablamos de Cristo para "que muchos se conviertan al Señor" (v.16). "Convertirse", en el original griego, es *epistrefo* y significa hacer que una persona se vuelva, dar un giro de 180°. El mensaje del evangelio dice que Dios perdona los pecados de aquel que se arrepiente y se convierte de sus caminos. Hechos 3:19: "Así que, arrepentíos y convertíos, para que sean borrados vuestros pecados; para que vengan de la presencia del Señor tiempos de refrigerio".

Proclamamos un mensaje de reconciliación. El pecado separó al hombre de su Creador, pero Jesucristo logró la reconciliación por medio de su sacrificio. Todos aquellos que somos hijos de Dios tenemos también el privilegio de compartir este mensaje. Dice 2 Corintios 5:20: "Así que, somos embajadores en nombre de Cristo, como si Dios rogase por medio de nosotros; os rogamos en nombre de Cristo: Reconciliaos con Dios".

Proclamamos un mensaje de transformación. Solo el poder del Espíritu Santo es capaz de transformar a una persona. El cambio que se requiere es nada menos que una operación divina: mente y corazón nuevos.

¿Cómo es posible llevar adelante semejante tarea? Según los versículos 15-17, Juan el Bautista lo haría con la misma autoridad y poder del Espíritu de Dios que también actuó en Elías. Hoy, este poder también está disponible para todo creyente que se somete al Espíritu Santo. "No se preocupen por lo que deben decir, sino solo digan lo que en ese momento les sea dado decir. Porque no serán ustedes los que hablen, sino el Espíritu Santo" (Marcos 13:11).

¡Aprovecha este día para cumplir con la misión que Dios nos ha encomendado!

Señor, dame valentía para aprovechar las oportunidades, creatividad para hablar tu Palabra, y paciencia para saber que solo tú convences de pecado.

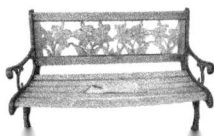

Promesas en transición

"En el día que temo, yo en ti confío. En Dios alabaré su palabra;
en Dios he confiado; no temeré; ¿qué puede hacerme el hombre?"
Salmo 56:3-4

El subtítulo de este Salmo nos puede ayudar a entender el contexto: "Paloma silenciosa en un paraje distante". David estaba atravesando un tiempo de transición. Había sido ungido para ser rey, pero Saúl aún lo perseguía para matarlo. Tenía la promesa, pero sabía que debía esperar su cumplimiento. Muchas veces tuvo la oportunidad de poder "ayudar" a Dios matando al rey para ocupar el trono, incluso muchos lo animaron a hacerlo, pero él dijo que jamás tocaría a un ungido de Dios.

Ahora se encontraba huyendo de Saúl a territorio filisteo. ¿Qué sería de su vida, sus planes, su futuro? David se respondió a sí mismo que podía confiar en el Señor siempre porque cumpliría todo lo que le había prometido.

David se sentía como una "paloma silenciosa en un paraje distante", haciendo alusión a una paloma mensajera que está a mitad de camino y se detiene para comer, descansar y recuperar fuerzas para continuar con su vuelo. Él sabía que la transición estaba cerca de terminarse y debería continuar con lo que Dios había planeado para su vida.

¿Llevas días preguntándote cuándo cumplirá Dios la promesa que te hizo? ¿Te sientes desalentado? ¿Hay dudas que asaltan tu mente y oscurecen tus pensamientos? Quizás hoy es uno de esos días difíciles en donde sientes que en lugar de estar acercándote a la meta te estás alejando cada vez más. Pues aquí hay una palabra del Señor para ti: "Dios no es hombre, para que mienta, ni hijo de hombre para que se arrepienta. Él dijo, ¿y no hará? Habló, ¿y no lo ejecutará?" (Números 23:19). Permite que la Palabra de Dios fortalezca tu fe, controle tus pensamientos, y espera confiado.

Dios siempre interviene a tiempo. Mantén vivas tus expectativas. Proyéctate con fe hacia lo que muy pronto hará el Señor. ¡Dale gracias y alábalo! Él cumple lo que promete.

Gracias Señor por hablarme diariamente. Aunque tengo promesas
en transición, sigo esperando en ti porque tú nunca fallas.

Largo camino te resta

"Y volviendo el ángel de Jehová la segunda vez, lo tocó, diciendo:
Levántate y come, porque largo camino te resta".
1 Reyes 19:7

Elías fue un tremendo hombre de Dios. Por su palabra podía hacer llover o decretar una sequía, hacer caer fuego del cielo, resucitar muertos, dividir un río con su manto, sin embargo, fue vulnerable al desaliento, intimidado por el acoso de la reina Jezabel y quebrantado por el sentimiento de soledad porque "era hombre sujeto a pasiones semejantes a las nuestras" (Santiago 5:17).

En ese estado de frustración, agotamiento y tristeza profundos se fue para salvar su vida a Horeb, el monte de Dios y durante el trayecto, hizo la peor oración que puede hacer un cristiano: "¡Señor, quítame la vida!" Elías quería soluciones rápidas a las dificultades que estaba enfrentando en su ministerio, y como desde su punto de vista las cosas no prosperaban, entonces pensó que lo mejor era que Dios lo llevara a su presencia. Por supuesto el Señor no respondió a esa oración. Nunca lo haría. De hecho, la respuesta divina fue ¡darle más trabajo!

Dios se manifestó de manera sobrenatural al profeta a través de un silbo apacible y le dio la orden de salir de esa cueva y continuar con su ministerio (1 Reyes 19:15-18). Muchos años después Dios arrebató a Elías y lo llevó a su presencia, pero fue en el tiempo que Él había determinado, ni un minuto antes ni un minuto después.

Dios tiene un plan perfecto para cada uno de sus hijos y se cumplirá en el tiempo que Él ha estipulado (Salmo 139:16). Es verdad que puede haber tramos del camino que sean más difíciles que otros, pero si aceptamos someternos al Señor y obedecerlo nos capacitará para enfrentar lo que sea. Además, debemos recordar que nunca estaremos solos porque el Señor nos dijo que estaría con nosotros siempre.

Te pregunto: ¿Te estás moviendo en la dirección que el Señor quiere o te has encerrado en una "cueva"? Las respuestas que necesitas no las encontrarás en el "encierro", así que te animo a levantarte, recuperar fuerzas y seguir adelante "porque largo camino te resta".

"Bienaventurado el hombre que tiene en ti sus fuerzas, en cuyo corazón están tus caminos" (Salmo 84:5).

Amén, Señor. Vivo para ti y solo tú determinas los días de mi vida.
Vivo para glorificarte en todo tiempo.

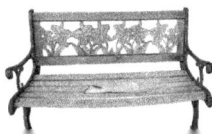

127

Amar sabiamente

"Y esto pido en oración, que vuestro amor abunde aun más y más en ciencia y en todo conocimiento, para que aprobéis lo mejor, a fin de que seáis sinceros e irreprensibles para el día de Cristo".
Filipenses 1:9-10

Debemos estar agradecidos por personas como el apóstol Pablo que pueden abrir sus corazones y expresar sinceramente lo que han sentido dirigidos por el Señor. Este hombre de Dios dice que estaba orando constantemente por los hermanos y hermanas de Filipos para que su amor abunde "en ciencia y conocimiento".

Generalmente escuchamos que nuestro amor debe abundar más en buenas obras, pero el enfoque del apóstol es otro. Él desea que cada miembro del cuerpo de Cristo pueda tener un amor anclado a la Palabra de Dios, equilibrado por el conocimiento espiritual y dirigido por el consejo del Espíritu Santo. Interesante punto. No es cuestión de seguir la frase de Agustín de Hipona que dijo: "Ama y haz lo que quieras". Necesitamos darle un curso correcto a nuestro amor, porque en nombre del amor podemos estar haciendo cosas fuera de la voluntad de Dios.

Nuestro máximo referente de amor sin duda es Dios, que entregó a su propio Hijo para salvarnos y colmarnos de bendiciones cada día. Sin embargo, Él mismo tiene un carácter santo que no le permite ser displicente, permisivo y condescendiente con el pecado. Por eso es que nos ha dejado por escrito su voluntad en la Biblia para que lo imitemos a Él como hijos amados (Efesios 5:1).

El propósito de ajustar nuestro amor al conocimiento de Dios es que podamos siempre "aprobar lo mejor". La palabra aprobar en griego es *dokimadzo* que significa 'poner a prueba, saber distinguir, examinar correctamente, distinguir lo bueno de lo malo'. Necesitamos saber aprobar lo correcto (Romanos 14:22).

Necesitamos amar más, pero sabiamente. Los parámetros del verdadero amor no están en la filosofía actual, donde se confunde el amor con tolerancia, indiferencia, displicencia y libertinaje. El Espíritu Santo nos llevará siempre a la Palabra de Dios para enseñarnos a conducirnos con sabiduría con nuestro cónyuge, nuestros hijos, familiares, compañeros de trabajo y estudios, amigos y hermanos en Cristo.

Señor, que mi amor esté siempre equilibrado con tu Palabra para vivir santamente.

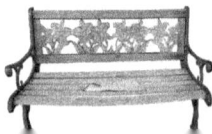

Jehová Tsebaoth

"Jehová de los ejércitos está con nosotros; nuestro refugio es el Dios de Jacob".
Salmo 46:7

Los nombres de Dios revelan su carácter y su obra. Uno de los más mencionados en la Biblia es "Jehová de los ejércitos", en hebreo es *tsabá* o *tsebaoth*. Cuando leemos "ejércitos" podemos llegar a pensar que se trata de los ejércitos de Israel, pero este nombre, en primer lugar, se refiere a los ejércitos celestiales conformados por los ángeles.

Recordemos la visión de la gloria de Dios revelada a Isaías. Vio el trono celestial y a los serafines proclamando la santidad de Dios con este nombre. Él observaba que esos ángeles decían: "Santo, Santo, Santo, *Jehová de los ejércitos*; toda la tierra está llena de su gloria" (Isaías 6:3).

El ejército celestial está a favor de los hijos de Dios, los que son los herederos de la salvación (Hebreos 1:14). Aunque no los vemos, están continuamente ayudando al pueblo de Dios. Tal vez recuerdes la historia de Eliseo cuando un gran ejército sirio fue a apresarlo. Su siervo tuvo mucho temor, entonces el profeta oró para que pudiera ver al ejército celestial que los estaba defendiendo. "Él le dijo: No tengas miedo, porque más son los que están con nosotros que los que están con ellos. Y oró Eliseo, y dijo: Te ruego, oh Jehová, que abras sus ojos para que vea. Entonces Jehová abrió los ojos del criado y he aquí que el monte estaba lleno de gente de a caballo, y de carros de fuego alrededor de Eliseo" (2 Reyes 6:16-17). ¡Dios los estaba protegiendo con su ejército celestial!

¿No crees que debemos sentirnos confiados al saber que nuestra vida está en las manos de Jehová Tsebaoth? ¿Qué podría sucedernos que Dios no supiera? ¿Crees que le faltarían recursos para cuidarnos? Nunca.

Nuestra confianza no está en sus ejércitos celestiales sino en Dios mismo. No oramos a los ángeles sino al Creador de todo. Él es quien envía la ayuda que necesitemos. Él es quien ordena a sus ángeles que te cuiden en todos tus caminos (Salmo 91:11).

Tal vez hoy te sientas preocupado y desprotegido. Quiero animarte a que recuerdes quién es tu Dios. Con una orden suya, un ejército invisible entrará en acción a tu favor. "Jehová de los ejércitos, dichoso el hombre que en ti confía" (Salmo 84:12).

Gracias Jehová Tsebaoth por tu cuidado diario. ¡Cuántas veces tus ángeles habrán protegido mi vida sin saberlo! Confío en ti y en tu cuidado diario.

¡Ven Señor Jesús!

"El que da testimonio de estas cosas dice: Ciertamente vengo en breve.
Amén; sí, ven, Señor Jesús".
Apocalipsis 22:20

Tal vez te resulte difícil creer esto, pero en la iglesia donde yo asistía en mi niñez, durante un servicio, el pastor exclamó fervientemente: "¡Jesús puede venir ahora mismo!", y de repente se escuchó la voz de una abuelita que decía: "¡Ay, no, justo ahora que nos dan un aumento a los jubilados…!"

Parece que estamos demasiado arraigados a este mundo. La mayoría hace planes para el futuro sin pensar en la posibilidad de que Cristo pueda venir en cualquier momento. Quizás algunos anhelen su venida solo cuando están agobiados por las deudas o con problemas difíciles de resolver ¡Ven Señor que ya no aguanto más…!

Si quitáramos los ojos de las cosas del mundo y los levantáramos al cielo, descubriríamos que la eternidad está más cerca de lo que pensamos. Si el Señor retarda su venida es para que muchos otros alcancen salvación (2 Pedro 3:9).

Cuando pedimos que el Señor venga, estamos anhelando que se manifieste su reino. Su segunda venida será para establecer su gobierno en el mundo. Será la primera vez que haya paz, gozo, justicia, prosperidad, y como Iglesia, gobernaremos con Él.

Cuando pedimos que el Señor venga deseamos la glorificación de nuestro cuerpo mortal, la liberación de la muerte, enfermedad y sufrimiento. ¡Solo Jesús hará que sea posible!

Cuando pedimos que el Señor venga estamos expresando el mayor de nuestros anhelos: una relación eterna e ininterrumpida con Él. ¿No sabemos en nuestro espíritu que no hay mayor gozo que estar en su presencia; que el perfecto amor solo lo hemos recibido de Él; y que no hay descanso verdadero sino en sus brazos?

Nunca olvidemos que estamos sembrando para la eternidad, que aquí todo es temporal, y que nuestra ciudadanía está en los cielos. Puede ser que Cristo venga hoy, o puede tardarse cien años más, solo el Padre sabe el día y la hora, pero nuestro anhelo debe ser el mismo que el del Espíritu cuando clama junto con la Esposa: ¡Ven Señor Jesús! (Apocalipsis 22:17).

Anhelo que vengas a establecer tu reino. Todo se ajustará a tu perfecto gobierno.

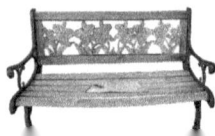

Un Salvador personal

"Y descendió con ellos, y se detuvo en un lugar llano, en compañía de sus discípulos y de una gran multitud de gente de toda Judea, de Jerusalén y de la costa de Tiro y de Sidón, que había venido para oírle y para ser sanados de sus enfermedades; y los que habían sido atormentados de espíritus inmundos eran sanados. Y toda la gente procuraba tocarle, porque poder salía de él y sanaba a todos".
Lucas 6:17-19

No es de extrañarse que grandes multitudes siguieran a Jesús. ¡Quién no quisiera estar con Él aunque sea unos minutos! Los Evangelios destacan que se ocupaba de todos, ¡sí, de todos! Él sabía los nombres de cada uno y también cuáles eran sus necesidades.

Si lees otros pasajes te darás cuenta que el Señor trataba cada caso personalmente. Nunca envió una palabra de sanidad o liberación para una región. No, el Señor tenía contacto directo con los que venían a Él. Los miraba a los ojos y les daba una palabra.

Él quería una relación personal con cada uno. Si alguna vez mandó una palabra para sanar a alguien fue porque ya había tenido contacto con el que vino a pedir ayuda. Pregúntale a la mujer siro fenicia o al centurión romano. Siempre hubo contacto directo.

Jesucristo es el mismo, ayer, hoy y por los siglos. Siempre fue, es y seguirá siendo un Salvador personal. Él conoce a cada uno de sus hijos; no solo sus nombres sino sus anhelos más íntimos, sus necesidades, sus debilidades y fortalezas. Sigue dando palabras de ánimo, esperanza, fortaleza, palabras que guían. También nos corrige individualmente cuando nos deslizamos, nos trae de vuelta al redil cuando nos descarriamos, y venda nuestras heridas cuando nos lastimamos.

Jesús tiene mucho que decirnos, mucho que darnos, pero es necesario querer ir a su encuentro. El Maestro nunca iba casa por casa rogándole a la gente que creyera en Él. El Señor respondía a los que "venían a Él".

Ser parte de la "multitud" no es suficiente para ser bendecido, Jesús quiere atendernos de manera personal. Presta atención, ajusta tus oídos espirituales. ¿Puedes escucharlo? Creo que te está llamando por tu nombre (Apocalipsis 3:20). Parece que tienes una invitación a una cena ininterrumpida con el Rey. Yo que tú no me la perdería.

Mi alma desea estar contigo, Señor. Disfrutar en tu presencia.
Quiero escucharte y obedecerte en lo que me pidas.

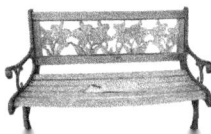

Tan simple como una vara

"Y Jehová dijo: ¿Qué es eso que tienes en tu mano? Y él respondió: Una vara. Él le dijo: Échala en tierra. Y él la echó en tierra, y se hizo una culebra; y Moisés huía de ella. Entonces dijo Jehová a Moisés: Extiende tu mano, y tómala por la cola. Y él extendió su mano, y la tomó, y se volvió vara en su mano".
Éxodo 4:2-4

La tarea que Dios le encomendó a Moisés era complicada… bueno, imposible humanamente hablando. Librar de la esclavitud egipcia a un pueblo de casi tres millones de personas no era tarea para un hombre. Creo que cualquiera de nosotros hubiera sentido lo mismo que Moisés. Sin embargo, ¡el Señor hace posible lo imposible!

Moisés ya le había expresado a Dios en dos oportunidades que no era la persona indicada para esa tarea, y por tercera vez le presentó una excusa para no aceptar ese llamado: "Dios, nadie creerá que me encontré contigo". Y el Señor, con la paciencia que le caracteriza, le preguntó: "¿Qué es eso que tienes en tu mano?" Por supuesto, Dios lo sabía, pero estaba a punto de mostrarle lo que haría a través de una sencilla vara. Entonces le pidió que la tirara a la tierra y se convirtió en una culebra y luego que la tomara por la cola y volvió a ser una vara.

Una simple vara… Con ella Dios hizo maravillas. Su vara se comió a las culebras de los magos (Éxodo 7:12), convirtió el río Nilo en sangre (Éxodo 7:20), hizo subir ranas de ríos, arroyos y estanques (Éxodo 8:5), plaga de piojos (Éxodo 8:16), granizo (Éxodo 9:23), langostas (Éxodo 10:13), dividió el mar Rojo (Éxodo 14:16) y logró la victoria contra Amalec. "Y dijo Moisés a Josué: Escógenos varones, y sal a pelear contra Amalec; mañana yo estaré sobre la cumbre del collado, y *la vara de Dios* en mi mano" (Éxodo 17:9,11). La vara de Moisés se transformó en la vara de Dios.

¿Qué tienes hoy en tus manos que pueda serle útil a Dios para manifestar su poder? ¿Cuál es tu "vara"? Él disfruta mucho usando cosas simples con propósitos extraordinarios.

¿Cuáles son las cosas que llamas simples: tu voz, un bolígrafo, un martillo, un instrumento musical? Moisés nunca se imaginó el poder que su simple cayado tendría al convertirse en la vara de Dios, pero Él le enseñó una importante lección que también nos quiere enseñar a nosotros.

Te entrego todo lo que tengo y me dispongo a servirte. Hazme un instrumento para tu gloria. Estoy listo para ser usado por ti.

No te conformes

"¿Y en qué se conocerá aquí que he hallado gracia en tus ojos, yo y tu pueblo, sino en que tú andes con nosotros, y que yo y tu pueblo seamos apartados de todos los pueblos que están sobre la faz de la tierra? Él entonces dijo: Te ruego que me muestres tu gloria".
Éxodo 33:16, 18

Moisés había recibido la peor noticia que alguien le podía dar, debido a la terquedad de Israel, Él ya no estaría en medio de ellos, sino que enviaría a su ángel. Al escuchar esto le suplicó: "Ahora, pues, si he hallado gracia en tus ojos, te ruego que me muestres tu camino… y mira que esta gente es pueblo tuyo" (v. 13).

Moisés le pidió a Dios que le muestre *su camino*. Necesitaba dirección de Dios, saber qué hacer en situaciones críticas, tener sabiduría para dirigir a su pueblo. Dios le respondió diciéndole que le acompañaría siempre. ¡Qué respuesta llena de misericordia y gracia! Sin embargo, Moisés no estaba satisfecho solo con que le mostrara el camino.

Entonces le pidió a Dios que *su presencia* se manifestara en su vida y en el pueblo (vs. 15-16). Moisés no quería solo la dirección de Dios, ¡él anhelaba caminar diariamente con Él! Y Dios volvió a responderle afirmativamente. Pero Moisés no se conformó solo con su presencia…

Muéstrame *tu gloria* (v. 18), fue siguiente petición. ¡Y el Señor le concedió su petición! Su gloria se hizo visible y Moisés contempló las espaldas de Dios, algo que ningún ser humano había visto. ¡Qué tremenda manifestación!

La vida de Moisés nos enseña a no conformarnos con migajas espirituales. A veces solo buscamos "su camino", o estamos contentos con recibir solo un poco de sabiduría, pero quizás nunca experimentamos "su presencia" maravillosa. ¿Y qué de "su gloria"? ¿Cuánto más podemos experimentar de Dios en nuestra vida?

No te conformes con un devocional. No estés satisfecho con el único milagro que experimentaste hace varios años atrás. Busca a Dios. Sumérgete más profundo en su presencia. Devora su Palabra. No te pierdas lo que Él tiene preparado para ti. Esto solo será un anticipo de lo que significará vivir eternamente rodeado de su gloria y viéndole cara a cara en toda su plenitud.

Gracias por hablarme hoy. Me motiva a buscarte más profundamente.
No solo anhelo tu dirección, sino la manifestación de tu gloria en mi vida.

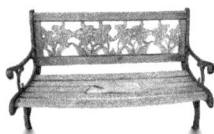

Debilidades que nos hacen fuertes

"Y para que la grandeza de las revelaciones no me exaltase desmedidamente, me fue dado un aguijón en mi carne, un mensajero de Satanás que me abofetee, para que no me enaltezca sobremanera; respecto a lo cual tres veces he rogado al Señor, que lo quite de mí. Y me ha dicho: Bástate mi gracia; porque mi poder se perfecciona en la debilidad".
2 Corintios 12:7-9ª

La traducción al griego del Antiguo Testamento, más conocida como la Septuaginta, la palabra *skolops*, aguijón, da la idea de algo que frustra y causa problemas en la vida de aquellos que son afligidos. Quizás el aguijón de Pablo haya sido una aparente enfermedad en sus ojos (Gálatas 4:13,15), pero ese no era su principal problema, sino lo que producía en su estado de ánimo.

Pablo oró, clamó, rogó tres veces de manera intensa a Dios para que le quitara ese aguijón, pero la respuesta fue: "¡Bástate mi gracia, porque mi poder se perfecciona en la debilidad!" Pablo no sería liberado de su debilidad física, pero sería capacitado sobrenaturalmente para sobrellevarla.

Sabemos que Satanás no puede tocar a un hijo de Dios, pero el Señor permitió ese aguijón con un propósito y Pablo lo tenía claro: "Para que no me exaltase desmedidamente". Wow, Dios prefería un siervo humilde que acabara la carrera con gozo que un héroe indestructible perdido por su orgullo.

Esta debilidad, paradójicamente, hizo más fuerte y útil a Pablo. "Por tanto, de buena gana me gloriaré más bien en mis debilidades, para que repose sobre mí el poder de Cristo" (2 Corintios 12:9). ¡Qué tremenda declaración ¡Dios hace la diferencia cuando nos apoyamos y dependemos de Él!

¿Cuáles son tus debilidades? ¿Tienes algún aguijón que te perturba? Recuerda el consejo de Pablo: "Por lo cual, por amor a Cristo me gozo en las debilidades, en afrentas, en necesidades, en persecuciones, en angustias; porque cuando soy débil, entonces soy fuerte" (v. 10).

¡Qué victoria más grande obtiene todo hombre y toda mujer que está asido así de firme a Cristo! Aunque nos sintamos débiles, realmente somos fuertes.

Señor, aunque tengo muchas debilidades y aguijones, voy a confiar en tu gracia y poder. Soy victorioso en ti.

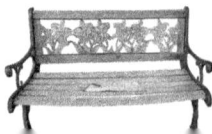

El sabio se prepara

"Haga esto Faraón y ponga gobernadores sobre el país, y tome la quinta parte de lo que produzca la tierra de Egipto durante los siete años de abundancia. Se deben almacenar todos los alimentos de estos buenos años que vienen... Así el país no perecerá de hambre".
Génesis 41:34-36

¿Sabes que el Faraón recibió estos sabios consejos de los labios de un esclavo? En serio, un esclavo... Si conoces la historia sabrás que fue Dios quien le dio estas palabras a José, hijo de Jacob. El rey egipcio quedó tan maravillado, que inmediatamente lo nombró gobernador del país.

José no solo interpretó a la perfección el sueño del Faraón, sino que además le dijo lo que debía hacer. Entendió que ese sueño venía de Dios y había que trazar un plan. Los siete años de vacas gordas no eran para vivir como reyes hasta agotar el stock y después "que sea lo que Dios quiera". No, había que hacer acopio de alimentos para los siete años de vacas flacas. Ese era el propósito de la revelación.

Las personas que son inmaduras espiritualmente actúan como dice Pablo en 1 Corintios 15:32: "comamos y bebamos, porque mañana moriremos", olvidando que hay vida más allá de la tumba y que nuestra vida en la tierra es sólo una preparación para la que nunca acabará. Lo que hacemos hoy repercute en nuestra eternidad.

¿Qué importancia le damos a la Palabra de Dios? Cuando leemos los pasajes proféticos que anuncian claramente que la maldad aumentará y las cosas se pondrán peores antes del regreso de Cristo, ¿consideramos el deber de prepararnos espiritualmente para poder hacer frente a ese tiempo? ¿Estamos alimentando nuestra fe con la Palabra de Dios, la oración y congregándonos con nuestra familia espiritual?

Los verdaderos creyentes en Cristo nos preparamos a conciencia para los tiempos venideros. Pero también preparamos a la próxima generación para lo que vendrá; predicamos y enseñamos la Palabra de Dios a tiempo y fuera de tiempo.

Nunca tengas temor del futuro porque está en las manos de Dios. Nuestro enfoque no es la preocupación sino la ocupación. No sabemos qué nos deparará el futuro, pero hoy nos preparamos espiritualmente para enfrentar con sabiduría y fe lo que tenemos por delante.

Señor, hoy me preparo para este día y también estaré preparado para lo que venga. Confío en tu dirección y cuidado permanentes.

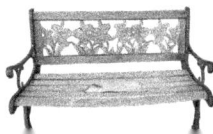

Corazones sanos, instrumentos poderosos

"Y de Siria habían salido bandas armadas, y habían llevado cautiva de la tierra de Israel a una muchacha, la cual servía a la mujer de Naamán. Esta dijo a su señora: Si rogase mi señor al profeta que está en Samaria, él lo sanaría de su lepra".
2 Reyes 5:2-3

El pueblo de Israel se había volcado a la idolatría y la corrupción, y Dios permitió que fueran atacados por los países vecinos con el fin de que se arrepintieran de sus pecados. El ejército sirio invadió en cierta ocasión el norte del territorio y se llevó muchas cosas de valor y a varias personas para que trabajasen como esclavos, entre ellos se encontraba la joven que se menciona en el versículo 2.

Aunque no tenemos muchos datos de ella, podemos imaginarnos lo que vivió. Separada de su familia, prisionera en una cultura muy diferente a la suya, sola, forzada a trabajar para sus captores sin ninguna paga más que la comida. Esta muchacha podría haber desarrollado un gran resentimiento hacia los sirios por todo el mal que le hicieron, sin embargo, decidió ser un instrumento de Dios.

Su amo Naamán padecía de lepra, una enfermedad incurable en ese tiempo, y la joven decidió hablar con la esposa de este hombre para decirle que había esperanza para él. ¿En serio? ¡¿Qué esclavo desearía la salud de aquel que destruyó a su familia?!

Si conoces la historia sabrás que Dios obró un poderoso milagro en Naamán sanándolo de su lepra. A partir de ese momento, el general prometió que haría de Jehová su Dios. Y todo esto fue posible porque una muchacha con el corazón sano decidió ser luz en medio de las tinieblas. Tremendo ejemplo para nosotros.

Cuántas veces las heridas que otros abrieron en nosotros y que no hemos permitido que Dios sane, siguen hoy movilizándonos hacia la venganza. Seguir prisioneros de recuerdos dolorosos nos roba vida y nos incapacita para ser un instrumento del amor de Dios.

No es fácil entregar aquello que queremos retener como una forma de no olvidar, pero el deseo de Dios es sanar todas nuestras heridas y darnos verdadera libertad. Si nuestro corazón está sano, no habrá nada que impida que compartamos el amor inmerecido que recibimos de Dios con aquellos "Naamanes" que están a nuestro alrededor.

Dame un nuevo corazón para que pueda perdonar a los que me hicieron daño, y además pueda desear su salvación y bendición eterna.

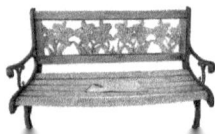

En Dios haremos proezas

"En Dios haremos proezas, y él hollará a nuestros enemigos".
Salmo 60:12

David estaba rodeado de ejércitos enemigos. Aunque sus soldados eran diestros y valientes, los enemigos los superaban en número. Sin embargo, David siempre se sometía a Dios, pedía dirección para cada batalla y seguía sus indicaciones.

Cuando leemos sobre las victorias de David en los libros históricos, muchas veces no tenemos detalles de todo lo que debió pasar, en cambio en este salmo sí. De hecho, el título es: "Plegaria pidiendo ayuda contra los enemigos".

David se encontraba en un aprieto y no veía que llegara la ayuda divina. Se sentía desamparado, incluso creía que Dios estaba enojado con ellos. A pesar de sus sentimientos, clamó a Dios por ayuda porque sabía que la salvación solo podía venir de Él.

Al finalizar su oración, David proclama por fe que ellos harían proezas, significa que no estaba esperando que Dios hiciera todo, sabía que se trataba de una coparticipación. El Señor haría los milagros, pero ellos debían esforzarse y pelear la batalla. No era cuestión de quedarse con los brazos cruzados.

La palabra "proezas" en hebreo es el vocablo *kjáil* que significa 'fuerza, valor, fortaleza, poderío'. Cuando nos levantamos con fe y confianza en el Señor estamos listos para enfrentar nuestras batallas. Él nos ayuda en los momentos de mucha presión y finalmente podemos ver la acción de Dios a nuestro favor.

Cada día tendremos luchas que enfrentar y debemos levantarnos con fe. Nuestro enemigo no es una persona sino el mismo diablo que viene para hurtar, matar y destruir, pero nunca debemos olvidar que mayor es el que está en nosotros que el que está en el mundo (1 Juan 4:4).

Puede ser que hoy tengas que enfrentar batallas difíciles y muy desgastantes, pero no debes olvidar que cuentas con ayuda sobrenatural para tener la victoria.

El Espíritu Santo está dentro de ti y con su ayuda experimentarás lo que significa "¡en Dios haremos proezas!"

Amén, Señor. Aunque los desafíos parezcan más grandes que mis posibilidades, aunque la oposición humana sea fuerte, yo confío plenamente en ti.
Tú siempre haces una salida.

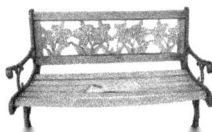

Los que confían en el Señor

"Los que confían en Jehová son como el monte de Sion, que no se mueve, sino que permanece para siempre. Como Jerusalén tiene montes alrededor de ella, así Jehová está alrededor de su pueblo desde ahora y para siempre".
Salmo 125:1-2

Este salmo era un "cántico gradual" usado siempre por los judíos peregrinos que iban a Jerusalén a adorar a Dios por lo menos tres veces al año. Durante el viaje, y llegando a la ciudad capital, entonaban esta canción que expresaba su confianza en Dios.

Las promesas de este salmo son para aquellos que han hecho de Dios su seguridad; los que abandonaron los "montes" en donde depositaban su confianza y decidieron poner sus vidas en las manos del Señor.

Todo ídolo, imagen, amuleto, incluso el dinero y los bienes materiales son inútiles a la hora de brindarnos verdadera protección. Pero en Cristo podemos estar seguros, sin importar lo fuerte que sean las tormentas que lleguen a nuestra vida.

Imagínate a los peregrinos subiendo la ladera de la montaña y viendo el imponente monte de Sion frente a ellos. Pasaban los años, generación tras generación entonaba este salmo, y el monte permanecía allí, inamovible, inquebrantable; una comparación simbólica sobre la seguridad que experimenta todo aquel que confía en Dios sin importar cuales sean las circunstancias.

La Biblia dice que las personas que no depositan su fe en Cristo son como las olas del mar llevadas de una parte a otra, como la arena del desierto, como el tamo que se lleva el viento, pero los que esperan en el Señor, permanecen firmes.

Puedes ver los mapas de los siglos pasados y verás que el monte de Sion sigue allí, como un creyente en medio de las tormentas de la vida. Como la cadena continua de montañas alrededor de Jerusalén, así Dios rodea a sus hijos y los preserva de todo daño. Él es un muro de protección para su pueblo.

Dios promete rodearte con su protección, no temas, en Él puedes estar seguro siempre. Zacarías 2:5ª: "Yo seré para _____ (*pon aquí tu nombre*) una muralla de fuego que le rodeará…"

Señor, tu Palabra me anima en fe y me da la fuerza para permanecer confiado. Eres mi Roca firme.

Para esto vino

"Yo para esto he nacido, y para esto he venido al mundo, para dar testimonio de la verdad. Todo aquel que es de la verdad, oye mi voz".
Juan 18:37b

Pocas horas antes de ir a la cruz, Jesús reveló el propósito de su nacimiento al gobernador Pilato. Al Señor no lo tomaron desprevenido en el huerto de Getsemaní, tampoco fue una sorpresa para Él la negación de Pedro, ni se desesperó por tener que comparecer ante el Sanedrín. El Señor sabía lo que le esperaba: ir a la cruz para consumar la obra perfecta de redención.

Jesús fue claro y contundente a la hora de manifestar el propósito de su venida al mundo: "Para dar testimonio de la verdad". Desde que Adán y Eva pecaron, el mundo vive bajo el engaño de Satanás (Juan 8:44). Este sistema cree que rechazar la existencia de Dios es evolucionar en la manera de pensar, que la fe en Cristo es algo pasado de moda y que el hombre es bueno por naturaleza… Mentiras y más mentiras.

Todos somos pecadores por naturaleza. Así hemos nacido y nuestros hechos lo confirman. Realmente no hay bueno ni siquiera uno. Podemos ser políticamente correctos e intentar actuar por un tiempo diplomáticamente, pero nuestro corazón está lleno de envidia, celos, egoísmo, orgullo, soberbia, lujuria, avaricia y codicia. La única solución para esto fue, es y seguirá siendo Cristo. "Y conoceréis la verdad, y la verdad os hará libres" (Juan 8:32).

No hay otro camino a Dios que no sea Jesucristo. En la Biblia leemos que "nadie puede ir al Padre sino por Él" (Juan 14:6). Solo la gracia de Dios nos salva por la fe en Jesús. La verdadera paz y la liberación de la culpa, se obtienen solo por la fe en lo que Cristo hizo por nosotros. "Para que todo aquel que en Él cree… (¡que en Él cree!), no se pierda, mas tenga vida eterna" (Juan 3:16).

Cuando recibimos a Jesús como nuestro Salvador y Señor, en ese momento son perdonados nuestros pecados, tenemos paz con Dios y libre acceso a su presencia (Hebreos 10:19-22).

Una vez que entendemos el verdadero significado de su venida, nuestra actitud debería cambiar. Este es un día para regocijarnos en el Señor y celebrar lo que hizo por nosotros. ¡Qué privilegio ser hijos de Dios!

Señor, fuiste a la cruz por mí. Soy salvo por tu gracia.
Te alabaré y agradeceré eternamente por tu sacrificio perfecto.

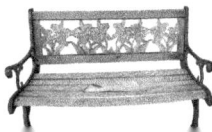

El gozo de servir

"Y la suegra de Simón estaba acostada con fiebre; y en seguida le hablaron de ella.
Entonces él se acercó, la tomó de la mano y la levantó;
e inmediatamente le dejó la fiebre, y ella les servía".
Marcos 1:30-31

¡Reivindiquemos a las suegras! Gracias a Dios por ellas. Yo tengo una maravillosa, y parece que la de Pedro también lo era.

La suegra del discípulo extrovertido se encontraba muy enferma y su yerno se acercó a Jesús para pedirle que la sanara. Entonces el Señor la tomó de la mano y la levantó. La fiebre desapareció inmediatamente. En ese mismo momento, según lo que nos dice el relato, ¡ella comenzó a servirles!

Jesús sanó a mucha gente, pero muy pocos se concentraron en servirle después de la sanidad. La mayoría corría a disfrutar lo que antes no podían hacer. En cierta ocasión Jesús sanó a diez leprosos y solo uno, alguien que no pertenecía al pueblo de Dios, volvió agradecido. Es muy llamativa la pregunta que le hace el Señor: "¿Y los nueve dónde están?" Podías encontrarlos en cualquier lugar menos agradeciendo, adorando y sirviendo a Jesús.

La actitud de la suegra de Pedro nos enseña cómo actúa un corazón lleno de gratitud: sirviendo. Hoy, en una sociedad egoísta, ambiciosa por alcanzar logros personales, que piensa solo en su propia comodidad, servir a Jesús y a los demás parece cosa de otra época, pero la realidad es que un cristiano que ha sido bendecido por Cristo anhela servirle de todo corazón.

El Señor Jesucristo se humilló, renunció a sus derechos y obedeció al Padre hasta el punto de morir en la cruz. Servir comienza con la misma actitud. Cuando tú obedeces a Dios y sirves a los demás con alegría, ejemplificas la actitud de Cristo e inviertes en algo de valor eterno.

Si esperamos mantener siempre una actitud de agradecimiento, debemos encontrar una motivación firme; esa es Cristo mismo y todo lo que hace por nosotros.

¿Qué ha hecho el Señor por ti? ¿Puedes expresar agradecimiento por eso? No hay mayor satisfacción que servirle con gozo al Salvador de tu vida.

Muchas gracias Jesús por todo lo que has hecho y seguirás haciendo en mi vida.
Deseo servirte cada día y lo haré eternamente con mucha alegría.

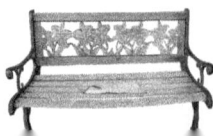

Guárdame de las personas tóxicas

"Aguzaron su lengua como la serpiente; veneno de áspid hay debajo de sus labios. Guárdame, oh Jehová, de manos del impío; líbrame de hombres injuriosos… Yo sé que Jehová tomará a su cargo la causa del afligido, y el derecho de los necesitados. Ciertamente los justos alabarán tu nombre; los rectos morarán en tu presencia".
Salmo 140:3,4,12,13

Bíblicamente, una persona tóxica es alguien que envenena emocional y espiritualmente a los demás. El salmista David usa la metáfora del veneno debajo de la lengua para describir a personas que destruyen a otros con sus palabras. ¿Conoces a personas así? Seguro.

Las personas que han guardado resentimiento, amargura, furia y odio en sus corazones por años se vuelven tóxicas. Se han acostumbrado tanto a convivir con esos sentimientos que han perdido la capacidad de ver el daño que les ha ocasionado y lo que le ocasionan a otros. Solo una relación personal con Jesucristo puede sanar ese corazón.

Si lees todo el Salmo 140 descubrirás que David tuvo que enfrentar a este tipo de personas, y lo primero que hizo fue ir a Dios con sus cargas para ser "guardado". Esta palabra en hebreo es *shamár* que significa 'cercar alrededor, proteger, cuidar, conservar, custodiar, preservar, vigilar'. En la Biblia se habla de "guardar el corazón", es decir, protegerlo, preservarlo para que no sea infectado por el mal (Proverbios 4:23). Dios protegerá nuestros pensamientos, pero nosotros debemos cerrar las puertas para que no se infiltre el mal (Proverbios 19:11).

Debemos aprender a poner límites a las relaciones tóxicas. Es nuestra responsabilidad detener las calumnias, chismes, palabras ofensivas y malas intenciones. Dios promete darnos sabiduría para hablar lo que sea justo a aquel que quiere contaminarnos con sus palabras (Proverbios 11:9).

David ponía su atención en el cuidado del Señor, en su justicia, y no en las maquinaciones carnales que no conducen a nada. Él sabía que Dios tomaría en sus manos su causa y lo defendería.

Si alguien ha logrado inyectar algo de veneno en tu corazón, ve urgentemente al Médico Amado que tiene el antídoto perfecto. Él te mostrará cómo debes proceder y restaurará tu corazón. "Sáname, oh Jehová, y seré sano; sálvame, y seré salvo; porque tú eres mi alabanza." (Jeremías 17:14).

Guárdame Señor de la toxicidad del mundo.
Que mi corazón esté protegido cada día por tu Espíritu.

Jesús siempre responde

"Entonces, tomando la mano del ciego, le sacó fuera de la aldea; y escupiendo en sus ojos, le puso las manos encima, y le preguntó si veía algo. Él, mirando, dijo: Veo los hombres como árboles, pero los veo que andan. Luego le puso otra vez las manos sobre los ojos, y le hizo que mirase; y fue restablecido, y vio de lejos y claramente a todos".
Marcos 8:23-25

Vivimos en el tiempo de lo instantáneo, todo lo queremos ahora; a nadie le gusta esperar. Esta "pauta", incluso, intentamos aplicarla en nuestra relación con el Señor. Pero es necesario que recordemos, una y otra vez, que Dios es el dueño del tiempo y nada ni nadie puede atrasar o adelantar su "reloj".

Le trajeron a Jesús un ciego y le rogaron que le pusiera las manos y lo sanara. Pero había un problema allí: no había fe. Jesús ya había expresado su dolor por la incredulidad de las personas de Betsaida. (Lucas 10:13).

La gente quería que el Señor pusiera las manos sobre el ciego y resolviera el caso rápidamente, pero Él hizo algo que dejó perplejo a todos, incluso a nosotros al leer la historia dos mil años después: ¡Escupió en sus ojos! No parecía ser el método más higiénico y adecuado.

Jesús no sanó instantáneamente a este hombre. ¡Qué frustración para muchos! Quizás algunos se habrán preguntado: ¿Estará perdiendo su poder Jesús? No, de ninguna manera, Él actúa como quiere y en su tiempo.

El Señor comenzó dándole una visión parcial al ciego, pero él no se conformó con esto, permaneció al lado de Jesús hasta que completó el milagro. Jesús le puso otra vez las manos sobre los ojos y ¡vio claramente!

Qué duda cabe que todos queremos una respuesta de Dios ya y ahora, pero a veces el Señor tiene otros planes. Él puede responder oraciones de una vez, pero en otras ocasiones lo hace poco a poco. Siempre actúa de acuerdo con los propósitos que espera cumplir en nuestra vida.

Por eso hoy quiero animarte a que no desmayes ni te des por vencido, espera en Él. El Señor está trabajando en ti. A veces lo hace silenciosamente y otras veces irrumpe con todo su poder, pero nunca faltará a sus promesas.

Te necesito, Señor. Pongo mis necesidades materiales, espirituales, emocionales y físicas en tus manos. Tú siempre respondes.

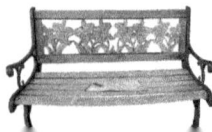

Expuestos a la luz

"Porque no hay nada oculto que no haya de ser manifestado;
ni escondido, que no haya de salir a luz".
Marcos 4:22

Jesús conoce a todas las personas. Sabe exactamente lo que hay en cada corazón. En cambio, nosotros, aunque creemos saber todo acerca de lo que guardamos, muchas veces necesitamos que Dios exponga lo que está oculto por nuestro bien y el bien de los que nos rodean.

Si somos humildes y sabemos reconocer nuestros errores, tenemos la posibilidad de corregirlos y restaurar lo que fue dañado. Sin embargo, la hipocresía lo hace imposible. Cuando hablamos de hipocresía nos referimos a fingir cualidades o sentimientos que en realidad no tenemos, a proyectar una imagen falsa o irreal de nosotros mismos.

Fíjate que el Señor declaró las palabras de Marcos 4:22 al principio de su ministerio. Él sabía que multitudes lo iban a seguir, pero que lo abandonarían. Que aquellos que clamarían "Hosanna", en menos de una semana dirían "crucifícale". Que un discípulo íntimo lo iba a negar tres veces y otro lo iba a traicionar. Todo esto salió a la luz para que se manifestara lo que había en el corazón de cada persona y tuvieran la oportunidad de arrepentirse. Lamentablemente, no todos hicieron la decisión correcta.

Las palabras de Jesús siguen vigentes. Dios revelará todas las cosas. Él está dando oportunidad para el arrepentimiento. Por amor busca librar de las consecuencias del pecado antes de que sea tarde. Pero el Señor ha fijado un tiempo y si los cambios verdaderos nos llegan, procederá a sacar todo a la luz.

Dios ha querido que leyeras este devocional hoy. Si somos sensibles ante su llamado, abandonaremos el pecado y enderezaremos el rumbo. Si seguimos autojustificándonos, creyendo que nadie se dará cuenta de nuestros pensamientos y acciones, viviremos en una mentira que no durará mucho. Es más creíble quien se arrepiente voluntariamente que aquel que reconoce un error solo presionado por las evidencias.

Dios es luz, y no hay ningunas tinieblas en él (1 Juan 1:5-7). Estoy seguro que estas palabras no necesitan ninguna explicación.

Vivo bajo tu luz y sé que nada puedo esconderte. Tú lo sabes todo.
Ayúdame a vivir siempre sin hipocresía.

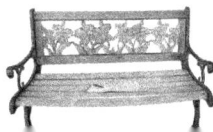

Las palabras de Jesús

"Los alguaciles vinieron a los principales sacerdotes y a los fariseos; y estos
les dijeron: ¿Por qué no le habéis traído? Los alguaciles respondieron:
¡Jamás hombre alguno ha hablado como este hombre!"
Juan 7:45-46

Muchas veces los religiosos intentaron echarle mano a Jesús, pero no pudieron. Estaban tan enojados con el Señor por decirles la verdad, que solo querían deshacerse de Él para acallar el mensaje intranquilizador de sus conciencias. Pero no había caso, una y otra vez fallaban en sus intentos. No sabían que la hora de Dios para que Jesucristo entregase su vida no había llegado.

En cierta ocasión enviaron a la "policía" de esa época para arrestar a Jesús, pero las palabras que estos hombres escucharon del Señor produjeron tal convicción en sus vidas que regresaron sin Él porque no encontraron ningún motivo para arrestarlo.

Las mismas palabras de Jesús son apreciadas por corazones espiritualmente sensibles y odiadas por corazones duros. El Señor sabe quiénes son los que no habrán de creer y también quiénes rendirán sus vidas completamente a Él.

Jesús dijo: "El espíritu es el que da vida; la carne para nada aprovecha; las palabras que yo os he hablado son espíritu y son vida. Pero hay algunos de vosotros que no creen. Porque Jesús sabía desde el principio quiénes eran los que no creían, y quién le había de entregar" (Juan 6:63-64).

El Señor sigue hablando. Sus palabras quedaron registradas en la Biblia para seguir transmitiendo vida. Él sigue salvando, libertando, restaurando y sanando, pero se requiere fe para que cada una de sus promesas se haga realidad en nosotros. Nuestra respuesta a sus palabras hará la diferencia si podemos creer que ellas cambiarán todo en nuestra vida.

Quiera Dios que nuestra respuesta sea la misma que la de sus discípulos: "Señor, ¿a quién iremos? Tú tienes palabras de vida eterna. Y nosotros hemos creído y conocemos que tú eres el Cristo, el Hijo del Dios viviente" (Juan 6:68-69).

Señor, tus palabras son vida para mí. Las leo, las medito y las aplico
para que tu vida sea evidente a través de mí.

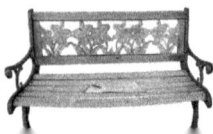

Les conviene

"Pero yo os digo la verdad: Os conviene que yo me vaya;
porque si no me fuera, el Consolador no vendría
a vosotros; mas si me fuere, os lo enviaré".
Juan 16:7

Imagínate la escena. Los discípulos se acaban de enterar de que Jesús ya no estaría con ellos. Hacía tres años y medio que estaban juntos, y cada día era una nueva oportunidad para ver las manifestaciones gloriosas del Hijo de Dios. Sus palabras, su compasión, su sabiduría, su poder… ¡Cuántas cosas para aprender y en las que pensar! Pero ahora el Maestro ya no estaría con ellos, nada sería igual. La tristeza llenó el alma de cada discípulo.

Sin embargo, Jesús irrumpió con una declaración que los dejó perplejos: "Les conviene que me vaya…" ¿Nos conviene? ¿En serio? La palabra "conviene" en griego es *sumféro* que significa 'ventajoso, algo mejor, de mayor beneficio, provechoso'. En realidad, el Señor no los dejaría solos, enviaría al Espíritu Santo para hacer morada en ellos y esto sería provechoso.

¡Qué tremenda conveniencia! El mismo autor de la Biblia ahora está trabajando en nuestro espíritu, el mismo que inspiró a profetas y discípulos para hablar de parte de Dios está ahora dentro de nosotros guiándonos, hablándonos, exhortándonos y movilizándonos para hacer la voluntad de Dios.

Pero claro, estas bendiciones espirituales están a disposición… de todo aquel que cree. Hay que poner la fe en marcha. En primer lugar, creyendo que Él habita en nuestro espíritu y quiere tener una relación estrecha con nosotros. A partir de allí, cada día necesitamos profundizar esa relación en oración y meditando en la Palabra.

Y otro detallito… Hay que obedecerlo. Y sí, de nada sirve comprar la medicina en la mejor farmacia si no te la tomas.

¿Deseas esta vida de fe, plena en el Espíritu? Comienza a orar y dale tiempo al Espíritu Santo para que te hable, porque lo hará. Entrégale todo tu ser. Vive la vida abundante que Cristo nos prometió a través de Su Espíritu Santo.

Consolador, toma el control de mi voluntad, pensamientos y emociones.
Capacítame para ser vencedor en todas las tentaciones.
Revísteme de poder para servir con excelencia.

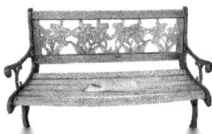

Gozo inalterable

"Y los discípulos estaban llenos de gozo y del Espíritu Santo".
Hechos 13:52

Pablo y Bernabé habían ido a Antioquía de Pisidia a predicar el evangelio y causaron una revolución en el pueblo. Sin embargo, la oposición del diablo no tardó mucho en manifestarse. Un grupo de judíos que no querían aceptar el mensaje de la gracia de Jesucristo, se levantaron en contra de ellos y los expulsaron de la región. Pensaríamos que esto habría apagado el deseo de evangelizar, pero no fue así, por el contrario, Pablo y Bernabé siguieron predicando con mucha más pasión y energía. ¿Qué los movilizaba?

Aquí está el secreto: los discípulos estaban "llenos de gozo y del Espíritu Santo". Si un creyente tiene verdadero gozo, lo es como resultado de la obra del Consolador. "Mas el fruto del Espíritu es amor, gozo…" (Gálatas 5:22).

La palabra gozo en griego es la palabra *jará* que significa 'estar alegre, bien feliz, deleitarse, regocijarse'. Claro, podemos estar alegres cuando las circunstancias son favorables. ¡Quién no tiene gozo cuando le aumentan el sueldo! Pero cuando pasamos momentos difíciles, ya es otra cosa. El único gozo que permanece inalterable a pesar de la oposición es el que proviene del Espíritu Santo.

Si sigues leyendo la historia de la Iglesia, verás que siempre que estaban llenos del Espíritu manifestaban gozo verdadero. Por supuesto que hay circunstancias que no admiten expresiones de júbilo, sin embargo, interiormente el gozo del Señor se mantiene porque estamos creyendo en sus promesas, confiando en su protección, seguridad y cuidado hacia nosotros.

Alguien escribió: "Así como toda el agua del mundo no puede apagar el fuego del Espíritu Santo, tampoco pueden todos los problemas del mundo aplastar el gozo que el Espíritu Santo produce en todo hijo de Dios".

Que tu relación con el Espíritu Santo se fortalezca hoy, y que produzca en ti un gozo tan real que ninguna circunstancia lo pueda apagar.

Quiero ser lleno del Espíritu y que su gozo rebose en mi alma.
Que otros puedan ser contagiados con lo que tú me das.

A la puerta

*"Entonces Jehová dijo a Caín: ¿Por qué te has ensañado, y por qué ha
decaído tu semblante? Si bien hicieres, ¿no serás enaltecido?
y si no hicieres bien, el pecado está a la puerta; con todo
esto, a ti será su deseo, y tú te enseñorearás de él".*
Génesis 4:6-7

Caín le trajo a Dios una ofrenda de frutos de la tierra y estaba ansioso por recibir su aprobación. Sin embargo, el Señor no aceptó su ofrenda. La Biblia no dice por qué Dios la rechazó. Probablemente la actitud de Caín fue inapropiada, o quizá su ofrenda no cumplía las normas de Dios. En cambio, recibió con agrado la ofrenda de Abel, su hermano. ¡Qué rabia! El semblante de Caín reflejaba el enojo que sentía.

Entonces Dios, como un Padre amoroso, le preguntó qué le pasaba. Él lo sabía, pero quería que Caín reconociera lo que le estaba molestando. Dios le advirtió sobre el poder destructivo del pecado. Caín tenía ante él la oportunidad de hacer lo correcto o abrir la puerta al pecado que estaba acechándole. La historia bíblica dice que terminó siendo el primer homicida de la tierra.

Todos tenemos que tomar diariamente la decisión de Caín, hacer el bien o el mal. El pecado está ante la puerta de nuestro corazón. Una puerta es un límite y nosotros somos quienes decidimos lo que dejamos entrar. Hoy, la palabra puerta ya no se refiere solo a una tabla de madera con bisagras, hay también puertas tecnológicas que se abren solo con un clic y que encierran enormes peligros.

Dios le dijo a Caín: "El pecado está a la puerta, al acecho y ansioso por controlarte; pero tú debes dominarlo y ser su amo". Eso significa que cada uno es responsable de controlar sus deseos. Nosotros decidimos si queremos vencer la tentación o dejarnos seducir.

Cuando recibimos a Jesús como nuestro Salvador y Señor, Él nos liberta de la esclavitud del pecado y nos da poder a través del Espíritu Santo para ser vencedores.

El pecado seguirá estando a la puerta, pero ya no luchamos contra él en nuestras fuerzas. Si le damos lugar al Espíritu Santo nos capacitará para no ser dominados por aquello que nos separa de Dios. La decisión es nuestra.

---

*Decido no darle lugar al pecado. Cierro la puerta de toda tentación para agradar a
Dios con mis pensamientos, palabras y conducta.*

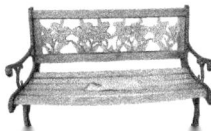

Bendecidos por su presencia

"Y estuvo el arca de Jehová en casa de Obed-edom geteo tres meses;
y bendijo Jehová a Obed-edom y a toda su casa".
2 Samuel 6:11

El arca de Jehová era también llamada el arca de la presencia de Dios. La construyó Moisés cuando hizo toda la obra del tabernáculo. Cuando Israel conquisto Canaán en tiempos de Josué, el tabernáculo quedó situado en Silo y permaneció incluso hasta el tiempo del rey Saúl.

David sabía que el arca significaba contar con la misma presencia de Dios y se propuso traerla a Jerusalén donde estaba reinando. Pero la forma que usó para trasladarla no era la permitida por Dios, por lo que una de las personas que la cargaba murió fulminado por tocarla. Fue un día de temor y angustia y David decidió dejarla en la casa de Obed-edom.

El arca quedó en la casa de este levita y resultó que al poco tiempo comenzó a prosperar. Sus rebaños se multiplicaban, todo lo que sembraba crecía. Si lees su biografía sabrás que tenía muchos hijos y todos le servían a Dios. "Los hijos de Obed-edom: Semaías el primogénito, Jozabad el segundo, Joa el tercero, el cuarto Sacar, el quinto Natanael, el sexto Amiel, el séptimo Isacar, el octavo Peultai; *porque Dios había bendecido a Obed-edom.* Semaías hijo de Obed también tuvo hijos que fueron jefes de la familia de sus padres. Eran hombres muy valientes y esforzados… Todos estos eran descendientes de Obed Edom. Todos ellos, con sus hijos y hermanos, eran sesenta y dos hombres robustos y fuertes para el servicio" (1 Cr. 26:4-6,8).

¡Cuánta bendición para esta familia! El secreto radicaba en… Bueno, ¡no era ningún secreto! ¡El arca de la presencia de Dios residía en su hogar! Cuando David se enteró de esto, estudió en la Palabra cómo debía trasladar el arca y así lo hizo. Ahora todo Israel recibía bendiciones.

¡Qué bueno que ya no necesitamos un arca física para ser bendecidos! Ahora somos bendecidos por Jesucristo. "Bendito sea el Dios y Padre de nuestro Señor Jesucristo, que nos bendijo con toda bendición espiritual en los lugares celestiales en Cristo" (Efesios 1:3).

Pero las bendiciones de Dios son consecuencia de nuestra relación con Él. Todo comienza con una vida de comunión diaria con el Señor. ¡Qué diferente sería el ambiente en nuestros hogares si todos vivieran conscientes de la presencia de Dios!

Señor, anhelo tu presencia en mi vida y en mi casa. Que seas residente permanente en nuestro hogar. Tú llenas todo de alegría y paz.

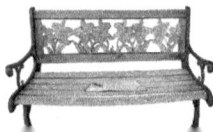

La voz de Dios

"Él le dijo: Sal fuera, y ponte en el monte delante de Jehová. Y he aquí Jehová que pasaba, y un grande y poderoso viento que rompía los montes, y quebraba las peñas delante de Jehová; pero Jehová no estaba en el viento. Y tras el viento un terremoto; pero Jehová no estaba en el terremoto. Y tras el terremoto un fuego; pero Jehová no estaba en el fuego. Y tras el fuego un silbo apacible y delicado".
1 Reyes 19:11-12

Una terrible depresión se había apoderado de Elías. Había intentado todo lo que estaba a su alcance para que Israel se arrepintiera de sus pecados y no veía ningún cambio. En medio de la oscuridad de la cueva en la que se había encerrado, Dios se manifestó a su vida.

De repente comenzó a soplar un fuerte viento. Parecía enviado directamente de Dios. ¡Excelente! Este viento haría desaparecer todas las ofrendas y sacrificios paganos que están invadiendo la nación, es más, ¡destruiría a todos los ídolos! Pero Dios no estaba en el viento.

De pronto todo comenzó a temblar, era un terremoto. Ahora sí, ¡la tierra se tragará a los enemigos de Dios! Eso simplificaría mucho la tarea de Elías. Pero no, Dios no estaba en el terremoto.

¿Y ahora qué? ¡Fuego! Elías acababa de ver con sus propios ojos como Dios había enviado fuego del cielo para consumir el altar. Pero no, tampoco estaba Dios en el fuego.

De pronto escuchó un silbo apacible y delicado. Elías estaba acostumbrado a ver a Dios actuar de formas milagrosas y poderosas, así que un silbo apacible era algo nuevo para él. ¡Pero justamente allí estaba Dios! Ese encuentro trajo la paz que el profeta necesitaba y nueva dirección para su ministerio.

A todos nos puede pasar lo mismo que a Elías, creer que Dios se manifiesta de una única manera, como siempre lo hemos experimentado o nos han contado. Sin embargo, debemos aprender a escuchar al Señor. Él tiene múltiples maneras de hablar a nuestra vida. Muchas veces necesitamos retirarnos del ruido y la actividad frenética para poder escuchar su voz.

Más allá de cómo te sientas, Dios quiere manifestarse a tu vida hoy. Presta atención, mantente en silencio, Él quiere hablarte. Recibirás nuevas fuerzas y dirección sobre lo que el Señor ha preparado para ti.

Manifiéstate Señor a mi vida de la manera que tú quieras.
Deseo conocerte, experimentarte y ser transformado por ti.

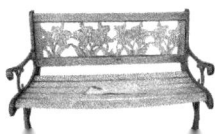

Tome aliento tu corazón

"Esforzaos todos vosotros los que esperáis en Jehová,
y tome aliento vuestro corazón".
Salmo 31:24

El título que le han puesto a este salmo es "Declaración de confianza". El salmista sabía en Quién confiaba. Había puesto sus peticiones y necesidades en las manos de Dios y ahora tocaba esperar en Él.

También anima a todos sus hermanos a confiar en el mismo Dios Todopoderoso. Por eso en este salmo se dirige a "todos los que esperáis en Jehová". Estoy seguro que tú también eres parte de ese grupo selecto.

David termina este salmo animando a otros a encontrar lo que él había encontrado en Dios y les pide que no cedan al desaliento, sino que pongan su confianza en la fidelidad, amor y justicia del Señor.

A través de las palabras de David sabemos que esperaba que Dios fuera su salvación, su guía, su redención, su protección, el que trajera liberación y renovara sus fuerzas. Por favor, lee todo el Salmo y dime si muchas veces nuestras peticiones no son las mismas:

- "Sácame de la red que han escondido para mí" (v. 4).
- "Ten misericordia de mí, porque estoy en angustia; se han consumido de tristeza mis ojos, mi alma también y mi cuerpo" (v. 9).
- "Porque mi vida se va gastando de dolor, y mis años de suspirar; se agotan mis fuerzas a causa de mi iniquidad, y mis huesos se han consumido" (v. 10).
- "No sea yo avergonzado, ya que te he invocado" (v. 17).

El salmista nos exhorta a tomar "aliento". Esta palabra en hebreo es *amats* que significa 'estar alerta, mantenerse de pie con valor, esforzarse, hacerse fuerte, afirmar lo que hemos creído'. Este nuevo aliento que llega a nuestro corazón nos mueve a esperar con expectativas lo que Dios hará.

Aclaremos que no es una espera pasiva sino activa. Mientras esperamos su respuesta, vislumbramos lo que Dios está por hacer y seguimos hacia adelante.

Tomemos el consejo de David para nunca desmayar. ¡Del Señor viene nuestra salvación! ¡Pronto la veremos!

Espero en ti Señor. Tú me das aliento para seguir adelante y las fuerzas
sobrenaturales para pelear mis batallas diarias. ¡Gracias Señor!

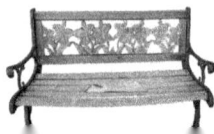

Mira hacia adelante

"Tus ojos miren lo recto, y diríjanse tus párpados hacia lo que tienes delante.
Examina la senda de tus pies, y todos tus caminos sean rectos.
No te desvíes a la derecha ni a la izquierda; aparta tu pie del mal".
Proverbios 4:25-27

Salomón, el rey sabio, nos deja este consejo inspirado por el Espíritu Santo. Debemos tener nuestra mirada en lo que nos edifica, en lo productivo, en lo que trae crecimiento.

Para que esto sea posible, cada día de nuestra vida debemos saber muy bien a quién miramos. "Puestos los ojos en Jesús, el autor y consumador de la fe" (Hebreos 12:2ª). Jesús ya ha pasado por el camino que nosotros estamos transitando, sabe de qué se trata y puede ayudarnos a recorrerlo para que no nos salgamos del camino.

Satanás no quiere que avancemos en línea recta. Hará todo lo posible para desviar nuestra mirada del Señor. Cuando aparecen situaciones difíciles de resolver, tratará de sembrar dudas acerca del poder de Dios y nos animará a creer que las "soluciones" están en nosotros u otras personas, pero no en el Señor. Ya sabemos que el diablo es un mentiroso, por lo tanto, no debemos desviar nuestra mirada del Todopoderoso.

El diablo también nos animará constantemente a tomar atajos, vías alternativas que parecen más rápidas o placenteras, pero que nos alejarán de nuestro destino. Jesús dijo que el camino de rectitud que nos lleva a la vida eterna es angosto, por eso no debemos "desviarnos ni a la derecha ni a la izquierda".

Tengamos en cuenta que tampoco sirve mirar hacia atrás porque tropezaremos. Si solo nos aferramos a los recuerdos, no daremos lugar a lo nuevo. Si damos lugar a la culpa y no al perdón de Dios, detendremos nuestra marcha. El apóstol Pablo nos exhorta con su misma experiencia a "olvidar lo que queda atrás, y extendernos a lo que está delante" (Filipenses 3:13b).

Cuando el camino te parezca difícil, mantén tu mirada en Jesús. Él estará sosteniendo tu mano para que no tropieces. "Porque yo Jehová soy tu Dios, quien te sostiene de tu mano derecha, y te dice: No temas, yo te ayudo" (Isaías 41:13).

Señor, pongo mi mirada en ti. No quiero desenfocarme mirando
otras alternativas porque solo tú tienes todas las respuestas que necesito.

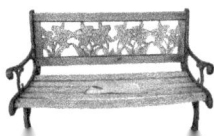

Avanza en dirección al milagro

*"Alabad al Señor de los señores, porque para siempre es
su misericordia. Al que dividió el Mar Rojo en partes,
porque para siempre es su misericordia".*
Salmo 136:3,13

¿Qué es más fácil, creer en el milagro después de más de tres mil años o experimentarlo en carne propia? Muchos dirán que es más fácil creer después de ver todo lo que Dios hizo por Israel para que saliera de Egipto. Pero, ¿sería más sencillo para nosotros creer si estuviéramos frente al mismo mar y Dios nos dijera que lo crucemos? No estoy tan seguro…

Los milagros de Dios siempre requieren fe. Moisés tuvo que creer que las aguas se iban a abrir al momento de apuntar con su vara al mar. Los israelitas debieron creer que las paredes de agua iban a permanecer firmes hasta que cruzaran al otro lado.

¿Necesitas un milagro? ¿Qué parte tienes tú en la respuesta divina? Los milagros no solo requieren oración, hace falta fe verdadera. Orar no es complicado, lo difícil es avanzar en la dirección que Dios nos pide antes de que las "aguas se abran". Podemos pasarnos la vida pidiéndole a Dios que abra el "Mar Rojo", pero si no nos mojamos las plantas de los pies, no veremos el milagro.

Cuando Dios hace un milagro es para que su nombre sea exaltado. Todos deben saber lo que ha hecho con nosotros. Cuando Dios abrió el Mar Rojo literalmente lo supo todo el mundo. Cuando los israelitas llegaron a Jericó, Rahab la ramera les dijo: "Porque hemos oído que Jehová hizo secar las aguas del Mar Rojo delante de vosotros cuando salisteis de Egipto… Oyendo esto, ha desmayado nuestro corazón; ni ha quedado más aliento en hombre alguno por causa de vosotros, porque Jehová vuestro Dios es Dios arriba en los cielos y abajo en la tierra" Josué 2:10-11.

Necesitamos poner nuestra fe en marcha. Los "Mares Rojos" se cruzan por la fe. "Por la fe pasaron el Mar Rojo como por tierra seca; e intentando los egipcios hacer lo mismo, fueron ahogados" (Hebreos 11:29). ¿Tienes un desafío demasiado grande delante de ti? ¿Te han dicho que el problema es imposible de resolver? Si esperas ver obrar a Dios, entonces debes creer. Nada es imposible para Dios si le creemos.

---

*Señor, frente a las situaciones que son difíciles de resolver, confiaré en tus promesas y
daré el primer paso. De los milagros te encargas tú.*

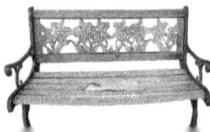

Propósitos de los desiertos

"Y te acordarás de todo el camino por donde te ha traído Jehová tu Dios estos cuarenta años en el desierto, para afligirte, para probarte, para saber lo que había en tu corazón, si habías de guardar o no sus mandamientos".
Deuteronomio 8:2

Todos pasamos por lo que solemos llamar "desiertos" en nuestra vida. Cuando vemos que algo no está funcionando como esperábamos, cuando no tenemos respuestas a nuestras peticiones, cuando no escuchamos la voz de Dios como quisiéramos, cuando nos abruma el sentimiento de soledad, decimos que nos encontramos en un desierto.

Israel pasó literalmente por el desierto. Un viaje de pocas semanas terminó durando cuarenta años, y en ese tiempo Dios cumplió varios propósitos:

- *Ver la reacción ante las dificultades.* Dios usa la palabra "afligirte", que en hebreo denota poner en aprietos, estar estrecho. Cuando pasamos por tiempos de estrechez, aprendemos a depender más de Dios, a vivir en humildad, a renunciar a nuestros derechos y que Dios nos gobierne.

- *Separar lo valioso de lo inservible.* Otro propósito del desierto fue "probar". Esta palabra en el original tiene el significado de 'refinar, comprobar, fundir'. Cuando los metales preciosos se someten al fuego intenso, la escoria se separa del metal refinado. Hay perfeccionamiento.

- *Saber lo que hay en nuestro corazón.* Dios conoce nuestros más íntimos pensamientos y secretos, pero permite muchas veces el "desierto" para que nosotros veamos lo que realmente hay en el corazón. En momentos de presión afloran heridas, resentimientos, amargura. Los desiertos nos muestran los aspectos de nuestra vida que todavía deben ser transformados.

- *Aprender a conducirnos de acuerdo a la Palabra de Dios.* "Para hacerte saber que… de todo lo que sale de la boca de Jehová vivirá el hombre". Jesús también pasó por desiertos y siempre respondió de acuerdo con la voluntad del Padre. En el desierto aprendemos que la Palabra de Dios es la que debe regir nuestra vida.

Dios está formando y perfeccionando a los que por la fe van a alcanzar sus promesas. Si estás atravesando un desierto, recuerda que no es un tiempo muerto, hay propósitos que se están cumpliendo en tu vida y nunca más serás el mismo.

Señor, aunque me sienta solo en un "desierto", tu Palabra dice que tú estás conmigo.

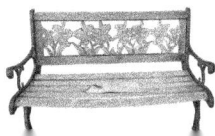

No es a ti, es a Dios

"Pero no agradó a Samuel esta palabra que dijeron: Danos un rey que nos juzgue.
Y Samuel oró a Jehová. Y dijo Jehová a Samuel: Oye la voz del pueblo en todo
lo que te digan; porque no te han desechado a ti, sino a mí me han desechado,
para que no reine sobre ellos".
1 Samuel 8:6-7

Samuel fue un profeta que cumplía al pie de la letra todo lo que Dios le decía, pero eso no significaba que todas las personas aceptaran su liderazgo sin quejarse. Después de muchos años de ser dirigidos por este fiel hombre de Dios, el pueblo le pide un rey "como tienen las demás naciones". Ya no querían ser dirigidos por Samuel, ahora querían lo que tenían los otros países, sin importar si era bueno o malo.

"Pero no agradó a Samuel esta palabra". Ponte en sus zapatos. Después de invertir su vida en guiar y cuidar al pueblo, ahora simplemente lo desechan. Frente a esta situación, lo mejor que pudo hacer el profeta fue ir a Dios y expresarle lo que sentía. La respuesta fue muy significativa: "No te han desechado a ti sino a mí". En otras palabras: "No lo tomes como algo personal, dales lo que quieren". El resto es historia. Israel muy pocas veces disfrutó de reyes compasivos, bondadosos y espirituales.

A veces nos sentimos identificados con Samuel cuando hablamos de Cristo y nos rechazan, cuando brindamos todo y nos devuelven mal. Sí, oramos como Samuel y le manifestamos toda nuestra tristeza, frustración, enojo e impotencia a Dios. La respuesta será la misma: "No lo tomes como algo personal, no te están rechazando a ti sino a mí".

¿Qué hizo Samuel después de escuchar a Dios? Siguió siendo fiel. Aunque el pueblo manifestara arrepentimiento de tanto en tanto o derramara alguna "lágrima de cocodrilo", Samuel sabía que su misión terminaría solo cuando Dios se lo dijera. Muchos años después, cuando Saúl ya reinaba sobre ellos, Samuel dijo: "Lejos estará de mí pecar contra el Señor dejando de rogar por ustedes; al contrario, me comprometo a instruirlos en el camino bueno y recto" (1 Samuel 12:23). ¡Qué corazón!

No desmayes por la opinión que otros tengan de ti. Mantén tu corazón sano. Continúa con tu misión escuchando solo a Dios. Espera en la justicia divina, pero sobre todo en su misericordia. Un día delante del tribunal de Cristo escucharás al Señor decir: "Bien buen siervo y fiel".

Señor, seguiré intercediendo y hablando de ti a los que no te conocen,
no importa lo que digan de mí.

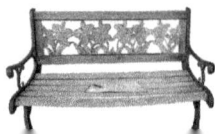

Remedio contra el afán

"Por nada estéis afanosos, sino sean conocidas vuestras peticiones delante de Dios en toda oración y ruego, con acción de gracias. Y la paz de Dios, que sobrepasa todo entendimiento, guardará vuestros corazones y vuestros pensamientos en Cristo Jesús".
Filipenses 4:6-7

La palabra afán en griego es *merimna* que significa 'atraer en diferentes direcciones, distraer, ansiedad, tener congoja'. Nunca nos faltarán preocupaciones, pero no podemos dejar que ellas nos perturben al punto de perder el control y olvidarnos de Aquel está a cargo de nuestra vida.

El apóstol aprendió a canjear preocupaciones por oraciones. Este versículo lo escribió desde una fría celda romana esperando una sentencia. ¡Un preso a punto de ser enjuiciado te dice que no debes estar ansioso! ¡Wow! Esa actitud nos demuestra que aquellos que depositan su confianza en Dios pueden experimentar descanso.

El Padre Celestial está atento a las necesidades de sus hijos y nos llama a dejar nuestras cargas en Él. "Venid a mí todos los que estáis trabajados y cargados, y yo os haré descansar" (Mateo 11:28). Debemos invertir más tiempo en su presencia porque de allí vendrán las respuestas y la paz que necesitamos.

¿Hay alguna preocupación que te está desbordando? Recuerda la enseñanza de Jesús. "Mirad las aves del cielo, que no siembran, ni siegan, ni recogen en graneros; y vuestro Padre celestial las alimenta. ¿No valéis vosotros mucho más que ellas? Y por el vestido, ¿por qué os afanáis?... No os afanéis, pues, diciendo: ¿qué comeremos, o qué beberemos, o qué vestiremos?... vuestro Padre celestial sabe que tenéis necesidad de todas estas cosas. Así que, no os afanéis por el día de mañana, porque el día de mañana traerá su afán. Basta a cada día su propio mal" (Mateo 6:26, 28, 31,32, 34)

Comienza tu día poniendo tus necesidades en las manos del Señor. No permitas que la ansiedad se apodere de ti. Dale gracias a Dios por lo que hará y lo verás obrar. "Y a Aquel que es poderoso para hacer todas las cosas mucho más abundantemente de lo que pedimos o entendemos, según el poder que actúa en nosotros, a él sea gloria… por los siglos de los siglos. Amén" (Efesios 3:20-21).

Señor, comienzo mi día entregándote a ti mis preocupaciones.
Ayúdame para que el afán no se apodere de mi corazón.

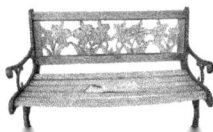

Aun en la enfermedad nos sustenta

"Jehová lo sustentará sobre el lecho del dolor;
mullirás su cama en su enfermedad".
Salmo 41:3

No somos superhéroes, somos simples mortales expuestos a sufrimiento, dolor y enfermedades. Desde el momento en que Adán y Eva pecaron, el sufrimiento invadió la tierra, todo se ha deteriorado a causa del pecado.

Que alguien se enferme o no, no lo hace ni más ni menos espiritual. El mismo apóstol Pablo dijo: "¿Quién enferma, y yo no enfermo?" (2 Corintios 11:29). Todos somos vulnerables, pero contamos con Dios para atravesar los tiempos de dolor y enfermedad. ¡Nunca nos desampara! ¡Nunca nos deja solos! De Él vienen los recursos que necesitamos para atravesar las pruebas.

El salmista David dijo que el Señor nos "sustentará sobre el lecho del dolor". Sustentar en hebreo es *saád* que significa 'sostener, respaldar, confortar'. El Señor siempre nos fortalece física, espiritual y emocionalmente. Nos rodea con sus brazos y nos recuerda que esto también pasará.

También Dios promete "mullir" la cama del que está enfermo. La palabra mullir en hebreo es *jafák* que significa 'cambiar, voltear o mudar'. Preparar el colchón o la almohada para que esté blanda y esponjosa. Alguien que cuida a un enfermo lo ayuda a darse vuelta en la cama cuando el dolor y la debilidad no se lo permiten. Así es el Señor, nos ayuda a sobrellevar los tiempos difíciles, hace más ligera la carga. Como una madre o un padre que asiste a su hijo enfermo hasta que se recupere, así actúa nuestro Padre Celestial.

El Señor te conoce, sabe por lo que estás pasando, siente tu dolor antes que tú. Quizás has llegado a pensar que se olvidó de ti o que no escucha tus oraciones, pero Él te escuchó desde la primera vez que clamaste y comenzó a obrar en ti.

"Porque yo Jehová soy tu Dios, quien te sostiene de tu mano derecha, y te dice: No temas, yo te ayudo" (Isaías 41:13). ¡Dios nunca te fallará!

¡Aleluya! Tu fidelidad es eterna y tu cuidado providencial.
A pesar de pasar por momentos difíciles, estás conmigo
ayudándome a sobrellevar la carga.

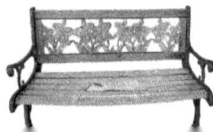

Te alabaré con todo mi corazón

"Te alabaré, oh Jehová, con todo mi corazón; contaré todas
tus maravillas. Me alegraré y me regocijaré en ti;
cantaré a tu nombre, oh Altísimo".
Salmo 9:1-2

La palabra hebrea para alabar es *yadá* que tiene el significado de 'extender la mano, reverenciar, adorar con manos extendidas, aclamar, celebrar, exaltar, glorificar, dar gracias'. El salmista podía expresar su confianza en Dios, su agradecimiento, pero sobre todo su dependencia del Señor.

Como un niño pequeño pidiendo a su padre que lo sujete entre sus brazos, así el salmista alababa a Dios levantando sus manos en señal de entrega.

Cuando alabamos a Dios de todo corazón también "contamos sus maravillas". Cuando tenemos una victoria espiritual no solo debemos alabar y dar gracias al Señor, sino también contarlo a otros. La palabra "contar" en hebreo es *safár* que denota 'registrar, enumerar, anunciar, dar cuenta, declarar, publicar, referir'. También hace alusión a un escribano o secretario que lleva un registro de notas y puede declarar con exactitud cada hecho. Es decir, "yo doy fe" de lo que Dios hace y lo hago público para que todos lo sepan.

Si esa alabanza es genuina también nos gozaremos, regocijaremos y cantaremos al Altísimo. Seguramente tenemos muchos más motivos para celebrar que para entristecernos. (Espero que seas un buen *safár* y tengas un registro de sus maravillas a tu favor).

Piensa en las últimas tres intervenciones que Dios realizó por ti. ¿Tu corazón sigue vibrando como consecuencia del amor, cuidado y misericordia que te manifestó el Señor? Recordar lo que Dios hizo en el pasado nos ayuda a alimentar nuestra fe y afirma nuestra confianza en Aquel que todo lo puede.

Alaba a Dios y verás que las cosas empiezan a cambiar. Tu espíritu se renovará y experimentarás su dulce presencia. ¡Vamos a alabar al Señor de todo corazón y contar todas sus maravillas!

¡Te alabo con todo mi corazón! Eres digno de recibir todo honor,
honra y gloria, porque haces maravillas. Gracias por tu
salvación y cuidado diario. ¡No hay otro como tú!

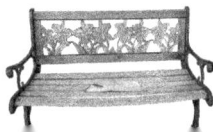

Velad y orad

"Velad y orad, para que no entréis en tentación; el espíritu a la verdad está dispuesto, pero la carne es débil".
Mateo 26:41

Jesús no compartió esta enseñanza durante un evento super multitudinario, lo hizo mientras se encontraba solo con sus discípulos poco antes de ser crucificado. El Señor quería que estuvieran conscientes de la posibilidad de ser tentados por el diablo y cómo responder.

Ya sabemos que las tentaciones son muchas y muy variadas. Además, la mayoría son sorpresivas. Por eso la importancia de "velar". Esta palabra en griego es *gregoreuo* que significa 'mantenerse despierto, estar vigilantes, alertas, preparados en todo momento'. ¡Cuántas veces Jesús nos dijo que debemos velar constantemente!

Dios comprende nuestra lucha por no caer en tentación y elegir la rectitud, por eso ha enviado a su Espíritu Santo para ayudarnos a vivir con integridad. Él es quien nos ayuda a mantenernos vigilantes, nos da discernimiento y nos recuerda cuáles son nuestras armas espirituales para vencer cada ataque de Satanás.

También debemos "orar". En griego es la palabra *proseújomai* que significa 'dialogar con Dios, suplicar, adorar, pedir, anhelo por acercarme a Él'. En 1 Tesalonicenses 5:17 el apóstol Pablo nos exhorta a orar constantemente, sin cesar. ¿Es posible esto? Sí. Aunque nuestra boca esté cerrada, o incluso estemos haciendo alguna actividad, nuestro espíritu puede estar en comunión permanente con Dios pidiendo fortaleza para ser librados del mal, y pendientes de la dirección que el Señor nos pueda dar.

Quizás pienses que hay tentaciones que son demasiado fuertes y casi imposibles de resistir. No es cierto. La Biblia dice que no nos ha sobrevenido ninguna tentación que no sea humana, pero que Dios es fiel y no nos dejará ser tentados más de lo que podamos resistir. Además, también nos dará la salida, para que podamos soportar cualquier tentación o prueba (1 Corintios 10:13).

Protege tu mente con la Palabra de Dios, mantente alerta y en oración y el Señor te dará la victoria sobre toda tentación.

Confío en ti, Señor. Aunque el diablo quiera hacerme caer, estoy agarrado de tu mano y saldré victorioso.

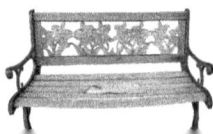

El secreto de nuestras victorias

"Y fueron ayudados contra ellos, y los agarenos y todos los que con ellos estaban
se rindieron en sus manos; porque clamaron a Dios en la guerra,
y les fue favorable, porque esperaron en él".
1 Crónicas 5:20

Canaán fue la tierra que Dios les prometió a Abraham, Isaac, Jacob y su descendencia. Aunque tenían esta promesa divina, ellos debían hacer su parte: conquistarla. Tenían que enfrentar algunas batallas, limpiar el territorio, reconstruir y no permitir que los enemigos volvieran a apoderarse de ese lugar.

Las tribus de Rubén, Gad y una parte de Manasés tomaron la tierra del lado este del Jordán. Era un territorio muy espacioso para el innumerable ganado que tenían, pero estaban más expuestos a los enemigos de oriente. Sin embargo, no se amedrentaron (1 Crónicas 5:18). Estos israelitas eran tremendos guerreros, pero el secreto de sus victorias no radicaba en sus habilidades. El v. 22 dice: "porque la guerra era de Dios". ¡Aleluya!

Está claro que tenían ayuda sobrenatural porque "clamaban" a Dios. Esta palabra en hebreo es *zaác* que significa 'convocar públicamente, bramar, dar voces, gritar, proclamar'. No eran oraciones tímidas y silenciosas, esta gente le decía a Dios en voz alta cuáles eran sus preocupaciones y temores.

Además, supieron "esperar" en Él. Es la palabra hebrea *batakj* que denota la idea de 'apresurarse a refugiarse, confiar, apoyarse, tener esperanza, fiarse, estar seguro y tranquilo'. Una vez que clamaban con todas sus fuerzas, ponían toda su confianza en el Señor. Era una espera activa; no se quedaban de brazos cruzados.

Dios pelea nuestras batallas cuando clamamos y esperamos solo en Él, pero cuando ponemos nuestra confianza en las promesas humanas, los bienes materiales o nuestras fuerzas ya no tendremos victorias. Estas tribus fueron deportadas por Asiria debido a que dejaron de adorar a Dios (vs. 25-26). Sin la ayuda de Dios, estaremos a merced de las circunstancias, las personas, e incluso del mismo diablo.

Las victorias volverán a ser una realidad en nuestras vidas si nos volvemos a Dios y desechamos todo aquello que tomó su lugar. Recordemos siempre que no hay nadie que iguale el poderío del Señor.

Estoy aprendiendo a esperar en ti porque tu respuesta siempre llega a tiempo.

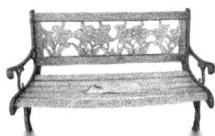

Incomparablemente fiel

"Si fuéremos infieles, él permanece fiel;
Él no puede negarse a sí mismo".
2 Timoteo 2:13

Apenas escuchó que la piedra que cubría la tumba de Jesús había sido removida, Pedro salió corriendo a ver lo que había sucedido. Llevaba tres días con un peso terrible en su alma por haber negado a Jesús. La profecía se había cumplido. ¡Qué angustia insoportable!

María llegó diciendo que el Maestro había resucitado, que su cuerpo no estaba en la tumba y que dos ángeles le dieron el anuncio. Pedro tenía que verlo con sus propios ojos. Al llegar, se dio cuenta que el anuncio era cierto. La tumba vacía era la evidencia. ¿Y ahora? ¿Qué pasaría si se encontraba cara a cara con Jesús? ¿Cómo decirle que estaba tan arrepentido de haberle negado?

Cuando el Señor se le presentó a Pedro, pudo experimentar el perdón genuino. No había rencor, ni reproches, ni siquiera un "te lo dije". El Señor permaneció fiel. Su fidelidad es inalterable, incomprensible, incomparable.

Muchas veces podemos sentir esa misma carga de Pedro. Sabemos que le hemos fallado al Señor y eso nos pesa. Incluso llegamos a pensar si podrá perdonarnos una vez más. En esos momentos Jesús nos vuelve a recordar cuánto nos ama y que Él entiende nuestras luchas y debilidades. Entonces nos abraza y nos dice: "Yo siempre te perdono y olvido". Y cuando volvemos a preguntarnos si es posible, nos recuerda que Él no puede negarse a sí mismo. Es eternamente fiel y no hay nada que pueda cambiar eso. Esta es una verdad en la que tú puedes confiar el resto de tu vida sin importar tu situación.

El cielo está lleno de "Pedros" perdonados y transformados por el Espíritu Santo. Ellos son parte de una Iglesia gloriosa, sin mancha ni arruga, perfeccionada para vivir por la eternidad con Cristo.

Si las viejas dudas quieran invadir tu corazón, aprópiate de las palabras del apóstol Pedro en su epístola: "Bendito el Dios y Padre de nuestro Señor Jesucristo, que según su grande misericordia nos hizo renacer para una esperanza viva" (1 Pedro 1:3). ¡Aleluya!

¡Qué descanso al alma saber que tú me perdonas sin reproches!
Gracias por tu perdón y restauración. También soy un
"Pedro" arrepentido que te dará gloria eternamente.

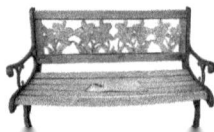

Al ritmo del Espíritu

*"Digo, pues: Andad en el Espíritu, y no satisfagáis los deseos de la carne.
Si vivimos por el Espíritu, andemos también por el Espíritu".*
Gálatas 5:16, 25

¿Cuándo avanzar y cuándo permanecer quieto? ¿Cuándo actuar y cuándo esperar? ¿Esta decisión que estoy por tomar es mejor que la otra opción? Creo que tengo fe, ¿pero si son solo gustos personales los que me motivan? ¡Cuánta incertidumbre!

La buena noticia es que tenemos ayuda sobrenatural para tomar cualquier decisión. Jesús dijo que nos convenía que Él se fuera al cielo ¡para enviar al Espíritu Santo que estaría dentro de nosotros! Además, nos dijo que él nos enseñaría todas las cosas, nos recordaría la Palabra y nos conduciría siempre a la verdad.

El secreto de esta ayuda no está en una lista de pasos a seguir, una fórmula compleja, o un método infalible. No, no, no, no, el secreto está en ¡una relación personal con el Espíritu Santo!

Entonces, ¿por dónde empezar? El apóstol Pablo dijo que debemos "andar" en el Espíritu y en el mismo capítulo de Gálatas lo menciona dos veces. En griego se usan dos palabras diferentes para "andar". La primera palabra es *peripateo* y denota andar dentro de los límites de un camino, seguir una dirección o pautas, encaminarse, conducirse. Nos habla de ir por el camino correcto. Hay un camino que nos lleva a tomar decisiones equivocadas y es el de la "carne", es decir, conducirnos por nuestros deseos o pasiones que son contrarios a lo que Dios nos dice. En contraste, debemos "andar" en el espíritu, siguiendo las pautas divinas, obedeciendo la Palabra de Dios.

La segunda palabra está en el v. 25 y es *stoijeo*, que proviene de *stoicos*, "hilera". Tiene el significado de caminar en fila, seguir las huellas de alguien, imitar sus pasos. Está relacionado con el "ritmo". Debemos caminar al ritmo del Espíritu. Si nos movemos de acuerdo con sus tiempos sabremos cuándo avanzar o detenernos, tomar una decisión u otra.

Si ya estás en el camino correcto, sigue caminando al ritmo del Espíritu. Profundiza tu relación con Él, escucha su voz y obedécele. Los resultados son el gozo y las bendiciones que Dios añade a la vida de todos aquellos que hacen su voluntad.

---

*Espíritu Santo, quiero caminar a tu ritmo.
Voy a escucharte y moverme según tu dirección.*

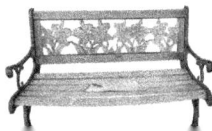

"Si yo tuviera…"

"El fin de todo el discurso oído es este: Teme a Dios, y guarda
sus mandamientos; porque esto es el todo del hombre".
Eclesiastés 12:13

"Yo sería feliz si tuviera…" Y añade a la frase los deseos más variados e inverosímiles. Hay personas que creen que serían más felices si tuvieran más dinero, una casa más grande, un automóvil nuevo, un trabajo diferente, fama y popularidad, poder, más conocimiento, otro cónyuge… ¿Cómo terminarías tú esta frase?

Entre los muchos propósitos que tiene el libro de Eclesiastés, uno de ellos es ayudarnos a entender que nunca nadie se sintió "realizado" por tener todo lo que deseaba. Salomón es el mejor ejemplo. Él se ocupó de satisfacer todos sus deseos. Tuvo caballos y carruajes de todo tipo. Comida en abundancia preparada por los mejores chefs. Levantó los edificios más modernos de la época. Incluso tenía tanto oro que ya no sabía qué hacer con él. Sin embargo, aun teniendo todo lo que deseaba, concluyó que: "Todo es vanidad".

Entonces, ¿dónde está el secreto de la verdadera felicidad? El mismo Salomón nos da una respuesta sencilla: "Teme a Dios, y guarda sus mandamientos". ¿En serio? ¿No es acaso lo primero que debemos hacer? Él mismo comenzó el libro de Proverbios diciendo: "El principio de la sabiduría es el temor de Jehová". Eso significa que Salomón, después de haber logrado tantas cosas, volvió al comienzo: Temer a Dios y guardar sus mandamientos. Punto final. Se acabó el discurso. No hay nada más que agregar.

Salomón nos recuerda que un día compareceremos ante el Señor para rendir cuentas de nuestra vida (Eclesiastés 12:14). Eso también debería hacernos pensar, y mucho. Salomón desperdició su vida, terminó alejado de Dios adorando a los ídolos de sus mujeres; aunque tal vez, y solo tal vez, este último pasaje de Eclesiastés nos indique que al final se arrepintió de haber malgastado su vida.

Cambiemos el "si yo tuviera" por "yo ya tengo… ¡al Dios más maravilloso que pudiera haber encontrado!" De Él viene todo lo que necesitamos en esta vida y por la eternidad. ¡Yo ya tengo todo lo que necesito! ¡Soy un bienaventurado! ¿Tú también?

En ti Señor, tengo todo lo que necesito.
¡Tú eres mi máxima posesión!

Hay que sacar la basura

"Por tanto, así dijo Jehová: Si te convirtieres, yo te restauraré, y delante de mí estarás; y si entresacares lo precioso de lo vil, serás como mi boca. Conviértanse ellos a ti, y tú no te conviertas a ellos".
Jeremías 15:19

Al igual que nosotros, Jeremías necesitaba someterse a Dios para ser santificado. Debía permitir que el Señor examinara cada área de su vida y lo transformara. Sin embargo, había una parte del proceso que era responsabilidad de Jeremías: entresacar lo precioso de lo vil.

La palabra hebrea para entresacar es *yatsá* y significa 'sacar afuera, arrojar, echar, quitar o quemar'. Era la palabra que se usaba para decir que debía sacarse la basura y llevarla al lugar donde se quemaba. ¡No pasaba el camión de la basura en tiempos de Jeremías! Si querías mantener tu casa limpia y sin malos olores había que sacar la basura diariamente.

Buena metáfora para nuestra vida espiritual. Cada día debemos identificar lo que es "vil" y sacarlo de nuestra vida. En el original, vil es lo inservible, lo indigno, lo que no pasa la prueba de la santidad, lo que es vanidad. En contraste, lo "precioso" es lo valioso, lo que es de alta estima, aquello que trae crecimiento.

Isaías 5:20 nos dice que no debemos decir a lo malo, bueno, ni tampoco a lo bueno, malo. Cuidado con hacer de la luz tinieblas, y de las tinieblas luz, o poner lo amargo por dulce, y lo dulce por amargo. Esta es la realidad en la que vivimos hoy. Cuando no se toma la Palabra de Dios como regla para definir lo que es bueno de lo que es malo, solo podemos esperar caos y sufrimiento. Por eso necesitamos que el Espíritu Santo nos enseñe diariamente a distinguir lo precioso de lo vil.

Cuando guardamos basura en nuestra mente y corazón pronto comenzará a dar "mal olor". Nuestras actitudes, palabras e intenciones lo evidenciarán. Por otro lado, debemos analizar las fuentes de todo lo que vemos y escuchamos. ¿Cuán "limpio" está nuestro celular y computadora basura? ¿En qué lugares y con quién compartimos nuestro tiempo?

Si encontramos algún vestigio de lo que es vil, debemos pedirle al Señor que nos purifique como lo hizo David (Salmo 51:10). Sigue guardando en tu corazón lo que es precioso a los ojos de Dios, y no te olvides de sacar la basura diariamente.

Voy a sacer la basura, todo lo que pueda contaminar mi espíritu. Ayúdame, Señor.

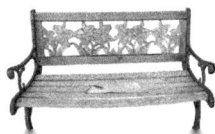

Cree solamente

"Oyéndolo Jesús, le respondió: No temas; cree solamente, y será salva".
Lucas 8:50

Jairo, un principal de la sinagoga, vino desesperado a Jesús. No era para menos, su hija de doce años estaba muriendo. Por su posición, seguramente contaba con los mejores médicos de la época, sin embargo, Jesús era su única esperanza. Al escuchar su pedido, el Señor aceptó ir a su casa.

Mientras iban de camino se encontraron con uno de los empleados de Jairo que le dijo que su hija ya había muerto; que no molestara más al Maestro (v. 49). ¿Molestia para Jesús? ¡Se nota que no le conocía! El Señor inmediatamente se acercó a este padre desesperado y le dijo: "No temas; cree *solamente*, y será salva". La palabra "solamente" requiere especial atención. En griego es el adverbio *mónon* que proviene de otras palabras que significan 'permanecer en una sola cosa, en lo único, perseverar, persistir en una cosa'. En otras palabras, Jesús le dice: "Solo ten fe y olvídate de lo que se dice por ahí".

Si decimos que confiamos en Jesús, debe ser *solamente en Él*. No es Jesús y otras alternativas por las dudas. Nuestra confianza, seguridad y esperanza deben estar puestas solo en las manos del Señor. Jairo puso su fe en Cristo, pero en el camino los comentarios de sus amigos probaron su fe. Aparentemente, mientras había vida podían creer, pero una vez muerta la niña… No sabían que la muerte no era un problema para Aquel que es la "resurrección y la vida". Si Jesús dijo que la niña sería salva, eso es lo que pasaría.

Cree solamente, sin añadir nada más. Jesús quiere que vayamos a Él con una fe no fingida como Pablo le dice a Timoteo. (2 Timoteo 1:5).

Cree solamente, sin preocuparte de lo que argumenten los que están a tu alrededor.

Cree solamente, como un niño. En cierta ocasión el Maestro puso en medio de sus discípulos a un niño como ejemplo de la fe genuina (Mateo 18:3). Para un niño, lo que Jesús dice lo cumple, y se mantendrá esperando la respuesta.

Cree solamente y luego adórale. Dale gracias de antemano por lo que hará. No temas, lo verás actuando de manera sobrenatural en tu necesidad. ¡Solamente cree!

Creo, Jesús, únicamente en ti. Solo tú eres la respuesta a mis necesidades.

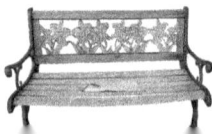

Gustad y ved

"Gustad, y ved que es bueno Jehová;
dichoso el hombre que confía en él".
Salmo 34:8

El salmista alaba a Dios por sus obras y anima al lector a experimentar lo mismo que él estaba sintiendo. Nos dice que debemos "gustar" a Dios. Esta palabra en hebreo es *taám* y tiene el significado de probar o percibir. Podemos escuchar muchos argumentos a favor o en contra de la bondad de Dios, pero la única manera de tener una opinión propia es experimentando su bondad.

Si no eres argentino, puedo explicarte detalladamente qué es un alfajor: dos galletas dulces unidas en el medio por una buena cantidad de dulce de leche y finalmente cubiertas con chocolate. Si nunca probaste un alfajor, ahora puedes imaginarte de qué se trata, pero solo si lo saboreas ¡no podrás parar hasta acabártelo! Más que darte explicaciones, tienes que usar tus sentidos para disfrutarlo.

El salmista también nos exhorta a "ver" a Dios. En hebreo es la palabra *raá* que además de "mirar", también se traduce como 'atender, buscar, considerar, contemplar, discernir, entender, examinar, explorar y reflexionar'. Expresa la idea de usar la vista con el fin de comprobar y analizar minuciosamente. Así que además de experimentar a Dios, también podemos reflexionar acerca de sus obras y los resultados de sus intervenciones sobrenaturales.

Gustar y ver son dos verbos que implican el uso de nuestros sentidos. Necesitamos encuentros personales con el Señor para poder experimentar los beneficios de estar en su presencia. Interactuar espiritualmente con el Señor llena nuestro corazón de paz y gozo.

La Biblia dice que los justos claman al Señor y Él los oye y los libra de todas sus angustias. El Señor está cerca de los quebrantados de corazón y salva a los contritos de espíritu. Pero también añade que las aflicciones del justo será muchas, pero de todas ellas el Señor le librará (vs. 17-19)

Los hijos de Dios tenemos uno de los más grandes privilegios que se nos haya concedido, poder entrar a la presencia del Señor en cualquier momento. Aprovecha este privilegio y pasa tiempo con Dios. El Señor quiere conversar contigo, corazón a corazón, sobre cualquiera y todos tus asuntos.

Señor, quiero experimentar más de tu amor, más de tu grandeza. Quiero conocerte más.

La angustia de Dios

"En toda angustia de ellos él fue angustiado, y el ángel de su faz los salvó;
en su amor y en su clemencia los redimió y los trajo,
y los levantó todos los días de la antigüedad".
Isaías 63:9

Si no hubieras leído este versículo, no me creerías que Dios también se angustia. ¿Cómo que el Todopoderoso puede angustiarse? Lo cierto es que Isaías lo expresa claramente, pero debemos entender bien su significado.

Dios nunca se angustia por temor a lo desconocido, porque Él es Omnisciente. No se angustia porque algún plan suyo peligre, porque es Soberano. No se angustia por la furia con la que actúa el diablo, porque Él es el único Rey. Su aflicción es el resultado de ver a sus hijos en angustia. La palabra hebrea para "angustia" es *tsará* y tiene el significado de estar en aprieto, en congoja o estar estrecho. Lo que nosotros sentimos, también lo siente Dios. Él no está ajeno a lo que nos sucede, sabe de nuestros quebrantos y sufrimientos.

Pero Dios no solo sufre con nosotros, sino que se apresura a ayudarnos. Su misma naturaleza lo moviliza a actuar para protegernos como lo hace una gallina con sus polluelos. Dice la Palabra que con sus plumas te cubrirá, y debajo de sus alas vas a estar seguro (Salmo 91:4).

Pensemos en todo lo que Dios hizo por nosotros para salvarnos de la angustia.

"Nos redimió", fuimos adoptados hijos suyos. Eso significa que le pertenecemos solo a Él.

"Nos trajo" hasta aquí. Él nos ha guiado hasta hoy. Puede ser que no veas con tus ojos físicos sus intervenciones, o que pases por alto esta verdad, pero indudablemente Dios ha movido personas y circunstancias para que hoy tengas una relación con Él.

"Nos levantó todos los días". Hay momentos en que nos sentimos más en el piso que en las alturas, sin embargo, Él nos levanta. Nunca nos dejará caídos para siempre (Salmo 55:22). Cada vez que tropezamos extiende su mano para levantarnos y ayudarnos a seguir la carrera que tenemos por delante.

Si comenzaste este día en angustia, el Señor quiere que sepas que te levantará y te probará una vez más que te ama y sabe cuidar de ti.

Levántame Señor. Qué bueno es saber que me entiendes y me sostiene tu mano.

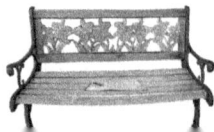

No estoy solo

"He aquí la hora viene, y ha venido ya, en que seréis esparcidos cada uno por su lado, y me dejaréis solo; mas no estoy solo, porque el Padre está conmigo".
Juan 16:32

Los discípulos de Jesús, en momentos de crisis, solo pensaron en "sálvese quien pueda". Todos habían afirmado que estarían dispuestos a dar la vida por su Maestro, pero cuando la presión fue fuerte, los compromisos se esfumaron.

Siempre hemos escuchado que los verdaderos amigos se ven en los momentos difíciles. Cuando el Señor no enfrentó dificultades los discípulos estuvieron a su lado y fueron sus fieles seguidores. Pero cuando comenzaron los verdaderos problemas, cuando debían velar una hora con Jesús en Getsemaní, enfrentar a la turba o dar su opinión ante el sanedrín, Jesús estaba solo, humanamente hablando.

El Hijo de Dios tenía claro que su hora había llegado y que nadie podía ayudarlo a redimir al ser humano, nadie podía tomar la cruz y morir por los pecados de la humanidad siendo el sustituto perfecto y sin pecado sino solo Él.

Sin embargo, esta situación de soledad de Jesús también tenía el propósito de manifestar al Hijo de Dios hecho hombre. Él entiende lo que nosotros sentimos porque experimentó dolor, sufrimiento, angustia, soledad. Cuando decimos "me quedé solo", el Señor sabe lo que significa.

Jesús hace una declaración que debemos tener muy en cuenta: "No estoy solo, porque el Padre está conmigo". ¡Qué tremenda verdad, no solo para Él sino para nosotros! Jesús nos mostró el camino al Padre, nos relacionó con Él, nos enseñó los beneficios de esa relación para que nosotros pudiéramos experimentar esa cercanía.

Muchas veces vamos a atravesar momentos difíciles que parecen conducirnos a la misma muerte. Jesús te entiende, Él lo pasó. Miramos a cada lado y no hay nadie que nos aliente, nadie que esté a nuestro lado… por lo menos visiblemente. En esas circunstancias es que toman un tremendo significado las palabras de Jesús: "¡No estoy solo, porque el Padre está conmigo!"

Nunca estás solo, sientas o no la presencia del Padre, Él ha prometido estar a tu lado siempre.

¡Nunca estoy solo, porque el Padre está conmigo!
Gracias Señor por tu presencia permanente. Eres mi Amigo Fiel.

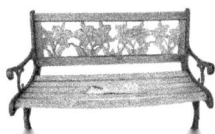

Preparar nuestros caminos

"Así que Jotam se hizo fuerte, porque preparó sus caminos
delante de Jehová su Dios".
2 Crónicas 27:6

Tal vez no conozcas mucho la vida del Jotam porque fue un rey de bajo perfil. No buscó glorias humanas ni trató de hacerse de un nombre, pero el registro bíblico nos dice que "hizo lo recto ante los ojos de Jehová". Eso es lo que cuenta para Dios.

El comienzo de su reinado estuvo marcado por mucho dolor, temor e incertidumbre. Su padre Uzías, había sido un prolífico rey de mucha fama y renombre, pero cometió un pecado terrible ante los ojos de Dios. Su orgullo y soberbia lo llevaron a ofrecer incienso en el templo, algo que solo los sacerdotes podían hacer, y desde ese día quedó leproso hasta su muerte. Jotam vio con sus propios ojos lo que trajo la desobediencia de su padre y aprendió la lección.

Por eso Jotam "preparó sus caminos delante de Jehová su Dios" antes de comenzar a reinar. La palabra hebrea para "preparar" es *kun* que significa 'estar erguido, recto, establecer, arreglar, afirmar, alistar, enderezar, ordenar, hacer seguro'. Esto es lo que tenía en mente el joven rey al presentarle sus caminos al Señor. Él eligió servir a Jehová como su único Dios y ajustó su vida a la Palabra.

Jotam "edificó la puerta mayor de la casa de Jehová" (v. 3). Los buenos reyes siempre se destacaron por reparar y preservar el templo. Dicen los eruditos que "la puerta mayor" era la entrada por donde pasaba el rey para ir a buscar a Dios. "Preparar el camino" fue literal, ese camino lo conectaba diariamente con la presencia de Dios.

El resultado fue que Dios lo hizo fuerte. Pudo edificar ciudades, construir fortalezas y torres que servían de ayuda en la agricultura y estrategia militar (vs. 3-4). También derrotó a todos los enemigos que le hicieron la guerra y debieron pagarle tributo (v. 5).

Nosotros también debemos preparar nuestros caminos delante de Dios tomando tiempo para orar, escuchar su voz, obedecerlo y actuar con fe. Debemos estar preparados de antemano, para que, al llegar los desafíos inesperados, tentaciones o circunstancias difíciles, dependamos de Dios. Nuestra fuerza viene de Él. ¡El Señor es nuestra fortaleza!

Preparo mi corazón para buscarte. Tú eres mi Dios y solo en ti pongo mi esperanza.
Rindo mi vida a ti para hacer tu voluntad.

En el día de conflicto

*"Jehová te oiga en el día de conflicto;
el nombre del Dios de Jacob te defienda".*
Salmo 20:1

Hay días más difíciles que otros, hay momentos en que el mismo diablo parece haber concentrado todos sus ataques sobre nosotros, nuestra familia, trabajo, iglesia, incluso usando a las personas que menos podríamos imaginar. David lo llama el día de "conflicto". Esta palabra en hebreo es *tsará* que significa 'estar en aprieto, problema, aflicción, angustia, calamidad, tribulación o bajo el ataque de un rival'.

Los días de conflicto nos llegan a todos, a veces inesperadamente, otras veces los vemos venir. Sin embargo, si tenemos un corazón como el de David sabremos recurrir al Señor, el único que nos "defiende". Otra palabra interesante. En hebreo es *sagáb* que significa 'estar elevado, inaccesible, seguro, fuerte, enaltecer, engrandecer, exaltar, levantar'. ¡Wow! ¿Todo eso hace Dios cuando nos defiende? Es mucho más que hacerse cargo del conflicto, el Señor nos pone en alto, en Él estamos seguros y su nombre es exaltado. ¡Aleluya!

Es tremendo cómo Dios transforma un día de conflicto en día de victoria y celebración. Lo que podría destruirnos, Dios lo usa para que crezcamos, lo conozcamos más, tengamos más motivos para dar gracias y alabarlo.

Por favor, toma unos minutos más y lee todo el salmo. Parece que el mismo David estuviera orando por nosotros. Él le pide a Dios que nos envíe ayuda (v. 20), que cumpla los deseos de nuestro corazón (v. 4), que nos alegremos en su salvación y conceda todas nuestras peticiones (v. 5). Si tu corazón está conectado con el de Dios, entonces todos tus deseos serán los mismos que los suyos y verás respuestas a tus peticiones porque estarán de acuerdo con su voluntad.

Además, en el v. 8 vemos que hay una gran diferencia entre los que confían en Dios y los que solo lo hacen en sus propios recursos. Cuando tropiezan, no se pueden levantar. Pero el que está sostenido por la mano poderosa de Dios, ¡siempre se levanta! "Ellos flaquean y caen, mas nosotros nos levantamos, y estamos en pie".

¡Bendito sea Dios nuestro Ayudador!

---

*Te entrego mis días de conflicto a ti Señor. Cámbialos en celebración y alegría.
Te alabaré con todo mi corazón.*

Movidos por el Espíritu

"Y he aquí había en Jerusalén un hombre llamado Simeón, y este hombre, justo y piadoso, esperaba la consolación de Israel; y el Espíritu Santo estaba sobre él. Y le había sido revelado por el Espíritu Santo que no vería la muerte antes que viese al Ungido del Señor. Y movido por el Espíritu, vino al templo".
Lucas 2:25-27ª

Simeón era distinto a los demás. Sus palabras, actitudes y acciones reflejaban algo sobrenatural en él. Lucas nos dice exactamente de qué se trataba: "El Espíritu Santo estaba sobre él".

Este hombre tenía una relación estrecha con el Espíritu Santo. Su conducta manifestaba justicia y piedad, pero también esperanza. Sabía que si alguien podía cambiar el rumbo pecaminoso del pueblo era el Ungido de Dios, el Mesías esperado por tantos años. En uno de sus tiempos de oración diaria escuchó la voz de Dios diciéndole que iba a ver con sus propios ojos la llegada del Salvador. ¡Qué relación tan estrecha con Dios!

Esa relación no era teórica, sino que se evidenciaba en sus acciones. Simeón era obediente a la voz de Dios. Cuando José y María llevaron al bebé Jesús al templo para dedicarlo, él supo que debía ir urgentemente, fue "movido" por el Espíritu. Al llegar, supo que estaba en presencia del Hijo de Dios y mientras lo sostenía en sus brazos, no solo lo bendijo, sino que el mismo Espíritu Santo le dio una palabra profética acerca de la obra redentora que llevaría a cabo el Mesías.

Esta historia es un ejemplo de lo que el Espíritu de Dios hace en los que tienen una relación estrecha con Él. Jesús es el ejemplo perfecto de esa relación. Toda su obra fue hecha impulsado por el Espíritu Santo. Él se "despojó" de toda su gloria para actuar bajo el poder del Espíritu. Entonces, si el Espíritu Santo actuó con poder en Jesús, también lo hará en nosotros.

Ahora el Espíritu de Dios habita en todo aquel que ha recibido a Cristo como Salvador (Juan 16:7). Pero no solo vino para morar, sino a estar activo en nuestra vida cada día.

El propósito de Dios para cada uno de sus hijos es que nos rindamos al gobierno del Espíritu Santo. Si hemos sido renacidos por el Espíritu, entonces debemos también andar por el Espíritu (Gálatas 5:25). En otras palabras, si él vive en ti, ¡deja que te dirija!

Espíritu Santo, dirige mi vida siempre. Voy a estar atento a tu voz.

La imaginación del corazón

"Antes se fueron tras la imaginación de su corazón, y en pos de los baales, según les enseñaron sus padres… Mas alábese en esto el que se hubiere de alabar: en entenderme y conocerme, que yo soy Jehová…"
Jeremías 9:14,24

Impactante la vida del profeta Jeremías, un siervo que mantuvo firmes sus convicciones aún bajo las peores presiones. Lo triste fue que nunca vio conversiones genuinas, más bien parecía que sus hermanos cada vez cerraban más su corazón.

Israel había abandonado a Dios y se había vuelto a los dioses de los pueblos vecinos porque seguía la "imaginación de su corazón". Jeremías usa muchas veces esta expresión (Jeremías 9:14; 11:8; 13:10; 16:12). La palabra imaginación en hebreo es *sherirút* y tiene el significado de 'pensamiento torcido, obstinado, imaginar torcidamente, con dureza'. Esto indica que sacamos malas conclusiones cuando tenemos ideas torcidas.

Los israelitas querían seguir sus propios deseos, por lo tanto "acomodaban" a Dios según los parámetros de las culturas paganas. "Si los baales dicen que podemos hacer nuestra vida y después entregarle alguna ofenda para contentarlos, entonces Dios debe ser igual". "Si Asera dice que se puede fornicar, entonces Dios debe pensar lo mismo". "Si Moloc dice que podemos sacrificar a nuestros hijos para que nos vaya bien, seguramente a Dios no le parecerá mal". Ya sabes cuáles fueron las consecuencias de seguir sus "imaginaciones".

Dios fue claro en el segundo mandamiento cuando escribió con su dedo en piedra: "No te harás imagen". Pero no solo imágenes de piedra, madera o metal, también imágenes mentales distorsionadas que nos pueden llevar a acomodar la Palabra de Dios según nuestra conveniencia.

Para no tener una relación distorsionada con Dios necesitamos leer la Biblia, la única revelación escrita para todas las razas, culturas, lenguajes y épocas. Ella nos mostrará a Jesucristo, la imagen perfecta del Dios invisible y descubriremos cómo tener una relación verdadera con el Padre Celestial.

Cuando el Dios verdadero se apodera de tu corazón, la pasión por conocerlo crece y el gozo de experimentarlo serán indescriptibles.

Señor, cuida mi mente y corazón para no andar según mi imaginación, sino según tu Palabra. Ella es lámpara a mis pies en mi caminar diario.

Misericordia incomprensible

"Y uno de ellos hirió a un siervo del sumo sacerdote, y le cortó la oreja derecha. Entonces respondiendo Jesús, dijo: Basta ya; dejad. Y tocando su oreja, le sanó".
Lucas 22:50-51

No sé lo que tú crees, pero yo pienso que Pedro no quería cortarle la oreja al siervo del sacerdote, ¡quería matarlo! Le apuntó a la cabeza y erró. No veo al pescador con habilidades de espadachín, pero cuando se enfrentó a una situación de peligro, reaccionó sin pensarlo demasiado.

Juan fue sumamente preciso al describir la situación diciendo que Simón Pedro, quien tenía una espada, la desenvainó e hirió al siervo del sumo sacerdote y le cortó la oreja derecha. Incluso dice que el nombre del siervo era Malco (Juan 18:10). ¡Fueron momentos imposibles de olvidar!

Sospecho que el siervo del sacerdote fue impactado por el milagro. Debe haber pensado: ¿Cómo es posible que Jesús, a quien fuimos a arrestar, se ocupara de sanar mi herida? ¿Por qué pensó en mi situación en lugar de salir corriendo como lo hicieron los discípulos? Acaso, ¿yo no era un enemigo para Él?

La única respuesta es el amor de Jesús. La Biblia dice que Dios envió a su Hijo para morir en nuestro lugar. Aun siendo sus enemigos nos reconcilió por la muerte de Cristo, entonces estando ya reconciliados, ¡cómo no seremos salvos por su vida! (Romanos 5:8,10). El Señor fue a la cruz por todos. Por Pedro, por Juan, por su madre María, por Malco, por los soldados romanos, por ti y por mí para salvarnos y darnos vida eterna.

No sabemos nada más de Malco. ¿Habrá aceptado a Jesús como su Salvador? ¿O se habrá burlado de Él en el sanedrín? ¿Se habrá arrepentido de sus pecados? Muchos piensan que, si después de este incidente no se lo menciona más, ni siquiera en la tradición judía, no llegó a ser cristiano. Puede ser. Actualmente hay muchos "Malcos" que también fueron sanados y tocados milagrosamente por el Señor y sin embargo siguen indiferentes a Jesús.

El Señor sigue actuando con misericordia, pero no son sus intervenciones poderosas las que salvan. La salvación es el resultado de reconocer que somos pecadores, arrepentirnos de haber fallado a Dios y aceptar que el único que puede perdonarnos y darnos una vida nueva es Jesús.

Gracias Señor por tu misericordia incomprensible.
Me diste vida cuando yo era un pecador. Soy salvo por tu gracia.

Deléitate en el Señor

"Deléitate asimismo en Jehová, y él te concederá
las peticiones de tu corazón".
Salmo 37:4

David, al final de sus días, nos aconseja por el Espíritu a confiar de una manera práctica en Dios. En el Salmo 37 hay mucha sabiduría. La clave para una vida llena de gozo la encontramos en el versículo 4: debemos aprender a deleitarnos en el Señor.

Deleitarse significa experimentar gran placer y gozo en la presencia de alguien. Esto sucede únicamente cuando conocemos muy bien a esa persona. Por lo tanto, para deleitarnos en el Señor, debemos conocerle mejor. El conocimiento de su gran amor por nosotros nos dará deleite.

¿Te gozas en el Señor cuando te concede las peticiones de tu corazón o te deleitas antes de eso? ¿Disfrutas más las bendiciones de Dios o al Dios de las bendiciones? El consejo es muy claro: deleitarse en el Señor es prioritario, lo demás viene por añadidura. Que Dios conceda los deseos de tu corazón es el resultado de una relación amorosa e íntima con Él.

Muchos de los salmos de David fueron escritos mientras se encontraba en el campo, el lugar en donde se encontraba a solas con Dios. Desde muchacho aprendió a disfrutar de esa intimidad especial con el Creador. Sus cantos y oraciones expresan los mayores deseos de su corazón. Pudo decir que Dios le iba a mostrar la senda de la vida, y que solo en su presencia había plenitud de gozo y todas las delicias se encontraban a su diestra (Salmo 16:11).

Las peticiones de David siempre estaban de acuerdo con lo que había en el "corazón de Dios". De hecho, Dios lo eligió como rey porque tenía esa particularidad. El Señor se había buscado un varón conforme a su corazón, para designarlo como príncipe sobre su pueblo (1 Samuel 13:14b). Indudablemente para tener su corazón hay que pasar tiempo en su presencia, anhelar esos encuentros.

El predicador y escritor Charles Spurgeon dijo sobre este versículo: "No pienses primero en los deseos de tu corazón, sino piensa primero en deleitarte en tu Dios. Si lo has aceptado como tu Señor, deléitate en él, y entonces te concederá los deseos de tu corazón".

Tú eres mi deleite. Me gozo en tu presencia diariamente.
¡Eres mi Salvador y Señor!

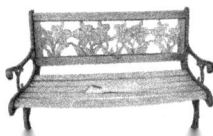

¿Difícil para Dios?

"He aquí que yo soy Jehová, Dios de toda carne;
¿habrá algo que sea difícil para mí?"
Jeremías 32:27

Dios le dijo a Jeremías que Jerusalén no se iba a librar de los babilonios porque habían pecado y se olvidaron de Él, pero después de disciplinarlos los restauraría. Para certificar esa promesa Dios le pide a Jeremías que compre una heredad. El profeta quedó desconcertado y le dijo a Dios: "La ciudad va a ser entregada en manos de los caldeos que pelean contra ella y que con arietes la atacan para tomarla. Por causa de la espada, del hambre y de la peste ha venido a suceder lo que dijiste que sucedería, ¡y ya lo estás viendo! ¡Señor, Señor! ¿Cómo pudiste decirme que compre para mí el terreno, y que lo pague ante testigos, si la ciudad va a caer en manos de los caldeos?" (vs. 24-25).

Entonces Dios le hace la pregunta que todos deberíamos escuchar cuando nos encontramos en dificultades: "¿Habrá algo que sea difícil para mí?". La palabra "difícil" en hebreo es *palá* que significa 'hacer algo distinguido, grande, maravilloso, especial, un milagro, cosa portentosa'. ¡Ese es nuestro Dios! ¿Cómo puede haber algo difícil para el Todopoderoso? ¡Nada que esté dentro de su voluntad dejará de cumplirse!

Cuando leemos la Palabra de Dios, nuestra fe se nutre, madura, crece, se desarrolla. Entonces llegamos a creer que Dios todo lo puede. Victorias milagrosas, sanidades instantáneas, vidas transformadas, intervenciones sobrenaturales… Pregúntale a Lázaro, Sara, Elías, Pedro, Pablo, Josué, Gedeón y a millones de cristianos que experimentamos el poder de Dios por la fe.

Para el Señor no existen las palabras: difícil, imposible, perdido, desahuciado, irreparable. Lo que detiene sus obras maravillosas son: la incredulidad, la duda, el pecado, la rebeldía, la autosuficiencia. Pero cuando alguien se acerca a Dios con fe, se hace realidad lo que parecía imposible.

¿Qué hay de ti? ¿Todavía te parece que es difícil para Dios responder tu petición? ¿Crees que es imposible que cambie tu realidad? El Señor Jesús solo te pide que creas, que pongas toda tu confianza en Él. Todavía sigue diciéndonos: ¡Todo es posible para mí! (Mateo 19:26).

Todo es posible para ti. Ayúdame a no dudar
cuando lleguen los desafíos Confío en ti.

Cuando mi pie resbala

"Cuando yo decía: Mi pie resbala, tu misericordia,
oh Jehová, me sustentaba".
Salmo 94:18

Los que vivimos en New England sabemos lo que significa resbalarse. Estoy seguro que más de una vez hemos experimentado el efecto del hielo en nuestro cuerpo. Nos ponemos las mejores botas antideslizantes, nos agarramos de todo lo que podemos, caminamos como si fuéramos equilibristas, pero en un segundo terminamos en el suelo. Cuanto más confiados estamos, más probable es que nos resbalemos.

El salmista, en el v. 18, no dice "si yo resbalase" como una posibilidad remota. No, él está afirmando que hubo momentos en que su pie resbalaba. La palabra hebrea para "resbalar" es *mot* que significa 'deslizarse, sacudir, caer, temblar o titubear'. Hum… creo que sabemos a qué se refería.

Tenemos claro que debemos permanecer firmes en el camino del Señor. Cuando descubrimos el sendero que nos conduce a la vida eterna y experimentamos la presencia de Dios, no queremos salirnos de este camino. Pero esto no significa que nunca vayamos a tropezar o resbalar. A veces ponemos nuestra mirada en otro lado, algunas dudas comienzan a infiltrarse en nuestra mente, la impaciencia nos juega una mala pasada, la autosuficiencia hace de las suyas y tropezamos en la fe.

Cuando éramos niños e íbamos de la mano de alguien que nos cuidaba, muchas veces tropezábamos, pero no nos caíamos. Esa mano fuerte nos sostenía. Pero cuando corríamos por nuestra cuenta y tropezábamos, terminábamos con alguna herida. No es lo mismo resbalar solos que de la mano del Padre (Isaías 41:10). El salmista usa la misma palabra que usó Dios en Isaías: "sustentado", en hebreo *saád*, que significa 'sostener, respaldar, confirmar, confortar'.

Si pensabas que nunca ibas a resbalar, pero pasó, Dios lo sabe. Sin embargo, Él no te dará la espalda, sino que extenderá su mano para levantarte. No habrá reproches ni condenación. Te ofrecerá una vez más su perdón. Recuerda lo que dijo el salmista: "Tu misericordia, oh Jehová, me sustentaba". Jamás decaen sus misericordias, al contrario, cada día se renuevan.

Tu mano me sostiene, Señor. Cuando parece que resbalo y estoy a punto de caer, allí están tus brazos firmes para mantenerme en pie.

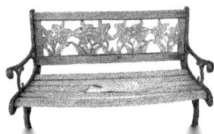

Somos hijos adoptados

"Pues no habéis recibido el espíritu de esclavitud para estar otra vez en temor, sino que habéis recibido el espíritu de adopción, por el cual clamamos: ¡Abba, Padre!"
Romanos 8:15

Hay un punto de inflexión en nuestra vida que lo cambia todo para siempre y es el momento en que aceptamos a Jesús como nuestro Salvador y Señor. A partir de allí, el Espíritu Santo viene a morar en nosotros y somos declarados en el cielo hijos adoptados de Dios. Creo que a todos nos cuesta entender en plenitud el significado de ser un hijo de Dios.

La palabra griega para "adopción" es *huiothesia*, un término legal que denota colocar como hijo, dar los mismos derechos legales que un hijo biológico. Eso significa que cuando Dios nos adoptó, ¡¡recibimos los mismos privilegios que su Hijo Jesucristo!!

Como el Padre ama a Jesús, nos ama a nosotros. ¡En serio! Él nos ama al máximo y no hay nada que podamos hacer para que nos ame más, ni nada que podamos dejar de hacer para que nos ame menos. ¡Su amor es inalterable!

Alguien dijo: "He visto muchos hijos biológicos abandonados por sus padres, pero nunca vi a un padre abandonar a un hijo adoptivo porque es un hijo buscado". Así es el amor de Dios por nosotros. El Padre fue capaz de exponer a su Hijo Amado al sufrimiento de la cruz para que millones llegaran a ser sus hijos. Él nos buscó, nos llamó y nos adoptó.

A veces decaemos en la fe, manifestamos algunos signos de rebeldía, parece que la queja vence a la alabanza, y hasta tenemos algunas reacciones de infidelidad, sin embargo, ¡su amor es incondicional! (2 Timoteo 2:13). Pero cuidado, que su amor sea incondicional y no cambie no significa que podamos dejar el camino de la santidad sin consecuencias.

El Creador ha decidido que todo lo que es suyo sea también de sus hijos y que lo disfruten eternamente. Nos esperan cielo nuevo y tierra nueva para gobernar y administrar juntamente con Jesucristo. Dice la Palabra que si somos hijos también herederos de Dios y coherederos con Cristo (Romanos 8:17). ¡Qué promesa maravillosa!

Levántate con la visión de hijo adoptado. Disfruta del amor de Dios. No lo dudes, si lo hiciste Salvador y Señor de tu vida, fuiste declarado hijo de Dios.

¡Aleluya! ¡Qué privilegio ser un hijo de Dios! Me espera una eternidad con Él.

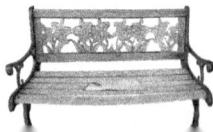

El Alfa y la Omega

"Yo soy el Alfa y la Omega, principio y fin, dice el Señor, el que es y
que era y que ha de venir, el Todopoderoso".
Apocalipsis 1:8

Cuando Juan vio a Jesucristo glorificado mientras se encontraba en la isla de Patmos, cayó como muerto. Fue tremendamente impactado en espíritu, alma y cuerpo. En ese momento, el Señor se le reveló con un nuevo nombre: "El Alfa y la Omega".

Alfa es la primera letra del alfabeto griego y Omega la última. Es como decir: "De la A a la Z". Él es antes de todas las cosas y permanecerá más allá de lo que a este mundo le pase. Si Jesús es el Alfa y la Omega, entonces tiene autoridad sobre todo lo que está en el medio de la primera y la última letra.

Dios dirige los eventos históricos para que todo se cumpla como Él lo ha dispuesto. Hasta el mismo diablo está sujeto a su plan, ya que un día será lanzado al lago de fuego por la eternidad.

El azar no existe para Dios y se ríe de la suerte. ¿Quién puede contender con Jesucristo? ¿Hay alguien que pueda cambiar su voluntad? ¿Podrán manipularlo para que cambie sus estándares? Él dirige la historia de la humanidad, pero también cada detalle de nuestra vida.

Jesucristo es "el que es y que era y que ha de venir". Es el Hijo del Dios eterno y conoce todo lo que hay en cada corazón. Aun así, nos ama y fue a la cruz por nosotros.

En el versículo mencionado, Jesús también se define como el "Todopoderoso", en griego *pantokrátor* que significa 'Gobernante de todo, que sostiene todas las cosas, Aquel que tiene todo en su mano'. Esta palabra solo se aplica al Señor. ¡Aleluya! Él lo sustenta todo.

¿No crees que estamos en las manos de Aquel que tiene todo bajo su control? ¿Acaso podemos pensar que nuestra situación es demasiado "complicada" para el Señor?

Dios mismo ha dicho que es nuestro Rey, nuestro Redentor, y desde la antigüedad se ha definido como el primero y el postrero. Fuera de Él no hay Dios (Isaías 44:6).

Decide poner tu confianza en tu Redentor y dale el control de tu vida. Él jamás te fallará.

Señor Jesús, eres absolutamente todo para mí. Eres Rey eterno y yo tu siervo
para proclamar tu glorioso nombre todos los días de mi vida.

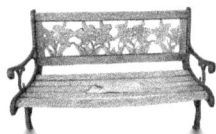

El Señor atiende al humilde

"Porque Jehová es excelso, y atiende al humilde, mas al altivo
mira de lejos. Si anduviere yo en medio de
la angustia, tú me vivificarás".
Salmo 138:6-7a

David conocía a Dios porque tenía una relación personal y diaria con Él. Podía dar testimonio de su grandeza, pero también de sus intervenciones en los momentos difíciles de su vida. Dios siempre sabe cómo "atendernos" en medio de nuestras necesidades.

La palabra hebrea para "atender" es *raá* y significa 'ver, considerar, levantar, proveer, visitar'. Nosotros usamos mucho esta palabra cuando necesitamos ayuda de un profesional médico o consejero. Decimos: "Hoy mi doctor me puede atender", o por el contrario "está ocupado, no me puede atender". Dios no solo puede, sino que quiere atendernos.

Por supuesto, como humanos solo podemos estar en un lugar a la vez, sin embargo, Dios es omnipresente, está disponible para todos sus hijos al mismo tiempo. ¡Qué descanso!

El apóstol Pedro lo expresó diciendo que los ojos del Señor están sobre los justos, y que sus oídos están atentos a sus oraciones (1 Pedro 3:12ª). Dios está atento a cada una de nuestras palabras y con toda seguridad atenderá a nuestras súplicas, pero debemos ir a Él con humildad.

En el Salmo leemos que "Dios atiende al humilde", al que dejó su arrogancia y soberbia para someterse a Dios. El que es humilde está dispuesto a obedecer, a hacer su voluntad y a darle la gloria al Señor por todo lo que haga.

Por el contrario, el altivo, el orgulloso, el que se eleva por encima de los demás y hasta de Dios mismo, no es atendido por Él. El Señor lo "mira de lejos", simplemente observa lo que hace, lo deja a su libre albedrío con la esperanza de que su corazón cambie y decida acercarse oportunamente a Él.

Cuando atravesamos momentos de angustia podemos ir a Dios con humildad para que nos fortalezca y renueve. El Señor nos atenderá siempre, en toda circunstancia nos mostrará su fidelidad.

Señor, quiero desechar todo orgullo de mi vida y aprender a caminar
en humildad siguiendo tu ejemplo.

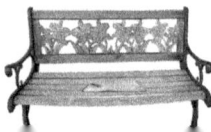

No dejes de interceder

*"Orando en todo tiempo con toda oración y súplica en el Espíritu,
y velando en ello con toda perseverancia
y súplica por todos los santos".*
Efesios 6:18

A través de este versículo, Pablo nos exhorta a orar por los "santos", es decir, por los hermanos en la fe que pueden estar pasando momentos muy difíciles.

El apóstol dice que debemos hacer "súplicas" por ellos. Esta palabra en griego es *deesis* que denota 'petición, rogativa, clamor a favor de otros'. Cuando llegamos a sentir como propias las necesidades de nuestros hermanos, no podemos dejar de orar hasta que el Señor responda de manera favorable.

A veces no sabemos cómo pedir, pero el Espíritu Santo lo hará a través de nosotros. Romanos 8:26 nos enseña que el Espíritu Santo nos ayuda en nuestra debilidad humana, porque a veces no sabemos lo que realmente conviene pedir, pero el Espíritu mismo intercede por nosotros de una manera muy particular, con gemidos indecibles. ¡Qué tremenda ayuda! Nunca estamos orando solos.

La oración intercesora nos ayuda a pensar menos en nosotros y a enfocarnos más en los demás, de esa manera podemos tener el mismo sentir de Cristo. Filipenses 2:4-5 nos exhorta a no estar pendientes únicamente de nuestras propias necesidades, sino también de las de los otros. De esta manera habrá en nosotros el mismo sentir que hubo en Cristo Jesús.

Corrie ten Boom, escritora y predicadora del siglo XIX, dijo en una oportunidad: "Nunca sabemos cómo Dios responderá nuestras oraciones, pero podemos esperar que Él nos involucre en su plan para la obtención de la respuesta. Si somos verdaderos intercesores, debemos estar listos para participar en la obra de Dios en favor de las personas por quienes estamos orando".

Un día estaremos todos delante del trono celestial y sabremos exactamente la diferencia que hizo la oración unida y perseverante. ¡No dejes de interceder!

Señor, intercedo por mi familia para que todos sean salvos.
Intercedo por mis hermanos en la fe para que sean sostenidos por tu gracia.
Oro para que uses mi vida para bendecir a muchos en tu Nombre.

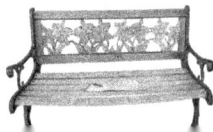

Cartas de Cristo

"Siendo manifiesto que sois carta de Cristo expedida por nosotros, escrita no con tinta, sino con el Espíritu del Dios vivo; no en tablas de piedra, sino en tablas de carne del corazón".
2 Corintios 3:3

Cada creyente es como una "carta" (*epístola* en griego) de Cristo, escrita por el Espíritu Santo en su corazón. El mismo Espíritu que inspiró las Escrituras es el que la aplica ahora en el corazón de cada creyente. Eso significa que diariamente a través de nuestro carácter, palabras y conducta manifestamos la Palabra de Dios en todo lugar. ¡Somos una Biblia abierta a los demás!

Recordemos, por ejemplo, la epístola a los Romanos. Allí habla de la salvación por la fe, del gozo de una relación profunda con Dios, la transformación diaria y renovación de nuestro entendimiento, la conducta irreprensible del creyente, la comunión manifestada por el verdadero amor… Cuando alguien lee esa carta, debe ver lo mismo en nuestra vida. Pablo dice que somos cartas de Cristo "conocidas y leídas por todos los hombres" (v. 2).

Simbólicamente hablando, si hoy Cristo quisiera enviarle una carta a alguien que está pasando momentos difíciles, ¿cómo lo haría? ¡A través de nosotros! Si el Señor quisiera enviarle un mensaje de amor y fe a un enfermo, ¿no lo haría a través de nosotros que somos sus cartas abiertas? Si quisiera enviar un texto a alguien que está perdido y necesita ser salvo, obviamente lo haría a través de nosotros. Por supuesto, el mensaje que leen en la Biblia y ven en nuestra vida es el mismo. Nunca puede haber discrepancias. Quiera Dios que nunca lean un texto diferente al declarado en su Palabra.

¿Qué versículos de la Biblia pueden ver en ti? ¿Son solo textos de justicia o también reflejan el amor y misericordia del Padre Celestial? ¿Manifiestan la maravillosa gracia de Dios durante los tiempos de crisis? ¿Son palabras de verdad dichas en amor? ¿Pueden otros "leer" en nosotros sobre la paz de Jesús en medio de la desesperación?

Que el Señor nos ayude a ser una Biblia abierta al mundo que necesita una palabra de salvación, de fe, de esperanza, de amor, de gracia y misericordia. Que otros puedan "leer" a Cristo a través de tu vida.

Señor, que mi vida manifieste hoy tu verdad. Que mis palabras, conducta e influencia concuerden con tu Palabra.

La Roca de nuestro corazón

"¿A quién tengo yo en los cielos sino a ti? Y fuera de ti nada deseo en la tierra.
Mi carne y mi corazón desfallecen; mas la roca de mi corazón
y mi porción es Dios para siempre".
Salmo 73:25-26

Nuestros sentimientos pueden ser inestables. El fin de semana estamos llenos de gozo y un día después comenzamos a deprimirnos al escuchar las noticias, intervenimos en alguna conversación poco amable, somos testigos de las injusticias que ocurren a nuestro alrededor y comenzamos a desestabilizarnos emocionalmente. Le pasó al levita Asaf y lo describe muy bien en este salmo.

Sabemos que hay maldad en el mundo por causa del pecado, conocemos como actúa el diablo, somos conscientes de la debilidad humana y la inclinación a hacer lo malo, pero cuando nos toca de cerca, nuestros sentimientos parecen dominar nuestra mente y ya no pensamos claramente. "Nuestra carne y corazón desfallecen". Cuando algo así nos sucede, debemos actuar con urgencia. ¿Qué hacer entonces?

El salmista lo expresa claramente en el v.17: "Hasta que entrando en el santuario de Dios..." ¡Esa es la respuesta! El santuario ya no se trata de un lugar físico porque ahora somos el templo del Espíritu Santo, eso significa que podemos encontrarnos con el Señor en cualquier lugar y a cualquier hora. Por lo tanto, en los momentos en que nos sentimos desfallecer, debemos correr a la presencia del Señor.

Lo que Dios hace en nuestro interior es afirmar nuestro corazón recordándonos su Palabra. Trae a nuestra memoria sus promesas, nos recuerda que Él sigue sentado en su trono y nada está fuera de su control. Él es "la roca de nuestro corazón".

Es asombroso ver cuánto bien le hizo a Asaf la visita a la casa del Señor. Renovó su confianza y le dio entendimiento y perspectiva eterna. Él dijo que el acercarse a Dios fue su bien, porque puso en el Señor su esperanza (v.28).

Cuando nuestro ánimo decae, debemos recordar a Quién tenemos de nuestra parte: "¿A quién tengo yo en los cielos sino a ti?". Si levantamos nuestra mirada sabremos que no hay nada más alto que el Altísimo, que todo lo ve, que todo sabe y que tiene todo poder para guardarnos seguros en el hueco de su mano.

Altísimo Señor, todo lo ves y actúas con justicia y misericordia. Descanso en ti.

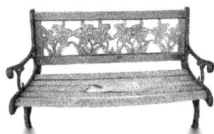

Seguros en un mundo inestable

"Estas cosas os he hablado para que en mí tengáis paz.
En el mundo tendréis aflicción; pero confiad,
yo he vencido al mundo".
Juan 16:33

Vivimos en tiempos de mucha incertidumbre. La paz mundial se resquebraja, la salud sigue siendo un tema de preocupación, la economía se tambalea y las preocupaciones por el futuro se acrecientan. Pero hay un pueblo que tiene paz a pesar de las circunstancias, porque sabe que la historia la escribe Aquel que reina desde la eternidad hasta la eternidad, en cuyas manos está el destino de todas las cosas. Ese es el pueblo de Dios que ha sido preparado para esta hora.

Sabíamos desde hace mucho tiempo que vendrían guerras, rumores de guerra, que se levantaría nación contra nación, y reino contra reino. También que habría pestes, hambres, y terremotos en diferentes lugares (Mateo 24:6-7), pero Jesús nos dijo que cuando estas cosas comenzaran a suceder, debíamos levantar nuestros ojos al cielo porque de allí vendría nuestra salvación. No debemos entrar en pánico, por el contrario, nos dijo que hay que erguirse y levantar la cabeza, porque nuestra redención está cerca (Lucas 21:28).

Nuestro futuro no depende de lo que digan o hagan los líderes mundiales, ni de los pronósticos de los economistas. Nuestro futuro está definido desde la eternidad. Nuestra vida está controlada por Aquel que tiene contado aun los cabellos de nuestra cabeza (Lucas 12:7), y quien es la Fuente de nuestro sustento.

Recordemos que nuestro Dios amoroso suplirá todo lo que nos falte conforme a sus riquezas en gloria en Cristo Jesús (Filipenses 4:19).

Cuando nuestra alma comience a ser afectada por la angustia, ansiedad o temor, debemos poner nuestras cargas a los pies del Señor y permitir que su paz inunde nuestra alma. El mismo Señor dijo que nos dará siempre su paz, muy diferente a la que ofrece el mundo. Por lo tanto, no debemos turbarnos ni tener miedo (Juan 14:27). ¡Él está con nosotros!

Eres parte del pueblo adquirido por Dios que descansa en su cuidado y manifiesta al mundo en crisis que solo hay esperanza y paz en Aquel que murió para salvarnos.

¡Mi alma reposa en ti! Sé lo que vendrá, así que confiaré
en tus promesas. Estoy seguro y protegido en ti.

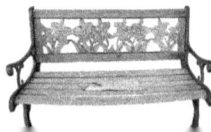

Compasión inalterable

"¿Cómo podré abandonarte, oh Efraín? ¿Te entregaré yo, Israel?...
Mi corazón se conmueve dentro de mí, se inflama
toda mi compasión".
Oseas 11:8

Durante el ministerio del profeta Oseas, la nación de Israel estaba apartada de Dios, volcada a la idolatría y dirigida por líderes corruptos. Si pudiéramos resumir en una palabra la condición del corazón del pueblo sería rebeldía. Sin embargo, ni siquiera en ese estado Dios dejó de amar a su pueblo.

Cada vez que leo el capítulo 11 de Oseas me impacta la descripción que Dios hace de su amor incondicional. Él se coloca en su posición de Padre y dice que cuanto más los llamaba, tanto más se alejaban de Él (v. 2). A pesar de su incipiente rebeldía, le enseñaba a caminar tomándole de los brazos, pero no conoció que Él le cuidaba (v. 3). Cuando tenían hambre, puso delante de ellos la comida (v. 4). Sin embargo, una y otra vez sus hijos le daban la espalda. ¿Qué más hacer con un pueblo que parecía no tener remedio?

Pero Dios nunca se da por vencido. Él usa la expresión "se inflama toda mi compasión" para que podamos entender lo que impulsa su amor. La palabra hebrea para "inflamar" es *kamár* que tiene el significado de estar profundamente afectado por la pasión o conmoverse. Cuando su pueblo se apartaba de Él y veía cómo sufría por sus malas decisiones, su compasión no le permitía quedarse quieto. A pesar de todo, siempre actuó a favor de su pueblo. ¡Qué inmenso amor!

El amor del Padre Celestial es eterno, infinito e inalterable. Dios sigue amando con la misma pasión y actuando con la misma compasión a pesar de nuestra rebeldía y rechazo.

Él nos sigue llamando porque quiere relacionarse con nosotros cada día. Sigue proveyendo para nuestras necesidades, nos sigue consolando en momentos difíciles, nos tiende su mano bondadosa cuando caemos y nos toma entre sus brazos ofreciéndonos su tierno cuidado.

¿Cómo es posible estar indiferentes a ese amor? Como verdaderos hijos de Dios debemos corresponderle dándole gracias, alabándole, adorándole y profundizando nuestra relación con Él.

¡Qué tremendo es tu amor Señor! A pesar de mi tozudes
persistes en amarme. Tu amor es incomparable.

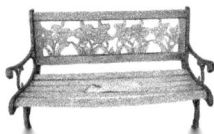

Plenamente convencido

"Tampoco dudó, por incredulidad, de la promesa de Dios, sino que se fortaleció en fe, dando gloria a Dios, plenamente convencido de que era también poderoso para hacer todo lo que había prometido".
Romanos 4:20-21

¿Cuánto tiempo estás dispuesto a esperar por el cumplimiento de una promesa de Dios? Tal vez te parezca demasiado una semana o un mes, pero tenemos el ejemplo de un hombre que supo esperar… ¡hasta los cien años! Creo que ya sabes que estamos hablando de Abraham, el padre de la fe.

Abraham nunca "dudó por incredulidad". Puede ser que haya dudado acerca del momento, de las formas, incluso alguna vez dudó si Sara sería la madre del hijo que Dios le había prometido, pero nunca pensó que Él no cumpliría lo que le había dicho.

¿Cuál fue el secreto de Abraham para permanecer firme tantos años? Aquí está la respuesta: estaba "plenamente convencido". Esta frase corresponde a una sola palabra griega, *pleroforeo*, que tiene el significado de estar completamente seguro, ciertísimo, sin espacio para la duda. Se refiere a una persona que después de haber analizado la situación, concluye que sucederá lo esperado porque todas las evidencias están a su favor.

A través de los años de espera, Abraham fue conociendo más y más a Dios. Cuanto más se acercaba a Él, más crecía su fe. Tuvo que pasar momentos difíciles en su viaje de Ur a Canaán, perdiendo a su padre y dejando a su familia en Harán. Tuvo varios sustos en Canaán, Egipto y la tierra de los filisteos, pero siempre vio la mano poderosa de Dios obrando sobre su vida, familia y posesiones. Sus experiencias con Dios afirmaron su fe. Sabía que cuando Él promete algo lo cumple sí o sí.

Entre otras cosas, aprendemos de la historia de Abraham que, si nos hemos encontrado con Dios y Él nos ha dado una promesa, debemos esperar pacientemente su cumplimiento. Nuestra confianza debe estar puesta en Aquel que habló a nuestro corazón.

¿Qué promesas te hizo Dios? ¿Estás plenamente convencido de que Él nunca falla? ¿Crees que ha fijado un tiempo para su cumplimiento? Si nos ocupamos de conocer más a Dios nuestra fe se desarrollará y estaremos preparados, esperando con expectativas lo que el Señor hará.

"Todas las promesas de Dios son en él Sí, y en él Amén". Creo en tu Palabra.

Dios hace cosas tremendas

"Será cosa tremenda la que yo haré contigo".
Éxodo 34:10b

Dios hace la diferencia a través de las personas que están dispuestas a creerle y obedecerle. No importa el trasfondo que tengan, su estatus social, nivel económico, títulos. Cuando Dios toma a la persona que quiere usar, hace "cosas tremendas" a través de ella.

Así fue como sucedió con Moisés. Cuando Dios se le apareció en una llama de fuego en medio de una zarza, era un fugitivo de la justicia egipcia, un llanero solitario despreciado por su pueblo, acomplejado por su carácter y forma de hablar, miedoso al extremo. Sin embargo, Dios vio algo en él que nadie veía.

El Señor lo llamó para liberar a su pueblo y, a pesar de su resistencia inicial, creyó que Él libertaría a su pueblo y le obedeció. Dios no lo envió solo con promesas sino con evidencias de su poder, con milagros que movilizaron el corazón de toda una nación.

Cuando la situación se puso difícil al comienzo del viaje a Canaán, Dios le dijo lo que tenía pensado hacer a través de él: "Será *cosa tremenda* la que yo haré contigo". La expresión "cosa tremenda" en hebreo corresponde a la palabra *yaré*, que significa 'algo que produce temor, reverencia, susto, asombro, algo estupendo, formidable, maravilloso'.

Dios hizo "cosas tremendas" a través de Moisés y continúa haciéndolas a través de aquellos que están dispuestos a creer y obedecer. Dios busca personas que digan sin reparos "pronto estoy" (Romanos 1:15), que se sometan a su dirección, que escuchen su voz y respondan con valentía a su llamado.

Este mundo en caos necesita hombres y mujeres que no se dejen intimidar por las provocaciones del enemigo y que hagan evidente el poder de Dios a través de sus vidas para que muchos se rindan a Cristo.

Que nuestra fe crezca al reconocer que el mismo Dios que realizó maravillas en el pasado todavía se mueve hoy, y lo quiere hacer a través de nuestra vida.

Todo comienza con un llamado de Dios. Algunos responden a una zarza ardiendo, otros a un devocional.

Señor, anhelo que hagas cosas tremendas conmigo. Sé por tu Palabra
que tienes planes y propósitos perfectos. Me someto a tu dirección.

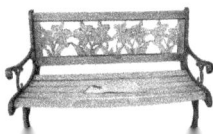

Jehová-Asá

*"Así dice Jehová, Hacedor tuyo, y el que te formó desde el vientre, el cual te ayudará:
No temas, siervo mío Jacob, y tú, Jesurún, a quien yo escogí".*
Isaías 44:2

Dios no se apartó del mundo después que lo creó. Es una herejía pensar que Dios dejó funcionando al mundo y lo abandonó por completo. En la Biblia podemos encontrar muchísimos pasajes que hablan de la intervención permanente de Dios y como está llevando a cabo sus planes desde que creó el universo.

Sin embargo, cuando Israel era disciplinado por sus pecados, pensaban que Dios los olvidaría para siempre, que ya no tendrían oportunidad de recuperar lo perdido. ¡Pero Dios nunca abandona a su pueblo! Y se lo hizo saber a través del profeta Isaías. Si Israel se humillaba y se alejaba de sus malos caminos Dios actuaría con misericordia, gracia y perdón porque era su "Hacedor".

La palabra hebrea para Hacedor es *Asá*, que significa 'el que actúa, administra, aprovecha, cambia, concede, construye, dispone, crea, consuma, ejecuta, cumple, designa, favorece, que se ocupa, ordena, el que trabaja con sus manos'. ¡Wow! ¡Que Dios tan activo tenemos! No hay nada que Él no pueda hacer.

La palabra "Asá" está acompañada por la palabra "Formador", que en el original hebreo da la idea de moldear, dar forma como el alfarero, determinar, forjar, idear o labrar. Observa que Isaías dice que Él es nuestro Formador desde el vientre de nuestra madre. Él nos dio características especiales que nos hacen únicos para su gloria. Y no solamente en el aspecto físico, sino también en nuestra personalidad. Nos creó con un propósito y ha intervenido siempre para que sus planes se cumplan en nosotros.

No creas que estamos terminados. Como el Alfarero, Dios nos sigue formando momento a momento. Puede ser que en este mismo instante esté usando situaciones difíciles de entender, pero Él sabe lo que está haciendo, y siempre es bueno. No te ha abandonado. Da lugar a su amor, cuidado, fuerza y visión renovada. ¡Él es tu Hacedor y Formador! Por eso, aplica lo que dice Isaías a tu corazón: ¡No temas, porque Él te ha escogido y cumplirá lo que ha planeado para ti!

---

*Eres mi Hacedor y Formador. Confío que seguirás transformándome
cada día para parecerme más a ti.*

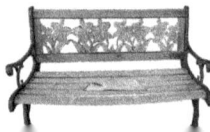

De dónde viene la ayuda

"Así que, queriendo yo hacer el bien, hallo esta ley: que el mal está en mí.
Porque según el hombre interior, me deleito en la ley de Dios; pero veo
otra ley en mis miembros, que se rebela contra la ley de mi mente, y
que me lleva cautivo a la ley del pecado que está en mis miembros".
Romanos 7:21-23

No sé si te ha pasado que al encontrarte bajo presión haces promesas que en otras circunstancias no harías. Cuando las presiones surgen en la familia, nos comprometemos a pasar más tiempo con ellos. Cuando tienen que ver con nuestra salud, prometemos que vamos a hacer ejercicio y a comer más saludable, incluso estamos dispuestos a renunciar a los ¡chocolates! En lo espiritual, es más de lo mismo… Te pregunto, ¿realmente cumplimos esas promesas? Si lo hacemos, ¿por cuánto tiempo? Creo saber la respuesta.

El problema no son las promesas, de acuerdo con lo que dice la Palabra de Dios, el problema está en nuestro interior. Dentro de nosotros conviven dos naturalezas: la natural o carnal que está propensa a hacer las cosas que desagradan a Dios, y la naturaleza espiritual donde habita el Espíritu Santo que nos lleva a hacer la voluntad de Dios. Esa es la lucha que describe el apóstol Pablo en Romanos 7.

Entonces, qué hacer, de dónde viene la ayuda. Jesús dijo que nos convenía que Él ascendiera a los cielos para que el Espíritu Santo viniera a vivir en nosotros para siempre. ¡Él es nuestro Ayudador! En Juan 14:17 leemos que estará "en" nosotros. El mismo Espíritu que ungió a Jesús, que lo capacitó para ser vencedor sobre las tentaciones y le dio dominio propio, ahora nos ayudará a inclinar nuestro corazón hacia el bien.

Pero Él no trabaja solo, lo hace "con" nosotros, se trata de una coparticipación. Debemos buscar su ayuda y someternos a Él, entonces nos dará poder para alinear nuestra voluntad con la de Dios y producirá en nosotros el fruto de la templanza, control y dominio propio. Allí está la clave.

Permite que el Espíritu Santo sea tu Ayudador. Recurre a Él cuando luches con tu vieja naturaleza. Él puede producir el "querer como el hacer" lo bueno. No lo intentes solo. Recuerda que no es con ejército, ni con fuerza, sino con su Espíritu (Zacarías 4:6).

Espíritu Santo, necesito tu ayuda para ser vencedor. Reconozco que sin ti voy a
fracasar, pero con tu poder tengo la victoria espiritual.

Lágrimas que producen grandes cosechas

"Los que sembraron con lágrimas, con regocijo segarán".
Salmo 126:5

Los tiempos de alegría muchas veces son precedidos por épocas de lágrimas. El salmista lo sabía muy bien y en este salmo expresa lo que sintió el pueblo de Dios al salir de la cautividad babilónica. Habían perdido seres queridos, tierras, casas, y hasta su misma dignidad, pero Dios les había prometido restauración y su promesa se cumplió. Israel pudo ver la misericordia de Dios no solo en esa época, sino a lo largo de toda su historia.

Las lágrimas derramadas en la presencia de Dios son como las semillas sembradas que a su tiempo producirán fruto. Jesús dijo que son bienaventurados los que lloran, los que reconocen su necesidad espiritual y ponen su vida en las manos de Dios. Ellos recibirán la consolación divina (Mateo 5:4).

Muchas de nuestras lágrimas brotan en tiempos de intercesión por nuestros hijos. Cuando vemos que no toman buenas decisiones, que su fe se tambalea, que escuchan más a sus amigos que no conocen al Señor que al consejo de la Palabra de Dios, que atraviesan situaciones difíciles. Nuestro corazón, como dice Jeremías, parece derramarse como agua. (Lamentaciones 2:19). Jamás Dios pasa por alto las oraciones que hacemos por nuestros hijos.

Otras lágrimas son producto de la frustración que sentimos al ver desaprovechadas las oportunidades que Dios les da a nuestros seres queridos para acercarse a Él. O también por la tristeza que nos produce ver un mundo hundido en toda clase de pecados, que ignora o se burla de Dios.

Aunque haya momentos en que te sientas desalentado, recuerda que las lágrimas que son derramadas en la presencia de Dios producirán fruto. No te impacientes, el Señor está obrando. Ningún suspiro, ninguna lágrima, ninguna oración inspirada por el Espíritu de Dios resultará ser improductiva.

La respuesta llegará, la promesa se cumplirá. "¡Con regocijo segarán!". El tiempo de gozo por la respuesta a la oración está cercano. Sigue confiando, Dios siempre cumple sus promesas.

Amén, creo en esta Palabra. Sigo clamando por mi familia y mis amigos.
Mis lágrimas serán cambiadas por el gozo de ver la cosecha espiritual.

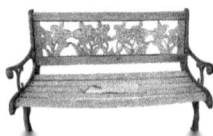

Con el rostro erguido

"Yo Jehová vuestro Dios, que os saqué de la tierra de Egipto, para que
no fueseis sus siervos, y rompí las coyundas de vuestro yugo,
y os he hecho andar con el rostro erguido".
Levítico 26:13

Cuatrocientos treinta años estuvo Israel en Egipto hasta su liberación. El pueblo hebreo terminó siendo esclavo y trabajando para faraón en condiciones humillantes. Siempre llegaban a sus casas con la cabeza agachada y los hombros caídos por el cansancio. No había manera de cambiar la situación, humanamente hablando.

La nueva generación israelita no sabía lo que significaba caminar con el rostro erguido. Estaban acostumbrados a bajar la cabeza, obedecer órdenes y no manifestar disconformidad porque si no eran castigados severamente.

Entonces Dios levantó a Moisés y los liberó de Egipto con poder, señales y milagros. Faraón supo quién era Jehová, y el mundo reconoció que el Señor peleaba por Israel. Todo lo hizo Dios. En su misericordia los liberó y los llevó a Canaán, tierra en donde "fluía leche y miel".

Era necesario recordarle a Israel que, por su gracia, Dios había roto el yugo de esclavitud que los oprimía para que pudieran andar con el rostro erguido. Ahora podían levantar la cabeza y mirar hacia arriba, no con soberbia sino con dignidad.

Los años han pasado y Dios sigue siendo el único que puede hacernos libre de la esclavitud del pecado, pero recuerda, tienes un enemigo muy real que no quiere que vivas dignamente como hijo de Dios y trabajará diariamente para que vuelvas a "Egipto", al mundo, a los viejos hábitos. Por eso debes mantenerte alerta, no caigas en sus engaños, Dios te ha dado una nueva vida, te hizo libre por gracia y te ha dado el poder para caminar con dignidad.

Cuando las situaciones se pongan difíciles e incluso hasta seas intimidado por el enemigo, recuerda las promesas de liberación, y como David, exclama que el Señor es escudo alrededor de ti, tu gloria, y el que levanta tu cabeza (Salmo 3:3).

¡Levanta tu mirada al cielo, eres un hijo de Dios, camina con los ojos puestos en Jesús!

¡Jesús, tú me hiciste libre! Ya no soy más esclavo del pecado,
del temor y de la vergüenza.

"Una cosa sé"

"Entonces él respondió y dijo: Si es pecador, no lo sé; una cosa sé,
que habiendo yo sido ciego, ahora veo".
Juan 9:25

Nunca había visto nada, pero de pronto se encontró con Jesús y recuperó la vista. ¡Qué milagro! Su vida fue transformada para siempre a partir de ese momento.

Lo que fue un milagro digno de alabanza, para muchos fue un truco, un engaño. Cuando alguien no quiere creer siempre piensa que todos los demás están equivocados. Los religiosos no querían creer que Jesús era el Mesías, por lo tanto, todo lo que hacía siempre lo ponían bajo escrutinio.

Los fariseos presionaron al ciego para sacarle información que pudiera incriminar a Jesús, pero nada, ninguna pista. El ciego estaba frente a ellos con los ojos bien abiertos relatando su testimonio, y la conclusión de los eruditos fue que Jesús era un pecador que se hacía pasar por el Hijo de Dios. A estas palabras, el ciego respondió de manera sencilla pero rotunda: "Una cosa sé, que habiendo yo sido ciego, ahora veo". ¡Quién podía refutar eso! Intentar cambiar esta realidad sería el verdadero fraude.

Podemos pasarnos la vida entera buscando argumentos que nos ayuden a creer, pero solo la fe hará posible creer. Los fariseos tenían frente a ellos al hombre que había recuperado la vista y no querían aceptar la realidad. Uf, qué corazones duros.

¿Qué es lo que tú has experimentado que nadie puede objetar? ¿Jesús te abrió los ojos a su realidad? ¿Has visto transformaciones sobrenaturales en tu conducta y carácter? ¿Puedes dar testimonio de alguna intervención del Señor en tu vida, tu familia o tu trabajo? Jesús actúa constantemente en nuestra vida y entorno, tal vez debamos prestar más atención para no pasar nada por alto.

Muchos nos pedirán razones de nuestra fe y no debemos callar la verdad. Con convicción y firmeza debemos decir que Jesús es real, cambia vidas, hace milagros, y es el único camino para alcanzar salvación. Lo sabemos porque antes éramos "ciegos", pero ahora vemos claramente. Nada más que añadir.

Tú cambias mi vida cada día. Es imposible negar lo que solo tú puedes hacer.
Quiero que otros sepan quién eres Señor.

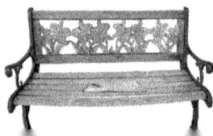

Fe para provisión

"Cuando terminó de hablar, dijo a Simón: Boga mar adentro, y echad vuestras redes para pescar. Respondiendo Simón, le dijo: Maestro, toda la noche hemos estado trabajando, y nada hemos pescado; mas en tu palabra echaré la red. Y habiéndolo hecho, encerraron gran cantidad de peces, y su red se rompía".
Lucas 5:4-6

Hace varios años atrás, con el grupo de niños y adolescentes de la iglesia de Pehuajó, la querida cuidad donde fui criado, fuimos de pesca a la laguna La Salada. Cuando llegamos al lugar, se nos ocurrió decirles a los chicos que comeríamos únicamente lo que pudiéramos pescar. ¡Queríamos que tuvieran una experiencia única, imposible de olvidar! Claro, no contamos con que los peces ese día habían decidido irse a la otra punta de la laguna…

Mientras los improvisados pescadores experimentaban su día de supervivencia, tuve que volver a la ciudad para buscar algunos niños que no tenían transporte. Cuando regresé una hora después, todos los chicos se acercaron a mí y me dijeron: "Pablo, no estábamos pescando nada. Entonces nos reunimos para orar y pedirle a Dios que nos dé pescados para comer. Después de la oración, ¡pescamos 70!" Wow… ese día comimos en abundancia y sobró para llevar, gracias a la oración de fe de unos niños desesperados.

Jesús, el Creador del universo, no solo conoce cada rincón de nuestro planeta, sino que tiene autoridad sobre él y lo gobierna con su palabra. Él proveyó unos peces a un grupo de niños y adolescentes, de la misma manera que lo hizo con unos agotados pescadores en el lago de Genesaret.

Imagino que en este momento tu búsqueda no está relacionada con unos peces, tu necesidad es otra, pero tienes al mismo Dios capaz de obrar un milagro y solo requiere de ti fe. Tu necesidad debe movilizarte a creer en lo que solo Dios puede hacer. Pedro dijo: "En tu nombre lo haré". Por supuesto que los peces no cayeron del cielo, Dios no alimenta al que no quiere trabajar. Pedro tuvo que moverse, obedecer la Palabra de Jesús, hacer la tarea, y su fe fue recompensada.

Jesús sigue haciendo milagros a los que creen en Él. Siempre respaldará esa fe, porque al que cree, todo le es posible.

Creo en ti, Señor. Tú me das las fuerzas diarias para cumplir con mis responsabilidades, y la fe para saber que puedes obrar milagros de provisión.

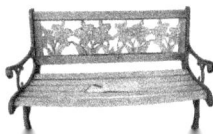

Preguntas para reflexionar

"Cíñete ahora como varón tus lomos;
Yo te preguntaré, y tú me responderás".
Job. 40:7

Cuando atravesamos tiempos difíciles, necesitamos respuestas, queremos que Dios nos dé alguna explicación, esperamos entender lo que para nosotros en ese momento no tiene sentido. Pero, ¿qué tal si Dios nos responde con más preguntas? ¿Tiene derecho a hacerlo? Claro que sí, lo hizo con Job.

¿Alguien más habrá atravesado las pruebas de Job? Seguramente alguna de sus pruebas, pero no sé si todas al mismo tiempo. Perder a sus hijos, su casa, todos sus bienes, su ganado y sus trabajadores, todo el mismo día. Además, su cuerpo se cubrió de sarna de pies a cabeza. ¿No crees que era lógico que Job quisiera saber la causa de todo lo que le estaba sucediendo?

Si lees el libro de Job te darás cuenta que Dios le respondió... ¡con preguntas! Ayúdame a contarlas. Creo que son 69. Déjame saber si se me escapa alguna. A veces no sabemos qué responder a una sola pregunta, imagínate a sesenta y nueve...

¿Por qué el Señor le respondió con tantas preguntas? Sin duda era para que Job reflexionara. Todas las preguntas de Dios conducían a una sola respuesta: ¡Señor, tú lo sabes todo!

Cuando no sepas lo que está sucediendo, cuando creas que el plan de Dios es defectuoso, cuando te parezca que la balanza de su justicia está desequilibrada, la única respuesta que puede traer paz a tu alma es saber que Dios sigue siendo Soberano, Señor de absolutamente todo, y nada pasa sin que Él lo sepa.

Dios sabe lo que estás atravesando y las respuestas que estás esperando. Quizás su respuesta sean más preguntas. ¿Puedes confiar en mí? ¿Eres capaz de esperar que se cumpla mí tiempo? ¿Sabes lo que estoy haciendo en el silencio? ¿Sabes que mi propósito es salvar antes que condenar?

El Señor nos hace reflexionar para que le respondamos con fe: ¡Señor, tú lo sabes todo!

Señor, aunque no he pasado las pruebas de Job,
tú sabes mis momentos difíciles. En cada uno de ellos deseo reposar en ti.
Hoy confieso que ¡solo tú lo sabes todo!

Victoriosos en las aflicciones

"Estas cosas os he hablado para que en mí tengáis paz. En el mundo tendréis
aflicción; pero confiad, yo he vencido al mundo".
Juan 16:33

La Biblia es clara cuando habla de lo que sucederá en los últimos tiempos. La fe se apagará, el amor se enfriará, las convicciones pasarán por pruebas de fuego, y hasta se levantarán falsos profetas y falsos maestros que se denominarán cristianos, pero en realidad Cristo no estará en sus predicaciones y enseñanzas. Jesús dijo que todo esto generará en nosotros aflicciones.

La palabra "aflicción" en griego es *thlipsis* que significa 'presión de todo tipo, estrechez, angustia, persecución o tribulación'. Fíjate que las aflicciones son más espirituales que emocionales o físicas. Nuestro espíritu se aflige por lo que está pasando en nuestra sociedad, en nuestra familia y hasta en la Iglesia de Cristo.

Frente a esta realidad podemos adoptar una de estas posturas: Desánimo y desesperanza creyendo ya no hay nada más que hacer, o confianza y esperanza tomando parte activa de los cambios que Jesús quiere hacer.

El Señor fue claro al decir que las presiones estarían sobre nosotros, pero debíamos "confiar" en Él. Esta palabra en griego es *tharséo* que significa tener valor o ánimo. Esto es posible porque Jesús está con nosotros y ¡ha vencido al mundo!

El Señor nos ha capacitado a través del Espíritu Santo para ser vencedores. Él nos delegó su poder y autoridad para defender nuestras convicciones, nos da valor para no ser arrastrados por la maldad actual, nos da sabiduría para hablar la verdad a nuestros hijos, y nos impulsa a decir que solo en Él se puede hallar verdadera paz.

A pesar de las noticias perturbadoras que escuchamos a diario, Dios sigue teniendo el control de todas las cosas. Las presiones podrán cambiar, ¡pero el poder de Jesús no ha cambiado!

Su Palabra es la que nos debe sostener, aunque la tormenta ruja a nuestro alrededor. Recuerda que Jesús nos dijo que nos da la paz verdadera. Por tanto, no debe turbarse nuestro corazón, ni tener miedo a lo que sucederá mañana (Juan 14:27).

Gracias Señor porque me ayudas cuando me siento afligido.
Me das valor para enfrenar los desafíos que llegan a mi vida.

Ay Capernaum...

"Y tú, Capernaum, que eres levantada hasta el cielo, hasta el Hades serás abatida; porque si en Sodoma se hubieran hecho los milagros que han sido hechos en ti, habrías permanecido hasta el día de hoy".
Mateo 11:23

Si buscas en internet "Capernaum", encontrarás que es un lugar en ruinas, solo atractivo para los arqueólogos e historiadores que buscan saber cómo habría sido esta ciudad en tiempos remotos.

Capernaum, también llamada Cafarnaún, fue la ciudad de residencia de Jesús mientras desarrolló su ministerio durante un poco más de 3 años. Así dice Mateo 4:13, que Jesús dejando a Nazaret, vino y habitó en Capernaum, ciudad marítima, en la región de Zabulón y de Neftalí. Allí Jesús enseñó las verdades del Reino de Dios a sus discípulos e hizo muchos milagros... Sin embargo, rechazaron a Jesús como el Mesías Salvador, y eso trajo serias consecuencias.

Es interesante observar que Capernaum es un vocablo hebreo que significa "aldea del confort". Imagina repetirte cada día que vives en la aldea confortable, llega un momento en que te sientes orgulloso de ser parte de ese lugar. "Nosotros somos la única ciudad en todo Israel que es verdaderamente confortable". "No necesitamos nada más; qué placentera es la vida aquí".

¿Qué crees? ¿Es bueno el confort? Por supuesto que todos lo anhelamos, queremos estar cómodos todos los días de nuestra vida. Pero se convierte en un problema si nos aleja de Jesús. Cuando pensamos que estamos demasiado bien como para cambiar nuestro estilo de vida por el que nos ofrece Jesús, caemos en la auto justificación. ¿Para qué queremos lo que ofrece el Señor si estamos bien? ¡Qué problema! Y eso fue lo que les pasó a los cafarnaítas. Rechazaron a Jesús y sufrieron las consecuencias.

Si el placer, la comodidad y las cosas materiales se convierten en lo que perseguimos con más dedicación, entonces tarde o temprano nos daremos cuenta de que estamos rodeados de cosas, pero secos y vacíos espiritualmente como los restos de Capernaum.

Dale el primer lugar en tu vida a Jesús. Deja aquello que te aleja de Él y te priva de recibir lo que tiene verdadero valor hoy y que hará una diferencia en la eternidad. Lo que el Señor quiere darte, no se compara con lo que puede ofrecerte este mundo.

Señor, tú eres todo lo que necesito. En ti está mi descanso y plenitud.

Sostenidos por su diestra

"Porque has sido mi socorro, y así en la sombra de tus alas me regocijaré.
Está mi alma apegada a ti; tu diestra me ha sostenido".
Salmo 63:7-8

Hay tiempos difíciles de sobrellevar que representamos como desiertos, simbólicamente hablando. Nos sentimos solos, no vemos mucha vida a nuestro alrededor, no hay agua suficiente para apagar la sed de nuestra alma, no escuchamos ninguna voz más que la nuestra y parece que estamos a punto de desfallecer.

Entonces nos preguntamos: ¿de dónde puedo obtener la fortaleza para atravesar valles de muerte, de tristeza, de pérdidas, de frustración? David nos da la respuesta: "Tu diestra me ha sostenido". Es la mano de Dios tomando la nuestra, levantándonos, sosteniéndonos y guiándonos a través del desierto hasta llegar al próximo oasis.

Su diestra nos ha "sostenido". Esta palabra en hebreo es *tamák* que significa 'sustentar, agarrar, mantenerse apegado, ayudar, seguir de cerca, asir, conducir'. Cuando nos tomamos de la mano de Dios, Él no nos suelta nunca, su mano firme nos asegura que no estamos caminando solos y que Él nos conducirá a través de las situaciones que nos toque atravesar.

El Señor nunca está ajeno a lo que nos sucede y nos entiende. De hecho, Jesús pasó también por un desierto, cuarenta días sin tener qué comer y siendo tentado por el diablo (Hebreos 4:15). Jamás te deja solo en tus luchas y quebrantos.

La presencia de Dios no significa solo compañía, Él quiere intervenir en nuestra vida para ayudarnos. El salmista David pudo experimentar la ayuda de Dios cada vez que le buscó. Cuando las situaciones se volvían difíciles, sentía que estaba bajo "la sombra de sus alas", cuidado de manera sobrenatural. Sabía que Dios estaba actuando y levantado su vida a tiempo.

Renueva tu mente y tu corazón recordando las palabras con las que el Señor quiere hablar hoy a tu vida. Quizás alguna vez podamos caer, pero no vamos a quedar postrados, porque Dios sostiene nuestra mano (Salmo 37:24).

Extiende tu mano hacia el cielo y dile al Señor: "¡Sé que tu diestra me sostiene!"

Me aferro a tu mano. Contigo puedo caminar en mis desiertos
y nunca me dejarás caído.

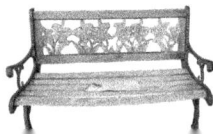

Consuelo que alegra el alma

"En la multitud de mis pensamientos dentro de mí,
tus consolaciones alegraban mi alma".
Salmo 94:19

Qué complejo es controlar nuestros pensamientos en momentos difíciles. Una preocupación lleva a la otra y resulta en una cadena de pensamientos que abruman nuestra alma. Sabemos que Dios nos ama y que todo ayuda a bien, pero no encontramos sentido a lo que nos sucede. Comenzamos a experimentar ansiedad, temor, confusión y estas emociones parecen tomar el control de nuestra vida.

Si te sirve de algo, no eres el único, no eres la única. Hay muchas personas que se sintieron así, pero encontraron la salida. La persona que escribió este salmo nos cuenta lo que hizo cuando su mente estaba saturada de preocupaciones.

Cuando la mente está dividida entre la realidad y la fe, entre las preocupaciones y las promesas bíblicas, hay que recurrir al Señor. Si hay algo que apacigua nuestros pensamientos y nos da paz es el "consuelo" celestial. Fíjate que el salmista dice "tus consolaciones", evidentemente son las de Dios. La palabra hebrea para consolación es *tankjúm* que tiene el significado de 'compasión, solaz, suspirar aliviado, cobrar aliento, aliviar el alma'. ¡Aleluya!

El consuelo de Dios es sobrenatural. Cambia la ansiedad por paz, los miedos por valor, el estrés por quietud, de modo que podemos suspirar aliviados porque nuestra alma encuentra el reposo prometido por Dios. Es tan impactante que el salmista dice que trae "alegría al alma". La palabra hebrea para "alegrar" es *shaá* y significa 'mirar con complacencia, acariciar, agradar, regocijarse, ser mimado'. ¡Qué hermosa expresión!

¿Qué necesitas recibir hoy? ¿Puedes sentir al Padre Celestial abrazándote? ¿Su mano secando tus lágrimas? ¿Un gozo inexplicable? ¿Impactado por su presencia?

Si puedes entregarle a Dios cada uno de tus pensamientos, tu espíritu tendrá reposo y tu alma se llenará de la alegría celestial. La Palabra de Dios dice que guardará en completa paz a aquel cuyo pensamiento en Él persevera; porque está confiado en Él (Isaías 26:3).

Gracias por tu consuelo, fortaleza, reposo.
Renueva mis pensamientos con tu Palabra para que pueda vivir confiado.

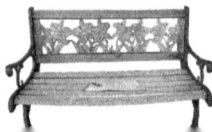

Aceptando su dirección

"Y de igual manera el Espíritu nos ayuda en nuestra debilidad;
pues qué hemos de pedir como conviene, no lo sabemos,
pero el Espíritu mismo intercede por nosotros..."
Romanos 8:26

¡Cuántas veces nos hemos enfrentado a una decisión 50/50! Me refiero al momento en que tenemos frente a nosotros dos opciones buenas, ya sea de trabajo, carrera, lugar donde vivir, ministerio, y no sabemos cuál es la mejor. ¿Qué hacer?

Dios nos ha creado con sentido común para saber qué es lo que se adapta mejor a nuestra personalidad, necesidades, experiencias, edad, entorno. También nos ha dado una conciencia que nos alerta frente a opciones que no nos edifican espiritualmente. Pero sobre todas las cosas, nos ha dado su Espíritu Santo que habita en nuestro espíritu desde el día que aceptamos a Cristo como Salvador y Señor para guiarnos y aconsejarnos.

En la vida nos encontraremos ante la alternativa de escoger entre dos cosas buenas, pero hay una que según el apóstol Pablo "nos conviene". La palabra griega usada aquí para "conviene" es *dei* que significa 'lo que debe ser, lo preciso'. Hay una opción que encaja perfectamente con los planes de Dios para nuestra vida y el Espíritu Santo quiere ayudarnos a saber cuál es.

Para que esto sea posible, necesitamos relacionarnos con Él de una manera humilde, sincera y obediente. Si solo queremos tener una "relación utilitaria", su voz estará apagada en nuestro espíritu.

En una oportunidad escuché esta oración: "Señor, dame la esposa que tú tienes para mí, pero que sea María". Esto no es pedir dirección para conocer lo que es mejor, sino para que Dios apruebe lo que ya decidimos. Si ese es el caso, no deberíamos hacerle "perder tiempo" al Señor porque en realidad solo queremos escuchar nuestra voz.

Si quieres lo mejor de Dios, necesitas rendirte completamente a Él y permitir que el Espíritu Santo te guíe. Si el Espíritu habita en nosotros, también debemos andar por el Espíritu (Gálatas 5:25). Si Él vive en ti, deja que te ayude a escoger lo que es mejor para tu vida.

Espíritu Santo, acepto tu dirección. Hay muchos deseos que debo someter a ti para que no se haga mi voluntad sino la tuya.

El Dios Admirable

"Oh Dios, santo es tu camino; ¿Qué dios es grande como nuestro Dios?
Tú eres el Dios que hace maravillas".
Salmo 77:13-14a

¿Sabemos exactamente en quién estamos depositando nuestra confianza? Si son personas, debemos considerar la posibilidad de que nos fallen, se equivoquen o cambien de parecer. Si son cosas materiales, puede que se pierdan, las roben, o se echen a perder. Si es dinero, ya sabemos que se puede ir tan rápido como llegó. Sin embargo, al confiar en Dios, sabemos que no cambia nunca y que ¡no hay nadie más grande y poderoso que Él!

El salmista testifica que nuestro Dios es el que hace maravillas. La palabra "maravilla" en hebreo es *pele*, que significa 'hacer milagros, persona admirable, que hace prodigios, que es sorprendente'. ¿Sabías que esta palabra hace referencia directa a Jesucristo? Se encuentra en la profecía de Isaías 9:6 cuando dice que un niño nos es nacido y que se llamará su nombre *Admirable*. El primer nombre que hace referencia al Salvador es "Admirable", en hebreo *pele*.

Jesús siempre fue admirado por sus palabras, sus acciones, su influencia, su poder. La gente estaba admirada de su doctrina y su forma incomparable de enseñar (Mateo 7:28), de su maravillosa sabiduría (Marcos 6:2). Incluso el apóstol Pablo dice que seguirá siendo admirado por todos nosotros eternamente cuando le veamos cara a cara. (2 Tesalonicenses 1:10).

Es cierto que cuando atravesamos dificultades nos olvidamos fácilmente del Dios que hace maravillas. Por eso es necesario recordar siempre sus obras. El Salmo 105:5 nos exhorta a acordarnos de las maravillas que Él ha hecho, de sus prodigios y de los juicios de su boca. Si Dios ha sido fiel en el pasado, también lo seguirá siendo ahora porque no hay manera de que cambie. Recuerda que Jesucristo es el mismo ayer, hoy, y por los siglos (Hebreos 13:8). ¡Aleluya!

Deposita tu confianza en Él y lo verás obrar en todo aquello que te parece imposible de resolver.

Que podamos decir como David en el Salmo 89:6-8 que el Señor es un Dios incomparable, grande y maravilloso. ¡No hay Dios como Él, tan fiel y poderoso!

Te alabo Señor, porque eres Admirable. Todas tus obras son perfectas.

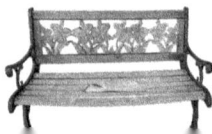

Dios no nos olvida

"¿Se olvidará la mujer de lo que dio a luz para dejar de compadecerse del hijo de su vientre? Aunque olvide ella, yo nunca me olvidaré de ti".
Isaías 49:15

El amor de una madre es digno de admirar. Hay una fuerza especial dentro de ella que la impulsa a levantarse cuando su bebé llora, aunque eso la mantenga despierta casi toda la noche. A la hora de defender a sus hijos, su instinto de protección es más fuerte y determinante que el de una leona con sus cachorros. Y cuando sus hijos atraviesan momentos de tristeza, no puede dejar de abrazarlos y llorar junto a ellos. Pasarán los años y el instinto de madre nunca morirá.

Sin embargo, puede haber excepciones. Madres adolescentes que no saben qué hacer con sus vidas, otras atrapadas por una adicción, abrumadas por problemas emocionales profundos, alteraciones mentales. Situaciones con las que ningún hijo quisiera convivir.

Según el profeta Isaías, una madre nunca olvida a sus hijos, y si fuera el caso, hay Alguien que jamás olvida a ninguno de los suyos. No hay nada que lo altere, nada que cambie su manera de pensar, nada que haga inestable sus emociones o le haga perder la memoria. ¡Dios nunca olvida a ninguno de sus hijos!

Cada uno de nosotros somos especiales para el Señor. ¡Cómo no serlo si Él mismo nos ha formado! (Salmo 139:16). Sabe cuáles son nuestras fortalezas, pero también nuestras debilidades y aun así nos ama incondicionalmente.

Cuántas veces nos ha sucedido que durante tiempos difíciles ponemos nuestra mirada en las circunstancias y nos olvidamos que arriba está nuestro Padre. Comenzamos a sentirnos solos, luchando a nuestra manera, creyendo que Dios se ha olvidado de nosotros. Sin embargo, hay una voz interior que nos sigue diciendo: "Aunque se olviden de ti, Yo nunca lo haré".

¿Crees que estás solo, que estás luchando sin ayuda? ¿Alguien te ha dicho que Dios no se ocupa de ti? ¿A quién le estás creyendo? Dios nunca miente. Si dice que jamás se olvida de ninguno de sus hijos, esa es la verdad.

Comienza este día creyendo que estás bajo su amada presencia y deja que tu corazón lo experimente una vez más.

Qué promesa tremenda. Gracias Señor porque nunca te olvidas de mí.

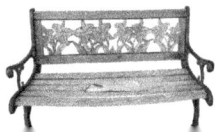

Dios no escatima recursos

"El que no escatimó ni a su propio Hijo, sino que lo entregó
por todos nosotros, ¿cómo no nos dará también
con él todas las cosas?"
Romanos 8:32

¿Habrá algo que sea bueno y que Dios no quiera dárselo a sus hijos? Según la Palabra, no. Si el Padre no escatimó a su Hijo Amado y lo envió a este mundo para morir en nuestro lugar por nuestros pecados, ¡imagínate todo lo que puede hacer a nuestro favor!

La palabra "escatimar" en griego es *feidomai* que significa 'ser cauteloso de, abstenerse de algo, tratar con displicencia'. Dios nunca dudó en entregar a su Hijo. De hecho, lo tenía planeado antes de la fundación del mundo. ¡Qué sabiduría infinita!

Sin embargo, puede haber dos factores que detengan los recursos que Dios tiene para sus hijos. El primero, si lo que estamos pidiendo es "bueno" para nosotros, pero no desde la perspectiva de Dios. Ningún padre terrenal le compra una serpiente cascabel a su hijo de mascota porque se la pidió para su cumpleaños. Mucho menos Dios nos dará algo que pueda perjudicarnos. Recordemos que si nosotros siendo malos, le damos lo conveniente a nuestros hijos, ¿cuánto más el Padre dará buenas cosas a los que le pidan (Mateo 7:11). Si lo que pides en oración es bueno, Dios te lo dará oportunamente.

El segundo factor que puede detener un recurso de Dios para nosotros es la incredulidad. Dios dijo que siempre deberíamos pedir con fe (Mateo 21:21). Jesús hizo muchos milagros, pero hubo lugares en donde no hizo ninguno a causa de la incredulidad (Mateo 13:58). ¡Increíble! Cierto… increíble.

Para tener la fe que se requiere y saber que nuestra petición está de acuerdo con la voluntad de Dios, debemos tener siempre como guía su Palabra. Jesús dijo: "Si permanecéis en mí, y mis palabras permanecen en vosotros, pedid todo lo que queréis, y os será hecho" (Juan 15:7).

¿Qué necesidades no están cubiertas en tu vida y en la de tu familia? ¿Puedes creer que el Padre Celestial se ocupará de ellas? Dios no escatima sus recursos para sus hijos si piden con fe. Haz tu oración creyendo y espera con expectativas lo que Dios hará.

Señor, tú tienes los recursos que yo necesito. Eres mi Fuente de todo bien.
Confío que sostienes a mi familia en todo tiempo. Gracias por tu fidelidad.

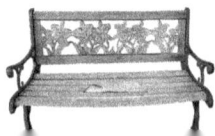

Las cosas que no son como si fuesen

"Como está escrito: Te he puesto por padre de muchas naciones. Y lo es delante
de Dios, a quien creyó, el cual da vida a los muertos,
y llama las cosas que no son, como si fuesen".
Romanos 4:17

Dios nos define. Él nos creó para su gloria y nos capacita para cumplir sus propósitos. Tiene el control de nuestra vida y entorno de tal manera que su providencia se manifiesta en nosotros. Al estar en sus manos podemos confiar que seremos lo que Él ha querido que seamos.

Dios definió a Abram. Lo sacó de Ur de los caldeos, lo condujo a Canaán, le prometió una nueva tierra, y lo llamó "padre de multitudes" cambiándole el nombre a Abraham, aunque su esposa Sara era estéril. Es que Dios "llama las cosas que no son como si fuesen". Llamó al anciano Abraham "padre" como si lo fuese. Abraham lo creyó, y al fin la promesa se cumplió.

Dios no hace diferencias entre sus hijos, por lo que espera que conozcamos y creamos en los planes que trazó para nuestra vida. Él quiere compartir tiempo con nosotros, hablarnos, mostrarnos lo que preparó desde la eternidad para llevar a cabo en y a través de nuestra vida, pero debemos escucharlo y poner la fe en marcha.

Quizás ya sepas de memoria Hebreos 11:1 que nos dice que la fe es la certeza de lo que se espera y la convicción de lo que no se ve. Sería fácil celebrar después de que el plan se completó y vemos los resultados, pero Dios quiere ver tu gozo desde los inicios, cuando todavía no se vislumbra nada.

¿Qué te ha dicho Dios? ¿Qué planes te ha mostrado? ¿Crees que sus propósitos son demasiados elevados para ti? ¿Te suena imposible? Dios los ha diseñado porque sabe lo que cumplirá en ti. Aunque no lo veas con ojos físicos o tengas sentimientos desencontrados, escucha lo que el Señor dice.

Recuerda, Él llama las cosas que todavía no son, como si ya fuesen. Comienza a vivir como si Dios ya hubiera cumplido su promesa. Tu fe en Él te mostrará el camino a seguir diariamente. Atención, lo repito: vive hoy como si Dios ya hubiera cumplido su promesa. Después me cuentas.

Señor, hoy voy a vivir como si tú ya hubieras cumplido lo que me prometiste.
Te agradezco y te alabo de antemano.

Pequeñas locuras

"Las moscas muertas hacen heder y dar mal olor al perfume del perfumista;
así una pequeña locura al que es estimado como sabio y honorable".
Eclesiastés 10:1

Imagina que te compras un buen perfume, de la mejor marca. Te costó mucho, pero estás contento porque al fin lo conseguiste. Llegas a casa, lo abres y te encuentras con una sorpresa… dentro de la botella ¡hay una mosca muerta! ¿Qué harías? ¿Acaso no lo devolverías con cierto malestar? No pensarías: ¡Cómo es posible que esta prestigiosa marca dejara pasar esto! Ya no te importa cuánto querías ese perfume, ni los excelentes comentarios que obtuve de los expertos. ¡Ese perfume ahora es asqueroso!

Salomón usa esta poderosa ilustración para referirse a la integridad de una persona. Podemos pasar años construyendo un buen testimonio, una buena familia, un buen ministerio, y de pronto… una "pequeña locura" termina con todo lo bueno que fue sembrado por años.

Una pequeña locura no significa insignificante o sin importancia. Una locura, una decisión fuera de la voluntad de Dios, una forma de proceder incorrecta, aunque parezca pequeña, puede tener graves consecuencias. Una mala decisión, quizás tomada en unos segundos, puede hacernos caer hasta lo más bajo.

Aceptar una insinuación amorosa de otra persona que no es tu cónyuge, mantener contacto con una ex pareja a través de las redes sociales, una mirada "rápida" a una página pornográfica, unos minutos frente a un video-basura, hacer un chiste subido de tono a un compañero de trabajo, quedarte con el cambio de una compra que le hiciste a alguien, una media verdad para escapar de una situación comprometida… pueden parecernos cosas "pequeñas" si las comparamos con las locuras de otras personas. Sin embargo, destruyen tu reputación en un segundo.

Cuanto más nos acercamos a Cristo, más conciencia tendremos de la importancia de que el Espíritu Santo perfeccione la santidad en nosotros diariamente. Las locuras a las que antes no le dabas importancia, ahora las verás más peligrosas, destructoras. Es el Espíritu Santo que mora en ti quien te hablará y exhortará a alejarte de todo aquello que es una "locura". ¿Cómo huele el perfume de tu integridad?

Señor, voy a cuidar mi testimonio momento a momento. Con tu ayuda,
no permitiré que alguna pequeña locura me desvíe de tu camino.

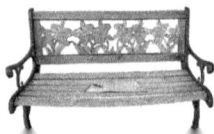

Corazón sano

"Él sana a los quebrantados de corazón, y venda sus heridas".
Salmo 147:3

Más de una vez hemos usado la expresión "corazón roto" y "herida del alma" cuando queremos expresar nuestra desilusión, frustración, desánimo, soledad, dolor, angustia... Las causas de estas emociones pueden ser muy variadas: una traición, el rompimiento de una promesa, desengaño, una mentira expuesta, infidelidad, deslealtad, abandono. Estas y tantas otras situaciones pueden quebrantar el corazón y herir el alma al punto de provocar un pesar difícil de explicar.

La palabra hebrea para "quebrantar" es *shabár* que significa 'dañar, derribar, deshacer, desmenuzar, destrozar, destruir, estropear, moler, partir, quebrar, romper'. Y la palabra usada en hebreo para "herida" es *atstsébet* que da la idea de 'dolor, estar lastimado o bajo tristeza'. El salmista tenía claro el mensaje que quería hacerles llegar a los que se sintieran así.

Hay Alguien que nos conoce perfectamente. Sabe lo que ha pasado cada uno de sus hijos, quién les quebró el corazón y cuánto duele, pero sobre todo es quien tiene el remedio para curar la herida.

Por supuesto, "la medicina" solo trabaja en los que quieren ser sanados. ¿Podría alguien no querer sanar? Sí. Algunos prefieren "lamerse las heridas" que curarlas. Se sienten cómodos con ellas, las muestran bastante seguido para ser atendidos, queridos, recordados. No hay sanidad para el que quiere estar enfermo.

Sin embargo, el Señor es el Sanador de todo el que se acerca a Él con fe y decide tomar su "medicina". Él quiere recordarnos que su plan no es que vivamos con heridas permanentes. Como ejemplo está Jesús, cuyas heridas fueron sanadas y hoy esas cicatrices nos hablan del poder de Dios.

El Señor quiere cuidar a sus hijos. Su deseo es llenar nuestro corazón de gozo, paz, y darnos todos los recursos espirituales que podamos necesitar para vivir sanos.

No olvides lo que dice 2 Corintios 5:17: "De modo que si alguno está en Cristo, nueva criatura es; las cosas viejas pasaron; he aquí todas son hechas nuevas". ¡Aleluya!

Mantén mi corazón saludable Señor.
Creo que las cosas viejas pasaron y que sanaste todas mis heridas.

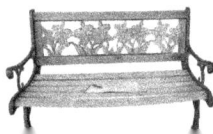

Anunciar su poder a la posteridad

"Oh Dios, me enseñaste desde mi juventud, y hasta ahora he manifestado tus maravillas. Aun en la vejez y las canas, oh Dios, no me desampares, hasta que anuncie tu poder a la posteridad, y tu potencia a todos los que han de venir".
Salmo 71:17-18

¿Cuántos años tienes? Sí, ya sé, no te acuerdas… Te hago esta pregunta porque cada año que cumplimos no es solo para sumar, sino para manifestar lo que el Señor hace en nosotros. Quienes están a nuestro alrededor deberían ver de qué manera Dios está presente en nuestras vidas; y lo que hemos recibido de gracia, debemos darlo de gracia a las próximas generaciones.

El salmista ya era anciano, sin embargo, todavía podía escribir, alabar a Dios e incluso tocar instrumentos musicales. Parece que el desgaste natural de su cuerpo no era impedimento para seguir sirviendo al Señor. Su mayor deseo era que Dios le diera fuerzas para seguir "anunciando su poder a la posteridad", es decir, a la siguiente generación.

Qué bendición es conocer al Señor desde la niñez. Salomón lo sabía muy bien y por eso dio el consejo de instruir al niño en su camino, y entonces cuando fuera viejo no se apartará de él (Proverbios 22:6). Por eso insistimos en la necesidad de enseñar toda la Palabra de Dios a nuestros hijos, llevarlos a clases de educación cristiana, y permitirles compartir momentos en donde puedan poner en práctica lo aprendido.

Yo soy producto de lo que mis padres, maestros de escuela dominical y líderes de jóvenes formaron en mí desde pequeño. Ahora mi meta es que nuestros hijos glorifiquen a Dios con sus vidas si el Señor no viene antes. Es terrible pensar que se levante una nueva generación que no conozca al Señor ni haya sido testigo de su poder. Este fue el caso de Israel, que después que murió Josué y todos los israelitas de la época de Josué, vino otra generación que no conocía al Señor. Por eso hicieron lo malo a los ojos de Dios, y adoraron a los baales (Jueces 2:10-11).

Tal vez no tengas hijos naturales, pero puedes ser un padre o una madre espiritual para muchos. El anciano salmista se había propuesto esto y clamaba a Dios para que no le faltaran las fuerzas. Si ese es tu deseo, permite que el Espíritu Santo te capacite para guiar a otros al Señor con amor, paciencia y sabiduría.

Oro para que la próxima generación te conozca como el Dios Todopoderoso. Que sepan que solo tú eres Salvador y Señor.

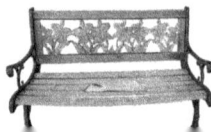

Dios me hizo ensanchar

"Respóndeme cuando clamo, oh Dios de mi justicia. Cuando estaba en angustia,
tú me hiciste ensanchar; ten misericordia de mí, y oye mi oración."
Salmo 4:1

David se encontraba bajo mucha presión. Le rodeaban personas que no tenían su mismo corazón. Muchos de ellos estaban esperando el momento en que tropezara para criticarlo, juzgarlo y ¡hasta matarlo! Le tendían ciertas trampas para ver si caería en ellas con el propósito de condenarlo.

David no quiere orar simplemente por el deber de hacerlo ni que sus palabras sean llevadas por el viento. Quiere que Dios le responda, y ora con fe, sabiendo de antemano que Él siempre escucha la oración, sin importar la elocuencia, verborragia, gramática perfecta o vocabulario fluido. Dios espera un corazón contrito y humillado que quiera escuchar su voz para obedecerle. Él es el Dios de nuestra justicia, por eso podemos venir delante de su presencia para derramar nuestro corazón.

Frente a esta situación el salmista recurre al Señor. Él era el único que podía ayudarlo en su "angustia". Esta palabra en hebreo es *tsar* que tiene el significado de estar estrecho, apretado, bajo la presión de un problema, aflicción, congoja o tribulación. Cuántas veces nos hemos sentido así, emocionalmente asfixiados, tan presionados que hasta nos cuesta respirar.

Una vez más, como lo había hecho en el pasado, el Señor hizo "ensanchar" a David. Esta palabra en hebreo es *rakjáb* que da la idea de ampliar, aumentar, hacer espacioso. Dios actúa sobre las presiones de tal modo que podemos respirar aliviados. Nuestro corazón se ensancha y hay más "espacio" en nuestra mente para pensar mejor. ¡Gracias Padre! ¡Podemos confiar siempre en ti!

¿Te sientes como David, "apretado" por las presiones, bajo tribulaciones que no te dejan respirar? ¡Dios te hace ensanchar! Él es el Dios de nuestra justicia. Se hace cargo de lo que nos está angustiando y alivia nuestras presiones. Hay descanso, restauración y renovación en su presencia.

David sabía que Dios escuchaba todas sus oraciones y que le respondería. También a nosotros Dios nos escucha y nos responde cuando lo llamamos. Ven a Él y confía en su intervención.

Ensancha mi corazón, Señor, para que las presiones de hoy no me ahoguen
sino que sean el motivo para depender de la intervención sobrenatural.

La benéfica mano de Dios

"Me dijo el rey: ¿Qué cosa pides? Entonces oré al Dios de los cielos...
Y me lo concedió el rey, según la benéfica mano de mi Dios sobre mí."
Nehemías 2:4,8b

Nehemías vivía lejos del hogar de sus antepasados. Desde Susa, la capital del imperio de Artajerjes, le llegó la noticia de que Jerusalén estaba destruida, sin puertas, sin muros, y que los enemigos entraban y salían sin problemas. Al escuchar esto se le partió el corazón y supo que debía movilizarse para restaurar la tierra de sus antepasados.

Ante la necesidad y los impedimentos para suplirlas, Nehemías se atreve a hablar con el rey persa y milagrosamente le responde que le pida lo que quisiera. Wow, ¿lo que quisiera? ¿Te imaginas que tu presidente te diga eso a ti? ¿Qué pedirías? Ay, la lista puede ser muy larga... Pero este varón de Dios, antes de responder se pone a orar, y luego le hace una propuesta llena de sabiduría celestial. El rey se la concede, pero no vayamos a creer que fue por las palabras bonitas, el llanto o la simpatía del copero del rey. Nehemías nos da el secreto: Fue la mano de Dios sobre él.

La tarea que Nehemías tenía por delante era enorme, y se atrevió a hablar con el rey sobre esta situación. Entonces el gobernante le preguntó qué necesitaba, pero antes de responderle oró. Finalmente, el rey le concedió todo lo que le pidió porque la mano benéfica de Dios estaba sobre Nehemías. La palabra "benéfica" en hebreo es *tob* que tiene el significado de hacer el bien, que da cosas buenas, en abundancia, que es agradable, que da bienestar y prosperidad.

El Señor es bueno y su mano se mueve de acuerdo con su corazón. Si no estás convencido, vuelve a leer la definición de *tob* despacito y aplícala a tu vida.

La mano de Dios es la extensión de su carácter benevolente. Cuando nos ama, nos abraza; cuando nos consuela, nos acaricia; cuando tenemos necesidades, nos provee; cuando estamos perdidos, nos indica el camino; cuando tropezamos, nos levanta.

Por supuesto, para recibir las bendiciones que vienen de la mano de Dios hay que tener una relación con Él. Esto es posible si has recibido a Jesús como Salvador y Señor de tu vida. A partir de ese momento Él te considera su hijo/a y su mano benefactora estará sobre ti.

Gracias Señor por tu mano benéfica sobre mí. Lo puedo ver diariamente.
Confío en los recursos que tienes hoy para mi vida.

El muro caerá

"Por la fe cayeron los muros de Jericó después
de rodearlos siete días."
Hebreos 11:30

Josué, los sacerdotes, los soldados y el pueblo iban caminando alrededor de la ciudad de Jericó. Estaban allí por obediencia al mandato de Dios. Debían rodear la ciudad durante siete días. Los primeros seis días debían dar una vuelta, pero el séptimo día debían completar siete vueltas.

El muro era imponente. Tan alto que era imposible de subir, tan ancho que no había herramienta o arma que lo pudiera atravesar, tan largo que... ya dolían los pies de tanto caminar. ¿Cómo entrarían a la ciudad? ¿Cómo conquistarían Jericó con semejante obstáculo?

Me imagino a Josué preguntándole a Caleb: "Esta es la última vuelta, ¿no?" Habían girado y girado, pero no había ninguna señal de que el muro comenzara a debilitarse. Pero al completar las vueltas que Dios les había ordenado, comenzaron a gritar con todas sus fuerzas, la tierra empezó a temblar y ¡los muros cayeron estrepitosamente! ¡Aleluyaaaaa, Jericó es nuestra!

La victoria fue aplastante. No quedó nadie en Jericó, excepto Rahab y su familia que fueron tratados bondadosamente por haber protegido a los dos espías que habían ido a observar la ciudad. Dios cumplió su promesa y fue la primera de muchas ciudades conquistadas. ¡Qué lección de fe poderosa!

Creo que todos decimos que tenemos fe en Dios, pero son muy pocos los que se atreven a caminar alrededor del desafío imposible creyendo que Dios cumplirá su Palabra. Si decimos que tenemos fe, entonces hay que actuar como si Dios ya hubiera hecho lo que prometió.

¿Cuáles son tus desafíos? ¿Crees que Dios intervendrá con su poder? Puede que el muro que tengas delante de ti sea impenetrable, demasiado complicado como para sortearlo, con muchos enemigos detrás esperando que desmayes, pero el Señor te pide que creas, que obedezcas su Palabra y actúes bajo la guía del Espíritu Santo.

Si Dios dijo que el muro caerá, avanza y espera ver la intervención sobrenatural del Todopoderoso. ¡Él cumple lo que ha prometido!

Señor, hoy tengo algunos muros que atravesar. No puedo en mis fuerzas, pero tú
prometes intervenir a tiempo derribando lo que yo nunca podría hacer.
Te alabo por la victoria segura.

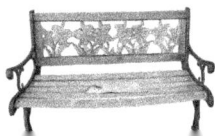

Nunca nos desamparará

"Sean vuestras costumbres sin avaricia, contentos con lo que tenéis ahora; porque él dijo: No te desampararé, ni te dejaré. De manera que podemos decir confiadamente: El Señor es mi ayudador; no temeré lo que me pueda hacer el hombre."
Hebreos 13:5-6

El peligroso deseo desmedido de cosas materiales con el afán de amontonarlas sin compartirlas con otros no es la actitud de un verdadero discípulo de Cristo. En contraste, vivimos agradecidos a Dios por cada bendición provista.

¿Cómo sabemos que tendremos todo lo suficiente? ¡Porque Dios mismo es nuestro Protector, Proveedor y Ayudador! El Señor dijo: "No te desampararé, ni te dejaré". En este pasaje, en el original griego contiene ¡cinco veces la palabra "no"!

Spurgeon, reconocido predicador del siglo XIX, dijo sobre este versículo: "Aquí la palabra 'no' tienen una fuerza quíntuple. Es como si Dios dijera: *'No, no te dejaré, Yo nunca, no, nunca te desampararé'*". Bajo ninguna circunstancia, Dios va a desampararnos y mucho menos abandonarnos. ¿No te hace sentir seguro saber esto?

Observa que el Señor es nuestro "Ayudador". Eso no significa que Él hace todo. Hay una parte que nosotros debemos hacer. Debemos afrontar nuestras responsabilidades con solicitud y diligencia, pero también con gozo y agradecimiento.

Es nuestro deber permanecer firmes en la fe, alimentar nuestro espíritu y poner en práctica la Palabra de Dios. Entonces Él nos ayudará en aquello que no podemos hacer, para lo que no estamos capacitados o no tenemos las fuerzas suficientes.

Tampoco "temeremos a lo que nos pueda hacer la gente". No vivimos para agradar a todas las personas, sino en primer lugar a Dios. Cuando nuestro enfoque es el Señor y sabemos que Él está con nosotros, el miedo se va y las dudas se despejan.

¿Estás pasando por un tiempo difícil? ¡Dios nunca desampara a sus hijos! Podemos decir confiadamente que Él es nuestro Ayudador. Haz tu parte y deja que Dios se encargue de los milagros. Vive este día tomado de la mano del Señor, porque está claro que Él nunca, y cinco veces nunca, te dejará.

Señor, creo a tu promesa que nunca me desamparas, nunca me dejas. En cada decisión que deba tomar hoy, que tu presencia me dirija y tu paz me dé seguridad.

La clave de la vida victoriosa

"Así también vosotros consideraos muertos al pecado, pero vivos para Dios en Cristo Jesús, Señor nuestro."
Romanos 6:11

"Sé lo que debo hacer de acuerdo con la Palabra de Dios, pero en este momento me conviene hacer otra cosa…" ¿Has pensado alguna vez de esta manera? Hay cosas que nos atraen, nos seducen, y por naturaleza hacemos lo que nos dijeron que era peligroso y mortal. Ay… nuestra "carne", parece que no hay remedio para nuestras debilidades.

Sí, hay remedio, pero no está en este mundo, ni en nosotros mismos, sino en la persona del Espíritu Santo. Sin Él es imposible, aunque lo intentemos muchas veces. Ni siquiera es simplemente un recurso de Él o su poder. Es mucho más que eso. Es Él mismo dentro de nosotros. Podemos vencer los malos deseos construyendo una relación diaria con el Espíritu desde el mismo momento que aceptamos a Jesucristo como nuestro Señor y Salvador, porque viene a habitar dentro de nosotros.

Será siempre una coparticipación con Él. Hay una parte que debemos hacer nosotros, y el apóstol Pablo lo expresa de esta manera: "Debemos considerarnos muertos al pecado".

La palabra "considerar", en griego *logízomai*, tiene el significado de tener por cierto, concluir, tomar en cuenta, pensar. Se refiere a recordarnos a nosotros mismos las decisiones que tomamos. De hecho, esta palabra está relacionada con *logos*, que denota algo dicho, inclusive en el pensamiento, palabra, plática, discurso.

A la hora de la tentación debemos recordar, traer a nuestra mente el compromiso que hicimos con el Señor: "Soy un hijo de Dios y vivo para Él. No voy a ser un juguete del diablo. Sé que las consecuencias de una mala decisión serán desastrosas. ¡Espíritu Santo, toma el control, ayúdame a vivir para agradar a Dios!"

Además, considera que estás vivo por la gracia y misericordia de Dios, porque Él te sostiene, porque Jesucristo ha vencido a Satanás, el mundo y al pecado para darte esa victoria a ti. ¡La victoria está ganada por Él!

Cuando te enfrentes a la próxima tentación, considérate muerto al pecado. Si has alimentado tu relación con el Espíritu Santo, tus deseos estarán sometidos a Él y te ayudará a vencer.

Estoy muerto al pecado. Espíritu Santo, toma control de mis pensamientos para agradar al Padre en todo.

La voluntad de Dios

"No os conforméis a este siglo, sino transformaos por medio de la renovación de vuestro entendimiento, para que comprobéis cuál sea la buena voluntad de Dios, agradable y perfecta."
Romanos 12:2

Una pregunta: Hacer la voluntad de Dios… ¿es un placer o una carga? ¿Qué piensas?

Según el pasaje de Romanos, depende de una decisión. Podemos conformarnos al sistema o dejarnos transformar por el Espíritu Santo. Si nos adaptamos al sistema, hacer la voluntad de Dios nos parecerá difícil, aburrido y una carga. Por el contrario, si damos lugar al Señor para que transforme nuestra vida vamos a comprobar que es un placer hacer la voluntad de Dios.

Según el pasaje de Romanos, la primera característica de la voluntad de Dios es que es "buena". Esta palabra en el original griego es *agathós* que tiene el significado de bueno en cualquier sentido, que tiene favor, que son buenas cosas, algo hermoso, valioso o virtuoso. ¡Nada mejor que agradar a Dios para un cristiano! Lo que Dios quiere para nuestra vida siempre es lo mejor.

La segunda característica es que es "agradable". Esta palabra en griego es *euárestos* que da la idea de ser completamente gustoso, que trae contentamiento, que es bien apropiado, justo lo que se necesita. Cuando vemos la intervención del Señor en nuestras vidas, al obedecerle experimentamos una alegría y paz desbordantes.

La tercera característica es que es "perfecta", del griego *téleios* que denota ser completo, alcanzar madurez, ser perfeccionado. Ajustarnos a su plan nos lleva siempre a crecer, a madurar, a estar completos y satisfechos en Cristo.

Tendremos esta perspectiva de la voluntad de Dios si primero el Espíritu Santo transforma nuestros deseos, motivaciones, intenciones, forma de pensar, para que cada día nos parezcamos más al Señor Jesús. Todo comienza con un primer paso de obediencia, para luego dar el segundo, y ya no detenernos más.

Según la Palabra de Dios, el mundo va a pasar, y también sus deseos; pero el que hace la voluntad del Señor es el que permanece para siempre (1 Juan 2:17).

Que no se haga mi voluntad sino la tuya. Espíritu Santo, transfórmame, para que pueda obedecer tu voz en todo tiempo.

Muro de fuego

"Yo seré para ella, dice Jehová, muro de fuego en derredor,
y para gloria estaré en medio de ella."
Zacarías 2:5

Si tú le hubieras tomado una fotografía a Jerusalén en tiempos del profeta Zacarías, tendrías un panorama desolador; no encontrarías ningún lado bueno para apuntar tu lente. Después de casi 70 años, la ciudad se veía destruida, quemada, abandonada, producto del ataque de los babilonios en el 586 a.C. Si miraras todos los días esa foto podrías llegar a pensar que ya no habría posibilidad de reconstrucción de la ciudad.

La profecía decía que los cautivos iban a regresar y que Dios haría el milagro de la restitución. Mucho más que el ave Fénix, Jerusalén se volvería a levantar, pero ahora no con gloria humana sino divina. Por esa misma ciudad el mismo Mesías iba a caminar por ella. Sin embargo, para que la profecía tuviera cumplimiento, había una parte que el pueblo de Dios debía hacer: Trabajar duro para reconstruir.

¿Cómo comenzar si ni siquiera tenían protección de los enemigos? ¿Cómo empezar a sembrar en un lugar desbastado por los robos de los vecinos? ¿Valía la pena recomenzar sin protección? Tantas preguntas detenían al pueblo para no dar un paso de fe y marchar hacia adelante. Entonces Dios responde con una promesa tremenda: Dios mismo sería un muro de fuego alrededor de su pueblo. Les hacía recordar a la muralla de fuego que Dios había puesto entre los israelitas y el ejército de Faraón cuando salieron de Egipto. Había que confiar y poner manos a la obra. La historia de Esdras y Nehemías nos dicen que reconstruyeron el templo, la ciudad y las murallas, y el Señor intervino milagrosamente.

¿Tienes fotos en tu mente de fracasos pasados, de proyectos que se cayeron, de una devastación del enemigo en tu alma, incluso parece que solo quedaran cenizas de tu relación con Dios. ¡Hoy es día de recomenzar! Dios te da una promesa que debes apropiarte. El Señor mismo será un muro de fuego alrededor de ti, protegiéndote, animándote, respaldándote con su palabra.

No tengas miedo, su muro es impenetrable. No tengas vergüenza, su intervención levanta tu cabeza. No te detengas, Dios mismo pelea tus batallas. Confía que Jehová de los ejércitos está de tu lado, y su promesa es ser un muro de fuego a tu alrededor.

Tú eres mi Protector, como un muro de fuego alrededor de mí. No temeré.

Persiste

"Pero persiste tú en lo que has aprendido y te persuadiste, sabiendo de quién has aprendido; y que desde la niñez has sabido las Sagradas Escrituras, las cuales te pueden hacer sabio para la salvación por la fe que es en Cristo Jesús."
2 Timoteo 3:14-15

La mayoría de nosotros tendemos a buscar respuestas y salidas rápidas cuando estamos en apuros, pero una vez que todo se estabiliza volvemos a nuestras viejas costumbres. Somos más "utilitarios" de lo que podemos admitir. Buscamos ayuda divina en las pruebas, vemos la obra de Dios, le damos gracias, y a la semana siguiente dejamos de lado al Señor. Nos sucede lo mismo con nuestro crecimiento espiritual. Nos interesamos por un momento, y al siguiente, algo ocupa el tiempo que deberíamos dedicarle al Señor.

El apóstol Pablo le da una palabra a Timoteo que indudablemente nos sirve a todos. "¡Persiste!" Esta palabra en el original griego es *meno* que tiene el significado de quedarse en un lugar, morar, permanecer, ser perdurable, proseguir. Definitivamente habla de mantenerse firme, perseverar en el crecimiento espiritual a través del conocimiento y práctica de la Palabra de Dios, y profundizar diariamente nuestra relación con el Señor.

"Sabiendo de quién has aprendido". Timoteo había aprendido de Pablo. ¿De quién has aprendido tú a persistir? Tal vez sea un amigo o hermano de la iglesia, algún familiar, un pastor, un líder. Seguramente tengas muchos ejemplos cercanos y no te has dado cuenta. A nuestro alrededor hay personas que han permanecido fieles al Señor por años y siguen creciendo. De veras, somos muchos los que perseveramos cada día y ponemos atención a nuestro crecimiento espiritual.

Tenía un profesor en el seminario que siempre nos decía: "¡Camarón que se duerme se lo lleva la corriente!". Sus últimos días de vida los pasó enseñando en el seminario. Nunca dejó de buscar a Dios y de servirle. Ha sido una de las muchas personas que me han enseñado a perseverar.

Persiste en la fe y en la Palabra de Dios porque "te pueden hacer sabio". Los necios e insensatos desprecian la instrucción y la enseñanza, pero los sabios la buscan, la anhelan y se ocupan de aplicar a su vida todo lo que han aprendido.

Señor, voy a persistir en buscarte, en creer, en crecer espiritualmente.
Gracias por la fuerza y motivación que me das diariamente.

Fuerza para el corazón apocado

"Fortaleced las manos cansadas, afirmad las rodillas endebles. Decid a los de corazón apocado: Esforzaos, no temáis; he aquí que vuestro Dios viene con retribución, con pago; Dios mismo vendrá, y os salvará."
Isaías 35:3-4

Israel sabía lo que era pasar por aflicciones, privados de libertad, tribulaciones, desterrados, avergonzados, despreciados y rechazados. Sin embargo, Dios promete restaurarlos. A los que tienen las manos cansadas, les dará nuevo vigor, energía para trabajar. A los que tienen las rodillas endebles, las afirmará para permanecer firmes cuando las situaciones lo requieran, o permanecer dobladas ante los momentos de oración. Pero también hay una promesa para los que tienen un corazón apocado.

La palabra "apocado" en hebreo es *majár* que da la idea de ser líquido o fluir fácilmente. A veces nosotros decimos que se nos "derritió" el corazón. Parecíamos muy fuertes, pero ante una situación difícil que se nos presenta, "hacemos agua", nos hundimos en nuestros sentimientos.

Hay tiempos donde nuestro corazón se apoca. Las desilusiones, la pérdida de confianza, la falta de seguridad, la traición de un ser querido, el menosprecio, la soledad, nos juegan malas pasadas y terminamos por el piso. Toda esa aparente fortaleza que teníamos se desvanece y hasta nuestra fe parece derretirse. ¿Te has sentido así? Hay una respuesta para ese corazón.

Dios te dice: "¡Esfuérzate y no temas!" Levántate en el poder del Espíritu Santo. Somete tus pensamientos y sentimientos al control de Dios. Permite que Él sea la base absoluta de tu confianza y seguridad. ¡El mismo vendrá y te salvará! Hay una salida única y oportuna, habilitada por el Gran Todopoderoso.

Los tiempos de corazón apocado han llegado a su fin. Dios viene con retribución a tu favor. El Juez Justo dará el pago a cada uno según lo que merece. Él pondrá las cosas en su lugar. El tiempo de tu vindicación está llegando.

El corazón del que se somete a Dios, según el Salmo 112:7-8 estará firme, confiado y asegurado. Por eso nunca temerá.

No te guíes por sentimientos sino por fe en sus promesas. Estarás firme como una roca y sobre todo día malo, permanecerás asegurado en el control de Dios.

Señor, transforma mi corazón. Si está apocado, lléname de confianza y seguridad.

Entre Mara y Elim

"Y llegaron a Mara, y no pudieron beber las aguas de Mara, porque eran amargas…
Moisés clamó a Jehová, y Jehová le mostró un árbol; y lo echó en las aguas, y las
aguas se endulzaron…Y llegaron a Elim, donde había doce fuentes de aguas,
y setenta palmeras; y acamparon allí junto a las aguas."
Éxodo 15:23-27

Israel había visto la mano poderosa de Dios secando el Mar Rojo para que cruzaran al otro lado, y luego haciendo que esas mismas aguas recuperaran su curso normal y sepultaran a todo el ejército egipcio. Un milagro tremendo, pero había que seguir adelante y atravesar el desierto para llegar a la tierra de la promesa.

No hay tierra de leche y miel sin antes pasar por tierra seca y amarga. "¿Falta mucho para llegar? El GPS dice que no hay gasolineras en los próximos ¡mil kilómetros!" "Los chicos están cansados y aburridos. Aquí no hay wi-fi". "A la abuela le duele la cintura y tiene sed". "¡Ya no tenemos agua… buaaaa!". ¿Te imaginas lo que habrá sido llevar a este pueblo a la tierra prometida?

Aunque ellos no lo sabían, Dios había preparado una parada maravillosa con setenta palmeras y doce fuentes de agua. Un verdadero oasis en el desierto, pero antes Israel debía pasar por Mara. El agua de ese lugar no se podía beber porque era amarga, y en vez de clamar a Dios por ayuda, el pueblo siguió quejándose. Sin embargo, el Señor les mostró una vez más que estaba cuidándoles e hizo que las aguas se volvieran dulces. Un nuevo milagro que no detuvo las murmuraciones. Uf… complicado. Y ya te adelanto que ni siquiera Elim detuvo las quejas.

Tal vez no somos tan diferentes a los israelitas. Empezamos proyectos confiando en el Señor, pero ante la primera adversidad nos detenemos a protestar. Las quejas y la murmuración nos estancan, nos paralizan, nos consume las fuerzas y no nos permiten ver que después de "Mara" hay un "Elim". Dios siempre tiene los recursos necesarios para sacarnos de la amargura temporal. Siempre hay respuestas cuando le buscamos de la manera correcta.

El oasis está muy cerca. Ya falta poco para llegar a "Elim". No te quedes estancado en la amargura y las quejas. Entrégale a Dios lo que te molesta, lo que te ha desgastado y te ha quitado las energías y sigue avanzando. Mira hacia adelante. El lugar de descanso y calma que el Señor preparó para ti puede estar más cerca de lo que crees.

Tú eres la fuente de agua viva. Solo tú me renuevas con tu presencia.

Cuando las cosas se ponen difíciles

"Entonces Nabucodonosor se llenó de ira, y se demudó el aspecto de su rostro contra Sadrac, Mesac y Abed-nego, y ordenó que el horno se calentase siete veces más de lo acostumbrado... Y él dijo: He aquí yo veo cuatro varones sueltos, que se pasean en medio del fuego sin sufrir ningún daño; y el aspecto del cuarto es semejante a hijo de los dioses."
Daniel 3:19, 25

Sadrac, Mesac y Abed-nego habían desafiado al rey. Mientras todos se arrodillaban ante la estatua del monarca, estos tres valientes decidieron mantener su postura de fe a pesar de la presión social, política y religiosa. Ellos sabían que solo podían adorar a Dios, al único Creador.

Estos tres amigos de Daniel no estaban pensando que el rey haría una excepción con ellos porque eran hijos de Dios. Había un horno de fuego muy real esperando a los que desobedecieran las órdenes oficiales. Y esto fue lo que respondieron frente a esta amenaza: "He aquí nuestro Dios a quien servimos puede librarnos del horno de fuego ardiendo; y de tu mano, oh rey, nos librará. *Y si no*, sepas, oh rey, que no serviremos a tus dioses, ni tampoco adoraremos la estatua que has levantado" (vs. 17-18). Vuelve a leer otra vez estos versículos. ¿Notaste la frase "y si no"? Ese "y si no" significa que estaban dispuestos a enfrentar la muerte porque nunca cambiarían sus convicciones.

¿Seríamos capaces de ponernos en sus zapatos? ¿Obedeceríamos a Dios o nos rendiríamos ante las presiones? La amenaza de un horno de fuego es algo poco probable en nuestro tiempo, pero todos los días enfrentamos presiones que demandan una decisión: Mantenernos firmes en lo que creemos o darle la espalda a Dios.

¿Conoces el final de la historia? El mismo ángel de Dios se paseó en medio del fuego con estos tres valientes. Fueron librados, no "del" fuego, sino "en" en el fuego. ¡Aleluya!

El diablo quiere que te doblegues ante sus ídolos contemporáneos, que cedas a las tentaciones, que retrocedas en tu compromiso con el Señor, pero Dios promete ayudarte y estar a tu lado en medio de tus luchas. Dios prometió que cuando pasares por las aguas, Él estará contigo; cuando cruces los ríos, no te anegarán. Cuando pases por el fuego, no te quemarás, ni las llamas arderán en ti. Lo dijo el Señor, tu Dios, el Gran Yo soy, el Salvador (Isaías 43:2-3a).

¡Aleluya! Estoy comprometido contigo hasta el fin. Aunque pase por el fuego, tú me guardarás del mal.

Fuerzas renovadas

"Y me dijo: Muy amado, no temas; la paz sea contigo; esfuérzate y aliéntate. Y mientras él me hablaba, recobré las fuerzas, y dije: Hable mi señor, porque me has fortalecido."
Daniel 10:19

Sabemos lo que significa enfrentar un día sin fuerzas. Aunque tomemos un buen café y abramos las ventanas para que el aire nos despeje, todo nos cuesta el doble. Los motivos pueden ser muy variados. Podemos sentirnos físicamente agotados por alguna actividad intensa, o también debido a alguna enfermedad.

Hay situaciones que nos agotan emocionalmente, como relaciones rotas, personas difíciles, estrés laboral… Mentalmente también podemos desgastarnos. Y por supuesto, también espiritualmente. Las batallas contra el mismo diablo nos roban fuerzas.

Daniel estaba rodeado de personas que eran enemigas de Dios, que le hacían la vida imposible, que lo presionaban todo el tiempo. Él sabía muy bien lo que era quedarse sin fuerzas, pero en el pasaje citado, nos descubre cómo recuperarlas.

Al ir a la presencia de Dios en oración, él escuchó estas palabras: "Esfuérzate y aliéntate". Es interesante notar que en hebreo se usa la misma palabra para las dos. Esta palabra, *kjazác*, tiene el significado de fijarse en, ser fuerte, valiente, abrazar, afirmar, ceñirse, echar mano, reforzar, resistir, estar resuelto. Este fue el mensaje que recibió Daniel: "Fija tus ojos en Dios, agárrate fuerte de Él, abrázalo, refuerza tu fe, resuelve depender del Señor en todo". ¡Aleluya!

Este es el mensaje que Dios quiere hacerte llegar hoy a ti. Sabe exactamente cómo está tu corazón y cuánta fuerza te queda. Él ha dicho que es tu Fuente de fortaleza continua.

Cuando Dios toca nuestro espíritu, comenzamos a ser renovados en las demás áreas de nuestra vida. Nuestras emociones comienzan a aquietarse, nuestra mente a despejarse y hasta nuestro cuerpo empieza a experimentar renovación. Daniel pudo decir: "¡Me has fortalecido!".

Hoy el Padre Celestial tiene sus ojos puestos en ti. Si lo buscas sabrás lo que significa ser renovado, y podrás continuar con tu día agradecido por la obra que hizo en ti.

¡Eres la Fuente de mi fortaleza! Gracias Señor porque en tu presencia soy renovado y tengo las fuerzas que necesito hoy.

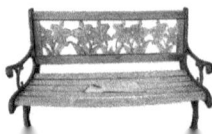

Sin doblez de corazón

"De Zabulón cincuenta mil, que salían a campaña prontos para la guerra, con toda clase de armas de guerra, dispuestos a pelear sin doblez de corazón."
1 Crónicas 12:33

Durante el reinado de David, la tribu de Zabulón tenía un ejército muy bueno. Si algo destacaba en este grupo de personas es que "peleaban sin doblez de corazón". En el original hebreo, literalmente dice: "Peleaban sin corazón y corazón", es decir, iban hacia adelante sin tener un corazón doble.

La palabra "corazón" en hebreo es *leb*, que además de aludir al órgano vital, tiene otras connotaciones importantes. Se usa para referirse a los sentimientos, la voluntad e incluso el intelecto. También se traduce como ánimo, atención, cordura, decidir, deseo, entendimiento, juicio, pensamiento y voluntad.

El escritor de Crónicas, inspirado por el Espíritu Santo, nos deja saber que estos guerreros no batallaban con una doble personalidad o con sentimientos desencontrados. Siempre salían a pelear sus batallas con un espíritu desafiante y conquistador. Nunca se dejaban intimidar por el enemigo. Ellos confiaban en Dios y en nadie más. No había lugar para confiar en sus propias fuerzas, en estrategias humanas o en sus armas. Ganaban las batallas porque mantenían su ánimo firme y se apoyaban en el Señor.

¡Qué buena enseñanza para nosotros! Cada día nos enfrentamos a luchas espirituales y debemos saber cómo mantenernos firmes. Pablo le dice a Timoteo: "Pelea la buena batalla de la fe". Nadie está exento de los ataques del enemigo, el mismo diablo. Pero todos los hijos de Dios contamos con las armas espirituales que Dios nos entregó y con las mismas promesas de victoria que han sido ganadas por Cristo en la cruz para nosotros.

Cuidado. Si esperamos vencer con un "corazón dividido", vamos a fracasar. La Palabra de Dios es clara al mencionar lo que puede esperar el hombre de doble ánimo (Santiago 1:6-8).

Mantener tu corazón de una sola pieza es una decisión personal. Es posible depositando toda tu fe en la obra de Cristo y parándote firme en sus promesas. Las victorias se ganan "sin doblez de corazón".

Guárdame de la doblez de corazón. Que siempre lo encuentres íntegro, de una sola pieza, inclinado a obedecerte a ti.

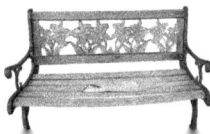

No hagas caso de todo lo que se dice

"Tampoco apliques tu corazón a todas las cosas que se hablan."
Eclesiastés 7:21a

¡Cuántas veces hemos pasado semanas con nuestros pensamientos enfocados en una ofensa para luego darnos cuenta que había sido un malentendido! ¿Y los malos ratos que pasamos pensando en el chisme que nos involucraba en una situación en lo que no habíamos tenido nada que ver? Ni qué hablar de esos comentarios hirientes que escuchamos sin poder defendernos. Invertimos…, perdón, ¡perdemos! mucho tiempo haciendo caso a palabras improductivas que al fin serán juzgadas por Dios. "Mas yo os digo que de toda palabra ociosa que hablen los hombres, de ella darán cuenta en el día del juicio." (Mateo 12:36).

Otras traducciones de este versículo dicen: "Tampoco tomes en serio todas las palabras que se hablan". "No prestes atención a todo lo que se dice". Todos sabemos que prestar atención a este tipo de cosas nos desenfoca, nos roba la paz y nos hace perder tiempo. Entonces debemos preguntarnos seriamente: ¿Vale la pena hacer caso a todo lo que escuchamos?

Satanás aprovechará cada ofensa, chisme, burla o menosprecio no solo para herirnos sino para animarnos a actuar incorrectamente. Cuántas personas lo han escuchado susurrar: "Eso que dijeron no es cierto, tienes que intervenir. Si tú no te defiendes, nadie lo hará por ti. ¡Vamos, saca tu orgullo y contraataca! Que sepan quién eres tú." Y adiós a la paz y al gozo.

Además, el enemigo es un mentiroso y padre de mentira. Usa medias verdades para que empecemos a aceptar la mentira como verdad y le pongamos toda nuestra atención (pregúntale a Eva lo que sucede cuando escuchamos a la serpiente). Si pones tu atención en esos comentarios, tu corazón comienza a sentirse intranquilo, desconfiado, desanimado, preocupado.

Toma el consejo de la Palabra: "No prestes atención a todo lo que se dice" y deja ese asunto que te preocupa en las manos de Dios. Si tienes que intervenir de alguna manera, Dios te lo mostrará claramente y te guiará a hacerlo de la forma correcta. Mientras tanto, pon tu confianza íntegramente en el Señor. Él ve, escucha todo y sabe poner las cosas en su lugar. ¡Invierte tiempo en escuchar lo que Dios dice de ti!

Qué oportuna palabra. Ya no perderé mi tiempo pensando en comentarios improductivos y chismes inútiles. Estoy seguro en mi Señor.

Dios en las tribulaciones

"Dios es nuestro amparo y fortaleza, nuestro pronto auxilio en las tribulaciones.
Por tanto, no temeremos…"
Salmo 46:1-2a.

¿Tribulaciones? ¿Alguien ha pasado por alguna de ellas? Claro que sí… Sabemos lo que significa soportar presiones de todo tipo, enfrentar desafíos más grandes de los que imaginamos, situaciones que producen angustia, estrés, ansiedad.

La diferencia entre salir o no airoso de esas presiones la hace en Quién nos apoyamos. Si le preguntamos a los salmistas hijos de Coré, la respuesta es clara: ¡Dios! El Señor hace la diferencia.

De acuerdo con las palabras del Salmo 46, Dios hace tres cosas por nosotros al pasar por momentos difíciles. En primer lugar, es nuestro "amparo". En hebreo es *makjasé* que tiene el significado de refugio, confianza o esperanza. En momentos de persecuciones y guerras, los hebreos tenían refugios para protegerse de los ataques inesperados. Hoy, Dios es ese refugio para los que confían en Él. Siempre encontramos protección y cuidado oportunos en el Señor

Dios también es nuestra "fortaleza". La palabra hebrea es *oz* y da la idea de fuerza, fortificar, fuerte, poderío, potencia, vigor. ¡El poder viene de Dios! Cuando algo parece imposible para nuestras capacidades humanas, Dios interviene con su poder y obra de manera sobrenatural para ofrecernos seguridad.

En tercer lugar, Dios es nuestro pronto "auxilio". En hebreo es la palabra *ezrá* que tiene el significado de ayuda, socorro o esperar la respuesta.

Observa que no dice que Dios hace todo el trabajo, sino que nos ayuda oportunamente. Hay una coparticipación con Él. Nosotros cumplimos con nuestras responsabilidades y Dios hace los milagros. ¡Nunca es al revés! El Señor siempre provee los recursos necesarios para vencer a los que ya están en marcha; da las armas a los que están listos para la batalla.

Conociendo lo que nos promete el Señor, ¡no temeremos! No importa cuán fuerte ruja la tormenta o cuánto tiemble la tierra, tenemos un Dios Todopoderoso en quien podemos confiar y estar seguros.

No tengas temor, el que creó los cielos y la tierra es tu Ayudador.

Señor, tú eres mi pronto auxilio y ayuda sobrenatural.
Te entrego mi día confiando en tu guía y dirección.

El Dios que te esfuerza

"No temas, porque yo estoy contigo; no desmayes,
porque yo soy tu Dios que te esfuerzo..."
Isaías 41:10a

Como seres humanos tenemos límites. Podemos enfermarnos, quebrarnos un hueso, lastimarnos un músculo, torcernos un tobillo... todos somos vulnerables. Otras veces tenemos las fuerzas físicas pero nos faltan las fuerzas emocionales, mentales y hasta espirituales. El desánimo, la frustración, la tristeza, la ansiedad puede dejarnos más debilitados que el maratón de Boston.

Dios conoce a su pueblo, sabe cuáles son sus límites. Cuando llegamos al final de lo que nosotros podemos hacer, Dios nos dice: "Yo soy tu Dios que te esfuerzo".

La palabra hebrea usada aquí para la expresión "te esfuerzo" es el vocablo *amats* que tiene el significado de estar alerta, tanto física como mentalmente; afirmar, alentar, animar, ayudar, confirmar, consolidar, fortalecer, hacer fuerte, prevalecer y ser valiente. Vuelve a leer más despacio esta definición y presta atención a lo que Dios hace en ti. ¡Es extraordinario!

¿Cómo podemos estar seguros de que Dios lo hará si nunca lo hemos experimentado? ¿Cómo podemos saber que veremos actuar a Dios al enfrentarnos a nuestros límites? Lee todo el versículo y verás sobre qué apoyar tu confianza.

El Señor promete "ayudarnos" siempre. Por supuesto que no hace todo el trabajo, pero nos ayuda en nuestra debilidad. Cuando las fuerzas nos fallan, Él obra milagrosamente.

Promete "sustentarnos" siempre. Dios es justo para perdonarnos, limpiarnos, santificarnos; pero también es nuestra justicia, nuestra fuente de todo bien y el que suple nuestras necesidades.

El Señor nos toma de la mano cuando caemos, nos levanta, sana nuestras heridas y nos fortalece. Jamás nos dejará caídos, nos da las fuerzas y el ánimo para avanzar. "Yo estoy contigo" te dice el Señor, por tanto no debes temer.

Toma tiempo para estar en la presencia de Dios en oración. Recibe del Señor las fuerzas que necesitas. Él es quien te esfuerza en este día.

Estoy en tu presencia, Señor. Tú eres el Dios que me esfuerza cuando pierdo la motivación y las fuerzas. Confío en tu gracia abundante.

Segundas oportunidades

"La palabra del Señor vino a Jonás por segunda vez, y le dijo: Levántate y ve a la gran ciudad de Nínive, y proclama allí el mensaje que yo te daré. Jonás se levantó y, conforme a la palabra del Señor, fue a Nínive…"
Jonás 3:1-3a

El profeta Jonás estaba disgustado con Dios. Su sentimiento nacionalista no le permitía aceptar que Él amara también a sus enemigos y estuviera dispuesto a perdonarlos y darles otra oportunidad; por eso huyó en la dirección opuesta a Nínive.

Conocemos la historia. Los marineros arrojaron al profeta del barco, la tempestad se calmó y Jonás tomó el "bus subacuático" hacia donde le había indicado Dios. Nínive era el destino ineludible.

Jonás prefería morir antes que hacer lo que Dios le había pedido. ¡Vaya profeta! Sin embargo, después de tres días en el vientre del pez, dijo: "Me acordé de Jehová". Menos mal. Y allí, entre algas y vaya uno a saber qué otras cosas, el profeta hizo una oración sincera, decidió obedecer a Dios y el pez lo vomitó en tierra. Entonces "vino palabra del Señor a Jonás *por segunda vez*".

¡Qué grande es la misericordia del Señor! No tendría por qué haberle dado una nueva oportunidad a Jonás, pero lo hizo. Lo conocemos al Señor como el Dios que da las segundas oportunidades. Inmerecidas, por cierto.

¡Qué lección para el profeta y también para nosotros! No podemos huir de Dios y tampoco negarnos a obedecerle. Aunque los planes del Señor no se ajusten a "nuestros deseos", o no entendamos las circunstancias por las que debemos atravesar, debemos recordar que Dios es soberano y siempre sabe lo que hace.

Al obedecer a Dios también dejamos las consecuencias de nuestras decisiones en sus manos. Aunque no entendamos el proceso como Jonás, debemos saber que Dios siempre obra para bien.

Si has estado eludiendo una palabra que Dios te habló, vuélvete a Él y acepta su segunda oportunidad. Los planes que Dios trazó para tu vida son perfectos. Ríndete al Señor sin reservas. No escapes o eludas lo que Él te habló y obedece. Recuerda siempre que en la obediencia está la bendición.

Señor, no quiero huir de tu presencia. Prefiero obedecerte que enfrentar las consecuencias de mis propias decisiones. Tu camino es perfecto.

Me oyó en mi angustia

"En mi angustia invoqué a Jehová, y clamé a mi Dios. Él oyó mi voz
desde su templo, y mi clamor llegó delante de él, a sus oídos."
Salmo 18:6

Todos podemos pasar tiempos de "angustia". Esta palabra en hebreo es *tsar* y tiene el significado de estar estrecho, en lugar apretado, sufrir oposición, tener adversarios, estar en tribulación, aflicción, congoja. Sabemos muy bien de qué se trata esta palabra.

Cuando pasamos por situaciones apremiantes, hasta nos cuesta articular palabras delante del Señor. Tal vez lo único que podemos expresar desde lo más profundo de nuestro corazón es: "Señor, ayúdame por favor…" ¿Será que Dios puede escuchar una oración tan corta y sin tantos detalles? ¿Atiende el Señor una oración sin largos prólogos ni argumentos coloridos?

La Palabra de Dios nos dice que Él escucha todas las oraciones que se hacen con fe. Más allá de las palabras que usemos, se trata de Quién es el que escucha la oración.

De acuerdo al Salmo 18, lo primero que hizo el salmista fue "invocar" a Jehová. ¡Ahí radica el secreto! Invocar significa llamar por nombre, dar voces. ¿Podemos creer que tan solo mencionando el nombre de Dios en nuestra angustia, Él viene en nuestra ayuda? ¡Qué glorioso es su Nombre!

El Señor siempre está atento a nuestras oraciones. El apóstol Pablo nos dice en Romanos 10:13 que para alcanzar salvación todo comienza con una invocación al Dios verdadero. Todo aquel que invocare el nombre del Señor… ¡será salvo!

Después de invocar a Dios en la angustia, debemos saber que Él estará con nosotros durante ese tiempo difícil, pero también traerá la respuesta en el momento indicado, nos mostrará la salida. Le invocaremos y Él nos responderá, inclusive estará con nosotros durante tiempos de angustia. Además, promete librarnos y glorificarse en nuestras vidas siempre (Salmo 91:15).

No esperes ni un minuto más. Acércate a la misma presencia de Dios, allí donde te encuentras e invoca el nombre del Señor. ¡La respuesta está en camino!

Señor Jesús, invoco tu glorioso nombre. Solo en ti hay salvación y
ayuda poderosa en tiempos de tribulación.

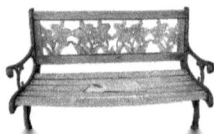

Ay, Evita… evita la tentación

"Vuestro adversario el diablo, como león rugiente, anda alrededor buscando a quien devorar."
1 Pedro 5:8

Eva caminaba fascinada por el huerto del Edén contemplando las obras perfectas y majestuosas de Dios. Sabía que todo le era permitido excepto comer del fruto del árbol de la ciencia del bien y del mal.

Había millones de beneficios en ese nuevo mundo a disposición del ser humano, pero de manera imprevista llegó una tentación a través de la serpiente. El mismo diablo le estaba mintiendo al decirle que no iban a morir, que por el contrario, serían abiertos sus ojos, e iban a ser como Dios (Génesis 3:4-5). Ay.

A partir de ese momento, Eva comenzó a observar el árbol de manera distinta. Su mirada inocente ahora se volvió inquietante, curiosa. Génesis 3:6 nos dice que la mujer vio que el árbol era bueno para comer, que era agradable a los ojos, y además, árbol codiciable para alcanzar la sabiduría. Otro ay.

Me parece escuchar a uno de los ángeles diciéndole a Dios: "Uy… esto no parece terminar bien… Señor, ¿intervenimos? ¿Quitamos el árbol o matamos a la serpiente?" Silencio celestial. No hay órdenes divinas nuevas. El árbol se queda y la serpiente también. Y la escena termina con que la mujer tomó el fruto, lo comió, y le dio también a su marido. Adiós a la inocencia.

Somos más parecidos a Eva de lo que estamos dispuestos a aceptar. El apóstol Pablo se lo hizo saber a los corintios diciéndoles que temía que como la serpiente con su astucia había engañado a Eva, sus sentidos sean de alguna manera extraviados de la sincera fidelidad a Cristo (2 Corintios 11:3).

De maneras inesperadas y sin aviso, aparecen situaciones que tratan de menoscabar nuestra fe, fidelidad y amor al Señor. Las oportunidades de pecar golpean diariamente a nuestra puerta y debemos saber que Dios no quitará la tentación ni al tentador. Sin embargo, ha trazado un nuevo camino para que seamos victoriosos sobre las tentaciones. ¡La obra redentora de Jesucristo! Él ha vencido al diablo en la cruz, está sentado en su trono y ha enviado al Espíritu Santo para darnos poder contra el enemigo. No vencemos con nuestro "poder", sino con el poder de Aquel que vive en nosotros. ¡Hay victoria en Cristo!

¡Gracias Señor por tu victoria en las tentaciones! Mi fe está en ti.

Escucha a Caleb

"Hoy soy de edad de ochenta y cinco años. Todavía estoy tan fuerte como el día que Moisés me envió; cual era mi fuerza entonces, tal es ahora mi fuerza para la guerra, y para salir y para entrar. Dame, pues, ahora este monte…"
Josué 14:10b-12a

¿Aceptarías el reto de una persona de 85 años para competirle en una pulseada? "No te metas con Caleb… -te dirían en Judá- que las apariencias engañan. Este anciano conquistó Hebrón". Si conoces la historia, Caleb no peleó contra los habitantes más débiles del lugar, ¡se enfrentó a gigantes! Los mismos que cuarenta años atrás intimidaron a los israelitas para que no entraran a la tierra prometida.

Un hombre extraordinario, una persona en quien había un espíritu diferente (Números 14:24). Definido por Dios mismo como "mi siervo".

¿Qué lo hacía tan especial? Su fe en Dios y en sus promesas. Si el Todopoderoso decía que iban a conquistar Canaán, para él eso era suficiente; solo había que avanzar. Si Dios dijo que tenían que esperar cuarenta años para entrar a la tierra prometida, entonces había que esperar. Pero a la hora señalada por Dios, había que volver a la línea de batalla y conquistar la promesa.

Si te sentaras a tomar un café con Caleb, el tiempo te pasaría demasiado rápido. No querrías dejar de escuchar sobre sus conquistas, los milagros y las intervenciones de Dios para librarlo de situaciones extremadamente comprometidas. Caleb te diría con una gran sonrisa: "Dios está conmigo. Es mi Fortaleza. Yo le creí y Él jamás me dejó avergonzado".

Su familia aprendió de su fe y contagió su valentía a cada uno de sus parientes. Después que murió Caleb, Dios levantó a uno de sus sobrinos para que fuera juez en Israel (Jueces 3:9-11). Tremenda familia, generación de creyentes valientes que sabían confiar en el Señor.

Hoy más que nunca necesitamos "Calebs" que no le teman al enemigo, que le crean a Dios hasta las últimas consecuencias, que estén dispuestos a hacer realidad las promesas de Dios y que proclamen su glorioso Nombre. El mundo necesita verdaderos líderes que sepan hacia donde van y proclamen la verdad. ¿Eres uno de ellos?

Quiero ser como Caleb. Más allá de mis años, de mis fuerzas, de mis estrategias, confío en mi Fortaleza que me hace un conquistador para su gloria.

Alumbra mis ojos

"Mira, respóndeme, oh Jehová Dios mío; alumbra mis ojos…
Mas yo en tu misericordia he confiado; mi corazón
se alegrará en tu salvación."
Salmo 13:3,5

Hay muchas circunstancias que pueden empañar nuestra visión espiritual. Cuando pasamos por pruebas severas y no podemos ver la intervención de Dios; cuando somos tentados y no vemos que el enemigo es quien está detrás de la escena; cuando las tormentas de la vida nos ahogan y no vemos a Jesús caminando sobre esas circunstancias y llamándonos a caminar con Él, se nos "nubla la vista" espiritual y no podemos ver lo que Dios quiere que veamos.

David lo sabía muy bien. Más de una vez puso su mirada en las situaciones antes que en Dios, y por eso necesitó pedirle que alumbrara sus ojos.

La palabra hebrea para "alumbrar" es *or* que tiene el significado de aclarar, dar luz, encender, iluminar. Cuando el salmista ora pidiendo una respuesta divina, también pide que el discernimiento del Espíritu Santo invada su ser para poder ver con claridad desde la perspectiva de Dios.

Puede ser que nuestra vista física esté perfecta, pero en nuestro interior sentimos que algo no marcha bien. Necesitamos esa revelación de Dios sentado sobre su trono reinando, manifestando su autoridad sobre todas las cosas y viendo cómo se cumple su voluntad perfecta. Necesitamos una experiencia con el Oculista Divino.

David podía quitar su mirada de las circunstancias, levantar sus ojos al cielo y clamar al que está reinando. Sabía con certeza que la solución a cualquier situación difícil vendría de arriba. Por fe podía asegurar: "Mi corazón se alegrará en tu salvación". ¡Aleluya! Ya podía ver la victoria.

¿Cómo está tu visión espiritual? ¿Ves las cosas desde la perspectiva de Dios? Es la manera en que tu alma halle descanso y seguridad. Mira a Jesús. Toma tiempo en su presencia para experimentarlo y cree que Él está interviniendo en tus circunstancias difíciles.

Señor, quiero ver las cosas como tú las ves. Alumbra mis ojos
para que vea caramente tu camino. Muéstrame la senda
de la verdad para que mis pies anden en ella.

¿Se agrada Dios de todas las oraciones?

"El que aparta su oído para no oír la ley, su oración también es abominable.
Bienaventurado el hombre que siempre teme a Dios"
Proverbios 28:9,14a

¿Dios se agrada de todas las oraciones? No, definitivamente. Lo acabamos de leer. Por más increíble que nos parezca, hay oraciones "abominables". Esta palabra en hebreo es *toebá* que da la idea de algo repugnante, asqueroso, una abominación como la idolatría. Dios dice claramente que hay oraciones que le resultan aborrecibles.

¿Cuándo sucede esto? Cuando perseveramos en un pecado. El pecado es una barrera que se levanta entre Dios y nosotros. Por eso no podemos pedirle al Señor que nos bendiga mientras continuamos en pecado. Esa oración le resulta repugnante al Santo.

Dios dice en su Palabra que Él perdonará todo pecado confesado, no importa el tipo ni la cantidad, siempre hay perdón (v.13). Pero si encubrimos nuestro pecado en vez de confesarlo no vamos a prosperar. Antes de decir: "Señor bendíceme", debemos decir: "Señor perdóname".

Observa con atención este pasaje: "No me traigáis más *vana* ofrenda; el incienso me es *abominación*; luna nueva y día de reposo, el convocar asambleas, *no lo puedo sufrir*; son iniquidad vuestras fiestas solemnes. Vuestras lunas nuevas y vuestras fiestas solemnes *las tiene aborrecidas mi alma*; me son gravosas; cansado estoy de *soportarlas*. Lavaos y limpiaos; quitad la iniquidad de vuestras obras de delante de mis ojos; dejad de hacer lo malo" (Isaías 1:13-16). Los sacrificios, ofrendas, ayunos, oraciones, incluso las fiestas, son insoportables para Dios si no nos apartamos del pecado.

Recuerda la oración del fariseo y la del publicano (Lc. 18:9-14). El pecador fue justificado delante de Dios porque su oración expresaba arrepentimiento. En cambio, el fariseo, "oraba consigo mismo". Dios no escucha oraciones hipócritas, aunque sean gramaticalmente bien expresadas o políticamente correctas. Una oración es atendida por el Señor cuando caminamos en obediencia.

Dios oye las oraciones "de los justos", es decir, de los que ya expresaron arrepentimiento y viven bajo la justicia de Cristo. Según 1 Pedro 3:12, cuando los ojos del Señor están sobre un justo, también estarán sus oídos atentos a sus oraciones.

Señor perdóname todos mis pecados. No quiero que nada se interponga
en nuestra relación. Quiero agradarte hoy en todo.

Amor proactivo

"El rey le dijo: ¿No ha quedado nadie de la casa de Saúl, a quien haga yo misericordia de Dios? Y Siba respondió al rey: Aún ha quedado un hijo de Jonatán, lisiado de los pies…. Y moraba Mefi-boset en Jerusalén, porque comía siempre a la mesa del rey; y estaba lisiado de ambos pies."
2 Samuel 9:3,13

En cierta ocasión, David expresó su deseo de hacer misericordia a la descendencia de Saúl, más específicamente, a la de Jonatán. Si lees el pasaje con atención notarás que no vinieron a hablarle de una necesidad, sino que David buscó la oportunidad de bendecir a alguien. Esa persona fue Mefi-boset.

David mandó a buscar al hijo de su mejor amigo y lo sacó de la miseria, le devolvió las tierras de su familia y además compartió su mesa con él todos los días. Este hijo de Jonatán, lisiado de ambos pies debido a una trágica caída por un descuido de su niñera, ahora era reivindicado, podía vivir con dignidad y disfrutar de todo lo que David puso a su disposición.

Esta historia es un ejemplo en menor escala de lo que es el amor de Dios por nosotros. Estábamos hundidos en la miseria del pecado, sin valor alguno, incapacitados para avanzar por nosotros mismos, perdidos, pero fuimos rescatados por Dios al aceptar a Jesús como Salvador. Desde ese día pasamos a ser hijos adoptados de Dios, recibiendo sus bendiciones continuas, descubriendo su amor incondicional e incluso con la promesa de ser coherederos con Cristo de todas las cosas. ¡Aleluya!

Dios no nos amó porque nosotros se lo pedimos o porque nosotros lo merecíamos. Dios tomó la iniciativa de amarnos aun siendo enemigos. Y ahora nosotros le amamos a él, porque él nos amó primero (1 Juan 4:19).

Como hijos de Dios, debemos imitar al Padre manifestando un amor proactivo. Entonces, no ames solo cuando alguien lo merezca. Toma la iniciativa de dar sin esperar nada a cambio. Cuando amas de esa manera, el mundo sabrá que ese amor no es de este mundo. Jesús dijo que todos sabrían que somos sus discípulos cuando nos amemos unos a otros (Juan 13:35).

¿Hay alguien a quien hoy puedas mostrarle misericordia como Dios lo ha hecho contigo?

El amor proactivo no se ve en este mundo. Ayúdame Señor a tener tu mismo amor y transmitirlo a los que lo necesitan.

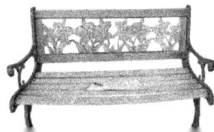

Todo es posible

"Entonces Jesús, mirándolos, dijo: Para los hombres es imposible,
mas para Dios, no; porque todas las cosas son posibles para Dios."
Marcos 10:27

Un joven rico llegó corriendo y se postró a los pies de Jesús. Con una actitud así uno pensaría que era alguien deseoso de rendir su vida al Señor. Pero lo que parecía un comienzo prometedor, terminó en una decepción.

Dios conoce lo que hay en cada corazón, quienes creen, quienes dudan y quienes nunca lo seguirán. El Señor conocía a este joven mejor que él mismo, por eso fue directo a lo que necesitaba saber: "Vende todo lo que tienes y dalo a los pobres, y sígueme". Cuando escuchó esto, se fue triste porque tenía muchas posesiones. El problema no eran sus bienes, sino el lugar que tenían en su corazón. Él no iba a renunciar a su avaricia y materialismo por seguir a Jesús.

Después de esto, el Señor usa una hipérbole o exageración para que sus discípulos entendieran que era difícil que alguien que hizo de sus riquezas un ídolo pudiera entrar en el reino de los cielos: "Es más fácil que un camello pase por el ojo de una aguja que un rico al reino de Dios". Al oír esto, los discípulos se sorprendieron y se preguntaban: Entonces, ¿quién podrá salvarse? Jesús los miró y les dijo: "Para Dios todo es posible" ¡Aleluya!

Los ricos pueden cambiar, porque todas las cosas son posibles para Dios. Los arrogantes y orgullosos pueden ser transformados en personas mansas y humildes porque todas las cosas son posibles para Dios. Los enfermos pueden ser sanados, los necesitados recibir sustento, los pecadores llegan a ser santos, ¿sabes por qué? ¡Porque todas las cosas son posibles para Dios!

Jesús nos sigue diciendo lo mismo hoy frente a una puerta de trabajo cerrada, una relación que parece estar terminada, alguien muy querido que se niega a escuchar del Señor, y frente a todo desafío que parece sobrepasarnos.

No te concentres en lo difícil que pueda ser la situación, levanta tus ojos al cielo y confía en el Señor. Él te dio esta palabra: "Todas las cosas son posibles para Dios".

Sí, Señor. Nada es imposible para ti. Te entrego mi preocupación, mi carga,
con la fe de saber que tú harás algo maravilloso.

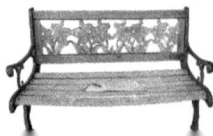

El ancla del alma

"…hemos acudido para asirnos de la esperanza puesta delante de nosotros.
La cual tenemos como segura y firme ancla del alma."
Hebreos 6:18b-19

No hace mucho tiempo, leí la noticia de cinco náufragos que fueron rescatados por los servicios de emergencias después de escribir la palabra SOS en la arena de una pequeña y desierta isla situada en el este de Australia. Según los informes, este grupo había quedado atrapado en ese islote durante varias horas hasta que fueron encontrados. Menos mal que la historia terminó bien.

Pero lo interesante de esta historia, fue cómo terminaron en esa isla. Ese día, este grupo de personas decidieron salir a bucear en una zona de rocas y bancos de arena. Al llegar al lugar, se encargaron de anclar su pequeña embarcación y se lanzaron al agua. La sorpresa se la llevaron cuando volvieron a la superficie. ¡El barco ya no estaba! Había perdido el ancla y terminó a la deriva empujado por la marea…

El ancla de un barco es fundamental para mantenerse firme en un lugar sin ser llevado por las olas de una parte a otra. Imagínate en una tormenta. Toda embarcación andaría a la deriva sin un ancla que la mantenga firme.

¡Qué ilustración tan clara sobre nuestra vida espiritual! El mundo es más inestable que un mar embravecido y a menos que afirmemos bien nuestra ancla para permanecer firmes, seremos arrastrados de un lugar a otro.

El autor de Hebreos nos dice que los creyentes en Cristo hemos puesta nuestra esperanza y seguridad en Él, de tal manera que es nuestra "ancla del alma". A veces nuestros pensamientos pueden confundirse, quizás nuestros sentimientos se vuelven muy inestables o nuestra voluntad flaquee a la hora de tomar decisiones sabias, por eso necesitamos siempre un ancla para estar estable, y es Jesucristo.

En las tormentas más difíciles que podamos soportar, debemos afirmarnos por fe en lo que Él nos ha prometido. Hay confianza en la incertidumbre, hay fe en los mares de dudas, hay seguridad en la inestabilidad, hay gozo en las tribulaciones. Estamos arraigados en Cristo y nada nos podrá mover de nuestras convicciones.

Afirma tu vida en Cristo. ¡No pierdas tu ancla!

Mi fe está anclada en ti, Señor. Tus promesas son firmes y seguras.
Me dan la convicción de que hoy estaré bajo tu guía.

229

Dios me recibe en sus brazos

"Aunque mi padre y mi madre me dejaran,
con todo, Jehová me recogerá."
Salmo 27:10

David sabía muy bien que la protección y cuidado de Dios son superiores a las que nos ofrecen las relaciones humanas más estrechas. Aun así, estaba seguro de que Dios ha dado responsabilidades a los padres que no se pueden ignorar.

La palabra hebrea para "dejar" es *azáb* y tiene el significado de soltar, renunciar, apartar, cesar, desamparar, desechar, fallar, abandonar. Qué triste es ver hijos abandonados, rechazados, abusados y olvidados por sus padres cuando en realidad deberían ser valorados, protegidos, guiados y amados.

¡Qué contraste con el Padre Celestial! La palabra "recogerá", en hebreo *asaf,* da la idea de reunir para un propósito, recibir, acoger, buscar, juntar, sanar, tomar, traer, unir. Esto es lo que el Señor hace por nosotros. Jamás se olvida ni deja de atender las necesidades de sus hijos.

Aunque sepamos de memoria las promesas de Dios para nosotros, quizás aún tengamos heridas provocadas por aquellos que debían amarlos y no lo hicieron. Si es tu caso, quiero que sepas el Señor vino para hacerte libre de esa prisión de dolor, amargura y resentimiento. No permanezcas llorando en silencio el resto de tu vida por lo que debió haber sido y no fue. Ve al Señor, Él puede sanar tus heridas y llenar tu corazón de su amor, un amor perfecto y desbordante.

Nuestra relación con Jesús es mucho más que sustituir a aquellos que nos desampararon. ¡Él es la Vida! ¡Es todo lo que necesitamos de aquí a la eternidad! Si somos honestos, sabemos que sin Jesús nada podemos hacer, y sin Jesús, nada somos.

En momentos de soledad, si hacemos silencio y ajustamos nuestro oído espiritual, vamos a escuchar a Dios decirnos: "¿Se olvidará la mujer de lo que dio a luz para dejar de compadecerse del hijo de su vientre? Aunque olvide ella, yo nunca me olvidaré de ti. He aquí que en las palmas de las manos te tengo esculpida" (Isaías 49:15-16a). ¡Aleluya!

Tú conoces cómo está hoy mi corazón y si todavía tiene algunas heridas que cicatrizar.
Te entrego todo mi pasado porque quiero vivir en ti.
Confío que tú haces todas las cosas nuevas.

Nadie prevalecerá contra ti

"Y Jehová dijo a Josué: No tengas temor de ellos; porque yo los he entregado en tu mano, y ninguno de ellos prevalecerá delante de ti."
Josué 10:8

No era un rey contra Josué, ¡eran cinco! Si un enemigo ya es preocupante, imagínate cinco. Además, eran reyes experimentados en la guerra que conocían muy bien el lugar. A los ojos humanos, Josué era un novato, pero tenía un arma secreta, bueno... no tan secreta: ¡Al Dios Todopoderoso! Ya había visto lo que podía hacer con un río imposible de cruzar, con unas murallas impenetrables, con una ciudad infranqueable. Debía seguir confiando en Él.

En esa situación, Dios le da una promesa a Josué: "Yo los he entregado en tu mano, y ninguno prevalecerá contra ti". ¡Qué palabra reconfortante! Sus enemigos podrían ser muchos, tener grandes estrategias de combate, usar nuevas armas, pero no le vencerían.

Por favor, lee esta historia. Dios interviene directamente en la guerra. Dice que el mismo Señor los llenó de consternación delante de Israel (v. 10). También fue Dios quien arrojó desde el cielo grandes piedras sobre ellos (v.11), y entregó al amorreo delante de los hijos de Israel (v. 12). Y como si esto fuera poco, oyó la oración de Josué e hizo detener la puesta del sol por casi un día entero (v. 3). "¿Necesitas algo más?", parecía decirle el Señor. "Yo hago todo por ti". ¡Aleluya!

Presta atención a otro detalle: No hubo ni una sola baja en el ejército israelí. Dice que todo el pueblo volvió sano y salvo a Josué, al campamento que tenían en Maceda, y nadie podía decir nada en contra de ninguno de los hijos de Israel (v. 21). ¡Qué poderoso!

Josué capturó a los cinco reyes amorreos y les dio una lección de fe y valor a los líderes del pueblo (vs. 24-25). ¡El enemigo está sometido bajo los pies de los hijos de Dios que se mueven con fe y autoridad!

¿Estás siendo atacado espiritualmente por el enemigo? Ya sabes que nuestra lucha no es contra las personas sino contra las huestes del diablo (Romanos 16:20). Nuestra fe y confianza debe ser la misma que la de Josué. Dios pelea por ti. Nadie podrá hacerte frente. No tengas temor, no te paralices, no te debilites ni te intimides, porque el Poderoso Gigante pelea por ti.

Tu Palabra me llena de valor, Señor. Hoy pelearé mis batallas confiando en ti, mi Poderoso Gigante invencible.

No te saltees ninguna etapa

"Pasados cuarenta años, un ángel se le apareció en el desierto del monte Sinaí, en la llama de fuego de una zarza. Entonces Moisés, mirando, se maravilló de la visión; y acercándose para observar, vino a él la voz del Señor."
Hechos 7:30-31

Por cuarenta años Moisés había sido criado en el suntuoso palacio del faraón. No le faltaba nada. La mejor comida, medicina, educación, ropa, cuidados, todo estaba al alcance de su mano. Cualquiera podría haber dicho que tenía una vida bendecida... Pero no para Dios. Esa fue solo la primera etapa de formación de Moisés, pero esa etapa debía dar paso a otra muy, muy diferente que incluso se llevaría a cabo en otro lugar: el desierto.

Desde el punto de vista humano, vivir en el desierto por cuarenta años era una absoluta pérdida de tiempo, pero desde el punto de vista divino era indispensable. Durante ese tiempo, Moisés debía someter su orgullo, morir a su impetuosidad, adquirir paciencia, aprender a cuidar a otros y ver la importancia de tener hijos que amen, teman y sirvan al Dios Verdadero. Cuarenta años aparentemente improductivos, pero que en realidad lo estaban preparando para lo que Dios quería hacer a través de su vida.

Nada fácil pasar por un desierto. Allí, el tiempo parece detenido, la etapa parece la más larga. Los cuarenta años iban pasando poco a poco.

Entonces llegó el día en que la etapa de formación en el desierto terminó y Dios dio inicio a una nueva y última etapa en la vida de Moisés. Increíblemente la más productiva, revolucionaria y desafiante que jamás hubiera imaginado. Él fue el hombre escogido por Dios para guiar a Israel a la tierra prometida.

Qué difíciles y desconcertantes pueden ser los desiertos, pero qué necesarios. Dios muchas veces se vale de este recurso para enseñarnos y eliminar todo aquello que se interpone en sus planes y propósitos.

¿Estás pasando por un desierto? ¿Te cuesta entender el por qué Dios lo ha permitido? No trates de saltearte esta etapa. Te lo digo por experiencia. Yo también estuve allí.

Confía en Dios, permítele que siga trabajando en tu corazón hasta que aparezca tu zarza ardiendo y te muestre lo próximo que preparó para tu vida.

Tu Palabra llega siempre a tiempo. Aunque tenga que pasar por un desierto, tú eres mi Manantial de vida para sustentarme.

Torre fuerte

"Torre fuerte es el nombre de Jehová;
a él correrá el justo, y será levantado."
Proverbios 18:10

Cuando las circunstancias que atravesamos son abrumadoras y difíciles, no podemos ver más allá de lo que nos está pasando. Nuestro enfoque suele estar únicamente en la solución a ese problema o desafío y nos olvidamos que hay propósitos de Dios que se están cumpliendo en nosotros.

¿Qué hacer frente a las peores circunstancias? Aquí está el mejor consejo que podemos tener para esos tiempos de incertidumbre y desesperación: Ir a nuestra Torre Fuerte, Dios.

La palabra hebrea para "fuerte" es *oz* que tiene el significado de fuerza, seguridad, fortaleza, fortificar, magnificencia, poderío, refugio, vigor. En tiempos antiguos, los poblados construían una torre fortificada en el muro o en los linderos desde donde el atalaya podía ver si se acercaban sus enemigos y dar la voz de alarma. Pero también las construían altas y anchas para que muchas personas pudieran refugiarse en caso de que la ciudad fuera tomada.

Justamente este proverbio nos señala a Dios como nuestra Torre fuerte. Su protección es amplia y segura. Su poderío incomparable. Su resistencia, eterna; pero hay que "correr" a la torre de fuerza. Es nuestra parte de acción, nuestro paso de fe.

Debemos confiar en su salvación y refugiarnos en Él. Si solo nos quedamos dubitativos en la puerta de la torre, analizando las posibilidades y pidiendo alguna señal antes de entrar, puede que sea demasiado tarde. Nuestra decisión de refugiarnos en Dios debe ser determinante, inmediata y pronta.

¿Cuál es el resultado? El justo "será levantado". ¡Aleluya! No te olvides esta ley espiritual: Cuanto más alto estemos, más lejos veremos. Desde arriba podemos tener una visión muy diferente de las circunstancias y podremos descansar en sus planes eternos.

Dios está en su trono controlando nuestra vida, la prueba pasará y al final, todo lo que nos suceda redundará en bendición porque lo hemos puesto a Él como prioridad en nuestra vida.

Tú eres mi Torre Fuerte, mi seguridad, mi protección, mi descanso.
Desde lo alto miraré mis circunstancias y actuaré con fe.

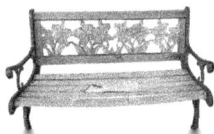

Verdaderos héroes

"Otros experimentaron vituperios y azotes, y a más de esto prisiones y cárceles... anduvieron de acá para allá cubiertos de pieles de ovejas y de cabras... de los cuales el mundo no era digno... proveyendo Dios alguna cosa mejor para nosotros, para que no fuesen ellos perfeccionados aparte de nosotros."
Hebreos 11:36-40

Si hiciéramos películas de los héroes de la fe de Hebreos 11, no todas tendrían finales felices como en la ficción. Nos encanta imaginar a Sansón destrozando a un león, a David venciendo a Goliat, a Gedeón ganar una batalla con trescientos hombres, o a Salomón construyendo el templo más hermoso de la historia. Pero hubo hombres y mujeres que tuvieron que pasar momentos muy difíciles en sus vidas, y no parece que este mundo los haya reconocido como merecían.

El autor de Hebreos hablando de ellos dice que "el mundo no era digno" de tenerlos. Para Dios eran héroes encubiertos, próceres del anonimato, *influencers* sin *likes*, celebridades que pasaban desapercibidos. A la hora de la "foto" siempre estaban detrás.

Hoy los verdaderos héroes de la fe son los que diariamente ponen en práctica su fe en Jesucristo y no se dejan intimidar por nada. Hacen frente a este sistema con valor, autoridad espiritual y son instrumentos de la gracia de Dios.

Los que nos precedieron en el camino del evangelio, dejaron sus huellas. Son los "testigos" que menciona Hebreos 12:1, cuyas vidas nos alientan a seguir adelante hasta que Cristo venga.

Aquellos antecesores no fueron "perfeccionados aparte de nosotros" porque Dios tenía "algo mejor para nosotros". Aquellos vieron de lejos la obra de Cristo, nosotros hoy podemos experimentarlo en carne propia. Ellos prestaron atención a las profecías, nosotros vemos su cumplimiento. A ellos se les dio una muestra de la vida eterna otorgada por gracia, nosotros la disfrutamos.

Puede ser que hoy tengas que enfrentar situaciones incomodas, difíciles y desafiantes. Puede ser que este mundo no recompense tus esfuerzos como mereces, pero tu esperanza te dice que pronto serás gobernante en el reino de los cielos, sirviendo y dándole gloria a Jesús, el Rey de reyes y Señor de señores.

Señor, quiero ser parte de ese grupo que te es fiel a ti sin importar las circunstancias ni personas. Que pueda influir con mis palabras y conducta a quienes me rodean.

¿Hacia dónde te diriges?

"El corazón del hombre piensa su camino;
mas Jehová endereza sus pasos."
Proverbios 16:9

Creí que iba en la dirección correcta hasta que mi esposa me dijo: "Creo que estamos perdidos... preguntémosle a alguien". ¿Perdidos...? Si todavía estamos dentro del planeta tierra. ¿Preguntar? Jamás me lo permitiría mi orgullo. "No, vamos bien...". Hasta que tuve que detenerme en una gasolinera y preguntar por el camino que debía seguir para llegar a nuestro destino. ¡Qué bendición fue cuando el GPS llegó a mi vida!

Como no siempre conocemos lo que tenemos por delante en nuestra vida, necesitamos asegurarnos permanentemente de ir en la dirección correcta, y solo Dios puede ayudarnos con esto. La palabra "enderezar", en hebreo *kun*, también significa "establecer, asegurar, confirmar, consolidar, ordenar". Nosotros podemos planificar nuestro camino, pero el único que nos ayudará a ordenar nuestros pasos y evitar desvíos es el Señor.

No podemos mantenernos en la dirección equivocada solo por no querer doblegar nuestro orgullo. Necesitamos reconocer nuestras malas decisiones, nuestras percepciones erróneas, hasta nuestros injustificados caprichos, y rendirnos totalmente a la dirección de Dios. No existen mapas que te lleven al destino eterno correcto fuera de la Palabra de Dios. Cuanto más la leas y la apliques a tu vida, más claro verás tu camino (Salmo 119:105).

Además, Dios ha provisto una ayuda sobrenatural para todos los que han recibido a Jesús como Salvador y Señor de sus vidas: El Espíritu Santo. Es el Espíritu de verdad, que nos guiará a toda la verdad (Juan 16:13). Semejante a un GPS, es la guía permanente para tu andar diario. Su voz interior te asegurará ir en la dirección correcta, o por el contrario, te avisará de caminos peligrosos o atajos que finalmente te conducirán a calles cerradas.

¿Hacia dónde se dirigen tus pasos? ¿Estás seguro de ir en dirección correcta? ¿Será que tienes que detenerte y evaluar el camino que has elegido seguir? Escucha la voz del Señor, medita en su Palabra, toma un consejo sabio y maduro espiritualmente, y da un giro rápido al "volante" de tu vida a tiempo.

Espíritu Santo, sé tú mi GPS en este día. Me someto a tu voluntad.

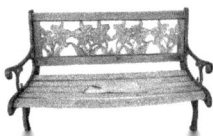

Mi porción es Dios

"Mi porción es Jehová, dijo mi alma;
por tanto, en él esperaré."
Lamentaciones 3:24

Jeremías, un profeta que supo sobrevivir a tiempos de frialdad y corrupción en Israel, tenía muy pocas cosas materiales a las que aferrarse. Los negocios y el trabajo eran totalmente inestables. Solo el que obedecía a Dios tenía la seguridad de permanecer. El profeta menciona en este pasaje que Dios era "su porción" y con eso le bastaba.

La palabra "porción" en hebreo es *kjélec* y tiene el significado de herencia, campo, galardón, hacienda, parte. Desde un principio, Josué había asignado los territorios a las diferentes tribus de Israel, pero luego ellos debían distribuir esos territorios a las distintas familias de esas tribus. El terreno asignado era posesión perpetua de la familia.

Dios había dicho que la tierra era suya y la daba a quien quería (Éxodo 19:5; Levítico 25:23). Por lo tanto, los integrantes de cada familia debían estar agradecidos por lo que les había tocado, trabajar esa tierra y hacerla fructífera. No había lugar para las quejas o codiciar otros lugares que parecían más verdes.

Además, las tierras podían perderse bajo los asedios permanentes de las naciones enemigas, pero nunca jamás se perdería la misericordia y fidelidad de Dios. Por eso Jeremías podía decir: "Mi porción es Jehová". ¡El Señor era todo para él!

Todos los que eligieron a Dios antes que a sus bendiciones han dicho lo mismo. David en el Salmo 16:5 dice que el Señor es la porción de su herencia y de su copa; el que sustenta su suerte. Asaf en el Salmo 73:26 dice que su carne y su corazón desfallecen, pero su roca y su porción es Dios para siempre. Esdras en el Salmo 119:57 también dice que su porción es Jehová. ¿Y qué dices tú?

Piensa en todo lo que tienes, no en lo que te falta. Piensa que Dios te ha dado las fuerzas para trabajar, la sabiduría para hacer negocios y la prudencia para saber administrar.

Él ha estado presente en cada momento de tu vida. Todo lo que tienes es de Dios y merece que le agradezcas diariamente sus bendiciones. Que hoy podamos decir: "¡Él Señor es mi porción, en Él esperaré!"

Tú eres mi porción, Señor. Mi herencia eterna es estar contigo
disfrutando tu presencia por la eternidad.

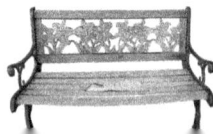

Agradar a Dios

"Pues, ¿busco ahora el favor de los hombres o el de Dios? ¿O trato de agradar a los hombres? Pues si todavía agradara a los hombres, no sería siervo de Cristo."
Gálatas 1:10

Podríamos intentar poner a Pablo frente al dilema de agradar a los hombres o agradar a Dios y esta decisión nunca sería un problema para él. Siempre vivió para servir a Dios y agradarlo solo a Él.

Los hermanos de Galacia estaban apartándose de la gracia y volviéndose a guardar la ley de Moisés creyendo que así obtendrían la salvación. Entonces Pablo les dice claramente que quien sigue "otro evangelio" diferente al de la gracia de Cristo, sea maldito. ¿Por qué es tan contundente? Porque quiere agradar a Dios antes que a los hombres.

La palabra "agradar" en griego es *aresko* y tiene el significado de complacer a otros con emoción o adaptarse a las opiniones y deseos de otros para complacerlos. Por supuesto el apóstol jamás iba a complacer a los que seguían sus propios caminos, falsas enseñanzas o torcían la Palabra de Dios. Pablo sabía a quién iba a rendirle cuentas. Fíjate cómo lo dice: "Sino que según fuimos aprobados por Dios para que se nos confiase el evangelio, así hablamos; no como para agradar a los hombres, sino a Dios, que prueba nuestros corazones." (1 Tesalonicenses 2:4).

No está mal agradar a los que amamos, a los hermanos en la fe, a los que necesitan del Señor. El apóstol Pablo también lo hacía. El problema radica en poner a Dios en segundo lugar para no perder ciertos beneficios otorgados por los hombres, como aceptación, reconocimiento, estima, compañía, seguridad, dinero, bienes materiales, y la lista sigue.

Cuando entendemos que el Señor es todo para nosotros, que nos ha dado vida eterna y abundante, que nos delegó autoridad para vivir en victoria, que además nos colma de bendiciones, pero por sobre todas las cosas que es nuestro Padre, Señor y Rey, entonces podemos compartir la misma convicción del apóstol: Si no agradara a Dios, no sería siervo de Cristo.

¿A quién estás sirviendo? ¿Eres un siervo del Señor o un sirviente de los demás? ¿De quién estás buscando aprobación? No hay mayor gozo para un hijo de Dios que agradar a su Padre Celestial, ahora y por la eternidad. ¡Que mi vida entera sea agradable a ti Señor!

Amén. Padre, deseo agradarte solo a ti. Enfoco mi mirada solo en ti.

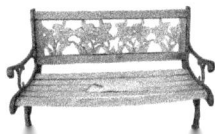

La maravillosa Palabra de Dios

"La ley de Jehová es perfecta, que convierte el alma; el testimonio de Jehová es fiel, que hace sabio al sencillo. Los mandamientos de Jehová son rectos, que alegran el corazón; el precepto de Jehová es puro, que alumbra los ojos. El temor de Jehová es limpio, que permanece para siempre; los juicios de Jehová son verdad, todos justos."
Salmo 19:7-9

¡Que bendición es tener en nuestras manos la Biblia y ser edificados diariamente con ella! El rey David la conocía muy bien porque la leía, estudiaba, meditaba y obedecía. Aquí nos da siete beneficios de conocerla:

1. *Convierte el alma*: La palabra hebrea para "convierte" es *shub* que tiene el significado de volverse, alejarse, arrepentirse, dando la idea de abandonar el pecado para seguir la santidad; pero también significa revivir, renovar, conducir, confortar, recobrar, recuperar, refrigerio, restaurar. ¡Qué trabajo maravilloso que hace su Palabra en nuestra alma!

2. *Hace sabio al sencillo*: La Palabra de Dios nos da sabiduría para tomar buenas decisiones. No es mero conocimiento, sino palabras aplicables a nuestra vida.

3. *Alegra el corazón*: Quien conoce y aplica sus principios encuentra satisfacción. Su corazón se regocija.

4. *Alumbra los ojos*: Las tinieblas quedaron atrás, ahora tenemos claridad para ver los beneficios de vivir agradando a Dios.

5. *Permanece para siempre*: La Palabra de Dios jamás dejará de ser. Todo lo material se marchita y perece, pero su Palabra "permanece para siempre". Sus valores son eternos y sus principios guían al pueblo de Dios de generación en generación.

6. *Produce el temor de Jehová*. Al meditar en su Palabra crece el temor reverente a Dios.

7. *Manifiesta la verdad y justicia*: No hay nada falso, imperfecto o injusto en la Biblia. Debemos leerla diariamente, meditarla y aplicarla sin preconceptos.

¡Qué privilegiados somos nosotros de tener todo el consejo de Dios que nos conduce a la salvación, la santificación y la vida eterna! Toma un buen tiempo para alimentarte de ella cada día y permite que guíe tus pasos.

Necesito vivir en tu Verdad ante un mundo lleno de mentiras y engaños.
Tu Palabra me guiará y será luz para mis decisiones.

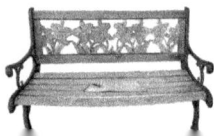

La batalla de la fe

*"Pelea la buena batalla de la fe, echa mano de la vida eterna,
a la cual asimismo fuiste llamado, habiendo hecho la
buena profesión delante de muchos testigos."*
1 Timoteo 6:12

El Señor te ha sacado de las tinieblas a su luz admirable. Eres distinto, creado para marcar una diferencia para Dios. Perteneces al grupo selecto de los valientes que heredan promesas.

Además, Dios te ha capacitado con el poder del Espíritu Santo y autoridad espiritual para permanecer firme. Sin embargo, puede que no todos los días te sientas así. Quizás estés en medio de un conflicto de intereses espirituales y materiales, un dilema entre actuar por fe o dejarte llevar por lo que hace la mayoría…

Si te has sentido así, Dios te dice a través del apóstol Pablo que pelees la buena batalla de la fe. Obviamente no es una lucha física sino espiritual y mental. La palabra griega para "pelea" es *agonízomai* que da la idea de luchar, contender con un adversario, esforzarse para lograr algo. Esta pelea demanda de ti argumentos firmes y convincentes, una determinación inquebrantable para mantener firme tu fe, valor inalterable para permanecer y dar a conocer la verdad.

Diariamente Satanás y sus secuaces tratan de impedir que crezcas en fe. Lanzará dardos de dudas, intimidación, miedo, amenazas. Por supuesto que lo hace a través de personas, incluso pueden venir de las que menos imaginamos.

Sin embargo, no debes olvidar que la batalla de la fe es una "buena batalla". A través de ella maduras, creces en dependencia de Dios, escuchas mejor la voz del Espíritu Santo y puedes ver sus intervenciones en situaciones difíciles y desafiantes.

Te animo a no bajar los brazos. No permitas que nadie te robe tu decisión de creer. No dejes de compartir las maravillosas experiencias que tienes diariamente con el Señor.

Muchos necesitan saber que hay esperanza en medio de las pérdidas, que hay amor en medio del odio, que hay aceptación en la discriminación, que hay libertad para la esclavitud del pecado, que hay vida eterna en Jesucristo. ¡Pelea tu buena batalla!

---

*Me levanto en tu Nombre y peleo la buena batalla de la fe.
Ayudaré a otros a prevalecer frente a los ataques del enemigo.*

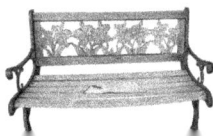

Cuando Jesús no pudo hacer milagros

"Y no pudo hacer allí ningún milagro, salvo que sanó a unos
pocos enfermos, poniendo sobre ellos las manos. Y estaba
asombrado de la incredulidad de ellos."
Marcos 6:5-6a

Pocas veces se lo vio a Jesús "asombrado", pero así se sentía al recorrer los lugares en donde había crecido. Cuando intentó cruzar su mirada con el viejo panadero del lugar, sorprendentemente volteó la cara para otro lado. Cuando saludó al pescadero solo recibió un movimiento de cabeza. Sus amigos de la infancia estaban escondidos en sus casas. Era evidente que nadie creí que fuera un profeta, mucho menos el Mesías que estaban esperando. El Señor estaba dispuesto a hacer señales, milagros y maravillas entre ellos, pero no pudo. ¡No pudo! ¿Cómo que Jesús no pudo? ¿Acaso no es el Hijo de Dios?

Sí, Jesús es el Dios Todopoderoso, pero no hace nada si no creen en Él. No obliga a nadie a dar pasos de fe. Jesús se enojó, se asombró, lloró y también se frustró. ¡Si tan solo pudieran creer, sus vidas serían tan diferentes…! Pero la incredulidad ató las manos del Señor para hacer milagros.

Religiosamente todos en el pueblo creían en Dios. Estaban convencidos de que podía abrir el Mar Rojo, parar el sol y la luna, mandar pan del cielo, y hasta enviar al Mesías Libertador. Pero creer en Jesús era otra cosa. ¿Cómo creer en Aquel que en lugar de destruir a los romanos les dice que deben amar a sus enemigos? ¿Cómo creer en Él si les pide que lo sigan, incluso a una cruz? Ay, no…

Nuestros corazones no han cambiado mucho desde esa época hasta hoy. En lugar de creer que Jesús todo lo puede, todavía seguimos cuestionando su existencia, su poder, sus intenciones, sus enseñanzas… Y el Señor solo nos sigue pidiendo fe, porque sin fe no hará nada. "Pero sin fe es imposible agradar a Dios; porque es necesario que el que se acerca a Dios crea que le hay, y que es galardonador de los que le buscan." (Hebreos 11:6).

No es cuestión de tener una gran fe, sino la seguridad de que Dios puede hacer todo lo que prometió. Tú solo debes creer, los milagros déjaselos a Él.

Si estás buscando a alguien que pueda creer en ti, aquí estoy.
Que sea un portador de tu Palabra para otros.

Alumbrando en el mundo

"Para que seáis irreprensibles y sencillos, hijos de Dios sin mancha en medio de una generación maligna y perversa, en medio de la cual resplandecéis como luminares en el mundo."
Filipenses 2:15

No vivimos lejos de una generación maligna y perversa, vivimos en medio de ella, y El Señor nos ha llamado a ser "luminares" en el mundo. Esta palabra en griego es *fostér* que da la idea de iluminar, fulgor, manifestar rayos de luz, resplandor. Somos portadores de la luz de Cristo desde el mismo momento que le aceptamos como nuestro Salvador.

Hechos 26:18 dice que Jesús comisionó a Pablo a predicar a los perdidos, para que se conviertan de las tinieblas a la luz, y de la potestad de Satanás a Dios, y así recibirán por la fe el perdón de pecados y herencia entre los santificados. La luz de Cristo en nosotros se manifiesta a través de nuestra conducta. En otro tiempo éramos tinieblas, pero ahora somos luz en el Señor y andamos como hijos de luz (Efesios 5:8).

El apóstol Pablo en el pasaje de Filipenses menciona tres actitudes que debemos manifestar como luminares en el mundo.

- *Irreprensibles.* Que nadie encuentre ningún motivo real para culparte de algo malo. Cuando nuestra conducta imita la de Cristo, evidentemente vamos a ser ejemplo en medio de nuestra familia, trabajo, comunidad, iglesia y el mundo.

- *Sencillos.* Inocentes en nuestra manera de pensar y actuar. Podemos estar en el mundo siempre y cuando el mundo no esté en nosotros. Nuestra misión es llenarlo de la luz de Jesús, no que las tinieblas nos apaguen. Dios le había dicho a Jeremías que sus compatriotas debían convertirse a él y no él convertirse a ellos (Jeremías 15:19b). ¡Tú puedes marcar la diferencia!

- *Sin mancha.* Que ningún pecado esté arraigado en ti y afecte tu manera de proceder. Recuerda que Jesús viene a buscar una Iglesia "sin mancha ni arruga" (Efesios 5:27). Esta debe ser una motivación constante para rechazar lo que a Dios no le agrada.

Esto es posible con la ayuda del Espíritu Santo. Comienza tu día conectándote con Él, escuchándole y obedeciéndole. Verás que con su poder resplandecerás entre los que te rodean para la gloria de Dios.

Tú has puesto tu luz en mi corazón, Señor. Hoy quiero compartirla con otros.

Atiende al humilde

"Porque Jehová es excelso, y atiende al humilde,
mas al altivo mira de lejos."
Salmo 138:6

En este salmo descubrimos, en pocas palabras, la manera de proceder de Dios con dos grupos muy diferentes de personas: los humildes y los altivos.

La palabra humildad en hebreo es *shafál* y hace alusión a las personas que han abatido su orgullo, que su altivez ha sido rebajada hasta el piso, que han tirado por tierra su soberbia. Tienen la disposición a escuchar el consejo de Dios y obedecerlo a pesar de ir contra sus propios gustos o beneficios personales.

El salmista dice que Dios "atiende" al humilde. Lo observa en sus luchas y pruebas para darle una salida a tiempo. Lo levanta cuando ha tropezado para que nunca permanezca caído. Le da fuerzas cuando parece que es imposible seguir adelante. Le promete una recompensa eterna, porque solo los humildes recibirán la tierra por heredad.

Dios se goza con los humildes porque tienen un corazón dócil y están siempre dispuestos a aprender y obedecer. ¡Qué fácil es para Dios tratar con personas así!

Pero también está el otro grupo, los "altivos". Esta palabra en hebreo es *gaboáj* y tiene el significado de elevado, alzado, arrogante, ponerse en alto, sobrepasarse o querer ser sublime. Sabemos que Dios es amor, pero al altivo "lo mira de lejos". No hay relación con él, porque una persona altiva no busca al Señor. Como podemos leer en Santiago 4:6 y 1 Pedro 5:5, que Dios resiste a los soberbios, pero siempre da gracia a los humildes.

Jesús vino a ser nuestro ejemplo. Como Hijo de Dios tenía todo el derecho de mostrarse como el más grande de todos, pero nunca lo hizo. Él mismo dijo que llevemos su yugo sobre nosotros, y aprendamos de Él, que es manso y humilde de corazón. Así es como tendremos descanso para nuestra alma (Mateo 11:29).

Hoy tenemos la oportunidad de aprovechar las circunstancias que vayamos a atravesar para crecer en humildad. Como diría Juan el Bautista: "Más de Jesús y menos de nosotros".

Señor, quiero ser humilde como tú. Que en este día sepa aprovechar
las enseñanzas que quieres mostrarme para poder crecer.

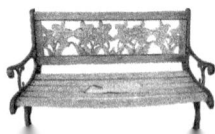

La verdad en amor

"Sino que siguiendo la verdad en amor, crezcamos en todo en aquel que es la cabeza, esto es, Cristo."
Efesios 4:15

Si solo tuviéramos en cuenta un solo atributo de Dios, estaríamos "mutilando" su persona. Dios es amor, es cierto, pero también es Sabio, Fiel, Justo, Santo, Soberano, Todopoderoso, Omnisciente, entre tantas otras características que nos permiten conocerle.

En este caso vamos resaltar dos virtudes que menciona el apóstol Pablo y que nos llama a imitar: Amor y Verdad.

Muchas veces manifestamos solo una de ellas. Podemos decir una verdad, pero si no lo hacemos con amor podemos sonar como un "metal que resuena, o címbalo que retiñe" (1 Corintios 13:1). El amor es la llave que puede abrir el corazón para que esa verdad eche raíz.

Por otro lado, puede ser que actuemos con amor, pero no digamos la verdad. Podemos amar a nuestros hijos, pero si no los corregimos con la verdad, nuestro amor deja mucho que desear. Podemos amar a nuestros amigos que no conocen a Cristo, pero si nunca les hablamos de Él, nuestro amor es discutible. También podemos decir que amamos al Señor con todo nuestro corazón, pero si no le obedecemos, ese amor no es verdadero. Debemos decir y vivir la verdad en amor. Son dos virtudes que deben ir permanentemente de la mano.

La oración del apóstol Pablo por los creyentes siempre fue en esta dirección. Él pedía en oración, que su amor abunde aún más y más en ciencia y en todo conocimiento, para que siempre puedan aprobar lo que es mejor (Filipenses 1:9).

¿Tenemos el amor de Cristo? Excelente, pero también debemos tener la ciencia y el conocimiento que viene de su Palabra. Es la manera de poder aprobar lo que es mejor.

Muchos reclaman amor, pero no quieren escuchar la verdad. Otros reclaman la verdad, pero no aman a nadie. No podemos separar el amor de Dios de su verdad.

Nunca dejes de amar al decir la verdad, pero tampoco dejes de decir la verdad a quienes amas. Es la manera de vivir equilibradamente en medio de un contexto que necesita oír la verdad y ver el verdadero amor de Cristo a través de nosotros.

Recibo de ti, el amor y la verdad. Anhelo compartirlas a quienes la necesitan.

Pruebas que nos perfeccionan

"No os ha sobrevenido ninguna tentación que no sea humana; pero fiel es Dios, que no os dejará ser tentados más de lo que podéis resistir, sino que dará también juntamente con la tentación la salida, para que podáis soportar."
1 Corintios 10:13

Muchas veces, al atravesar momentos difíciles, se nos escapa un "ya no doy más…" Nos parece imposible continuar bajo el peso de tantas cargas, sin embargo, el apóstol Pablo vio las pruebas y tentaciones desde otra perspectiva, sabía que Dios las permite con el propósito de que crezcamos.

El apóstol dice que en los momentos difíciles debemos "resistir". La palabra en griego es *dynamai* que tiene el significado de ser capaz o posible, capacidad para hacer algo, poder, poderoso. Está diciendo que Dios no va a permitir una prueba sin darnos el poder para sobrellevarla. El mismo Espíritu Santo nos capacita con recursos sobrenaturales para vencer. ¡Tenemos al mismo Dios dentro de nosotros dándonos su poder glorioso!

También señala que podemos "soportar" la tentación. En griego la palabra es *hypoféro* que da la idea de sobrellevar la adversidad o la capacidad para poder sufrirlo. Cuando las fuerzas parecen faltarnos, cuando los recursos se agotan, cuando no tenemos más ayuda humana, Dios mismo nos da las fuerzas para soportar el momento, la capacidad para permanecer firmes sin quebrarnos, la entereza para permanecer arraigados a nuestra fe. ¡El Señor no permitirá que la prueba sea más pesada que la fuerza de su poder!

Siempre hay una salida en el Señor, una puerta abierta que no hemos visto antes, un camino que sorpresivamente se abre ante nosotros. Las respuestas de Dios siempre llegan a tiempo, solo debemos permanecer firmes.

Si estás pasando por pruebas o tentaciones, recuerda las palabras que el Señor le habló a Pablo en medio de su prueba. Dios le había dicho que le bastara su gracia, porque su poder se perfecciona en la debilidad (2 Corintios 12:9).

Resiste con el poder del Espíritu, soporta con las fuerzas del Señor. Tu salida está cerca.

Cuando mis pruebas parezcan demasiadas pesadas, recordaré tu Palabra.
En ti tendré siempre el soporte necesario y la salida.

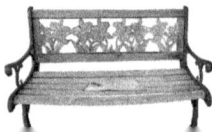

Test sobre el enojo

"Y Jehová le dijo: ¿Haces tú bien en enojarte tanto?"
Jonás 4:4

Jonás conocía a Dios bastante bien. Como profeta acostumbraba a escucharlo y hablar de parte suya al pueblo. Conocía su carácter en muchos aspectos y también su obra. El profeta había sido enviado a predicarles a los ninivitas, un pueblo sanguinario, vengativo, despiadado, cruel, idólatra. Cuando fracasó su primer intento de unas vacaciones en un crucero a Tarsis, no tuvo más remedio que ir a predicar a Nínive. Y sorpresa, ¡la ciudad entera se convirtió! ¡Aleluya! ¡Qué avivamiento Jonás…! ¿Jonás? ¿Estás bien…?

Jonás estaba enojado, muy enojado. Ahora esta ciudad rebelde estaba siendo perdonada por Dios y para Jonás eso era injusto. "¡Merecían el castigo! ¡Yo sabía que esto iba a pasar! ¡Dios perdona al que debe ser condenado!". Jonás olvidó la misericordia de Dios.

Quizás "tengamos razón" para enojarnos, pero "perdemos la razón" cuando nos airamos. Nadie dice que no podemos enojarnos, pero todo tiene un límite. Fíjate cómo responde Dios a la oración iracunda de Jonás: "¿Haces bien?" ¿Estás seguro que tu enojo tiene sentido? ¿Hasta dónde puede llevarte? ¿Has considerado toda la situación para saber lo que es realmente justo y dónde aplica la misericordia?

Pero lo que más nos llama la atención de la pregunta de Dios es la última palabra: "¿Haces tú bien en enojarte… *tanto*?". En otras palabras: "¿Estás enojado hasta el punto de querer morirte, es decir, cortar todos los procesos y propósitos que tengo con tu vida, Jonás?

Actuar con ira descontrolada es darle lugar al diablo (Efesios 4:26-27). Podemos enojarnos por conductas pecaminosas, injusticias, falta de temor de Dios, pero cuando nuestro enojo es resultado de nuestro orgullo, entonces comenzamos a darle lugar al diablo. Los malos pensamientos, como dardos de fuego, comienzan a hacer su trabajo en nuestra mente y corazón.

No sabemos cómo termina la historia personal de Jonás, pero su libro nos habla de la misericordia, perdón, compasión y amor de Dios. Nos recuerda que todos necesitamos su misericordia, por lo tanto, si Dios me perdonó, yo debo perdonar; si Dios tuvo misericordia conmigo, yo debo tener misericordia.

Señor, líbrame del enojo por egoísmo u orgullo. Dame discernimiento y compasión.

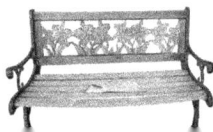

La presencia de Jesús

"Y se decían el uno al otro: ¿No ardía nuestro corazón en nosotros, mientras nos hablaba en el camino, y cuando nos abría las Escrituras?"
Lucas 24:32

Después de ser azotado, herido, lacerado sin compasión, haber llevado una corona de espinas en su cabeza, haber cargado su cruz hasta el Gólgota, siendo crucificado y traspasado en un costado, ¿sería posible que resucitara? Humanamente no era posible, pero sobrenaturalmente sí. Jesús resucitó. ¡Él está vivo!

Para dos discípulos, su resurrección solo eran rumores. "Dicen las mujeres que lo vieron, pero nosotros no…" Mientras iban hablando de lo sucedido, se les acercó alguien inesperadamente y los acompañó en su camino a Emaús. Ninguno de ellos se dio cuenta de que era Jesús. Hasta que al llegar a su destino, estos hombres invitaron al Señor a quedarse en su casa porque ya era de noche. Así que entró y estando con ellos en la mesa, partió el pan, dio gracias y entonces se dieron cuenta que era Jesús, pero Él desapareció de su vista. ¡Qué sorpresa! ¡Jesús se tomó el tiempo para visitarlos y afirmar su fe!

Cuando los discípulos reflexionaron sobre lo ocurrido dijeron: "¿No ardía nuestro corazón?". La palabra griega para "arder" es *kaío* que tiene el significado de incendiar, encender, consumir, quemar. Claro, no es algo literal, sino la manera de expresar lo que sintieron al estar en la presencia de Jesús. Algo se encendió en sus corazones mientras el Señor les recordaba las Escrituras.

Jesús ascendió a los cielos y hoy está en su trono reinando, sin embargo, su presencia se manifiesta en cada uno de sus discípulos a través de la fe. No lo vemos físicamente, pero hay una evidencia de que Jesús está con nosotros: Nuestro corazón arde.

Nuestro espíritu sabe que está con nosotros mientras leemos un devocional, mientras oramos, mientras meditamos en su Palabra. Hay una convicción interna que nos impulsa a seguir adelante porque sabemos que Jesús está con nosotros.

"Que no se apague el fuego que hay en mi corazón, que siga ardiendo más y más". Que ese fuego interior nunca se apague.

Espíritu Santo, enciéndeme con tu fuego santo. Quema lo inservible e ilumina en mi carácter para manifestar a Jesús en mi vida.

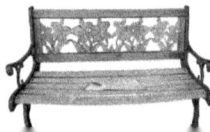

Nosotros nos levantamos

"Ellos flaquean y caen, mas nosotros nos
levantamos, y estamos en pie."
Salmo 20:8

Esta declaración la hace David inspirado por el Espíritu Santo. Por un lado, menciona a los que confían en sus "carros" de batalla, sus estrategias de guerra, sus bienes materiales, sus contactos, su posición social y su propio poder para vencer. Y por el otro, habla de "nosotros", los que vivimos bajo la voluntad del Padre Celestial.

Los primeros terminan "flaqueando y cayendo", pero los que confían en Dios, aunque pueden resbalar, ¡se levantan! Dice Proverbios 24:16 que siete veces puede caer el justo, pero vuelve a levantarse. ¡No permanecemos caídos! Hay algo dentro de nosotros que nos impulsa hacia arriba en las peores circunstancias.

La palabra hebrea para "levantarse" es *cum* que tiene el significado de afirmar, alzar, renovar, confirmar, elevar, establecer, resucitar. Dios nos levanta, renueva, eleva y si es necesario, también resucita. ¡Aleluya! ¡Es obra del Señor Todopoderoso!

Es difícil levantarse solo, por eso la diestra de Dios está extendida hacia sus hijos para levantarlos. Recordemos que dice Isaías 41:13 que el Señor es nuestro Dios, quien nos sostiene de la mano derecha y nos dice que no temamos porque Él nos ayuda.

Tengamos en cuenta que las palabras de David no nos animan a caernos y levantarnos como algo normal. Eso está bien para los bebés que recién empiezan a caminar. Por el contrario, el salmista dice que nos levantamos, "y estamos en pie". Para esta expresión hay otra palabra hebrea muy interesante, es el vocablo *ud* que da la idea de restaurar, certificar, exaltar, notificar, sostener o dar testimonio. Es decir, nos levantamos y permanecemos en pie dando testimonio y mostrando las evidencias de que Dios es quien nos sostiene.

¿Te sientes abatido? ¿Has experimentado una nueva caída? ¡Levántate en el nombre de Jesús! Dios tiene todo el poder para ayudarte a volver a tu posición de victoria, perdonar tus pecados, restaurarte y ayudarte a permanecer de pie para que puedas dar testimonio de que Él es quien afirma tu vida.

Gracias Señor por tu restauración. Siempre me levantas y
me ayudas a permanecer firme.

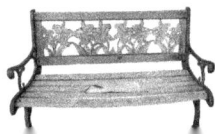

Lo escondido sale a luz

"Y Daniel habló y dijo: Sea bendito el nombre de Dios de siglos en siglos, porque suyos son el poder y la sabiduría. Él muda los tiempos y las edades; quita reyes, y pone reyes; da la sabiduría a los sabios, y la ciencia a los entendidos. Él revela lo profundo y lo escondido; conoce lo que está en tinieblas, y con él mora la luz."
Daniel 2:20-22

Daniel no la tenía fácil. Una cosa era interpretar un sueño y otra muy diferente era revelar un sueño ¡olvidado! Pero eso es lo que el rey Nabucodonosor les demandó a sus sabios, astrólogos y consejeros; y aunque todos le dijeron que no había hombre sobre la tierra que pudiera hacer eso, el rey fue terminante: Si no lo hacen, todos morirán.

Cuando Daniel supo esto, le pidió al rey que le diese tiempo y él le mostraría la interpretación. Daniel sabía que no estaba en sus posibilidades, pero se atrevió a confiar en el Dios que todo lo revela. Él mismo le dijo al rey que el misterio que le demandaba, ni sabios, ni astrólogos, ni magos ni adivinos lo pueden revelar. Pero hay un Dios en los cielos que revela los misterios… (Daniel 2:27-28). ¡Aleluya! ¡Conocía al único Dios Omnisciente! Y así fue, el Señor no solo le mostró el sueño sino también su significado.

Dios "revela lo profundo y escondido". Esta declaración está en presente, eso significa que así como le mostró a Daniel lo que había pasado por la mente del rey mientras dormía, también sabe lo que está sucediendo hoy en nuestra vida y a nuestro alrededor.

Hay muchas cosas que hoy están ocultas, pero Dios las sacará a la luz. El Señor todo lo sabe, no hay lugar a donde nos podamos esconder de Él, ningún pensamiento e intención del corazón puede estar oculto a sus ojos.

En el plan de Dios está registrado el momento en que todo saldrá a luz, para bien o para mal de muchos (Mateo 10:26). Los creyentes en Cristo debemos estar tranquilos y seguros si estamos siendo transparentes a los ojos de Dios y de los demás. Nada deberíamos temer, ya que el Espíritu Santo guía nuestra vida.

¿Estás sufriendo injusticias, burlas, acusaciones falsas, estafas, calumnias o injurias? El Omnisciente todo lo sabe y todo lo ve. Confía en Él, llegará el momento en que pondrá cada cosa en su lugar y la verdad será manifestada.

Tú conoces todo lo que está oculto, lo secreto. Tú lo revelarás para glorificarte.

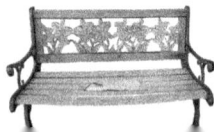

Nadie desbarata el plan de Dios

*"Yo soy Dios, y no hay otro Dios, y nada hay semejante a mí…
que digo: Mi consejo permanecerá, y haré todo lo que quiero."*
Isaías 46:9a-10b

Vivimos en un mundo lleno de incertidumbres. Las enfermedades pandémicas, la inseguridad nacional, la inestabilidad económica… Hoy, tener un trabajo permanente ya es un motivo diario de agradecimiento. Sin embargo, los hijos de Dios podemos vivir confiados y seguros en medio de todas estas situaciones porque quien nos sustenta es el mismo Dios Todopoderoso quien nos dice: "Mi consejo permanecerá, y haré todo lo que quiero".

Presta atención a los detalles de esta declaración. La palabra "consejo" en hebreo es *etsá* que tiene el significado de plan, designio, propósito, asunto determinado. Dios ha trazado un perfecto plan eterno y tiene todos los medios para llevarlo a cabo. ¿Acaso podemos pensar que sus propósitos pueden ser frustrados? Al aceptar a Jesús como nuestro Salvador y Señor, ese propósito comienza a cumplirse en sus hijos y nada puede cambiarlo.

Quizás pienses: "¿Será que el plan de Dios para mí es realmente bueno?" ¡Por supuesto! Dios mismo dice que hará todo lo que Él ha dispuesto. "Lo que quiero" en hebreo da la idea de "mi placer, deleite o delicia, mi deseo, cosa valiosa, lo que me agrada o me complace, lo que me produce contentamiento". ¿Acaso no podemos confiar en que Dios sabe lo que es mejor para nosotros?

Jeremías 29:11-13 nos dice que Dios sabe los pensamientos que tengo acerca de nosotros, que son pensamientos de paz y no de mal, para darnos el fin que estamos esperando. También dice que le invocaremos, le oraremos y Él oirá, que lo buscaremos y lo hallaremos porque lo haremos de todo corazón. ¿Lo crees?

Comienza a buscar al Señor de todo corazón, clama hasta estar seguro de que Dios tiene el control de tu vida y su paz te dé descanso.

Asegúrate de dejar todo en las manos de Dios y el Espíritu Santo te ayudará a avanzar según su plan. Entonces podrás decir como el salmista que el Señor cumplirá su propósito en mí (Salmo 138:8).

---

*Tú tienes un plan perfecto para mi vida. Lo creo, lo acepto y lo disfruto.
Hoy confío que me guiarás a cumplir tu propósito en mí.*

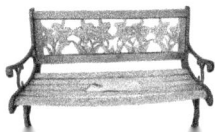

El Alfarero está haciendo algo nuevo

"Y la vasija de barro que él hacía se echó a perder en su mano..."
Jeremías 18:4

Jeremías estaba en el taller del alfarero y vio cómo una hermosa vasija se desarmó en las manos del artista. "Se echó a perder". Esta expresión en hebreo corresponde a la palabra *shakját* que da la idea de malograr, arruinar, deshacer, quebrantar estropear, dañar, perder. ¡Ay…! ¿Están hablando de mí…?

Muchas veces podemos sentirnos así. Lo que ayer parecía perfecto, hoy es nuestra peor pesadilla. Los sentimientos empiezan a jugarnos una mala pasada y parece que la única oración que podemos hacer es la que una vez salió de la boca de Elías: "Señor, quítame la vida…" Y Dios nunca responderá a esa oración. ¡Nunca!

Una cosa es sufrir el *shakját* fuera de Dios, y otra es en sus manos. De hecho, en esta historia el Señor le dice a Jeremías si acaso Él no podía hacer como ese alfarero con su pueblo. Está claro que Dios quería amasarlos hasta hacerlos barro dócil porque si no, les esperaba un final terrible. Presta atención: Es preferible un *shakját* en las manos de Dios que terminar como barro inservible en el horno de fuego eterno.

El barro desmenuzado y aplastado en las manos de Dios es más valioso que las mejores obras de arte expuestas en los grandes museos. ¡El Señor nunca permite pruebas que no podemos superar, tentaciones que no podamos vencer, resbalones de los que no nos podamos levantar! Los propósitos de Dios son más elevados que nuestros pensamientos, sus medios más eficaces que los nuestros, y el fin es más maravilloso de lo que podamos imaginar.

¿Sabes cómo continúa el versículo cuatro de Jeremías dieciocho? "…y volvió y la hizo otra vasija, según le pareció mejor hacerla". Lo que Dios ha planeado para nosotros desde ahora en adelante es lo mejor que nos podría pasar. Dios no quiere que nuestra vida termine como un amasijo. Tiene un plan para el que está en sus manos.

Una nueva etapa está delante de ti. Las cosas viejas pasaron y todas son hechas nuevas. ¡Levántate que el Alfarero está haciendo algo bueno en tu vida!

¡Aleluya! Soy barro para la vista humana, pero una vasija útil en tu mente eterna.
Haz lo que quieras de mí, Señor. Tú eres Sabio y Poderoso.

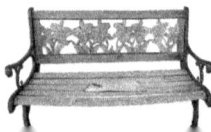

Confiados en la justicia de Dios

"Y Jehová pague a cada uno su justicia y su lealtad; pues Jehová
te había entregado hoy en mi mano, mas yo no quise extender
mi mano contra el ungido de Jehová."
1 Samuel 26:23

David se encontraba en el desierto de Zif escondiéndose del rey Saúl que quería matarlo. Al llegar la noche, David fue a espiar el campamento del rey y tanto Saúl como el ejército de tres mil hombres estaban durmiendo "porque un profundo sueño enviado de Jehová había caído sobre ellos." (v. 12). ¡Tremenda ayuda divina!

David y dos de sus guerreros se acercaron sigilosamente hasta el lugar donde estaba Saúl y uno de ellos le dijo a David: "Hoy ha entregado Dios a tu enemigo en tu mano; ahora, pues, déjame que le hiera con la lanza, y lo enclavaré en la tierra de un golpe, y no le daré segundo golpe" (v. 8). Pero David se lo impidió y solo tomaron la lanza y la vasija de agua del rey y se fueron silenciosamente. ¿Habría hecho bien David en dejar vivo a su enemigo? ¿No era esa la oportunidad perfecta para terminar con su persecución?

David tenía una visión diferente. Él sabía que el Señor se iba a encargar de Saúl y esa situación fue permitida para mostrar misericordia y perdón. Al amanecer, David despertó a gritos a Saúl y le mostró su lanza y su vasija como evidencia de que pudo vengarse de él, pero no lo hizo. Saúl solo pudo decir que había pecado, incluso lo llama hijo mío. Le promete que ningún mal le haría más, porque él sentía que su vida había sido estimada a sus ojos. Reconoce que había actuado neciamente, y que se había equivocado en gran manera (v. 21). Fue la última vez que Saúl salió a perseguir a David. La historia bíblica dice que Saúl murió en una batalla y David fue rey de Israel.

Esta historia nos enseña que cuando entregamos nuestras causas a Dios, Él nos hace justicia. Pablo, un imitador empedernido de Cristo, dijo que le dejemos la venganza a Dios (Romanos 12:19-21).

Si alguien ha actuado injustamente contra ti, entrégale esa situación al Señor y espera en Él. La venganza jamás detiene una disputa.

Dios cambia la amargura por la paz y su gozo derrama en los corazones de aquellos que esperan y confían en su justicia.

Eres mi abogado perfecto. Confío todos mis casos en tu justicia que es perfecta.

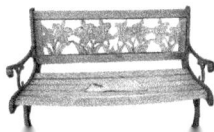

Sanidad para el corazón quebrantado

"Cercano está Jehová a los quebrantados de corazón;
y salva a los contritos de espíritu."
Salmo 34:18

¿Puede un cristiano tener el corazón quebrantado? Por supuesto. "Quebrantado", del hebreo *shabár,* tiene el significado de estar dañado, partido, derribado, roto. Las enfermedades físicas, tanto nuestras como de nuestros seres queridos nos quebrantan. Las pérdidas nos derriban. La rebeldía de un hijo nos destroza. Las presiones externas nos dañan. Sí, a cualquiera le puede pasar. ¿Qué hacer entonces?

La respuesta está en el versículo anterior cuando dice que los justos claman, Jehová los oye, y los libra de todas sus angustias (Salmo 34:17). Los que obtienen una respuesta son los que "claman". Esta palabra en hebreo es *tsaác* que tiene el significado de dar un grito desgarrador, dar voces, gritar, implorar, levantar la voz. Es un grito de angustia que solo puede entender el Señor.

Piensa en cuántos corazones quebrantados Dios ha hecho restauraciones milagrosas. En José, Moisés, Elías, Noemí, Job, Jeremías, Oseas, por mencionar algunos que la Biblia destaca. Pero también a los que hoy se están sometiendo al Señor para que transforme sus vidas. ¿Eres tú parte de la lista?

Dios oye el clamor de sus hijos. Puede que no sean oraciones con fina homilética, argumentos bien desarrollados o palabras altisonantes, pero para Dios lo único importante es que sean oraciones que salgan del corazón y manifiesten confianza y dependencia de Él. ¡Qué descanso al alma!

Si lees todo el salmo, te darás cuenta que el Señor cambió el quebrantamiento en alabanza. El salmista dice que iba a bendecir a Dios en todo tiempo y su alabanza estaría de continuo en su boca, porque después de haberlo buscado, le oyó y le libró de todos sus temores (vs. 1,4). A pesar de las circunstancias, podemos alabar a Dios en todo tiempo. Incluso si las circunstancias no cambian enseguida, por la fe podemos bendecir a Dios y alabarlo porque hará una salida.

Tu corazón necesita el verdadero descanso que está en Jesús. Entrégale todas tus cargas y Él te levantará de tu abatimiento.

Tú sabes sanar a los quebrantados de corazón. Eres mi Restaurador.

Sin máscaras

"Por tanto, nosotros todos, mirando a cara descubierta como en un espejo la gloria del Señor, somos transformados de gloria en gloria en la misma imagen, como por el Espíritu del Señor."
2 Corintios 3:18

"¿Por qué no cambio más rápido? ¿Qué pasa con mi carácter? A esta altura debería ser mucho mejor persona, mejor hijo, mejor cónyuge, mejor padre, mejor siervo…" Sí, todos nos hacemos estas preguntas de vez en cuando. Se supone que debemos cambiar para bien y todavía hay aspectos de nuestra conducta o nuestro carácter que nos dan algún que otro dolor de cabeza.

A pesar de lo que no vemos todavía, el apóstol Pablo nos dice, según la forma gramatical griega, que "estamos siendo transformados", una acción continua, como si Dios nunca se detuviera. Entonces, vamos a tener que creerlo.

Pablo dice que la manera de ver los cambios internos es como "por espejo". Si estás pensando en los espejos que tienes en tu casa, olvídate. Los espejos de la antigüedad eran de metal, de bronce pulido, y las imágenes que reflejaban no eran claras. Pablo dice en 1 Corintios 13:12 que ahora vemos por espejo, oscuramente. Aaaaah, oscuramente… A veces no se ven tan claros los cambios, pero se están llevando a cabo poco a poco.

Pero también es importante decir que puede ser que realmente los cambios no se vean, y es porque no estamos permitiendo que el Señor nos transforme. Aparentamos haber sido cambiados, pero no es así. Más bien nos volvemos especialistas en usar diferentes máscaras. La máscara de santidad los domingos a la mañana, o la del arrepentimiento los sábados por la noche, la de buen padre en reuniones familiares, o la de buen trabajador los lunes por la mañana. Pero eso no es lo que Dios tiene para nosotros.

La verdadera transformación nos lleva a abandonar nuestras máscaras y vivir con nuestra "cara descubierta". Debemos presentarnos ante Señor tal cual somos y dejar que el Espíritu Santo trabaje en nuestros corazones. Llegar a ser como Cristo es una experiencia progresiva. Cuanto más cerca sigamos al Señor, más nos asemejaremos a Él.

Dejo mi máscara para vivir con la cara descubierta
y ser transformado por ti.

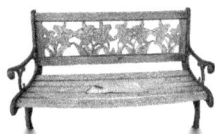

En lugar espacioso

"Desde la angustia invoqué a Jehová, y me respondió Jehová, poniéndome
en lugar espacioso. Jehová está conmigo; no temeré."
Salmo 118:5-6a

Muchas veces, cuando las presiones nos agobian, nos parece estar entre dos paredes que se van acercando peligrosamente hacia nosotros y nos comienza a faltar el aire. Sentimos que nos están comprimiendo, aplastando. Hablamos de asfixia emocional, mental, espiritual y hasta física.

El salmista usó la palabra angustia para referirse a esta condición. "Angustia", en hebreo, es *metsár* que tiene el significado de algo apretado, estar asfixiado por problemas, sentir estrechura. ¡Exacto! Eso es lo que estamos sintiendo.

Cualquiera que esté en esa condición tiene dos opciones: Dejarse irremediablemente aplastar por las presiones o decidir como el salmista, invocar a Dios. La palabra hebrea para "invocar" es *cará* y da la idea de asediar a una persona para que nos escuche, llamar por nombre, gritar fuerte, nombrar a alguien por ayuda, dar voces. En la desesperación hay que llamar a Dios con intensidad, incluso hasta en voz alta. "¡Señor, ayúdame!"

Dios no es indiferente a una petición cuando lo invocan de veras. El Salmo 145:18 dice que el Señor está cercano a todos los que le invocan, pero a todos los que le invocan "de veras". Él quiere que sin reparos le pidamos ayuda. Nos ha dado el libre albedrío para que voluntariamente pidamos su intervención. Cuando lo hacemos, los cielos se abren y llega la respuesta.

Dios nos saca de la angustia a "un lugar espacioso". Esta expresión en hebreo da la idea de agrandamiento, espacio abierto, libertar, anchura, bien amplio. Volvemos a respirar tranquila y profundamente porque el Señor nos dio una la salida.

No pierdas un minuto más, ve al Señor en este momento, y deja que Él intervenga en tu situación apremiante. Entonces podrás decir como el salmista: "¡Jehová está conmigo; no temeré!"

En momentos en que me siento estrecho, presionado, voy a recurrir a ti.
Tú conoces mi corazón, sabes lo que siento y cuál es la Palabra que
me da paz. Confío en tus promesas porque me dan seguridad.

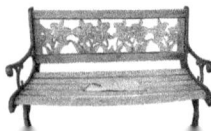

No moriré

*"No moriré, sino que viviré, y contaré
las obras de Jehová."
Salmo 118:17*

Dios es el único que tiene contados nuestros días. Él sabía cuándo íbamos a nacer, y también sabe cuándo vamos a partir hacia la eternidad. A pesar de saber esto, muchas veces tenemos temor de perder la vida cuando no podemos controlar las circunstancias y parece que estamos a merced de ellas.

El rey David sintió esto cuando fue rodeado por sus enemigos y parecía que ya no tenía salida. También los discípulos creyeron que iban a morir cuando enfrentaron una gran tormenta en el mar de Galilea (lo sorprendente es que Jesús iba con ellos). ¿Y qué me dices del apóstol Pablo? En un momento de su vida llegó a decir que fueron abrumados sobremanera más allá de sus fuerzas, de tal modo que aun perdieron la esperanza de conservar la vida (2 Corintios 1:8).

Las circunstancias que rodean nuestra vida pueden ser diferentes a las de David, a los discípulos o al apóstol Pablo, sin embargo, tenemos algo en común que nos une a todos: ¡Al mismo Señor con nosotros! ¿Qué haremos entonces? ¿Nos dejaremos arrastrar por las circunstancias? ¿Le haremos caso a los engaños del diablo? ¿Aceptaremos sus mentiras? ¿Vamos a olvidar Quién está a cargo de nuestra vida?

Al diablo no le conviene verte motivado y viviendo para la gloria de Dios. Por el contrario, quiere verte derrotado, en autoconmiseración, desanimado y con ganas de morir. Él sabe que si logra esto, tiene la mitad de la batalla ganada.

Es hora de poner tu fe en marcha y gritar como el salmista: "¿A quién tengo yo en los cielos sino a ti?" (Salmo 73:25). ¡Tenemos un Dios Todopoderoso que calma la tempestad, que pone límites a nuestros enemigos, que hace milagros extraordinarios, y nos fortalece cuando estamos débiles!

Ya no debes permanecer caído, con el rostro en el piso, los brazos paralizados y las rodillas endebles. Levántate en el nombre del Señor y proclama con fe: "¡No moriré, sino que viviré, y contaré las obras del Señor!"

---

*¡Me levanto con fe y ánimo renovados para vivir hoy para tu gloria!
Tu presencia me renueva y me llena de fuerzas nuevas.*

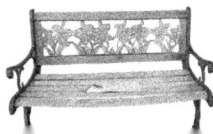

Victoria en las tentaciones

"Porque no tenemos un sumo sacerdote que no pueda compadecerse de nuestras debilidades, sino uno que fue tentado en todo según nuestra semejanza, pero sin pecado."
Hebreos 4:15

La palabra "tentar" en griego es *peirazo*, que tiene el significado de poner a prueba o incentivar y el propósito aquí es negativo: hacernos pecar, independizarnos de Dios, vivir a nuestro antojo, que le demos lugar a los deseos más bajos de nuestra vieja naturaleza y recibamos las tristes consecuencias.

Jesús fue tentado… en todo. Eso significa que aunque hayan pasado más de dos mil años y lo tiempos cambien, el propósito de una tentación sigue siendo el mismo.

Hay tres áreas en donde todos somos tentados. Observa la descripción de Juan. Él dice que todo lo que hay en el mundo puede categorizarse en tres: los deseos de la carne, los deseos de los ojos, y la vanagloria de la vida; además, nos recuerda que esto no proviene del Padre, sino del sistema perverso del mundo (1 Juan 2:16).

Justamente Jesús fue tentado en estas tres áreas: Los deseos de la carne: que convirtiera las piedras en pan. Los deseos de los ojos: la gloria de los reinos del mundo. La vanagloria de la vida: que se arrojara del pináculo del templo. Jesús venció las tres formas de tentación cuando estuvo en el desierto (Mateo 4:1-11).

El Señor fue tentado en todo para identificarse con nosotros, de modo que podemos estar seguros que nos entiende cuando estamos bajo cualquier presión. Pero no solo nos entiende, también nos ofrece su poder para ser vencedores. Si Él fue vencedor, también podemos serlo nosotros porque tenemos el mismo poder del Espíritu Santo.

Jesús venció cada tentación con la Palabra de Dios. Le respondió una y otra vez al mismo diablo: "¡Escrito está!", y asunto terminado. Su Palabra debe ser nuestra arma para deshacer todos sus engaños.

Permitamos que el Espíritu Santo nos recuerde la Palabra y nos muestre la salida a cada tentación. Él es nuestro Ayudador.

Nosotros le pertenecemos a Dios, y hemos vencido al mundo por medio de Cristo; porque mayor es el que está en nosotros, que el que está en el mundo (1 Juan 4:4).

En ti soy más que vencedor. Confío en el poder de tu Espíritu para tener la victoria.

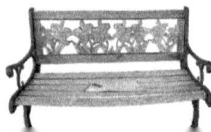

Atados en una cisterna

"Ataron mi vida en cisterna, pusieron piedra sobre mí; aguas cubrieron mi cabeza; yo dije: Muerto soy. Invoqué tu nombre, oh Jehová, desde la cárcel profunda oíste mi voz; no escondas tu oído al clamor de mis suspiros. Te acercaste el día que te invoqué; dijiste: No temas. Abogaste, Señor, la causa de mi alma; redimiste mi vida."
Lamentaciones 3:53-58

La fidelidad de Jeremías al Señor y a su verdad era bien conocida. Los sufrimientos de este hombre de Dios por causa de su ministerio son innumerables. Su predicación iba dirigida al corazón y la conciencia del rebelde pueblo de Judá. No había manera de callarlo. Incluso creyeron que metiéndolo en una cisterna terminarían con él. En Jeremías 38:6 dice que tomaron a Jeremías y lo hicieron echar en la cisterna de Malquías hijo de Hamelec, que estaba en el patio de la cárcel; y metieron al profeta con sogas. Y en la cisterna no había agua, sino cieno, y se hundió Jeremías en el cieno. Auch. Terrible.

La descripción que hace Jeremías de ese lugar es una "cárcel" profunda. En hebreo es *bor* que tiene el significado de prisión, abismo, fosa, mazmorra, sepultura. Literalmente, ese pozo profundo estaba a punto de convertirse en su sepultura.

No es necesario estar en una cisterna para llegar a sentirnos como Jeremías, encerrados, en el fondo de un pozo, a oscuras y creyendo que ya no hay salida. El profeta podría haberse dejado vencer, sin embargo, decidió clamar a Dios por liberación y fue escuchado.

Lo primero que Dios le dijo fue: "No temas". Cuando realmente le entregamos a Él nuestra situación debemos confiar en su ayuda. Entonces su paz sobrenatural se apodera de nosotros y podemos estar seguros de que su ayuda está en camino.

Por la providencia divina, unas personas con temor de Dios fueron movidos para sacar a Jeremías de la cisterna, y de esa manera su vida fue preservada. Un extranjero, el etíope Ebed-melec, fue quien lo sacó de allí. Le puso unos trapos debajo de sus axilas para protegerle de las sogas y lo subieron de la cisterna (Jeremías 38:12).

Si te encuentras en un "pozo oscuro", clama a Dios. Él vendrá en tu ayuda, te levantará con su poder y otra vez podrás sentirte seguro. Las manos de Dios están extendidas hacia ti en este momento.

Cuando parezco hundido en una cisterna, sé que tú me rescatarás de lo profundo. Te alabaré por tu salvación.

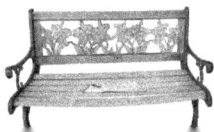

¿Por qué sufren los justos?

"Hay vanidad que se hace sobre la tierra: que hay justos a quienes sucede como si hicieran obras de impíos, y hay impíos a quienes acontece como si hicieran obras de justos."
Eclesiastés 8:14

El sufrimiento es resultado de un mundo caído. No formaba parte del plan de Dios original, pero cuando el pecado entró en acción, el ser humano comenzó a experimentar las consecuencias.

Pero, ¿por qué Dios permite que sufran sus hijos? A veces podemos preguntarnos por qué el Señor no responde a mis oraciones más rápido. ¿Por qué otros no pasan por situaciones tan difíciles como las que yo atravieso? Tenemos muchas preguntas y a veces pocas respuestas.

Hay muchos asuntos que se están desarrollando en la esfera celestial que no llegaremos a entender aquí en la tierra. Pregúntale a Job. En el cielo se estaba dando una disputa entre Dios y Satanás mientras él atravesaba por las peores situaciones que un humano puede pasar.

David tampoco tuvo todas las respuestas a sus luchas. Algunas las conocía porque eran resultado de sus malas decisiones, pero otras no, y solo decidió confiar en la soberanía de Dios.

Tampoco tuvieron todas las respuestas a sus sufrimientos los discípulos, o el apóstol Pablo; pero todos decidieron poner su confianza en Dios y permitir que cumpliera los propósitos que había dispuesto.

Con el sufrimiento aprendemos cosas que de otra manera no aprenderíamos. También se desarrolla nuestro carácter, nos da mayor capacidad para entender y consolar al que sufre. En medio del dolor tenemos oportunidad de experimentar la presencia de Dios de una manera única y sobrenatural. Una cosa es ver la liberación de Dios de un posible sufrimiento, y otra es sentir su presencia en medio de las circunstancias más difíciles.

Todo lo que suframos al final será transitorio. Mientras tanto debemos creer, como dijo el apóstol Pablo en 2 Corintios 4:17-18, que esta tribulación temporal va a producir en nosotros un excelente y eterno peso de gloria Así que no vamos mirando las cosas que se ven, sino las que no se ven; porque las cosas que se ven son temporales, pero las que no se ven son eternas.

Lo que estoy pasando, es temporal. Me espera un final glorioso. Mientras tanto, recibo hoy los recursos espirituales para agradar a Dios.

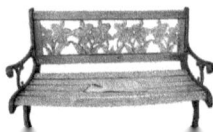

Levántate y avanza

"Mi siervo Moisés ha muerto; ahora, pues, levántate y pasa
este Jordán, tú y todo este pueblo, a la tierra que yo
les doy a los hijos de Israel."
Josué 1:2

Después de completar la travesía por el desierto durante cuarenta años, Moisés ya no estaba. Nadie lo vio morir, sólo recordaban que dijo que subía al monte para partir a la eternidad.

Muchas preguntas daban vuelta por la mente de Josué. ¿Y ahora, qué vamos a hacer? ¿Cumplirá Dios lo que nos prometió? ¿Podremos conquistar un territorio tan amplio con enemigos sanguinarios y de estatura más grande que la nuestra? La última vez que enviamos espías… Bueno, mejor no recordarlo. Yo no sé si tendré las fuerzas para hacerlo. El futuro puede ser maravilloso, pero el presente es complicado. Ay… si estuviera Moisés, él sabría qué hacer…

En ese momento, Dios le habló a Josué. No dice que fue una voz audible, pero él sabía que el Libertador de Israel le estaba hablando. Sus palabras respondieron cada una de sus preguntas dándole la tranquilidad que necesitaba. El novato líder entendió que era tiempo de poner toda su confianza en Dios y avanzar con fe.

A todos nos llega el momento en que ya no podemos seguir avanzando con las "varas" de otros, las oraciones de otros, las estrategias de otros, las motivaciones de otros, la fe de otros. Debemos empezar a movernos ejercitando nuestra fe, haciendo nuestras oraciones y apoyados únicamente en Dios.

Si te encuentras inmovilizado por temor al futuro, paralizado por lo que puedan demandarte los nuevos desafíos, Dios tiene una palabra para ti: "¡Levántate y avanza!"

Especular, dudar, reprender o declarar no son los verbos que Dios tiene en mente cuando ya nos dio una orden. Tienes que levantarte y atreverte a creer lo que Dios te prometió. De los resultados no te preocupes, déjaselos al que manda.

¿Estás sentado mirando tu "Jordán"? ¿Te sientes solo porque ya no tienes los "bastones" en los que antes te apoyabas? Hoy Dios te dice: "¡Levántate y pasa tu Jordán porque yo estoy contigo!

Voy para adelante. Pondré en marcha mi fe confiando que Dios abre caminos
donde no los hay. Soy un conquistador de sus promesas.

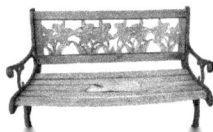

Alabaré de mañana

"Pero yo cantaré de tu poder, y alabaré de mañana tu misericordia;
porque has sido mi amparo y refugio en el día de mi angustia."
Salmo 59:16

Cuando David escribe estas palabras se encontraba huyendo de Saúl quien lo buscaba para matarlo. Aunque David reconoce que se ha sentido angustiado, a veces desamparado y en soledad, también dice que en medio de su aflicción cantaría del poder de Dios y "alabaría de mañana su misericordia".

La palabra que usa aquí el salmista para "alabar" en hebreo es *ranán* que tiene el significado de emitir un sonido estridente, gritar de alegría, alegrarse, aplaudir, cantar, clamar, gritar de gozo, regocijarse, cantar con júbilo. Así empezó David su mañana después de escapar de Saúl. Déjame preguntarte: ¿Cómo empiezas tus mañanas? ¿Café solo o con alabanza?

Nuestra perspectiva cambia cuando comenzamos cada día con una actitud de alabanza, reconociendo la misericordia de Dios. Es cierto que pasamos por situaciones difíciles, pero nunca sabremos de cuántas el Señor nos libra día a día. En el cielo lo sabremos.

¡Cada mañana Él nos renueva su misericordia! Así lo dice Lamentaciones 3:22-23. Por su misericordia no hemos sido consumidos, porque nunca decayeron sus misericordias. Ellas son nuevas cada mañana y su fidelidad es grande.

Cuando alabamos a Dios manifestamos que nuestra confianza está puesta en el Señor. Mira una de las promesad dadas a Isaías. Dios dijo que en descanso y en reposo serían salvos; en quietud y en confianza estaría su fortaleza (Isaías 30:15). ¡Aleluya!

Cuando alabamos a Dios estamos creyendo en sus planes perfectos. Nos unimos a un salmista que alaba a Dios diciendo que formidables y maravillosas son sus obras. Eso nos hace sentir extasiados con Dios y nuestra alma está segura (Salmo 139:14).

Cuando alabamos a Dios recordamos su fidelidad. Aunque fuéremos infieles, él permanece fiel porque no puede negarse a sí mismo (2 Timoteo 2:13).

Comienza tu día alabando a Dios y verás que tu fe comienza a crecer y tendrás la seguridad de que Él obrará en medio de tus desafíos.

¡Te alabo, Señor, porque maravillosas son tus obras!

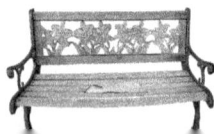

¡Levántate y resplandece!

"Levántate, resplandece; porque ha venido tu luz,
y la gloria de Jehová ha nacido sobre ti."
Isaías 60:1

¿Ha llegado la luz de Cristo a tu vida? ¿Has dejado atrás la vida en tinieblas para estar en el reino del Hijo de Dios? Cuando su luz llega a nuestra vida debemos hacer dos cosas: Levantarnos y resplandecer. "Levántate" en hebreo es *cum* que tiene el significado de confirmar, afirmar, despertar, permanecer en pie. Hay que tomar la decisión de abandonar todo adormecimiento, temor, abatimiento, y comenzar a andar con fe.

"¡Resplandece!" Esta palabra en hebreo es *or* que da la idea de alumbrar, iluminar, amanecer, dar luz, encender, algo glorioso. Observa que no dice brillar ni reflejar. Lo que debemos hacer es irradiar la gloria del Señor momento a momento.

Hay días que parece que no tenemos las fuerzas para levantarnos y mucho menos la actitud de resplandecer, sin embargo, la promesa es que la Luz celestial ha llegado a nuestras vidas y la gloria de Dios ha nacido sobre nosotros. Esto ha sido así a través de Jesucristo y su obra redentora aplicada a nuestra alma, así que solo debemos permitir que Él manifieste su luz a través de nosotros.

Isaías profetizó que la luz divina vendría al mundo. Por fe decía que el pueblo que andaba en tinieblas vio gran luz, y los que moraban en tierra de sombra de muerte, les resplandeció la luz sobre ellos (Isaías 9:2). La profecía de Isaías se cumplirá completa y literalmente cuando Cristo venga a reinar.

Mientras tanto, debemos recordar que estamos viviendo los últimos tiempos. Jesús viene otra vez a buscar a su pueblo y no podemos permanecer dormidos y sin esperanza. Tenemos vida eterna y un mensaje para compartir con los que nos rodean. Debemos levantarnos y resplandecer cada día donde nos encontremos.

Apliquemos la exhortación de Romanos 13:11 que dice que ya es la hora de levantarnos del sueño porque ahora está más cerca de nosotros nuestra salvación que cuando creímos.

Me levanto con el propósito de resplandecer con la luz de Cristo.
Señor, que ningún persona o circunstancia me hagan retroceder.

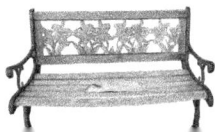

Tu fe te ha salvado

"Pero Jesús, volviéndose y mirándola, dijo: Ten ánimo, hija; tu fe te ha salvado.
Y la mujer fue salva desde aquella hora."
Mateo 9:22

Era difícil para Jesús pasar desapercibido. Apenas alguien por ahí escuchaba que el Maestro estaba cerca, la voz corría rápidamente y multitudes se acercaban a Él.

Entre las personas que querían encontrarse con el Señor había una mujer que llevaba doce años enferma. Ya había sido desahuciada por los médicos y su única esperanza era Jesús. Pero cómo llegar a Él. Físicamente estaba débil, pero además, según la ley de Moisés, su enfermedad la hacía inmunda, lo que la obligaba a vivir apartada de la sociedad.

Sin embargo, pensó: "Voy a tocar el manto del Señor y seré sana". La verdad es que el manto de Jesús no era milagroso. Jesús vestía como todos los varones de Israel. Hasta ahora no se sabía que por la vestimenta del Señor hubiera ocurrido un milagro. Pero ella pensó que si no lo podía tocar por su condición física y social, ¡aunque sea tocaría su vestido! Así fue que, abriéndose paso entre la multitud, logró tocar el manto del Maestro y fue sana instantáneamente. Entonces Jesús se detuvo y comenzó a preguntar quién había tocado sus vestidos porque poder había salido de él.

¡Qué presión para esta mujer! Si relataba lo que le había sucedido, los religiosos la castigarían por quebrantar la ley, pero no le importó y temblando, se postró delante del Señor y le dijo la verdad. Entonces Jesús dio su veredicto final a través de tres poderosas declaraciones:

1. *"Ten ánimo"*. ¡Qué alivio que Jesús te anime frente a tanta presión! La palabra "ánimo" en griego es *dsarséo* y da la idea de tener valor, confianza, atreverse a confiar.

2. *"Hija"*. ¡Qué expresión tan paternal! Jesús le dijo que por depositar su fe en Él ahora era hija de Dios y podía acudir a la presencia del Padre Celestial en todo tiempo.

3. *"Tu fe te ha salvado"*. No vayas a creer que fue el manto, ha sido tu fe puesta en Jesús. Lo demás es secundario. Sólo creer en Él, acercarse con fe y ver lo que Jesús hará.

Señor Jesús, me acerco a ti. Quiero experimentarte, sentirte, tocar tu corazón.
Un encuentro contigo llena mi alma de gozo y paz.

Cuando todo se derrumba

"Y descendió lluvia, y vinieron ríos, y soplaron vientos, y dieron con ímpetu contra aquella casa; y cayó, y fue grande su ruina."
Mateo 7:27

Hay personas que construyen su vida alrededor de un trabajo. Todos sus esfuerzos están dirigidos a hacerse de un nombre, una posición, una cuenta en el Banco, y cuando creen que ya tienen su futuro asegurado, lo que parecía estable se vuelve volátil y sus días se ven cubiertos por densas nubes negras.

Otros desarrollan sus vidas alrededor de una relación. Alguna vez habrás escuchado decir: "Yo sin él/ella no puedo vivir". La felicidad, realización y seguridad dependen de una persona; pero una promesa se olvida, aparece una huida inesperada, un pacto maravilloso se rompe y todo se derrumba.

¡Cuántos tenían sus vidas aseguradas en sus propiedades, lujos, riquezas y cuentas bancarias abultadas hasta que apareció la temida bancarrota!

También, muchos edifican su vida a partir de un ministerio. Creen que sus aptitudes comunicativas, sus destrezas administrativas, sus habilidades financieras son suficientes para asegurar su futuro. Pero en algún momento todo lo construido sin tener en cuenta a Dios se derrumbó.

Ya lo dijo el Señor, si alguien construye su casa sobre fundamentos superficiales y pasajeros, se derrumbará. El único fundamento correcto es Cristo, la Roca, y la forma de construir para que algo permanezca eternamente es obedeciendo su Palabra.

Jesús lo dijo claramente: "Cualquiera, pues, que me oye estas palabras, y las hace, le compararé a un hombre prudente, que edificó su casa sobre la roca. Descendió lluvia, y vinieron ríos, y soplaron vientos, y golpearon contra aquella casa; y no cayó, porque estaba fundada sobre la roca." (Mateo 7:24-25).

¿Es Cristo el fundamento de tu vida? Todo lo demás puede fallar, pero su Palabra es la que permanece para siempre. La única seguridad está en Él. Aunque vengan las peores tormentas a tu vida, siempre vas a permanecer firme porque Cristo es tu fundamento.

Jesús, tú eres el fundamento de mi vida. Mi futuro está seguro en tus manos.

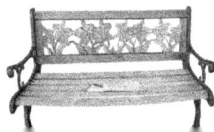

Discípulos *"likes"*

"Como grandes multitudes lo seguían, Jesús se volvió a ellos y les dijo: «Si alguno viene a mí, y no renuncia a su padre y a su madre, ni a su mujer y sus hijos, ni a sus hermanos y hermanas, y ni siquiera a su propia vida, no puede ser mi discípulo. Y el que no toma su cruz y me sigue, no puede ser mi discípulo. Así también, cualquiera de ustedes que no renuncia a todo lo que tiene, no puede ser mi discípulo."
Lucas 14:25-27,33

Los nuevos *influencers* reciben miles y hasta millones de "me gusta" por sus fotos, comentarios y videos en internet. No conozco a ninguno de ellos que quiera reducir su número de seguidores usando filtros que no le agradan al público. Todo siempre gira entorno a lo que otros quieren ver o escuchar. Hoy por hoy el mensaje, el contenido, está condicionando por los "likes".

¡Qué diferente es el ejemplo que nos dejó Jesús! Él nunca dijo lo que la gente quería escuchar, sino lo que necesitaba escuchar. Él no vino simplemente a poner un parche a un sistema quebrado, desgastado y corrompido, ¡vino para mostrar el único camino de salvación y a hacer todo nuevo!

Pero para que la obra de Cristo tenga efecto, no solo es necesario recibirlo en nuestro corazón como Salvador, sino "renunciar" a todo por obtenerlo todo en Él. Cuando Jesús habló de "renuncia" usó la palabra *apotásomai* que literalmente tiene el significado de "decir adiós". Es decir, despedirse de los remiendos que nos ofrece el mundo para encontrar en Cristo el rumbo y satisfacción verdadera y eterna.

Todo verdadero discípulo de Jesús ha tenido que decir adiós a muchas cosas en su vida, pero nunca se arrepiente de haberlas dejado ir. Sabe que ha ganado el tesoro más grande, la única perla de gran precio. Lo demás es baratija. ¿A qué cosas tuviste tú que decirle adiós?

Diferentes son los *"discípulos likes"*. Ellos se alejan a la hora de renunciar a todo por seguir a Cristo. La Biblia dice que muchos de sus discípulos volvieron atrás, y ya no andaban con él. Incluso Jesús les dijo a los doce si acaso querían ellos también (Juan 6:66-67).

Solo los verdaderos discípulos se quedan y perseveran a su lado. Así lo expresó el apóstol Pedro: "Señor, ¿a quién iremos? Solo tú tienes palabras de vida eterna." (Juan. 6:68).

Jesús, dejo todo por seguirte. Solo tú tienes vida eterna para mí.

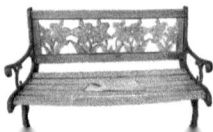

Diálogos internos

"Despierta, despierta, Débora; despierta, despierta, entona cántico…
Marcha, oh alma mía, con poder."
Jueces 5:12a, 21b

Israel estaba siendo hostigado y oprimido por sus enemigos hasta que clamaron a Jehová y Él les respondió. Dios levantó a Débora, una verdadera profetiza en el pueblo, con un mensaje convincente y un llamado a pelear la batalla. Dios les dio la victoria y para conmemorarla, Débora fue inspirada a escribir la canción del capítulo 5 de Jueces. Si lees todo el capítulo, notarás que muchas veces la misma Débora se habla a sí misma y se responde. Hay un diálogo interno muy interesante.

Nosotros sabemos bastante de diálogos internos, para bien o para mal. Cuántas veces nos hablamos a nosotros mismos con frases negativas como resultado de aquellas palabras inapropiadas que escuchamos mientras crecíamos. "Haces todo mal", "eres un inútil", "no sirves para nada", y tantas otras que han condicionado nuestra manera de vivir y también de recibir el amor de Dios.

Una de las primeras cosas que se dijo Débora fue que era tiempo de despertarse. Aunque ella estaba en sintonía con Dios, necesitaba levantarse del adormecimiento para no permitir que el enemigo le siguiera robando. Había que dejar atrás el sometimiento, el conformismo y tomar acción para obtener la victoria.

También, en su diálogo interno, se dijo: "Basta de quejas y lamentos. Ya es tiempo de alabar a Dios por lo que hizo y por lo que hará". Cambiar los lloriqueos por una actitud de agradecimiento y de fe.

Y también Débora se dijo a sí misma que era tiempo de marchar con poder. Nuestras convicciones espirituales se renuevan cuando nos afirmamos en la Palabra de Dios. Nuestro diálogo interno debe expresar la victoria que nos fue dada por Cristo.

Y si las situaciones parecen complicarse más, debemos recordar en Quién tenemos nuestra esperanza. "¿Por qué te abates, oh alma mía, y te turbas dentro de mí? Espera en Dios; porque aún he de alabarle, Salvación mía y Dios mío." (Salmo 42:5).

¿Qué es lo que más te repites a ti mismo? ¿Cómo son tus diálogos internos? Deja que el Señor renueve tus pensamientos y escucha lo que Él tiene que decirte. Sus palabras serán medicina para tu mente y corazón.

Señor, quiero escuchar tus palabras, recibirlas y vivirlas cada día.

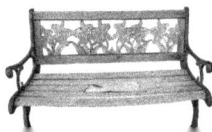

Sin cobardía

"Porque no nos ha dado Dios espíritu de cobardía, sino de poder,
de amor y de dominio propio."
2 Timoteo 1:7

Timoteo necesitaba un empujón para avanzar. Las "pasiones juveniles" lo asediaban como a cualquiera, y tal vez su juventud era menospreciada por muchos cristianos mayores. Frente a tanta presión, Pablo le exhorta a no tener nunca un "espíritu de cobardía". La palabra *cobardía* en griego es *deilós* que denota la idea de timidez, temor, miedo, amedrentarse, avergonzarse o tener pavor.

El ambiente en el que se movía Timoteo no era fácil, y tampoco el nuestro. Aunque siempre esperamos tiempos mejores, entendemos por la Palabra de Dios que no será así, sino que las cosas se pondrán cada vez peor. Sin embargo, la Iglesia de Cristo está llamada a ser siempre luz en las tinieblas, y sal en un mundo corrompido, por lo que no podemos actuar con un espíritu de "cobardía".

Cuando recibimos a Cristo como Salvador, el Espíritu Santo viene a morar a nuestro espíritu y nos capacita de manera sobrenatural para enfrentar con valor cualquier situación. El apóstol Pablo menciona tres de estas capacitaciones:

1. *Poder. Dynamis:* Es la fuerza del Espíritu; específicamente poder milagroso, obrar eficacia, capacidad, potencia. ¡No hay nada que nos puedas detener con su poder!

2. *Amor. Agápe:* Es el amor que viene de Dios. Es sacrificial, abnegado, incondicional, que da sin esperar nada a cambio. Es un amor inalterable.

3. *Dominio propio. Sofronismós:* Significa ser disciplinado, tener control de uno mismo, tener templanza. El Espíritu Santo nos ayuda a ser equilibrados al estar bajo su control.

¿Te has dado cuenta que el mismo Espíritu Santo que estaba en Pablo y Timoteo está también dentro de ti? ¡Maravilloso!

Los efectos serán los mismos en tu vida si diariamente estás sujeto a su dirección, consejo, capacitación y vives en obediencia a la Palabra de Dios.

Espíritu Santo, gracias por darme poder, amor y dominio propio.
Contigo enfrento los problemas con sabiduría y discernimiento.

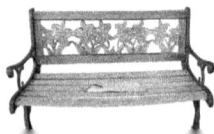

Agua para el sediento

"En el último y gran día de la fiesta, Jesús se puso en pie y alzó la voz, diciendo:
Si alguno tiene sed, venga a mí y beba. El que cree en mí, como dice
la Escritura, de su interior correrán ríos de agua viva."
Juan 7:37-38

¡Qué desesperación produce tener sed profunda y no hallar nada para beber!

Recuerdo en mi niñez haber ido a una zona suburbana para jugar al fútbol con mis amigos de la iglesia. Estuvimos mucho tiempo bajo el sol y nadie había llevado agua para beber. Hasta que alguien recordó que había una canilla de agua potable cerca. Corrimos a ese lugar y desesperados bebimos agua hasta saciarnos. Nunca había sentido una satisfacción tan grande después de haber experimentado la sed más profunda. ¿Tienes alguna historia parecida a esta? Entonces sabes de qué estoy hablando.

Dios usa muchas veces en su Palabra el ejemplo de la sed para simbolizar los deseos y las necesidades profundas del alma que solo puede saciar Él. No hay ninguna fuente fuera del Señor que pueda hacer esto. Sin embargo, a veces pensamos que es posible.

Tenemos el ejemplo del pueblo de Israel, que muchas veces creyó que podía arreglárselas sin Dios y sufrió las consecuencias. El profeta Jeremías expresa lo que dijo Dios de su pueblo. El Señor manifestó que su pueblo había hecho dos males: le dejaron a Él, que era su fuente de agua viva, y cavaron para ellos cisternas, cisternas rotas que no retienen agua (Jeremías 2:13). La sed interior jamás fue satisfecha desconectados de la Fuente Eterna.

Sin Dios nos resquebrajamos, nos secamos y todo se muere. Lo único que puede revertir esta condición es ir al Manantial de Vida que es el mismo Señor Jesucristo.

¿Te sientes seco interiormente? ¿Tu sed espiritual no se ha apagado? ¿Has buscado fuera del Señor calmar tu sed y solo estás más sediento? Jesús te llama a volver a Él. Nunca echa fuera al que se acerca arrepentido y reconociendo su necesidad. Jesús te sigue diciendo: "Si tienes sed, ven a mí y bebe del agua de vida". En el Señor, hay abundancia y satisfacción plena. No es solo un poco de agua, correrán ríos de agua viva desde tu interior.

Solo tú Señor sacias mi sed espiritual. En ti estoy satisfecho.

Sabios para el bien, ingenuos para el mal

"Porque vuestra obediencia ha venido a ser notoria a todos, así que me gozo de vosotros; pero quiero que seáis sabios para el bien, e ingenuos para el mal."
Romanos 16:19

El apóstol Pablo les escribe a los hermanos de Roma con mucho gozo porque mostraban obediencia a Dios en todo lo que hacían y ese testimonio recorría el mundo. Sin embargo, conocía muy bien el contexto que les rodeaba. En la capital del imperio todo estaba centralizado en el placer, la lujuria y el desenfreno.

¿Te resulta familiar? Son las mismas cosas a las que nos enfrentamos cada día porque el "príncipe de este mundo" es el mismo de todos los tiempos. Satanás está detrás de la filosofía que impera hoy con el mismo propósito de siempre: Cegar el entendimiento de las personas enredándolas en los placeres del mundo para alejarlas del plan de salvación de Dios.

Sabiendo esto, el apóstol Pablo da dos consejos a los que debemos prestar mucha atención: "Ser sabios para el bien e ingenuos para el mal".

Debemos ser "sabios" para el bien, *sofós* en griego, que denota la idea de ser claro, sensato, sagaz, de carácter cauto, prudente, cuerdo. En estos tiempos es necesario proceder con prudencia. Analizar muy bien todo antes de tomar cualquier decisión. Es preferible esperar para estar seguros de lo que el Señor quiere, que actuar precipitadamente y meternos en problemas.

Además, debemos ser "ingenuos" para el mal. En griego es la palabra *akéraios* que tiene el significado de algo sin mezcla, ser inocente o sencillo. Esta palabra está relacionada con una expresión usada para decir que algo no estaba mezclado con otra cosa. Así es como el apóstol nos aconseja a no mezclarnos con el mal, ni siquiera un poquito, porque ese ínfimo porcentaje será el terrible veneno mortal que nos perjudique por completo.

Cuidado que el orden de los factores en este caso sí altera el producto. No seamos ingenuos para el bien y sabios para el mal (Isaías 5:20)

La Palabra de Dios es la verdad objetiva y absoluta para todos. Deja que el Espíritu Santo te guíe a toda verdad y que tu obediencia al Señor sea un claro testimonio que le hable al mundo de Dios.

Señor, dame tu sabiduría para tomar buenas decisiones hoy.

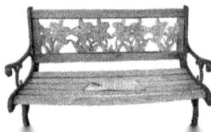

¿Izquierda o derecha?

"Cuando llegaron al lugar llamado de la Calavera, le crucificaron allí, y a los malhechores, uno a la derecha y otro a la izquierda… Y uno de los malhechores que estaban colgados le injuriaba, diciendo: Si tú eres el Cristo, sálvate a ti mismo y a nosotros. Respondiendo el otro, le reprendió, diciendo: ¿Ni aun temes tú a Dios, estando en la misma condenación? Nosotros, a la verdad, justamente padecemos, porque recibimos lo que merecieron nuestros hechos; mas este ningún mal hizo. Y dijo a Jesús: Acuérdate de mí cuando vengas en tu reino."
Lucas 23:33, 39-42

Dos ladrones fueron crucificados al lado de Jesús, uno a la derecha y el otro a la izquierda. El malhechor de la derecha se dirigió a Jesús burlonamente, tentándole para que se bajara de la cruz y los librara a ellos también de esa terrible sentencia. Este hombre es un prototipo de las personas que hablan de Jesús como si fuera un simple mortal. No creen que es el Hijo de Dios. Hacen comentarios sarcásticos y se burlan de los que creen en Él. No tienen interés en la vida eterna, solo creen en lo temporal. La palabra Dios está en sus bocas solo si se encuentran en apuros.

El ladrón de la izquierda es diferente. Sabe que es culpable y merece el castigo. Está arrepentido aunque entiende que es demasiado tarde para reparar los daños que provocó. Sin embargo, pone su esperanza en Jesús. Para él es evidente que el Señor está recibiendo un castigo que no merece. Su único pedido es que se acuerde de Él en su reino. La respuesta de Jesús a estas sencillas palabras fue: "Hoy estarás conmigo en el paraíso".

Te pregunto: ¿De qué lado estás tú? La discusión no es si eres un pecador a los ojos de Dios. Eso está claro; todos hemos nacido bajo pecado y separados de Dios. La pregunta es si eres la persona de la derecha o de la izquierda. La posición del primero te lleva a la condenación eterna, pero del otro lado hay esperanza de vida eterna.

El mensaje sigue siendo el mismo: "La sangre de Jesucristo nos limpia de todo pecado. Si decimos que no tenemos pecado, nos engañamos a nosotros mismos, y la verdad no está en nosotros. Si confesamos nuestros pecados, él es fiel y justo para perdonar nuestros pecados, y limpiarnos de toda maldad." (1 Juan 1:7b-9).

¡Haz la decisión correcta!

Señor, estoy del lado del pecador arrepentido. Eres mi Rey y Señor, por siempre.

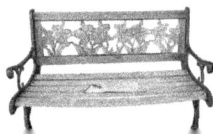

La obediencia es superior a la opinión

"Entonces Josué llamó a los doce hombres a los cuales él había designado de entre los hijos de Israel, uno de cada tribu. Y les dijo Josué: Pasad delante del arca de Jehová vuestro Dios a la mitad del Jordán, y cada uno de vosotros tome una piedra sobre su hombro, conforme al número de las tribus de los hijos de Israel, para que esto sea señal entre vosotros."
Josué 4:4-6a

Doce hombres entraron al río Jordán, cada uno con una gran piedra en sus hombros. Estaban pisando en seco en medio de un río que se había abierto milagrosamente por mandato divino. Mientras estos hombres llevaban sus piedras al centro del río, podían ver las paredes de agua como si un cristal detuviera su paso. Uno a uno, fueron dejando sus rocas hasta levantar un altar que se conservó por mucho tiempo como testimonio del poder de Dios.

Cuarenta años antes de este evento, Dios también había escogido a doce hombres, uno de cada tribu, para observar la tierra de Canaán y dar una descripción de lo que Dios les había prometido. Pero fracasaron porque atemorizaron al pueblo al decirles lo imposible que sería la misión. Dios nunca les pidió sus opiniones, solo les dio un mandato, y al no creer en lo que Él les había prometido, ninguno de esa generación entró a la tierra prometida.

¡Qué diferentes fueron los hombres enviados por Josué! Sus opiniones personales estaban sujetas a la obediencia. Si Dios les había dado la orden de pisar el Jordán, eso había que hacer. No se movían por el criterio de la mayoría, sino por mandato de Dios.

Tremenda lección para nosotros. A veces nuestra percepción de la realidad se contradice con lo que Dios nos está diciendo y resolvemos actuar de acuerdo con lo que percibimos humanamente, olvidándonos de lo que Dios nos habló. ¡Qué error! Actuar fuera de lo que Dios nos dice solo nos aleja de lo que nos ha prometido. Cuando Dios habla, hay que hacer silencio y obedecer. Esa siempre ha sido la clave de toda victoria. Menos opiniones y más pasos de fe.

¿Qué promesas te ha dado Dios? ¿Vas a discutir con Él o te vas a mover en dirección a esas promesas? Dios sigue abriendo "Jordanes" a aquellos que le obedecen.

Sí, Señor, me muevo por fe y obediencia en base a tus promesas. Sé que estarás conmigo en todo tiempo y esos desafíos me ayudarán en mi crecimiento eterno.

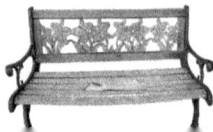

El enemigo tiene un límite

"Me rodearon ligaduras de muerte, y torrentes de perversidad
me atemorizaron... Dios es el que me ciñe de poder...
Quien adiestra mis manos para la batalla."
Salmo 18:4,32,34

Hay días espiritualmente malos, en donde sentimos que el diablo lanzó todo su arsenal sobre nosotros. David lo expresó con esta frase: "Torrentes de perversidad me atemorizaron". En el original hebreo dice "torrentes de Belial", la misma palabra que usa el apóstol Pablo para hablar de Satanás (2 Corintios 6:15).

También el profeta Isaías hace una descripción similar diciendo que el enemigo vendría como río, pero el Espíritu de Jehová levantará bandera contra él (Isaías 59:19b). Tanto David como Isaías mencionan que el enemigo de Dios y de su pueblo en algunos momentos fue contra ellos como un río furioso, moviéndose con mucho ímpetu que parecía arrastrar todo a su paso. Sin embargo, nunca pasó, ni podrá pasar más allá del límite que Dios le ha establecido.

Tienes que saber que en la cruz Jesús le quitó toda autoridad al diablo y sus huestes. Allí despojó a los principados y a las potestades de toda autoridad, los exhibió públicamente, y triunfó sobre ellos en la cruz (Colosenses 2:15). Aunque el diablo ya ha sido derrotado por Cristo, todavía está bajo "libertad condicional" hasta que llegue el día de su sentencia final. Mientras tanto, está interviniendo en el mundo con gran ira, sabiendo que tiene poco tiempo (Apocalipsis 12:12).

El salmista David dice que frente a esas batallas, Dios nos ciñe de poder. ¡Aleluya! ¡Satanás no puede avanzar cuando creemos y ejercemos la autoridad espiritual que nos fue delegada por Dios! Hay poder del Espíritu Santo sobre nosotros para ser vencedores. De Él recibimos poder, porque el Espíritu Santo ha descendido sobre nosotros (Hechos 1:8).

Aunque experimentes un día malo, con ataques semejantes a un río impetuoso que parece llevarse todo a su paso, permanece firme en la posición de victoria que Cristo te concedió por su obra en la cruz. Satanás no puede hacer nada contra un hijo de Dios que vive en obediencia al Señor.

¡Amén! Tomo la autoridad que me delegó Jesucristo y pongo límites a la obra
del diablo. No le permito actuar en mi vida, en mi familia ni en ningún
lugar donde estemos compartiendo la Palabra de Dios.

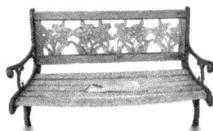

Perdió todo por un dólar

"Y les dijo: Mirad, y guardaos de toda avaricia; porque la vida del hombre no consiste en la abundancia de los bienes que posee."
Lucas 12:15

Jaime era un cristiano gozoso, servicial, trabajador, responsable en el cuidado de su familia y obediente a Dios en todo. Un día le ofrecieron un trabajo en el que ganaría un dólar más la hora. Empezó a hacer cuentas, y vio que con ese aumento podría pagar la cuota de un nuevo automóvil. Pero Jaime no consideró que el nuevo trabajo le quedaba más lejos y que eso le robaría tiempo para estar con su familia.

Al poco tiempo, Jaime pensó que si añadía otro dólar más a sus ganancias podía pagar la cuota de un pequeño bote para salir a pescar los fines de semana con su familia. Aunque la pesca no era el deporte favorito de sus hijos, le permitiría pasar tiempo con ellos. Pero no podía pedir un aumento de sueldo, entonces la solución fue trabajar horas extras, lo que hizo que al llegar a su casa solo pudiera ver a sus hijos durmiendo; pero se consolaba pensando que los veía al día siguiente.

Luego del carro y el bote, siguieron otras cosas, pero necesitaba ganar un dólar más para cubrir esos gastos. Entonces decidió trabajar los fines de semana. "El Señor entiende –pensó–. Si por unas semanas no voy a la iglesia y miro los servicios por internet es lo mismo". Entonces dejó de congregarse y su esposa e hijos asistían solos a la iglesia.

Con el tiempo comenzaron los problemas en la familia, y Jaime solo podía pensar que nadie valoraba los esfuerzos que estaba haciendo. Entonces empezó a compartir más tiempo con una compañera de trabajo que parecía más divertida, comprensible y cariñosa que su esposa… Tal vez puedas imaginar el resto de la historia…

Jaime perdió a su esposa, a sus hijos, su iglesia y su relación con Dios. Y todo comenzó por ganar un dólar más. En realidad, el problema no fue el dinero, sino la avaricia que terminó atrapándolo.

Crecer y prosperar financieramente no es malo, pero si lo hacemos sin contar con la sabiduría que Dios, terminaremos cambiando las prioridades, atrapados en el materialismo y perdiendo lo que es realmente valioso.

Si Dios está en primer lugar en tu vida, entonces lo que debe seguir es tu familia. Las demás cosas las añadirá a su tiempo.

Guárdame Señor de la avaricia. Guíame a ser sabio y dependiente de ti.

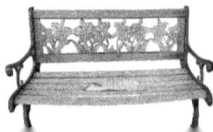

Guardarnos irreprensibles

"Todo aquel que lucha, de todo se abstiene; ellos, a la verdad, para recibir
una corona corruptible, pero nosotros, una incorruptible."
1 Corintios 9:25

Al referirse a la lucha, Pablo está pensando en el combate greco-romano, en donde solo triunfaban los que procedían bajo las condiciones establecidas. Para participar de la competencia, se debía entrenar bien fuerte y dejar de lado todo aquello que afectaba la agilidad, rapidez y fortaleza tanto mental como física.

Para hacer más clara esta idea, Pablo usa la palabra griega "abstenerse", *enkrateúomai*, que tiene el significado de ejercer dominio propio, ser fuerte, bien controlado, dueño de sí mismo.

De la misma manera, para alcanzar la meta en la vida cristiana y recibir la corona, debemos abstenernos de todo aquello que nos impida correr la carrera con eficacia.

Debemos abstenerse de todo lo que perjudique nuestro espíritu. Cuando recibimos a Cristo como Salvador, el Espíritu Santo ha venido a morar a nuestro espíritu, dándonos una nueva dirección. Ya hemos abandonado el pecado para andar en santidad. Indudablemente, cada día debemos alimentarnos espiritualmente para poder hacer frente a las tentaciones y ataques del diablo.

Es necesario abstenerse de todo lo que perjudique nuestra alma. Nuestras emociones y sentimientos deben mantenerse estables, nuestra conciencia limpia y sensible, nuestra manera de pensar clara y renovada. Diariamente estamos siendo bombardeados por cosas que intentan quitar nuestra mirada de Jesús y ponerla en cosas superficiales.

También hay que cuidar nuestro cuerpo, porque es el templo del Espíritu Santo. Las adicciones de cualquier tipo nos destruyen y alejan de Dios. Debemos cuidarnos para vivir saludables el tiempo que Dios haya determinado para nosotros.

Cualquier cosa que nos haga daño, definitivamente debemos rechazarla (1 Tesalonicenses 5:22). Debemos asegurarnos de nunca darle lugar al enemigo evitando situaciones de tentación y concentrándonos en obedecer a Dios.

Señor Jesús, anhelo ser irreprensible. Mantén mi corazón sensible
y dócil para no desviar nunca mi mirada de ti.

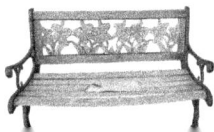

Refresco al alma exhausta

"Abundante lluvia esparciste, oh Dios; a tu heredad exhausta tú la reanimaste."
Salmo 68:9

Muchas veces Israel padeció fuertes sequías y como consecuencia les faltó alimento, pero la falta de lluvia no había sido porque Dios se había olvidado de su pueblo. En muchas ocasiones, el Señor mismo permitió circunstancias desfavorables porque Israel se había volcado a los ídolos. La única manera de hacerlos regresar era a través de situaciones donde se sentían atrapados con necesidades.

Quizás recuerdes la historia de Elías y Acab. El pueblo se había apartado de Dios y seguía a Baal. Elías profetiza que no llovería hasta que él diera una palabra diferente. Y así fue. Al fin el pueblo fue confrontado, y a través del fuego divino en el Monte Carmelo reconocieron que el único Dios verdadero era Jehová. Elías vuelve a orar por lluvia y el Señor interviene. Otra vez la tierra volvió a reverdecer y a producir fruto.

¡Qué enseñanza! Muchas veces pasamos situaciones como el pueblo de Israel. Tomamos decisiones fuera de la voluntad de Dios y las consecuencias son nefastas. Sentimos como dice el salmista que estamos "exhaustos". Esta palabra en hebreo es *laá* y denota estar sumamente cansado, disgustado, desalentado, fatigado, molesto, hastiado. Ay, cuántas veces nos hemos sentido así, tan agotados que parece que no tenemos fuerzas para avanzar.

Cuando las presiones nos ahogan y las necesidades son muy apremiantes, acudimos a Dios reconociendo nuestras faltas y pecados. Y Dios, siempre Dios, nos perdona por su gracia y misericordia. A partir de esos encuentros divinos es que comenzamos a sentirnos "reanimados". La palabra hebrea es *kun* y da la idea de levantarse, restaurar, prosperar, afirmar, consolidar, enderezar, proveer, reparar, restablecer, robustecer. ¡Dios siempre llega a tiempo para traer renovación! Cuando parece que hasta podemos perder la vida, Dios nos reanima con su presencia para llenarnos de fe, valor, confianza y seguridad en sus promesas.

¿Cómo está tu alma? ¿Estás pasando por una sequía prolongada? Dios manda lluvia a nuestro corazón sediento; trae frescura en nuestros desiertos; restaura lo que parece que se está muriendo. ¡Hay nueva vida en Jesús!

Señor, refresca mi alma exhausta. Tú eres todo lo que necesito.

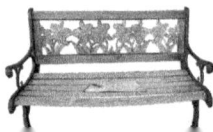

¿Descubriste tu tesoro?

"Además, el reino de los cielos es semejante a un tesoro escondido en un campo, el cual un hombre halla, y lo esconde de nuevo; y gozoso por ello va y vende todo lo que tiene, y compra aquel campo."
Mateo 13:44

Imaginemos, solo imaginemos a Juan, un simple hombre que trabaja en el campo con sus herramientas de mano para hacer surcos, pozos, zanjas para el agua. De pronto, no había cavado ni a un metro de profundidad cuando siente algo duro en el suelo. Cree que es una piedra y comienza a ampliar el espacio alrededor para quitarla. Cuando se da cuenta, es una caja de madera. Ahora está intrigado acerca de ese objeto y comienza a trabajar con más entusiasmo. El suspenso, el deseo de saber lo que había allí lo ha motivado. ¡Hasta parece que hoy ya es un día diferente! Sigue cavando y cuanto más despeja el área más grande se abren sus ojos. ¡Es la tapa de un viejo cofre! La abre despacio para ver qué encontraría allí, y ¡no lo puede creer! ¡Es un baúl lleno de alhajas de oro, prendedores de piedras preciosas, collares, anillos, monedas…! ¡Un tesoro incalculable! Súbitamente, le viene una idea sorprendente: Volverlo a enterrar y dejarlo como si nunca hubiera pasado nada, vender todo lo que tenía y comprar ese campo. El que tiene el campo, tiene el tesoro.

Con esta enseñanza, Jesús destaca el valor del Reino. Tiene un precio altísimo que nadie puede pagar. Solo Jesús lo ha hecho en la cruz. Pero requiere que cada persona que desee entrar en él, esté dispuesta a renunciar a todo por obtenerlo. Los que abrazan el evangelio con todo su ser son los que han descubierto el valor de ser gobernados por Jesús aquí y en la eternidad. ¡No hay mayor tesoro que Jesucristo! Juan descubrió el tesoro por accidente, pero se dio cuenta del tremendo valor que tenía.

Pero hay otros que ya son dueños del campo y nunca son capaces de descubrir lo que tienen. Pueden ser cristianos por años sin haber experimentado el gozo de tener a Cristo como centro de sus vidas. Han pasado años orando sin fe, hablando del evangelio sin conocerlo, y a la hora de defender su valor, no saben lo que tienen.

¡Qué diferentes son nuestras vidas cuando experimentamos a Jesús en todo nuestro ser! El gozo nos desborda, la paz controla nuestra alma, la esperanza nos motiva cada día. Sembremos valores eternos y cosecharemos riquezas imperecederas.

Señor, tú eres el tesoro más preciado que he descubierto. No hay nadie como tú.

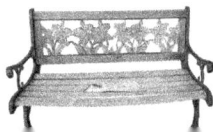

No edites la Verdad

"Compra la verdad, y no la vendas."
Proverbios 23:23a

Siempre pensamos que antes de compartir lo que escribimos es necesario "editar". Antes de que el libro de devocionales "Tiempos de Refrigerio" fuera publicado, tuvo que pasar por la edición. Había muchas palabras que podían interpretarse de manera diferente para alguna cultura, mal interpretarse en otras, frases que podían traer confusión, en fin, un sinnúmero de correcciones necesarias para que quien lo leyera, se quedara con la idea del autor.

Para nuestro diccionario, editar significa preparar o dirigir la publicación de un texto, una revista o un libro, cuidando de su forma y su contenido y añadiendo en ocasiones notas o comentarios. En muchos casos, la edición es tan exhaustiva que queda poco del original.

En cierta ocasión, varios líderes de diferentes denominaciones y religiones se reunieron para compartir el Padrenuestro, la oración modelo de Jesús. Pero alguien comenzó a argumentar que no estaba tan seguro de que Dios estaría en los cielos. Otro dio una versión diferente de cómo santificar su Nombre. Un liberal también alegó que era difícil aceptar que su reino viniera físicamente al mundo y que su voluntad jamás se haría en la tierra como en el cielo. Uno tras otro comenzó a dar sus puntos de vista de la oración de Jesús… La conclusión de esa reunión fue que la única frase del Padrenuestro aceptada por todos era "Padre nuestro", y nada más. ¡Que terrible es cuando editamos la Verdad de Dios a nuestras ideas!

Dios nos dice en su Palabra que debemos adquirir su Verdad y no venderla. En otras palabras, no es negociable. Se acepta o se rechaza, pero no se "edita". Dios es nuestro Padre si todos somos sus hijos. La única manera de llegar a serlo es a través de Jesucristo. No hay manera de llegar a Él por otros caminos. Jesús es el Camino. Nadie tiene el derecho de editar esta verdad dicha por el Creador.

No podemos parcializar la Verdad (Salmo 119:160). Tampoco podemos añadir algo más a la Verdad de Dios (Proverbios 30:5-6). Y lo más importante es aplicarla (Santiago 1:22).

Tienes la Verdad. Que nadie te la edite. Dios no necesita corrección.

Señor Jesús, tú eres la Verdad. Contigo todo está claro, sin confusiones, ni malos entendidos. Eres el Camino y la Vida.

Cuando las cebollas te hacen llorar

"…los hijos de Israel también volvieron a llorar y dijeron: ¡Quién nos diera a comer carne! Nos acordamos del pescado que comíamos en Egipto de balde, de los pepinos, los melones, los puerros, las cebollas y los ajos."
Números 11:4b-5

Es cierto que las cebollas te hacen llorar cuando las pelas, pero en este caso, las cebollas hacían llorar al pueblo de Israel porque las extrañaban. Increíble. No lloraban solo por las cebollas, sino también por la carne, el pescado, los pepinos, los melones, los puerros, los ajos… ¡Por todo el supermercado!

Los descendientes de Jacob habían sido libres de la esclavitud egipcia, llamado "el horno de hierro". Después de más de cuatrocientos años bajo el régimen del Faraón, Dios los hizo libres haciendo milagros extraordinarios. Además, se ocupó de que no les faltara nada. Cada día caía del cielo el pan que necesitaban. No tenían que sembrar trigo, ni cosechar, ni molerlo. Solo ir a las "panaderías del desierto" y retirar el pan gratis. Sin embargo, después de varios días, comenzaron a quejarse.

Los viejos recuerdos nos pueden jugar una mala pasada. El pueblo hebreo dijo "nos acordamos" de lo que comíamos en Egipto… ¡y adiós al espíritu de alabanza! ¿Puedes imaginarlos llorando por la comida? ¡Qué rápido olvidaron la esclavitud, las angustias, los dolores, el sufrimiento!

A veces nos parecemos bastante a los israelitas a la hora de olvidar lo que Dios hizo por nosotros. Nos acostumbramos tanto a sus bendiciones que nos olvidamos que antes de conocerlo vivíamos bajo la esclavitud del pecado y estábamos siendo conducidos por el diablo a la condenación eterna. Somos engañados con demasiada facilidad por el enemigo, y llegamos a pensar que los pecadores son "más bendecidos" que nosotros…

No olvidemos que los que añoraron demasiado su vieja vida sufrieron las consecuencias. Miles de ellos perecieron en el desierto por no poner su mirada en el Señor. Todas las cosas que se escribieron, han sido para nuestra enseñanza (Romanos 15:4). Debemos reaccionar a tiempo y recordar de dónde nos sacó el Señor para no volver atrás.

Resiste las tentaciones del diablo. Cambia la queja por alabanza. Reemplaza la incredulidad por fe. Dispone tu corazón para que el Espíritu Santo te hable. La vida abundante solo podrás disfrutarla si permaneces en Cristo. Ya sabes, para atrás, ni para tomar impulso.

Gracias Señor por darme vida nueva. No quiero ni recordar de dónde me sacaste. Hoy disfruto de la comunión entre nosotros.

Alumbra hacia adelante

"Habla a Aarón y dile: Cuando enciendas las lámparas, las siete lámparas alumbrarán hacia adelante del candelero."
Números 8:2

Dios le ordenó a Moisés construir un candelero de oro con siete brazos y en cada uno de ellos había una lámpara que debía estar encendida permanentemente en el lugar santo del tabernáculo. Llama la atención la disposición que tenían las lámparas. No estaban allí para alumbrar a los costados o hacia atrás; debían alumbrar hacia adelante.

Tiene una buena aplicación para nuestra vida. Dios es luz y alumbra nuestro caminar diario. Nos ha dado su Palabra que es "lumbrera a nuestro camino" (Salmo 119:105). La luz está enfocada hacia adelante. Dios no quiere que retrocedamos o nos quedemos detenidos en situaciones que no nos ayudan a crecer. Debemos seguir su luz y avanzar.

El apóstol Pablo lo tenía claro: "Hermanos, yo mismo no pretendo haberlo ya alcanzado; pero una cosa hago: olvidando ciertamente lo que queda atrás, y extendiéndome a lo que está delante, prosigo a la meta, al premio del supremo llamamiento de Dios en Cristo Jesús." (Filipenses 3:13-14). ¿Sabes cuántas historias oscuras tuvo el apóstol persiguiendo a la iglesia? ¿Cuántos motivos para culparse por lo que había hecho en el pasado? Sin embargo, sabía que el Señor lo había perdonado y ahora tenía una nueva vida. La luz estaba iluminando hacia adelante.

Muchos hermanos de la iglesia de Corinto tenían un pasado cargado de pecados (1 Corintios 6:9-11). Habían vivido dejando mucho que desear según la ley de Dios. Pero ahora habían recibido a Jesucristo como Salvador y Señor de sus vidas, sus pecados fueron perdonados, y eran hijos de Dios. ¡Aleluya! ¡Ahora libres el pecado podían mirar hacia adelante y construir un nuevo rumbo en Cristo!

¿Y tú? ¿Eres más propenso a enfocarte en el pasado que en el presente y el futuro? ¿Te paralizan tus viejas historias al punto de detenerte y no avanzar? ¿Las malas decisiones que has tomado hace mucho tiempo todavía están vivas en tu memoria que no te ayudan a mirar hacia adelante?

Hoy el Señor te recuerda que tus pecados han sido perdonados, tu pasado está crucificado con Cristo y tienes un nuevo camino para avanzar hacia adelante. ¡Sigue la luz de Jesús!

Voy hacia adelante, porque sigo tus pisadas. Tú iluminas el camino.

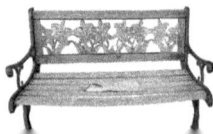

"¿Quieres el remedio o un placebo?"

"Y curan la herida de mi pueblo con liviandad, diciendo: Paz, paz; y no hay paz. Así dijo Jehová: Paraos en los caminos, y mirad, y preguntad por las sendas antiguas, cuál sea el buen camino, y andad por él, y hallaréis descanso para vuestra alma."
Jeremías 6:14,16.

Aproximadamente hace 2,640 años que Jeremías escribió estos versículos y el problema sigue siendo el mismo: falta de paz con Dios, con el prójimo y con uno mismo por seguir nuestros propios deseos y ambiciones e ignorar a Dios.

¿Qué puede hacer el hombre para tener paz? Las propuestas son múltiples si investigas en internet. Es más, puede que entres a muchas páginas de contenido religioso y veas ofertas semejantes a las que había en tiempos de Jeremías, por ejemplo, una "curación con liviandad". ¿Qué significa esto? Un "remedio" presentado en un frasco atractivo con un aroma agradable, pero ineficaz. Un medicamento placebo, que parece tratar el problema, pero que en realidad no tiene propiedades curativas. Te dicen: "Proclama que tendrás paz y la tendrás", "confiesa que los problemas no existen y te sentirás mejor", "encuentra la salvación dentro de ti". Ay, ¡cuánto placebo!

Vayamos al remedio verdadero. Dios dice: "Párate en el camino". Detente en tu búsqueda. Para de buscar en internet o chequear las redes. No te confundas más con tantas propuestas que curan con liviandad. Solo hay una salida. Dios dice: "Mira y pregunta por el buen camino y anda por él". El camino a la paz verdadera es un camino antiguo, pero que no perdió su eficacia.

Necesitamos empezar por el principio, y es renovando nuestra relación con el Señor. Nuestro tiempo de oración con Él nos da la oportunidad de escuchar al Espíritu Santo afirmándonos las promesas divinas. Cuando volvemos a tomar la Biblia para hacerla nuestro alimento diario, volvemos a recordar las maneras en que Dios nos ama, nos cuida, nos lleva de su mano para cumplir sus propósitos. Incluso cuando nos reencontramos con nuestros hermanos en la fe, se renueva nuestra devoción y deseo de adorar a Dios. Esta "senda antigua" es el camino para que la paz vuelva a nuestra alma, lo demás es placebo.

Recuerda que Jesús dijo que Él nos deja su paz, muy diferente a este sistema. Con ella podremos experimentar que la turbación y el miedo se van (Juan 14:27).

Tú eres mi paz y seguridad. Contigo yo no temeré.

En tierra de aflicción

"Y llamó el nombre del segundo, Efraín; porque dijo:
Dios me hizo fructificar en la tierra de mi aflicción."
Génesis 41:52

Inmigrante involuntario. Eso fue José, el hijo predilecto de Jacob. Por ser obediente a su padre, fue a ver cómo estaban sus hermanos sin saber que terminaría siendo vendido como esclavo a unos mercaderes madianitas. Invisiblemente, el camino providencial de Dios tenía a Egipto como destino. De la casa de Potifar, a la cárcel, y de allí a gobernador de Egipto. No creas que todo pasó muy rápido. No, fueron trece largos años de sufrimiento, dolor, agotamiento, castigo, soledad, desprecio y olvido. Para José, Egipto fue la tierra de su aflicción.

"Aflicción" en hebreo es *oní* que tiene el significado de depresión, miseria, angustia, esfuerzo, pobreza. ¿Tienes algún lugar, circunstancia, persona o situación que signifique para ti una "tierra de aflicción"? Puede ser que incluso hayas tenido altas expectativas de un nuevo comienzo y de pronto, en solo tres días, todo se vino abajo y terminaste solo, sin ayuda, desprotegido, sin recursos. Quizás pusiste tu confianza en una persona y te defraudó. Me atrevo a decir que hasta tuviste una supuesta "palabra de Dios" que alguien te dio, creíste que era revelación y terminaste muy mal… Por lo menos hasta ahora.

De pronto, en un minuto todo puede cambiar, como le pasó a José. Hay un tiempo señalado en el reloj de Dios que dice "ahora es el comienzo de la fructificación". A partir de ese momento, comienzas a ver cambios favorables que tú no controlas, se abren puertas que parecían cerradas, hay personas que empiezan a mirarte de manera positiva. Quizás estabas orando y clamando a Dios que te sacara de la tierra de aflicción, y resulta ser que esa misma tierra es… ¡de fructificación!

"Fructificación" significa llevar fruto, es decir, producir resultados favorables como manifestación de la gracia de Dios. Para que una planta produzca fruto hay que darle tiempo. ¡Qué alegría es ver el primer fruto para el que ha cultivado con tanto esmero esa planta!

El secreto es permanecer con esperanza, mantener la fe a pesar de la realidad, afirmar la confianza en Dios que tiene el control de todo, sin dejar de esperar en su Providencia y Soberanía, porque sus planes son lo mejor que nos puede pasar en esta vida.

Amén. Confío en tu sabiduría, y que tus planes son más elevados que los míos.

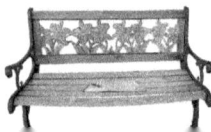

El día de mi retoño

"...Todos los días de mi edad esperaré, hasta que venga mi liberación."
Job 14:14

Job nunca imaginó que las pruebas iban a ser tan duras. Él buscó y buscó en su corazón si había alguna situación que hubiera generado para merecerlo, si algún pecado no hubiera confesado, si hubiera faltado a algunos de los mandamientos de Dios, pero nada podía quebrar el fundamento de su integridad. Vinieron tres amigos para consolarlo, y terminaron siendo jueces condenatorios. Al fin, Job sabe que de esas pruebas tan duras solo podía librarlo el Señor.

La confianza de este hombre en Dios fue total, a tal punto que proclama que iba a esperar si fuera necesario hasta el último día de su vida con tal de ver la liberación divina. La palabra "liberación" en hebreo es *kjalifá* y da la idea de alternación, mudar, cambiar el turno, pasar, saltar, renovar, retoñar. Me encanta la palabra "retoñar". En la región de New England donde vivimos, los inviernos arrasan con toda la vegetación. Si tú vieras por primera vez las tormentas de nieve y sintieras los 20 grados bajo cero, pensarías que nada verde volvería a crecer. Sin embargo, en cada primavera las plantas vuelven a "retoñar", los árboles florecen y reverdecen. Como dice Eclesiastés, "todo tiene su tiempo".

Job tenía su fe puesta en el Señor de manera tal que aunque estuviera pasando los peores inviernos, sabía que un día todo volvería a retoñar. De hecho, su confianza era tan firme que se atrevió a decir: "Aunque él me matare, en él esperaré" (Job 13:15). Wow, ¡qué confianza!

No estoy seguro de que tú estés pasando las mismas pruebas que Job, pero quizás te sientas muy familiarizado con él. No te identifiques solo con sus pruebas como para consolarte de manera temporal. Aprópiate de su fe y esperanza. Job esperó pacientemente hasta el día en que llegó el día de su retoño. Dios fue quien lo vindicó, levantó su cabeza, y además le prosperó mucho más de lo que tenía antes de las pruebas.

¿Sabes que tu día de liberación llegará? ¿Tienes tu confianza puesta en Cristo hasta las últimas consecuencias? ¿Le has entregado todas tus cargas a Él, tus temores, fracasos, angustias? Hoy el Señor quiere renovar tu fe, recordarte que sus promesas se cumplirán en el momento oportuno. Espera con paciencia la intervención divina, porque tu tiempo de retoño será maravilloso.

Espero en ti, Señor. El día de mi retoño está por llegar.

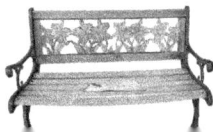

Tú eres valioso para Dios

"Sabiendo que fuisteis rescatados de vuestra vana manera de vivir…
con la sangre preciosa de Cristo, como de un cordero
sin mancha y sin contaminación."
1 Pedro 1:18-19

Tú eres muy valioso. Fuiste comprado con la "sangre preciosa de Cristo". ¿Sabes el alto costo de esa sangre?

El mundo no entiende, no conoce, no sabe de "negocios eternos". Pueden ponerle precio a un automóvil, una casa, una joya, pero no pueden valorar el alma de una persona. Solo Dios lo sabe y puede hacerlo. Él consideró que tu vida era tan valiosa que no tuvo reparos en enviar a su Hijo Unigénito a pagar el costo en la cruz (Juan 3:16).

Jesús no vino al mundo para salvar un territorio, al arrecife de coral, a una empresa multinacional o a los osos polares. Todo eso tiene su valor, pero no se comparan con una vida humana. Es increíble que *celebrities* e *influencers* hagan campañas para salvar a los pulpos mientras día a día mueren miles de niños por abortos despiadados. Este mundo no sabe apreciar el valor de la vida. Hay muchos que hablan y filosofan sobre ella, pero no la conocen. Nunca han tenido un encuentro real con la Vida (Juan 14:6) como para entender que los humanos sin Cristo estamos perdidos.

Tú eres diferente. Desde que recibiste a Jesucristo como tu Señor y Salvador, eres un hijo de Dios (Juan 1:12). Millones de ángeles en el cielo hicieron fiesta ese día. Tú has sido y eres el motivo de las fiestas eternas en los cielos (Lucas 15:7). Tienes un propósito que cumplir en esta vida. Dios te ha diseñado en la eternidad y sus planes se desarrollarán en ti porque has puesto tu fe en Él. Recibes ayuda extraordinaria. El mismo Espíritu Santo que habita en ti es tu Consejero, Ayudador, Amigo fiel. Además, te capacita con poder para ser vencedor en cada uno de tus días.

Tú tienes que valorar lo que Cristo ha hecho, hace y hará en ti. No puedes permitir que nadie te quite el valor que Dios te ha dado (Tito 2:15). Escucha lo que Dios dice de ti en su Palabra. Isaías 43:4 manifiesta que fuiste de gran estima los ojos de Dios, fuiste honorable, y Él te amó. Dios es capaz de dar hombres por ti, y naciones por tu vida. Entonces, levanta tus ojos al cielo, que de allí viene tu identidad. ¡Eres hijo amado del Padre Eterno!

¡Aleluya! Soy tu hijo amado, y eso nadie lo puede alterar. Me tiro en tus brazos
y recibo todo el amor que necesito hoy.

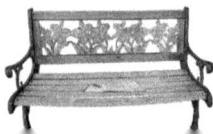

Te alabo 7 veces al día

"Siete veces al día te alabo a causa de tus justos juicios."
Salmo 119:164

Si tomamos el promedio de horas que aprovecha una persona por día, quitando las horas de descanso, para identificarnos con el salmista deberíamos estar cantando alguna alabanza cada 2 horas. ¿Hacemos esto? Mmm… no lo creo, por lo menos audiblemente. Quizás cantemos "en nuestra mente…"

La palabra "alabar" usada aquí es *jalál* que tiene el significado de dar un sonido claro, brillar, celebrar, aclamar, cantar, glorificar, júbilo. Definitivamente no es cantar bajito o con el pensamiento, es exaltar a Dios con mucho júbilo.

Si lees el contexto, podrás descubrir por qué el salmista le cantaba a Dios de esta manera, ¡y siete veces al día! Veamos algunas de las cosas que motivaban su alabanza.

V. 162: Se gozaba en la Palabra de Dios al descubrir verdades espirituales para su vida. ¡Me encantaría ver algún video en el cielo de los tiempos devocionales que tenía este salmista! Realmente disfrutaba estar en la presencia de Dios.

V. 165: Por la paz que Dios le da a los que le obedecen, porque pueden caminar confiados sin tropezar. ¡Cómo no alabar a Dios si nuestro corazón puede sentirse seguro y confiado en su Palabra!

V. 166: Por la salvación. Teníamos un destino de perdición, pero Jesús lo cambió desde que le recibimos como Salvador y Señor. ¡Alabado sea Él por su obra perfecta en la cruz!

V. 167: Cantaba porque amaba sus mandamientos y se complacía en obedecerlos. ¡Qué bendición es cumplir los mandatos del Señor! Nos libra de tantos dolores de cabeza…

V. 168: Alababa a Dios porque sabía que si todas sus decisiones estaban de acuerdo con su Palabra, podría esperar un final feliz. Cada día el salmista se proponía vivir con el gozo de Dios, y antes de tomar una decisión, oraba, meditaba y se cercioraba de hacer su voluntad.

Comienza tu día alabando. Ojalá que tengas siete o más oportunidades de hacerlo. Suceden cosas maravillosas en nuestra vida cuando alabamos al Señor.

¡Te alabo Señor Todopoderoso! Despierta mi ser para no quedarme callado.
Hoy decido alabarte en todo tiempo.

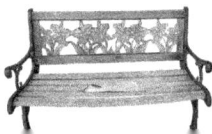

Recupera lo robado

"Y David se angustió mucho, porque el pueblo hablaba de apedrearlo, pues todo el pueblo estaba en amargura de alma, cada uno por sus hijos y por sus hijas; mas David se fortaleció en Jehová su Dios."
1 Samuel 30:6

¿Te han robado alguna vez? A mí me asaltaron a mano armada tres veces. Me da escalofríos tan solo al recordar un revólver calibre 32 apuntándome en la cabeza. Sin embargo, Dios siempre resguardó mi vida; incluso, en una de esas oportunidades, pude hablarle de Cristo al ladrón.

La situación de David fue mucho peor. Había sido llamado para ir a una guerra en donde no debía estar, y al regresar, la ciudad donde vivía con su ejército, había sido saqueada. Se llevaron todo: mujeres, niños, bienes materiales, hasta los alimentos. Imagínate el cuadro. Los "valientes de David" estaban tan dolidos que pensaron en apedrearlo. ¡Wow, qué seguidores más inestables! Pero la situación era desesperante. ¿Qué iba a hacer ahora David?

"Pero David se fortaleció en Dios". La palabra fortalecerse en hebreo es *kjazác* que tiene el significado de agarrarse fuerte, ser valiente, conquistar, ampararse, reanimarse, reparar o sostenerse. Antes de hacer algo, David se agarró de Dios. Obtuvo fuerzas, sabiduría, valentía y determinación para recuperar todo lo que el enemigo les había robado. Al final de la historia, leemos que obtuvo un botín mayor que el que se habían llevado. ¡Qué tremenda es la ayuda divina!

Aprendemos mucho de esta historia. Como David, podemos angustiarnos mucho por lo que el diablo, el enemigo de Dios, nos ha robado, o decidimos levantarnos y fortalecernos en Dios.

El Señor ya nos advirtió que el diablo es el ladrón viene a hurtar y matar y destruir (Juan 10:10). El trata de hurtarnos la fe, la paz, el gozo, la esperanza, pero también nuestra familia, hijos, cónyuges, relaciones, ministerios, bienes materiales. Sin embargo, Jesús vino para darnos vida abundante. ¡Tremendo contraste!

Por eso, ya no más lamentos y angustias que te paralizan. Hoy es día de levantarte y fortalecerte en Dios. El Señor quiere que clames a Él y des pasos de fe para recuperar lo que el enemigo te robó. ¡Tu Poderoso Gigante pelea tus batallas! ¡Él ya venció al enemigo!

Hoy me planto firme en lo que Dios me dio y no le daré ni un ápice de lugar al diablo. Recupero lo que me quitó y sé que el Señor tiene aún mayores cosas para mí.

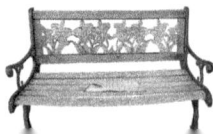

Una familia salvada

"Cree en el Señor Jesucristo, y serás salvo, tú y tu casa."
Hechos 16:31

Pablo y Silas habían ido a Filipos siguiendo la dirección del Espíritu Santo; sin embargo, terminaron en la cárcel de la ciudad. Si yo fuera Silas le hubiera preguntado a Pablo: ¿Estabas seguro de que debíamos venir a esta ciudad? ¿Fue Dios quién te dirigió? ¿No habrá sido el diablo? Bueno, la verdad es que tanto Pablo como Silas sabían que eso era propósito de Dios. En vez de quejarse, comenzaron a cantar y alabar a Dios hasta que un terremoto milagroso los liberó, y para abreviar la historia, el carcelero les preguntó a estos siervos de Dios qué debía hacer para ser salvo. La respuesta fue: "Cree en el Señor Jesucristo, y serás salvo, tú y tu casa".

Observa los planes y propósitos de Dios. Pablo y Silas terminaron presos en Filipos porque había un carcelero que necesitaba salvación. No solo él, sino toda su familia; y por este hecho comenzó la iglesia de los filipenses. El carcelero escuchó la Palabra de Dios y creyó. Ese mismo día, toda su familia se bautizó como señal de haber aceptado el mensaje del evangelio.

¿Qué hay de ti? ¿Te ha hablado Dios con esta misma promesa? Para que una promesa se cumpla, muchas veces nosotros debemos hacer una parte. En este caso, sembrar la Palabra de Dios. Fíjate que Dios no produce plantas con solo declarar una verdad. ¡Hay que sembrar!

Si creemos que nuestra casa será salva, entonces nosotros somos los responsables de hablar de Jesús a nuestra familia. ¿Cómo hacerlo? *Debes hacerlo con regularidad, continuidad.* No alcanza con hablar a la familia una vez y "que sea lo que Dios quiera". Debes persistir en sembrar y regar la semilla. Lee lo que Dios les dice a los padres en Deuteronomio 6:6-9.

Habla la verdad con amor (Efesios 4:15). Decir versículos bíblicos con ira, amargura o miedo, no permite que la semilla penetre en el corazón de nadie. Nuestras palabras deben ser acompañadas con amor y paciencia.

Cree tú mismo lo que dice Dios. No solo debes dar testimonio con tus palabras, debes demostrar lo que crees con tu conducta. Nuestra familia nos conoce muy bien, saben si vivimos lo que creemos.

No te canses de sembrar la verdad con amor. Dios dará el crecimiento. Haz tu parte y cree que tu familia será salva.

Creo Señor, que mi familia será salva. Sigo orando y siendo un instrumento tuyo.

Mimados por Dios

"Porque así dice Jehová: He aquí que yo extiendo sobre ella paz como un río, y la gloria de las naciones como torrente que se desborda; y mamaréis, y en los brazos seréis traídos, y sobre las rodillas seréis mimados."
Isaías 66:12

Este pasaje tiene una doble referencia. Proféticamente se cumplirá cuando venga el Mesías y restaure por completo a Israel; pero hoy, se aplica a cada hijo de Dios que pone su fe diariamente en el Padre Celestial.

Muchas veces la religión ha sembrado la idea de que Dios es un anciano de larga barba blanca con el ceño fruncido, listo para enviar fuego del cielo a todo aquel que no ora más de cuatro horas por día y lee cien capítulos de la Biblia. ¡Qué imagen más alejada de la realidad! Según el mismo Hijo Eterno que conoce al Padre como nadie, dice que su amor y su misericordia se extienden sobre todos. Incluso está esperando con los brazos abiertos a los hijos pródigos que deciden regresar a su casa. Fíjate las maravillosas promesas que encierra este pasaje de Isaías.

Lo primero que menciona es que Dios "extiende paz como un río" a los que regresan a Él. 2 Corintios 13:11 dice que el Dios de paz y de amor estará con nosotros. Al estar en el seno del Padre nos sentimos protegidos, cuidados y confiados gracias a la paz que derrama en nuestro corazón y al amor que experimentamos. También dice que los hijos de Dios serán alimentados por Él, como una madre alimenta a sus hijos.

"En los brazos seréis traídos". ¡Cuántas veces nos cansamos de caminar! Como un niño pequeño le pedimos al Padre que nos levante y Él extiende sus brazos para sostenernos y darnos descanso.

"Sobre las rodillas seréis mimados". ¡Qué expresión más tierna! La palabra "mimado" en hebreo es *shaá* que tiene el significado de mirar con complacencia, acariciar, agradar, fijar la mirada, regocijarse. Wow… qué maneras más maravillosas que tiene el Señor de demostrarte cuánto te ama.

Cuando estás en la presencia de Dios, solo puedes sentirte amado. Puedes imaginarlo mirándote por largo tiempo, con una sonrisa en su cara, disfrutando del momento y reconfortando tu alma.

Necesitas hacer una pausa. Deja por un momento lo que estás haciendo y conéctate con el Señor. Experimenta su amor que sobrepasa todo entendimiento. ¡Eres un hijo mimado por Dios!

Tu inmenso amor me renueva, me impulsa, me anima a seguir adelante.
¡Te amo Señor!

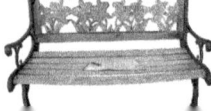

Defensa del evangelio

"Algunos, a la verdad, predican a Cristo por envidia y contienda; pero otros de buena voluntad. Los unos anuncian a Cristo por contención, no sinceramente, pensando añadir aflicción a mis prisiones; pero los otros por amor, sabiendo que estoy puesto para la defensa del evangelio."
Filipenses 1:15-17

¿Puedes creer que haya personas que prediquen el evangelio para contender con otros, para provocar envidia y celos, para alcanzar popularidad u obtener dinero y poder? Sí, creo que lo sabes. Ya nada de esto nos sorprende. Hay muchos que se llaman cristianos pero bajo las demandas de Dios no lo son. Y tristemente, muchas personas han confundido el Mensaje con los mensajeros.

A través de estos versículos, el apóstol nos señala las verdaderas y falsas motivaciones a la hora de predicar. Pablo siempre expuso a los falsos maestros y profetas que destruyen la Iglesia de Cristo. En muchas oportunidades hizo referencia a aquellos que predican "otro evangelio", más atractivo y flexible para el que quiere seguir enredado en el pecado, y más conveniente para el narcisista. Pero él sabía muy bien para qué había venido Cristo al mundo y cuáles son las verdaderas Buenas Noticias.

Quizás podamos llegar a pensar: "Que se encargue Dios de los que tienen malas motivaciones o pervierten el evangelio", pero Pablo nunca lo vio de esta manera. Él dijo que siempre sería un defensor del evangelio. La palabra "defensa" en griego es *apología* que tiene el significado de dar cuentas en una declaración legal, alegar, hablar en defensa. Los verdaderos cristianos somos llamados a declarar la verdad, a hablar en favor de lo que dijo Dios y a dar el mensaje correcto.

Si conoces bien el Mensaje, entonces también debes transmitirlo con la motivación correcta y recordando cuál es el destino de los que rechazan el evangelio. ¡Cuántas personas queridas caminan hacia la condenación eterna! No podemos quedarnos callados.

¿Qué sientes cuando escuchas a personas difamar el evangelio? ¿Te indignas cuando otros hacen tropezar a quienes desean creer? ¿Te quedas callado cuando tergiversan la Verdad? Por supuesto, no estamos para contender sino para decir la verdad en amor. Callarnos no hará diferencia, pero nuestras palabras, guiadas por el Espíritu Santo, pueden dar vida eterna a los que aceptan a Cristo como su Salvador.

Señor, dame la sabiduría para saber cuándo callar y cuándo hablar. Dame creatividad para compartir tu mensaje.

Libres del lazo del cazador

"Nuestra alma escapó cual ave del lazo de los cazadores;
se rompió el lazo, y escapamos nosotros."
Salmo 124:7

Tenía un primo al que le gustaba cazar pájaros jilgueros. Colocaba en el patio de su casa a uno de ellos en una jaula, y al lado, otra con comida llamada "trampera". Cuando algún jilguero entraba en ella, la jaula se cerraba rápidamente. ¿Cómo era atraído a esa trampa? Por el canto del ave encerrada. Un apuesto jilguero atrapado por el canto seductor de una jilguerita. Mmm… me suena haber escuchado esta historia entre los humanos.

David compara al alma con un ave (ya lo había hecho en el Salmo 11:1). Él sabía lo que era ser atraído hacia una trampa del enemigo, caer en ella y quedar enlazado por mucho tiempo. Le pasó cuando estaba paseando por su terraza y vio una mujer bañándose. Si conoces la historia sabes que terminó cayendo en adulterio con Betsabé.

Así es el pecado. Cuando el alma es seducida por una tentación y cedemos, caemos en la trampa "como chorlitos" y sufrimos las trágicas consecuencias.

Dios no quiere que nuestras almas vivan siempre atrapadas por los engaños del diablo, por eso ha provisto una salida y es a través del sacrificio del Señor Jesucristo. Juan 8:36 dice que si el Hijo nos liberta, seremos verdaderamente libres. ¡Jesús ha roto definitivamente el lazo que nos tenía esclavizados! No volvamos a la trampera…

Ahora, por su sacrificio, podemos escapar del pecado y también de la culpa. La palabra "escapar" en hebreo es *malat* y tiene el significado de librar o rescatar, fugar, huir, libertar, salvar. *Malat* también significa "sacar jóvenes", es decir, liberar a los jóvenes que están atrapados. ¡Jesús les da vida! Él es el único que puede dar libertad. 1 Juan 3:8 dice que el que practica el pecado es del diablo, porque él peca desde el principio, pero apareció el Hijo de Dios para deshacer las obras del diablo. ¡Aleluya!

Si te sientes atrapado por una tentación o por la culpa debido a malas decisiones que en algún momento hiciste, debes ir a los brazos de Jesús para alcanzar plena libertad. Su poder rompe las ataduras del diablo. Su amor es restaurador. Su guía es segura. ¡Jesús rompe el lazo del cazador!

¡Tú me hiciste libre, Señor! Has deshecho las obras del diablo. ¡Aleluya!

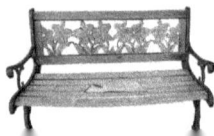

Corazón cercado

*"Guardad, pues, con diligencia vuestras almas,
para que améis a Jehová vuestro Dios."*
Josué 23:11

La emoción de las primeras conquistas había pasado. Israel ya no comía el maná del cielo, sino que disfrutaba de las delicias de la tierra de Canaán. Habían visto la mano poderosa de Dios en todas las batallas, se maravillaron de los acontecimientos sobrenaturales que los acompañaron como el granizo contra los ejércitos enemigos, el río Jordán seco, el sol y la luna manteniéndose en la misma posición hasta acabar una pelea, y tantas promesas cumplidas.

Pero Josué ya era anciano, y conocía muy bien al pueblo. Sabía que debía exhortarlos a cuidar sus corazones para no dejar de hacer la voluntad de Dios. Por eso, antes de morir, les dice que "guardaran" sus almas para amar a Dios fielmente. Esta palabra en hebreo es *shamár* que tiene el significado de cercar alrededor, proteger, cuidar, ser centinela, custodiar, vigilar. Cuando un campesino quería "guardar" un pedazo de tierra para que el ganado no lo tocara y no se echara a perder lo sembrado, lo cercaba muy bien.

La misma exhortación aplica para nuestras vidas hoy. Sabemos que el diablo no descansa, su propósito es apartarnos del Señor y destruir nuestras vidas. Él tiene muchos recursos y envía sus dardos de fuego a nuestro corazón constantemente a través de mensajes de texto, películas, sitios de internet, redes sociales, y hasta en encuentros personales. Por eso necesitamos pedirle al Espíritu Santo que nos alerte y nos ayude a mantenernos firme en la fe.

Por otro lado, también debemos ser intencionales y proactivos para cuidar bien nuestro corazón. Debemos hacerlo "diligentemente". Vamos a tener que decir que "¡no!" a muchas cosas que nos ofrecen diariamente, incluso a favores que nos desvían del Camino o quieren afectar nuestra integridad.

Evaluemos los "enamoramientos" del corazón a cosas que son superficiales o lo que es peor, a lo que nos destruye. Si tomamos la decisión de amar a Dios por sobre todas las cosas, seguiremos por el camino correcto y nuestro corazón cada día estará más seguro y confiado.

---

*Guarda mi corazón Señor. Tomo la decisión de decir que no a lo que
no edifica y puede destruir mi vida espiritual.*

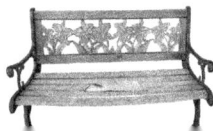

Jehová se arrepintió

"¿No temió a Jehová, y oró en presencia de Jehová, y Jehová se arrepintió
del mal que había hablado contra ellos? ¿Haremos, pues,
nosotros tan gran mal contra nuestras almas?"
Jeremías 26:19b

Eran tiempos difíciles en Judá. El pecado abundaba y lo que era peor, nadie quería arrepentirse. Entonces Dios le dice a Jeremías que se pusiera en el atrio de la casa de Jehová, y hablara a todas las ciudades de Judá que venían para adorar en el templo, todas las palabras que Él le mandó hablarles sin retener ninguna de ellas. El deseo de Dios es que oyeran y se volvieran cada uno de su mal camino. De esa manera el Señor se podría "arrepentir" del mal que pensaba hacerles por la maldad de sus obras (vs. 2-3).

La palabra hebrea usada aquí para "arrepentirse" nada tiene que ver con el remordimiento por haber hecho algo malo. Aquí se usa la palabra *nakjám* que tiene el significado de suspirar, respirar fuertemente, lamentar, compadecerse, aplacarse, tener misericordia. En otras palabras, Dios tiene misericordia cuando ve el arrepentimiento del pueblo y por compasión no ejecuta su juicio.

Cuando alguien reconoce su pecado y se vuelve a Dios, alcanza perdón y restauración. Dios se "arrepiente", extiende su misericordia para que las consecuencias de la condenación eterna no lo alcancen.

El corazón misericordioso de Dios no cambia. Él sigue llamando a la puerta de nuestros corazones para que abandonemos todo lo que nos aleja de Él, lo que daña nuestra alma, espíritu y cuerpo, y así seamos restaurados. Dios ha trazado el único camino por medio de su Hijo Jesucristo. Todo aquel que confiesa sus pecados, se arrepiente de ellos, pide perdón teniendo el deseo de no volver atrás, siempre es perdonado instantáneamente.

Hoy es día de evaluación. ¿Todavía tenemos deseos destructivos? ¿Hay pecados guardados en nuestro corazón que no queremos confesar? ¿Encontramos placer en desobedecer lo que Dios ha prohibido? Si es así, necesitamos volvernos a Dios, recibir su perdón, y crecer en santidad, glorificándole con nuestros pensamientos, palabras y conducta.

Examina oh Dios mi corazón. Si hay algún pecado escondido,
me arrepiento de ello y confío en tu perdón restaurador.

Verdaderos *influencers*

"El que anda con sabios, sabio será; mas el que se junta
con necios será quebrantado."
Proverbios 13:20

"*Influencers*" es una palabra que se ha puesto de moda. Se refiere a ese grupo de personas que esperan alterar la forma de pensar o de actuar de sus seguidores a través de sus opiniones, ideas nuevas o estilo de vida. Lamentablemente, mucho de lo que se ve o escucha no se corresponde con la que la Biblia llama "sabio".

La Palabra de Dios nos exhorta a escuchar a personas sabias y maduras espirituales para que nosotros también actuemos con sabiduría de lo alto. Este fue uno de los consejos que Pablo le dio a Timoteo (2 Timoteo 2:2). Tenemos que evaluar con mucho cuidado hacia dónde nos están conduciendo ciertas influencias, pero también, qué tipo de influencia ejercemos en otros.

Empieza por evaluar qué tipo de influencia has recibido. ¿Tienes opiniones que se contradicen con lo que estás aprendiendo de la Palabra? Puede que hayas sido influenciado por algún ser querido que tienes en alta estima, pero que te ha transmitido principios que te alejan de la verdad. No puedes culpar a tus antepasados por esto o usarlo como un medio de justificación para seguir actuando incorrectamente. Una vez que Jesús es nuestro Salvador y Señor, Él hace todo nuevo y espera que corrijamos nuestro rumbo en la medida que conocemos su Palabra y a través de la ayuda del Espíritu Santo.

Evalúa también lo que tú mismo seleccionas, aquello por lo que te gusta ser influenciado. Nuestra tendencia es escuchar a los que nos dicen lo que queremos oír, o elegir lo que nos provoca una gratificación casi instantánea, aunque las consecuencias a corto o mediano plazo nos sean buenas. Tenemos que ajustar nuestros deseos a lo que nos edifica.

Por último, debes evaluar qué tipo de influencia eres. ¿Sobre quién estás influyendo? Tus hijos, tu cónyuge, tus familiares, tus amigos, compañeros de trabajo, hermanos. ¿Qué valores les estás dejando?

Sé intencionalmente influyente. Jesús dijo que somos su luz y no podemos dejar nuestra lámpara debajo de la mesa. Alimenta a otros. Anima al que está caído, suple una necesidad, acompaña al solitario. Comparte tus experiencias con Jesús. Sé un verdadero "*influencer*".

Quiero influenciar positivamente en otros. Confío en tu ayuda sobrenatural.

No te vencerán

*"Y pelearán contra ti, pero no te vencerán; porque yo estoy
contigo, dice Jehová, para librarte."*
Jeremías 1:19

Creo que a nadie le gusta tener que enfrentar conflictos muy seguido y tampoco tener que lidiar siempre con personas difíciles. Sin embargo, vivimos en un mundo hostil, en donde las relaciones son cada vez más complicadas y desafiantes como consecuencia del pecado. La verdad es que si somos verdaderos discípulos de Jesús, muchas veces sufriremos el rechazo de los demás por vivir genuinamente nuestra fe.

Le pasó a Jeremías. Dios le llamó a proclamar lo que le iba a suceder a su pueblo por haberlo ignorado, y pronto comenzaron las dificultades para el profeta por obedecer al llamado divino. Pero el Señor le dio una palabra que sostuvo a Jeremías todos los días de su vida, y fue: *"No te vencerán"*. ¡Qué seguridad nos da saber que el Señor peleará nuestras batallas siempre!

¡Nadie te vencerá si haces la voluntad de Dios! El respaldo del Señor sobre sus hijos es fuerte. Puede que en ciertas ocasiones sientas los golpes y te tambalees, incluso te caigas más de una vez, pero vuelves a levantarte en el nombre de Jesús. El Salmo 37:24 dice que cuando el hombre que confía en Dios cae, no va a quedarse postrado, porque el Señor siempre sostiene su mano.

"Yo estoy contigo". ¡Aleluya! La presencia de Dios nos acompañará siempre. No hay maneras de que el Omnipresente nos deje solos. Siempre nos fortalecerá con el descanso y el gozo de su presencia. Así que no debemos temer ni desmayar, porque Jehová nuestro Dios estará con nosotros en dondequiera que vayamos (Josué 1:9).

"Estoy para librarte". La palabra hebrea usada aquí es *natsál* que tiene el significado de arrebatar de una situación mala, defender, libertar, librar del opresor, redimir, salvar. Esto es lo que Dios te ha prometido. ¡Siempre llega a tiempo!

¿Estás pasando por una situación difícil? Aprópiate de estas promesas. Dios está contigo siempre, nadie te podrá vencer si estás confiando en Él, y serás librado de cualquier situación, por muy difícil que sea. La liberación viene de arriba.

---

*Señor, sigo mi camino por fe enfrentando los desafíos que tengo por delante,
confiando que tú me guardarás y me librarás de todo mal.*

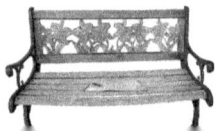

Guarda su Palabra

*"Del mandamiento de sus labios nunca me separé; guardé las palabras
de su boca más que mi comida."*
Job 23:12

¿Has contado alguna vez cuántas veces aparece la frase "guardar su Palabra" en la Biblia? Muuuchas, como para no darle importancia. Para todos los hombres y mujeres de la Biblia, lo más importante para que les fuera bien en todos sus caminos era guardar su Palabra.

En hebreo, guardar es el vocablo *tsafán* que tiene el significado de proteger, preservar o cuidar. Da la idea de atesorar lo que dice la Biblia en el corazón, proteger la Palabra para que no se corrompa, preservarla intacta, resguardarla para que nadie la robe o la cambie. Frente a tantas tergiversaciones, y cuando muchos buscan acomodar la Palabra a sus gustos y preferencias, cada verdadero hijo de Dios debe defenderla y vivirla (Deuteronomio 4:2).

Es interesante la comparación que hace Job cuando alude a cuidar las Palabras de la boca de Dios: "Más que mi comida". Cuando alguien es menesteroso, su meta diaria es obtener comida para sobrevivir, pero Job dice que prefería la Palabra antes que la comida, que se preocupó de cuidarla más que a sus graneros. Podía privarse varios días de su sustento material, pero no podía vivir sin el alimento espiritual diario. Job tenía hambre de las palabras que salen de la boca de Dios.

Cuando Jesús fue tentado por el diablo para que convirtiera piedras en pan, la respuesta del Señor fue: "Escrito está: No solo de pan vivirá el hombre, sino de toda palabra que sale de la boca de Dios." (Mateo 4:4). Si algo no te tiene que faltar diariamente es su Palabra, es vital.

¿Quieres que los caminos de tu juventud sean siempre limpios y claros? Guarda su Palabra (Salmo 119:9).

¿Quieres prosperar en todo lo que emprendas? Guarda su Palabra (Deuteronomio 29:9).

¿Quieres ser preservado y no descarriarte? Guarda su Palabra (Salmo 119:67).

¿Quieres ser una persona bienaventurada, muy feliz? Guarda su Palabra (Lucas 11:28).

¿Quieres vivir por la eternidad libre de condenación? Guarda su Palabra (Juan 8:51). ¿Amas a Jesús? Guarda su Palabra (Juan 14:23-24).

Señor, atesoro, cuido y aplico tu Palabra a mi vida. Es mi alimento diario.

El mensaje que trastorna al mundo

"Y comenzaron a acusarle, diciendo: A este hemos hallado
que pervierte a la nación…"
Lucas 23:2a

A Jesús lo acusaron de "pervertir" la nación. Esta palabra en hebreo es *diastréfo*, que entre otras cosas significa "trastornar o apartar". Viene de *stréfo* que tiene el significado de hacer dar la vuelta o revertir, volver, convertirse.

Jesús no vino para hacer cambios políticos, culturales ni económicos; vino para deshacer las obras del diablo y sacar de la oscuridad a todo aquel que cree en Él. Sí, Jesús vino para "trastornar" al mundo pecador para que se vuelva a Dios. Su mensaje sigue resonando hasta nuestros días: "Arrepentíos porque el reino de los cielos se ha acercado".

No se puede recibir el reino, el gobierno de Dios en nuestro corazón sin arrepentimiento de pecados. El mensaje del evangelio "trastorna" a quienes adoran falsos dioses, a quienes se han hecho un ídolo de sí mismos, a quienes solo buscan satisfacer sus malos deseos. Por supuesto que Jesús trastorna al mundo entero. Él nos confronta con nosotros mismos para que tengamos la oportunidad de reconocer que nos hemos apartado de Dios, que lo hemos ofendido con nuestras acciones, pensamientos y palabras, y que no podemos salvarnos a nosotros mismos.

Jesús no "pervierte" nuestro estilo de vida, sino que realmente busca enderezar lo que nosotros hemos torcido. Él busca restaurar lo destruido y dar una nueva vida al que pone su fe en Él. Este es el evangelio. Para esto vino Jesús. Si alguien se atreve a cambiar el mensaje, dice el apóstol Pablo en Gálatas 1:8-9, sea anatema.

A los primeros discípulos, imitadores de Cristo, los acusaron de lo mismo que a Jesús. Dijeron que eran los que "trastornan el mundo entero" (Hechos 17:6). El evangelio tiene poder para transformar, hacer una metamorfosis en una persona. Nunca tuvo el propósito de que nos mimetizáramos, que pasáramos desapercibidos en un mundo sufriente.

Tú y yo tenemos a Jesús, somos sus discípulos, y se nos ha encomendado dar a conocer este mensaje: Todo aquel que se arrepiente de sus pecados, cree que Jesús lo perdona gracias a su sacrificio en la cruz, y quiere vivir como Él, tiene vida eterna. No hay otro mensaje, aunque pueda "trastornar" a muchos.

Señor, tú has transformado mi vida entera. Quiero trastornar positivamente mi entorno.

Dios no contesta todas las peticiones

"El Cristo, Rey de Israel, descienda ahora de la cruz, para que veamos y creamos."
Marcos 15:32a

Un borracho se paró en medio de la calle y comenzó a gritar: "¡Si Dios existe, que me mate ahora mismo!" ¿Tú crees que Dios contestaría esa petición? ¡Si la contesta, ese borracho se va directo al infierno! Y Dios nunca quiere eso, anhela que toda persona se arrepienta y viva.

"¡Señor, convierte las piedras en pan para que no tenga que trabajar!". Tampoco contesta esa petición, porque Dios quiere que cada uno trabaje con sus manos para ganarse el pan con el sudor de su frente.

"Señor, bendice mi concubinato". ¿En serio? ¿Acaso la Biblia no dice que Dios bendice el matrimonio que se unen bajo un pacto hasta que la muerte los separe?

"Señor, ¡quita a ese hermano del ministerio y dámelo a mí!". Tampoco Dios procede de esa manera y no contradice nunca sus formas estipuladas en su palabra.

Podemos seguir mencionando "peticiones" que no están de acuerdo a la voluntad de Dios. Habría miles, pero estoy seguro de que ya sabes en tu espíritu que hay oraciones que Dios no contesta, como por ejemplo, la que hicieron los religiosos bajo la cruz. Cristo no iba a descender de la cruz, porque iba a resucitar al tercer día. No iba a cambiar el plan por un corazón duro que ni se hubiera arrepentido si su petición hubiera sido contestada.

Dios contesta las peticiones que se hacen de acuerdo con su voluntad. Necesitamos conocer su Palabra para alinear nuestras oraciones con su corazón.

Dios contesta las peticiones que se hacen con un corazón humilde. Desafiar a Dios para que haga una cosa, no funciona, principalmente porque nosotros no somos capaces de cumplir con nuestras promesas.

Dios contesta las peticiones que se hacen con fe. Orar por las dudas tampoco funciona. Hay que orar creyendo que lo que pedimos está en su voluntad y que Él puede hacer lo que pedimos. Si tienes una petición que hacerle a Dios, cerciórate de hacerla de acuerdo a su voluntad. Hazla con humildad y fe, porque el Padre Celestial sigue respondiendo a sus hijos que claman a Él sinceramente.

Señor, dame tu mente y corazón para saber pedir de acuerdo a tu voluntad.
Gracias porque siempre respondes al que clama a ti.

En el secreto de Jehová

"Porque ¿quién estuvo en el secreto de Jehová, y vio, y oyó su palabra?
¿Quién estuvo atento a su palabra, y la oyó?
Jeremías 23:18

Dios habló, habla y seguirá hablando a su pueblo… que quiera escuchar. Dios habla de muchas maneras, aunque nos encantaría que lo haga con voz audible y a cada momento. Sin embargo, Dios es espíritu y se comunica espiritualmente (Juan 4:24).

Para comunicarse con Dios y poder escucharlo es necesario que tengamos el requisito básico e indispensable para hacerlo: Que nuestro espíritu este vivo. Esto es posible cuando el Espíritu Santo viene a morar en nosotros y da vida a nuestro espíritu. A partir de allí, tenemos una nueva naturaleza, capaz de relacionarnos con Dios, teniendo la seguridad de ser su hijo para poder escucharlo en nuestro espíritu. Sí, amén, nos habla diariamente a nuestro espíritu.

Cada día estamos rodeados de voces que nos dan perspectivas diferentes, puntos de vista opuestos, órdenes que traen consecuencias buenas o malas. Algunas voces suenan muy dulces y atractivas, pero nos llevan a tomar muy malas decisiones. Otras son confusas y no sabemos distinguirlas. ¿Cómo reconocer la voz de Dios en nuestro espíritu?

Dios habló al profeta Jeremías y le dijo que muchas voces se habían levantado en Israel con la presunción de ser divinas, pero nadie estaba hablando realmente de parte suya. Sin embargo, podrían haber hablado su palabra, si hubieran estado en su "secreto". Esta palabra en hebreo es *sod* que da la idea de compañía estrecha, comunión, consultar, sentarse junto, íntimo. Dios está hablando de tener intimidad con Él.

Necesitamos apagar todas las demás voces y aprender a escuchar la suya. Para que esto sea posible, necesitamos pasar tiempo a solas con Dios. Jesús nos dejó una enseñanza práctica para hacerlo (Mateo 6:6), y recuerda que Él dijo que debemos estar a solas con el Padre. No es lo mismo orar conduciendo el carro donde tienes los ojos puestos en la carretera y la mente en el tráfico. Necesitas parar, buscar un lugar tranquilo y comunicarte con el Señor.

Toma tiempo para orar a través del Espíritu Santo. Permítele que te enseñe a hacerlo, a discernir su voz y a obedecerla.

Señor, me detengo a estar a solas contigo. Necesito escucharte, sentirte,
experimentarte, y ser guiado por ti en este día.

Liberación en el día de la angustia

"Invócame en el día de la angustia;
te libraré, y tú me honrarás."
Salmo 50:15

Dios sabe que algunas veces tenemos nuestros "días de angustia" y Él no pasa por alto nuestras aflicciones. "Angustia", en el original hebreo, tiene el significado de estar en aprieto, en medio de un problema, confrontado por un rival, aflicción, calamidad, conflicto, tribulación, padeciendo una venganza. ¿Te sientes identificado con algunos de estos significados?

Cuando estamos en aprietos por circunstancias desfavorables como una enfermedad, un problema laboral o económico, sentimos angustia principalmente porque no sabemos lo que nos espera en los días por venir. Sin embargo, creo que hay una aflicción más difícil de sobrellevar y es la provocada por una persona que nos conoce, tal vez un familiar, un amigo o un hermano.

El dolor en el alma puede llegar a ser más intenso que el dolor en el cuerpo. Cuando alguien que aparentemente era amable, atento, amigable, de pronto actúa como nuestro enemigo, nos produce un tipo de angustia que es muy difícil de describir con palabras, y si no la tratamos debidamente, puede provocarnos un daño mayor al abrir nuestro corazón al rencor.

En ese momento es cuando Dios nos dice: "Ven a mí, dame tu carga, entrégame tu angustia y deja que yo me haga cargo". Cuando le damos lugar para actúe como Él cree que es mejor, cuando dejamos de luchar en nuestras fuerzas y damos lugar a la justicia de Dios, entonces podemos experimentar paz.

¿Cuál es el fin de todo este proceso? Dios dice: "Tú me honrarás". ¡Aleluya! No olvidemos que cuando Dios interviene poderosamente debe llevarse la gloria de lo que suceda.

Lo honramos con nuestro testimonio, con nuestro sincero agradecimiento, cuando proclamamos su salvación y liberación de las angustias. No te olvides de honrar a Jesús, porque su nombre nos recuerda que es el Salvador.

Señor Jesús, eres mi Salvador. Me has dado vida eterna y
ya la estoy disfrutando diariamente.

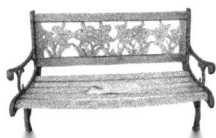

Despierta mis oídos

*"Jehová el Señor me ha dado una lengua de sabios, para saber cómo consolar
a los cansados. Todas las mañanas despierta mis oídos para que
escuche como los sabios. Dios me ha abierto los oídos..."*
Isaías 50:4-5a

¿Sabes quién pronunció estas palabras? ¡Jesús! Si sigues leyendo
los siguientes versículos sabrás que habla el Mesías sufriente, el que
entregó su vida en rescate por muchos. Vuelve a leer el versículo ahora
teniendo en mente que lo dice el Salvador del mundo.

El Mesías habla proféticamente de su maravillosa, profunda y
diaria relación con el Padre. Marcos 1:35 nos dice que Jesús se levantaba
muy de mañana, siendo aún muy oscuro, y salía a un lugar desierto para
poder orar. Sabemos que Jesús pasaba mucho tiempo comunicándose con
su Padre, podía pasar toda la noche orando, cada mañana unido en
oración. El Señor dejaba todos los quehaceres para tomar su tiempo
especial en oración. Siempre se apartaba a lugares desiertos, y allí oraba.
(Lucas 5:16). Es la manera en que tuvo un oído abierto, tanto al Padre
como a las necesidades humanas. Podía hablar con lengua de sabios como
resultado de esos encuentros diarios con el Padre.

¿Jesús necesitaba orar? No como Hijo de Dios, porque en esencia
era el mismo Dios, pero humanamente sí, tal como nosotros. Lo hizo por
Él, pero también para dejarnos ejemplo de la tremenda necesidad de
comunión íntima con el Padre.

Además, nos enseñó la forma de hacerlo. Nos dijo que cuando
oremos, entremos en nuestro aposento, y cerrada la puerta, oremos al
Padre que está en secreto; y Él, que ve en lo secreto nos recompensará en
público (Mateo 6:6).

Encuentra tu lugar secreto, donde sea, cierra la puerta y comparte
en privado tus secretos a Dios. La promesa es que Él te recompensará en
público, tus oraciones serán contestadas según su voluntad y tiempo
perfecto. Si le dedicamos tiempo y nos acercamos más a Él, el resultado
será una mente y un espíritu alineado con la voz de Dios, sensible a su
presencia y a la obediencia.

Alimenta tu relación con el Señor cada día. Despierta cada
mañana dispuesto a oírle. Él te dará entendimiento de su voluntad y
llenará tu vida de sabiduría.

Necesito orar más. Vengo a tu presencia expresando mi necesidad de ti.

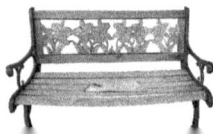

Fuerzas para la pelea

"Dios es el que me ciñe de poder… Quien adiestra mis manos para la batalla… Pues me ceñiste de fuerzas para la pelea."
Salmo 18:32, 34, 39a

Si lees las historias de David verás que él no iba a buscar a sus enemigos, sino que ellos se levantaban contra él. Estaba obligado a pelear, aunque no quisiera. Era Saúl quien lo perseguía por los celos que sentía. Los filisteos habían acogido a David por un año y medio, pero cuando supieron que era nombrado rey de Israel, salieron a pelear contra él. También lo hacían sus pueblos vecinos, y David sabía que muchas veces debería luchar aunque no tuviera fuerzas.

Creo que podemos identificarnos con él. Atravesamos días en que el mismo diablo y sus demonios se levantan contra nosotros a través de injurias, chismes, intimidación, amenazas, boicot en el trabajo, y un sinnúmero de dificultades que no quisiéramos tener que enfrentar. Sabemos que nosotros no provocamos la guerra espiritual, sin embargo, estamos en medio de ella. No tenemos deseos de pelear, pero sabemos que si no nos levantamos, el enemigo tomará ventaja.

David tenía claro esto, pero también que ganaría sus batallas si contaba con la intervención de Dios y permitía que Él lo "ciñera de poder". Esta frase significa "rodeado de un ejército, de fortaleza". ¿Quién puede resistir a un ejército celestial dispuesto a defender con todo su arsenal a un hijo de Dios?

Además, sabía que era el Señor quien podía "adiestrar sus manos" para la batalla y darle "fuerza para la pelea". Eso significa que nosotros también contamos con la dirección y sabiduría que nos da el Espíritu Santo para enfrentar al enemigo, estrategia divinas y fuerzas físicas renovadas para pelear.

¿Comenzaste la semana enfrentando alguna batalla espiritual? ¿Sientes que no tienes fuerzas? Recuerda que el Todopoderoso está contigo.

Tu parte es tomar las armas espirituales y hacerle frente al enemigo. El diablo no tiene nada que hacer frente a un hijo de Dios que hace uso de su autoridad espiritual. ¡No te olvides que el diablo ya fue vencido!

Hay poder en el nombre de Jesús. Tengo la victoria en cada batalla que deba enfrentar. Gracias Señor por tu fuerza.

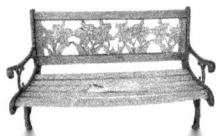

"Hola, soy Eva"

"Y vio la mujer que el árbol era bueno para comer, y que era agradable a los ojos, y árbol codiciable para alcanzar la sabiduría; y tomó de su fruto, y comió; y dio también a su marido, el cual comió así como ella."
Génesis 3:6

Hola, soy Eva. Sí, la esposa de Adán. Mientras mi marido salió a buscar algo para comer, yo sigo añorando esos días en que vivíamos en el Huerto del Edén. ¡Qué tiempos maravillosos! Vivíamos con el máximo gozo que se pueda experimentar. No teníamos miedo, no existía la intranquilidad ni la incertidumbre acerca del futuro. Nuestra relación con Dios era perfecta.

Pero ahora… Ay, no quiero recordarlo. ¡Por qué le hice caso a esa serpiente! Desobedecer a Dios fue lo peor que nos pasó. El mismo diablo me habló a través de ese animal y yo ni me di cuenta. Me dijo que Dios nos estaba ocultando la verdad, y le creí. De pronto, el fruto del árbol de la ciencia del bien y del mal me pareció más apetitoso que el resto de los frutos. Lo seguí mirando y pasó lo peor: lo codicié. Ese fue mi primer pecado, desobedecí la prohibición de Dios, y Adán hizo lo mismo que yo. A partir de ese momento todo cambió para mal.

Después de lo que hicimos, creo que merecíamos la muerte instantánea. Dios había sido claro: "el día que de él comiereis, moriréis". Sin embargo, es tan grande su amor que nos permitió vivir; y además nos hizo una promesa: un día nos iba a redimir a través de uno de nuestros descendientes. Pero mientras tanto, íbamos a sufrir las consecuencias de nuestra desobediencia.

Si en el futuro alguien lee esta carta, le diría que no desobedezca a Dios, tiene un final trágico. La codicia es mortal, te lleva a desear lo prohibido, lo que no te conviene. Lo que te diga el diablo siempre es mentira. Nunca vas a poder escapar de las consecuencias. El sentimiento de culpa y la vergüenza de haber defraudado a Dios es terrible.

No permitas que nada te aparte de Él. Si no está Dios en tu vida, en realidad no tienes nada. Yo lo descubrí cuando ya era tarde. Si de alguna manera te sientes débil o estás siendo tentado, acude a Dios, Él es el único que puede ayudarte. Escucha su voz y obedece sus palabras, entonces estarás seguro y el diablo no podrá robarte nada.

Señor, confío en tu protección y cuidado. También sé que me das poder para permanecer firme. Dependo de ti..

Pero tú sí puedes, con su Espíritu

"Yo el rey Nabucodonosor he visto este sueño. Tú, pues, Beltsasar, dirás la interpretación de él, porque todos los sabios de mi reino no han podido mostrarme su interpretación; mas tú puedes, porque mora en ti el espíritu de los dioses santos."
Daniel 4:18

El rey babilónico Nabucodonosor estaba desesperado. Había tenido un sueño extraordinario y tenía la certeza de que su significado era especial, por eso llamó a todos sus sabios, astrólogos, magos y adivinos, pero ninguno pudo descifrar su sueño. "¡Increíble! –parece que puedo escucharlo– Tanto sabelotodo y ninguno puede darme la interpretación. ¿Dónde está Daniel? ¡Tráiganme a Danieeel!"

Cuando este hombre de Dios se presentó delante del soberano, recién ahí comenzó a tranquilizarse. Me llama la atención la manera en que Nabucodonosor se dirigió a Daniel. Presta atención a sus palabras: "Nadie ha podido interpretar mi sueño, pero tú… ¡tú sí puedes! porque en ti mora el espíritu de los dioses santos" (v. 18). ¡Qué seguridad la de este rey pagano! Nabucodonosor no sabía mucho de Jehová, pero sí sabía que en Daniel había algo diferente. Esa diferencia era la misma presencia del Espíritu de Dios en su vida.

Daniel tenía claro que no era él quien podía darle la respuesta al rey, sino Dios. Ya se lo había dicho en otra ocasión: "Daniel respondió delante del rey, diciendo: El misterio que el rey demanda, ni sabios, ni astrólogos, ni magos ni adivinos lo pueden revelar al rey. Pero hay un Dios en los cielos, el cual revela los misterios, y él ha hecho saber al rey Nabucodonosor lo que ha de acontecer" (Daniel 2:27-28). Daniel recibió la interpretación de Dios, se la transmitió al rey, y todo se cumplió al pie de la letra.

¿Te has enfrentado a alguna situación que desafía tu fe? ¿Alguien te ha pedido que ores por una necesidad usando la frase: "porque tú estás más cerca de Dios"? ¿Qué observan en ti las personas que están a tu alrededor?

Somos llamados a andar en el Espíritu, a depender de su guía y sabiduría para todas las cosas. Si le das el control de todo tu ser, entonces los verás hacer grandes cosas en ti y a través de ti para la gloria de Dios.

Señor, tómame de tu mano cuando deba enfrenar un desafío que excede mis posibilidades. Sólo tú eres el Dios Todopoderoso.

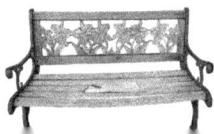

Esfuércense y cobren ánimo

"Esforzaos y cobrad ánimo; no temáis, ni tengáis miedo de ellos, porque Jehová tu Dios es el que va contigo; no te dejará, ni te desamparará."
Deuteronomio 31:6

Israel estaba a las puertas de Canaán, listos para conquistarla. La generación incrédula había quedado sepultada en el desierto y ahora la nueva generación había aprendido a depender de Dios. Había que dar los primeros pasos para apropiarse de las promesas divinas.

El pueblo sabía que iba a enfrentar a enemigos mejor entrenados para la guerra, más altos, más fornidos, y que conocían bien la geografía del terreno; sin embargo, el Señor les había dado una promesa y ellos creyeron en la palabra de Dios.

Pero además de creer, Israel tenía que hacer su parte en la batalla. En Deuteronomio 31:6 encontramos los detalles. Dios les había dicho que debían esforzarse y cobrar ánimo; no temer, ni tener miedo de ellos, porque Jehová su Dios es el que iría con ellos; nunca les dejaría, ni les desampararía.

En primer lugar, debían *esforzarse*. Conquistar Canaán no era irse a una tierra con sol y playas para retirarse, requería "esfuerzo". Esta palabra en hebreo es *kjazác* y tiene el significado de ser fuerte, echar mano, apoderarse, arrebatar, estar resuelto, vencer. No había que dar ninguna batalla por ganada hasta acabarla. La celebración vendría después.

En segundo lugar, debían *"cobrar ánimo"*. En hebreo es *amats* que da la idea de estar alerta, de pie, afirmar, consolidar, ser fuerte y valiente. No era tiempo de paralizarse, sino de estar firmes en las promesas que Dios les había hecho. Avanzar con seguridad.

En tercer lugar, *no debían tener "miedo"*. En hebreo es *yaré* que denota la idea de asustarse, amedrentar, atemorizar, espantarse, estar temeroso. Había que entregarle los miedos a Dios, no dejarse amedrentar y confiar en Aquel que iba delante de ellos en la batalla.

¿Estás enfrentando algunas luchas? ¿Tu fe está siendo atacada? ¿El diablo y sus huestes se han levantado contra ti? Hoy Dios te dice: Esfuérzate, cobra ánimo, no tengas miedo, Yo Soy quien pelea tus batallas.

¡Si Dios es por ti, quién contra ti!

¡Aleluya! No temeré porque tú estás conmigo. La victoria es con tu Espíritu.

Mayor es el que está en nosotros

*"Hijitos, vosotros sois de Dios, y los habéis vencido; porque mayor es el
que está en vosotros, que el que está en el mundo."*
1 Juan 4:4

"¡Ay… qué difícil está el mundo! ¡Cuántas tentaciones…!" "¡La carne es débil, siempre me vence…!" "¡Es imposible luchar contra tanta presión…!" Tal vez hayas escuchado alguna de estas frases en la boca de algún cristiano, es más, tal vez las hayas dicho en alguna oportunidad. Pero, ¿es verdad que no podemos contra las presiones del mundo?

No, bíblicamente no es cierto. A pesar de nuestras debilidades, la Palabra dice que somos poderosos en Cristo para ser vencedores. En la cruz Jesús venció al diablo, y todo aquel que aceptó a Cristo como su Salvador, recibió autoridad para deshacer toda obra de maldad. El secreto no está en nuestras capacidades, valor, esfuerzo o convencimiento personal. El poder radica en Quién está "en" nosotros. ¡Aleluya!

Antes de ascender a los cielos, Jesús les dijo a sus discípulos que les convenía que Él se fuera porque les enviaría una ayuda extraordinaria: el Espíritu Santo (Juan 16:7). A partir del descenso del Espíritu Santo en Pentecostés, el Consolador habita en cada hijo de Dios (Juan 14:17). El mismo Dios está morando en nuestro espíritu, por eso es posible la victoria sobre el diablo y el mundo.

Pero el problema se presenta cuando en lugar de resistir al diablo y obedecer a Dios, comenzamos a coquetear con la tentación hasta caer en las trampas que el enemigo nos pone. No debemos olvidar que el diablo persigue nuestra destrucción, pero el Señor solo quiere lo mejor para nuestra vida. Por eso, si confesamos nuestros pecados, él es fiel y justo para perdonarnos y limpiarnos de toda maldad (1 Juan 1:9).

La victoria es nuestra si realmente ponemos nuestra fe en el Señor (1 Juan 5:4-5). No hay ninguna presión que sea más fuerte que el poder de Cristo. No hay ninguna tentación que el mismo Señor no nos ayude a vencer.

Necesitamos comenzar nuestro día conectados con el Espíritu Santo y ser obediente a su guía. Cuando vengan las presiones, no olvides que ¡mayor es el que está en nosotros, que el que está en el mundo!

---

*Espíritu Santo, capacítame con poder para vencer las presiones
y tentaciones de este día.*

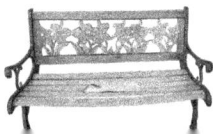

Acercarme a Dios

*"Pero en cuanto a mí, el acercarme a Dios es el bien; he puesto en Jehová
el Señor mi esperanza, para contar todas tus obras"*
Salmo 73:28

Este salmo fue escrito por Asaf, un levita dedicado a servir a Dios. Después de sentirse perturbado al ver como los malos prosperaban, fue al Señor para tener una respuesta, y en su presencia encontró descanso (v. 17). Al final, hace una declaración de propósito en su vida: El único bien resulta de acercarme a Dios sinceramente.

La palabra "acercar" en hebreo es *querabá* que tiene el significado de "abordar". Esta palabra era muy usada en el ámbito de la navegación. Cuando alguien se acercaba a otro barco con la intención de subir a él, lo abordaba. Es decir, se metía adentro del barco. Entonces, acercarse a Dios es abordarlo, es meterse de lleno, indagar en su corazón, tener una relación íntima y estrecha para conocerlo más.

El salmista había entendido que si seguía navegando por la vida en su propio barco, iba a naufragar en cualquier momento. Necesitaba salirse de su frágil embarcación y abordar el "transatlántico" de Dios. Sabía que debía hacer urgente un trasbordo, porque si no, no lo salvaba ni el pez de Jonás. Sólo bajo la capitanía del Señor arribaría a un puerto seguro.

Únicamente en Dios hay protección y fortaleza constantes en las tormentas de la vida. Cuando todo está oscuro a nuestro alrededor, cuando no vemos la salida, debemos confiar en la protección divina. Aunque las más terribles olas nos golpeen, vamos a resistir y permanecer firmes porque Dios nos guarda.

No debemos tener miedo a las tormentas de la vida, porque si el Señor está al mando, esas serán experiencias que nos ayudarán a crecer, a conocerlo más, y sobre todo serán oportunidades para testificar de su poder y fidelidad. Asaf dijo: "Para contar todas tus obras". Nuestra experiencia de salvación también debe ser compartida a otros.

Quizás hoy estés atravesando momentos difíciles, oscuros, sin respuestas, pero si pones tu confianza en el Señor, Él mandará al "viento y al mar" que se tranquilicen y se hará bonanza en tu vida.

---

*Amén Señor. Cuando aparezca una tormenta a mi vida, me subiré a tu barca.
Sólo en ti puedo estar seguro.*

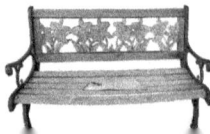

Vida espiritual plena

"Yo a la verdad os bautizo en agua para arrepentimiento; pero el que viene tras
mí, cuyo calzado yo no soy digno de llevar, es más poderoso que yo;
él os bautizará en Espíritu Santo y fuego."
Mateo 3:11

Hagamos alusión intencional al apodo de Juan… el "bautista". Se ganó el segundo nombre por ser obediente al llamado de Dios de predicar y bautizar para arrepentimiento de pecados. Muchos venían para ser sumergidos en las aguas del río Jordán como símbolo de limpieza y purificación de pecados. El simbolismo estaba claro: así como el agua cubría todo el cuerpo, la persona era "sepultada" para morir al pecado y "levantada" a una nueva vida. Atrás quedaba la vieja vida de pecado para vivir por fe en el perdón divino.

Sin embargo, este bautismo no era suficiente. Ya lo dijo Juan, quién se definió como un servidor del que haría una obra mayor. "El que viene después de mí" era nada menos que el Mesías, el Señor Jesucristo, el Hijo de Dios enviado al mundo, no solo para llevar a cabo el sacrificio perfecto en la cruz, sino para "bautizar" en Espíritu Santo y fuego.

Si Juan, que bautizaba en agua, dice que hay otro bautismo, hay que prestar atención. Él se refería a una vida sobrenatural, una vida de fe plena, simbolizada por la inmersión en fuego. Definitivamente esta obra la hace el Espíritu Santo, y este es el plan eterno de Jesucristo quien lo enviaría a la Iglesia para capacitarla con poder para cumplir la misión que le encomendó.

Para recibir este bautismo es necesario anhelarlo, esperarlo con pasión, desearlo como el agua cuando uno tiene sed. Jesús mismo dijo, y presta atención a cada una de sus palabras: "Si alguno tiene sed, venga a mí y beba. El que cree en mí, como dice la Escritura, de su interior correrán ríos de agua viva. Esto dijo del Espíritu que habían de recibir los que creyesen en él" (Juan 7:37b-39).

¿Anhelas ser bautizado en el Espíritu? ¿Deseas que tu vida espiritual se desarrolle al máximo de su potencial? ¿Quieres una vida de satisfacción interior desbordante? Pedro nos exhorta en Hechos 2:39 a buscar el cumplimiento de la promesa, porque es para nosotros, nuestros hijos, y para todos los que están lejos, para cuantos el Señor nuestro Dios llamare.

Espíritu Santo, bautízame con fuego purificador, vehemencia,
con poder sobrenatural para cumplir la misión evangelizadora.

¿Tienes en Quién confiar?

"En ti, oh Jehová, he confiado; no sea yo confundido jamás; líbrame
en tu justicia. Inclina a mí tu oído, líbrame pronto; sé tú
mi roca fuerte, y fortaleza para salvarme."
Salmo 31:1-2

Si lees todo el Salmo 31 verás que David lo escribió pasando por un momento de angustia, tristeza, dolor y agotamiento. No sabemos exactamente qué provocó ese estado de ánimo, pero si has leído sus historias en la Biblia sabrás que este rey pasó por tremendas situaciones difíciles.

Por años fue perseguido por el rey Saúl, por los filisteos, por los amonitas y moabitas, por los de la tribu de Benjamín, por su amigo íntimo, ¡hasta por sus hijos!, pero cuando se encontraba en cualquiera de esas situaciones, oraba y clamaba a Dios confiando que Él lo ayudaría en su necesidad.

Hay momentos en que sentimos que no tenemos en quién confiar. Nuestros seres queridos están sobrellevando sus propios problemas, nuestros amigos no nos entienden como quisiéramos, y quienes podrían darnos un buen consejo no están disponibles. ¿Será esta una estrategia del cielo para encontrarnos con el Soberano Señor?

Fíjate lo que hacía este rey de Israel: Siempre confiaba en el Señor. Las respuestas siempre venían exclusivamente de Dios. En Él encontró fortaleza en la debilidad, esperanza en las crisis, nuevas fuerzas en el agotamiento, perdón en el arrepentimiento, y aliento al corazón cuando parecía desmayar.

Puede parecer obvio, pero la manera fácil de evidenciar nuestra confianza en Dios cuando estamos abrumados es apartándonos del problema y volviéndonos a Él. Hacerlo podría parecer poco aconsejable, ya que un problema puede ser tan grande que exija que le prestemos nuestra total atención. Sin embargo, confiar en Dios durante una prueba significa llevar nuestra necesidad primero a Él.

El Señor quiere que nos acerquemos a Él y creamos que es nuestro Ayudador. Las tormentas de la vida vendrán, pero al confiar en Dios a través de ellas, nuestro corazón volverá a tomar aliento y nos mantendremos firmes sabiendo que, pase lo que pase, estamos cerca de Aquel que nos ayudará a superarlas.

Señor Jesús, en cada problema confiaré en ti. Eres mi Ayudador.

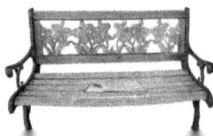

Sana mi corazón

"Sáname, oh Jehová, y seré sano; sálvame, y seré salvo;
porque tú eres mi alabanza."
Jeremías 17:14

El maltrato que sufrió Jeremías fue terrible. Acusado falsamente, golpeado, echado en una cisterna con el propósito de matarlo, puesto en la cárcel, aborrecido por sus parientes y compatriotas. Sus mayores quejas no fueron por los daños que recibió externamente, sino más bien internamente. El dolor que produce el ser defraudados, traicionados, engañados, acusados y olvidados puede ser más intenso que el dolor físico. Este era el caso de Jeremías; por eso su corazón necesitaba sanidad.

Proverbios 12:18 dice que hay hombres cuyas palabras son como golpes de espada. De manera intencional, hay personas que hablan con el propósito de causar daño, sienten placer lastimando a otros con palabras destructivas. Abren heridas que apagan el gozo y matan la esperanza.

Hay otras personas que tienen el corazón lleno de amargura, desilusiones, enojos, que piensan que todos los seres humanos son iguales y transfieren su resentimiento a todo el que se le cruza. Romanos 3:13-14 dice de ellos que su garganta es un sepulcro abierto, con su lengua engañan. Hay veneno de víboras debajo de sus labios, su boca está llena de maldición y de amargura.

Si hemos sido blanco del ataque de este tipo de personas, existe la posibilidad que hayamos dejado entrar algo de veneno en nuestro corazón y lo dañara. Si es así, debemos correr a la presencia del Señor como hizo Jeremías y pedirle que sane urgente nuestro corazón. Sus palabras son medicina.

Dios nos quiere dar un corazón sano para que podamos decir como Jeremías: "porque tú eres mi alabanza". Que de nuestros labios ya no salga más queja, enojo, dolor, sino alabanzas al Señor por lo que está haciendo dentro de nosotros.

No creas más las mentiras del enemigo. Ya no permitas que tus pensamientos y decisiones estén condicionados por lo que dicen los demás. Tienes una nueva vida en Cristo. Deja que Dios sea tu abogado y tu Juez. Escucha sus palabras: "Porque a mis ojos eres de gran estima, eres honorable y yo te he amado" (Isaías 43:4). Esta es la verdad.

Sana mi corazón, Señor. Que no haya vestigio de amargura
ni resentimiento en mí. Tú eres mi refrigerio continuo.

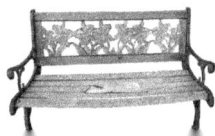

Tu Redentor vive

"Yo sé que mi Redentor vive, y al fin
se levantará sobre el polvo."
Job 19:25

¡Cuántas penurias pasó Job! Cuando leemos su libro, pensamos que son demasiadas pruebas juntas para una sola persona. Algunos también llegan a pensar como los amigos de Job: "Y, algo habrá hecho…". Pero leyendo todo el libro descubrimos que este hombre era justo delante de Dios y todas sus pruebas no eran producto de vivir impíamente. Había una discusión en el cielo, y Satanás finalmente tuvo que aceptar que Job no dejaría de amar a Dios, aunque estuviera a punto de perder la vida.

En medio de las acusaciones de sus amigos, Job nos dejó el versículo que hemos leído al comienzo como una declaración de esperanza. Él esperaría solo en Dios, su Redentor, porque solo de Él podría venir su liberación.

La palabra "Redentor" en hebreo es *gaal* que hace alusión al pariente que puede redimir a alguien que lo ha perdido todo. Jesús es el Redentor de la humanidad. Por su obra en la cruz pagó el rescate, nos ha librado de la esclavitud del pecado y nos dio vida eterna. ¡Aleluya!

Cuántas lecciones aprendemos de Job, pero fíjate que Santiago, el hermano de Jesús, destaca lo más importante: "Habéis oído de *la paciencia* de Job, y habéis visto el fin del Señor, que el Señor es muy misericordioso y compasivo." (Santiago 5:11). Lo que destaca es… ¡la paciencia!

Esperar la salida que Dios hará cuando estamos atravesando dificultades demanda paciencia. Esta virtud desarrolla nuestro carácter. Dios nunca nos hará perder el tiempo o hará retrasar una respuesta simplemente porque quiera mortificarnos.

Durante el tiempo de espera siempre hay propósitos que se están cumpliendo en nuestra vida, y si actuamos en nuestras fuerzas, sin ir al ritmo del Señor, podemos retrasar las respuestas que necesitamos.

Debes estar seguro de que desde el mismo momento que entregaste tu problema a Dios, Él comenzó a trabajar. Ahora debes recurrir a la ayuda sobrenatural del Espíritu Santo para que puedas espera con paciencia y descansar en la seguridad de que Él hace más de lo que le pedimos o entendemos por amor a nosotros.

¡Yo sé que mi Redentor vive! Jesús es mi Salvador.

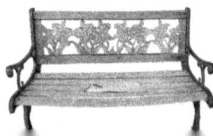

La mano de Dios sobre ti

"Y yo, fortalecido por la mano de mi Dios sobre mí, reuní a los principales de Israel para que subiesen conmigo."
Esdras 7:28b

El desafío que tenía Esdras por delante no era nada sencillo. Guiar una expedición de más de 2000 personas de Persia a Jerusalén, llevando objetos muy caros y pertenencias personales a través de un camino inhóspito lleno de ladrones y asesinos. Pero este hombre sabía que la "mano de Dios estaba sobre él".

¿Puedes imaginar una mano gigantesca sobre Esdras y el pueblo, protegiéndolos y guiándolos en todo tiempo? La diestra de Dios estaba sobre ellos y esto había fortalecido a Esdras para avanzar hacia la meta que el Señor había puesto en su corazón.

Nuestros desafíos no son los mismos que debió enfrentar Esdras, pero nuestros miedos y temores pueden ser muy parecidos, por eso necesitamos un toque sobrenatural que nos dé seguridad para actuar. Necesitamos ser "fortalecidos".

La palabra hebrea para fortalecido es *kjazác* y tiene el significado de ser fuerte, valiente, con deseos de conquistar, alentado, reanimado, hacerse poderoso, prevalecer, estar resuelto. Wow, sí que necesitamos ese fortalecimiento, y solo lo podemos encontrar en el Señor.

¿Qué hizo Esdras para tener semejante confianza y fe en Dios? La respuesta la encontramos en los primeros versículos de este capítulo. Dice que él había preparado su corazón para inquirir la ley de Jehová y para cumplirla (v. 10). ¡Todo comenzó cuando este levita se dispuso a leer, estudiar y cumplir la Palabra de Dios!

¿En serio la Biblia nos llena de valor para enfrentar nuestros desafíos? ¡Por supuesto! Dios mismo nos dice que todo comienza cuando creemos y obedecemos lo que Él ya nos dijo en su Palabra. Observa que Dios le dijo a Israel que debía guardar todos los mandamientos que les prescribo, *para que fueran fortalecidos* (Deuteronomio 11:8).

La Palabra de Dios está llena de promesas para ti. Debes leerla, estudiarla y aplicarla a tu vida, solo así podrás estar seguro de que la mano poderosa de Dios está sobre ti y te guía y fortalece para enfrentar lo que tengas por delante.

Señor, dispongo mi corazón para leer, estudiar y aplicar tu Palabra a mi vida.
Sé que es la manera de crecer espiritualmente cada día.

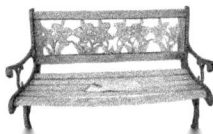

Dios es luz

"Este es el mensaje que hemos oído de él, y os anunciamos:
Dios es luz, y no hay ningunas tinieblas en él."
1 Juan 1:5

Hay una época del año en donde la mayoría de nuestros países celebran la oscuridad, la muerte, el miedo y las tinieblas, incluso algunos lo festejan regalando dulces y chocolates. Pero antes de ser parte de cualquier celebración, deberíamos saber cuál es el trasfondo, de qué se tratan las representaciones simbólicas de esas festividades.

Según la Palabra de Dios, cuando venimos a Cristo, tomamos la decisión de abandonar las tinieblas porque Él nos coloca en posición de hijos de luz. En 1 Tesalonicenses 5:5 dice que todos nosotros somos hijos de luz e hijos del día; no somos de la noche ni de las tinieblas. En la Biblia, las tinieblas simbolizan el ámbito en donde se mueve el diablo, el príncipe de este mundo.

Dios nos ha dejado claro en su Palabra que no debemos participar en asuntos promovidos por Satanás. Efesios 5:11 nos exhorta a no participar en las obras infructuosas de las tinieblas, sino que más bien debemos reprenderlas. ¿De qué cosas no deberíamos participar? En la Biblia está la respuesta:

Deuteronomio 18:10-12: Nadie que pertenece al pueblo de Dios debe practicar la adivinación, ni ser agorero, sortílego, hechicero, encantador, adivino, mago, ni tampoco consultar a los muertos. Dice que todo esto es abominación para con Dios cualquiera que haga estas cosas.

2 Reyes 23:5: Fueron quitados los sacerdotes idólatras que habían puesto los reyes de Judá para que quemasen incienso en los lugares altos en las ciudades de Judá, en los alrededores de Jerusalén; y también los que quemaban incienso a Baal, al sol, a la luna, ¡a los signos del zodíaco! y a todo el ejército de los cielos. Incluye el horóscopo.

Colosenses 2:8: Nos exhorta a cuidarnos de que nadie nos engañe mediante filosofías y huecas sutilezas, que siguen tradiciones humanas y principios de este mundo, pero que no van de acuerdo con Cristo.

Como hijos de Dios, tenemos un estilo de vida diferente. Si la luz de Jesús está en nosotros, no podemos dejar de resplandecer, aun en las más densas tinieblas en que podamos estar viviendo. ¡Sé una luz a donde Dios te ha puesto!

Voy contra la corriente. Soy luz en medio de las tinieblas. Con tu ayuda Señor.

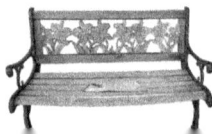

Fieles en toda circunstancia

*"Estaban junto a la cruz de Jesús su madre, y la hermana de su madre,
María mujer de Cleofas, y María Magdalena."*
Juan 19:25

Cuando Jesús fue apresado, condenado y crucificado, dice Mateo que todos sus discípulos lo abandonaron. Bueno, todos los discípulos no, solo los discípulos varones, a excepción de Juan. Las mujeres se quedaron.

Durante los tres años y medio que Jesús ejerció su ministerio en la tierra, ellas le sirvieron con fidelidad, ¿cómo iban a dejar a Jesús solo en sus horas más terribles? Su madre y el resto de las mujeres que estaban con ella, vieron cómo los soldados se repartían la ropa del Señor, vieron cómo le dieron vinagre en lugar de agua para calmar su sed, y escucharon la declaración del Rey en agonía: "Consumado es". Y habiendo inclinado la cabeza, entregó el espíritu.

En ese momento el velo del templo se rasgó en dos, de arriba abajo; y la tierra tembló, y las rocas se partieron (Mateo 27:51). El Hijo de Dios había muerto. Las mujeres y Juan vieron como bajaban a Jesús de la cruz, y entregaban su cuerpo a José de Arimatea para ser sepultado. Pero ¿sería este el final?

El domingo temprano, apenas amanecía, fueron las mujeres las que se levantaron y se acercaron al sepulcro con especies aromáticas. ¿Qué las motivaba a hacer esto? La respuesta es una sola: Amaban al Señor. Y llegando al lugar, hallaron removida la piedra y a dos varones con vestiduras resplandecientes que les dijeron: ¿Por qué buscan entre los muertos al que vive? No está aquí, sino que ha resucitado. Entonces ellas, saliendo del sepulcro con gran gozo, fueron corriendo a dar la noticia a los discípulos (Mateo 28:1-6)

¿A quién podía realmente el Señor encomendarle el mensaje de su resurrección? ¿Quién no se quedaría callado? Las mujeres que amaban a Jesús. Las primeras reporteras de la gracia hicieron correr la voz hasta que todos supieron la verdad, la única verdad: Jesús ya no estaba en la tumba, ¡había resucitado!

La noticia sigue corriendo hasta el día de hoy. ¡Jesús no está en la tumba, Él ha resucitado! Aquellos que amamos a Jesús, seguimos siendo los portadores de este mensaje. ¡Hay salvación únicamente por medio de Jesucristo!

Soy tu reportero, Señor. Quiero dar las noticias de que vives y reinas eternamente.

Ex-negadores

"Entonces Pedro se acordó de las palabras de Jesús, que le había dicho: Antes que cante el gallo, me negarás tres veces. Y saliendo fuera, lloró amargamente."
Mateo 26:75

Sin duda, el apóstol Pedro era impulsivo por naturaleza. Durante los días previos a la crucifixión de Jesús, no hizo nada bien. Se había quedado dormido en Getsemaní mientras Jesús había pedido que intercedieran por él. Cuando apareció la turba guiada por el traidor Judas desenvainó una espada y le cortó la oreja a un siervo del sumo sacerdote, y cuando ve que atan a Jesús y se lo llevan, huye con los demás discípulos.

Más tarde se entera que juzgarían a Jesús, y a escondidas se acerca para ver lo que sucedería. Pero alguien lo reconoce y le pregunta si era uno de los discípulos de Jesús. ¡Qué buena oportunidad para declarar a los cuatro vientos su amor por Cristo! Pero el miedo lo llevó a que se cumpliera la profecía de Jesús, y antes que el gallo cantara dos veces, ya lo había negado tres veces. ¿Algo más podía salir mal? De lejos vio a Jesús y sus miradas se encontraron. Una mirada de amor y no de condenación que conmovió profundamente a Pedro, y se retiró a llorar amargamente.

Puedes imaginar las cosas que pasarían por su mente: "¿Cómo puede ser que haya negado a mi Señor? ¡No hice nada por salvarlo! ¿Qué se hace después de negar al Rey de reyes y Señor de señores? Ay… no…"

Pausa. Detengamos la historia. ¿Estamos hablando de Pedro o de nosotros? ¿Acaso muchas veces no actuamos de alguna manera como este discípulo? Prometimos amar a Jesús con todo nuestro corazón, obedecerle y testificar a otros lo que es para nosotros, pero… terminamos negándolo a través de nuestro silencio o conducta.

El llanto amargo de Pedro fue un punto de inflexión. Fue una evidencia de arrepentimiento, fe y esperanza en lo que siempre dijo Jesús. Él es el Salvador que perdona, restaura y da vida nueva a los que van a Él con sinceridad. Jesús perdonó a Pedro, lo restauró e incluso le dio un ministerio tremendo. Ese final nos consuela, nos alienta, nos da esperanza.

Somos muchos los que hemos pasado de "negadores" a testigos transformados por el poder del Espíritu Santo. Jesús ha cambiado nuestro llanto en gozo, nuestra culpa en paz, nuestra condena en salvación eterna. ¡Gracias, Señor!

Señor, me arrepiento de haberte negado muchas veces. Sé que me perdonas y me ayudas a seguir adelante sin temor.

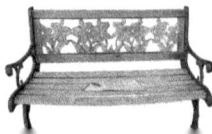

Libres de toda maldición

"Cristo nos rescató de la maldición de la Ley al hacerse maldición por nosotros,
pues está escrito: Maldito todo el que es colgado de un madero."
Gálatas 3:13

¿Crees que el sacrificio de Cristo en la cruz fue completo? Entonces no hay nada que debas hacer para completar la obra salvadora. ¿Crees que la redención de Jesús fue total? Entonces no hay nada que puedas pagarle o devolverle. ¿Crees que su muerte en la cruz fue el sacrificio perfecto? Entonces no hay nada más que decir.

Lamentablemente, hay muchos cristianos que piensan que están bajo maldición porque las cosas no les van bien. Incluso algunos creen que han heredado maldiciones de generaciones pasadas y deben hacer algo por sí mismos para poder ser libres. ¿Cómo es posible que alguien llegue a creer que puede y debe completar el sacrificio de Cristo en la cruz?

La Palabra de Dios es clara al decirnos que Jesús se hizo maldición por nosotros al morir en el madero (Deuteronomio 21:23). Al tomar sobre sí la maldición de la Ley, Jesucristo nos redimió de ella. Colosenses 2:14 dice que anuló el acta de los decretos que había contra nosotros, que nos era contraria, quitándola de en medio y clavándola en la cruz.

Por eso, todo aquel que cree en Jesucristo como su Salvador y acepta que Él fue el único substituto perfecto para perdón de sus pecados pasa a ser un hijo de Dios. No existe ninguna posibilidad de vivir bajo maldición si estamos en Cristo.

Observemos juntos este pasaje bíblico: "Bendito sea el Dios y Padre de nuestro Señor Jesucristo, que nos bendijo con toda bendición espiritual en los lugares celestiales en Cristo" (Efesios 1:3). ¡Vivimos bajo la bendición del Padre!

Además, Satanás no puede tocar a un hijo de Dios con ningún tipo de mal. 1 Juan 5:18b lo dice claramente: "Aquel que fue engendrado por Dios le guarda, y el maligno no le toca". No solo nos guarda, sino que el Señor nos delegó su autoridad para deshacer toda obra de Satanás (Lucas 10:19).

El diablo es un mentiroso y padre de los mentirosos. No creas a sus engaños. Jesús en la cruz logró tu salvación, perfecta y final. Ahora somos hijos de Dios y por su gracia vivimos eternamente ligados a su bendición.

¡Aleluya! ¡Soy libre por el poder de la obra de Cristo en la cruz!
Soy bendecido por ser un hijo de Dios.

Sin miedo a pavor repentino

"No tendrás temor de pavor repentino, ni de la ruina de los impíos
cuando viniere, porque Jehová será tu confianza,
y él preservará tu pie de quedar preso."
Proverbios 3:25-26

No hay ningún lugar completamente seguro en este mundo. No hay ninguna corporación financiera que pueda prometer que jamás estará en bancarrota. No hay ningún médico que pueda asegurarnos que viviremos hasta los cien años. No hay seguridad absoluta en este mundo… excepto en Dios.

Todos podemos llegar a recibir alguna noticia que nos provoque "pavor repentino". La palabra hebrea para pavor es *pakjád* que tiene el significado de alarma súbita, espanto, miedo, temible, temor. Quizás vives en un país en donde a diario escuchas noticias sobre rumores de guerra, terrorismo, hambre, sequías, inundaciones, colapsos financieros, y todo eso genera temor y te impide mirar al futuro con esperanza.

La pregunta entonces es: ¿Habrá alguien que pueda vivir confiado y seguro en medio de tanta inestabilidad? La respuesta es sí. Los que confían en Jesucristo pueden estar libres de pavor repentino.

Los que han depositado su fe en el Salvador y descansan en sus promesas, son los que pueden vivir confiados. Los hijos de Dios saben que el Padre Celestial se hace cargo de ellos, porque confían en que es el Protector, Proveedor, Providente, Soberano, lleno de misericordia y bondad.

¿Qué puede pasar que Dios no sepa? ¿Le falta poder a Dios para crear salidas para sus hijos en tiempos difíciles? ¡No! Pero debemos poner nuestra confianza solo en Él, en nadie más.

Si han llegado a tus oídos noticias que te han inquietado, pon tu confianza en Jesucristo. Cuando rendimos nuestra vida entera a Él, nos sometemos a su voluntad y vivimos bajo la guía del Espíritu Santo, la paz que el Señor Jesucristo nos ha prometido comienza a tomar control de nosotros.

Tu futuro está en sus manos. Si tu fe está en Él, Dios cumplirá su propósito en ti y lo que pase a tu alrededor redundará para bien.

Gracias por tu Palabra, Señor. Me recuerda que tú sigues en control de
lo que pasa y todo ayuda a bien a los que te amamos.

Vareo espiritual

"Cuando sacudas tus olivos, no recojas las ramas que hayas dejado detrás de ti…"
Deuteronomio 24:20a

El aceite de oliva era un producto básico en las casas del pueblo de Israel. Con él no solo cocinaban, también lo usaban como combustible para sus lámparas, como lubricante, y hasta como ungüento medicinal. Israel tenía muchos olivos en su territorio.

Lo que me llama la atención es su cosecha. Dicen los expertos que a la aceituna hay que recogerla en su punto justo de maduración, porque si está verde se puede extraer menos aceite, y si se deja madurar demasiado, se echa a perder.

Actualmente, hay dos maneras de recolectar las aceitunas: a mano y mecánicamente. La primera consiste en el "vareo", o lo que es lo mismo, sacudir las ramas con una vara para que las olivas caigan. La segunda, se realiza a través de brazos mecánicos que se agarran al olivo y lo sacuden rápidamente para que caiga el fruto.

Si nunca has visto este tipo de recolección, por favor, busca un video en internet sobre recolección de aceitunas con maquinaria agrícola y terminarás diciendo: "¡Ay, pobre olivito… cómo lo sacuden… se va a quebrar!"

Cuando vi esas imágenes pensé en un cristiano. Firme como un olivo, lleno de fruto maduro, listo para bendecir a muchos, pero si permanece inmóvil ese fruto se perderá. Por eso, de tanto en tanto, es necesaria una sacudida. Creo que entiendes la metáfora.

En algunas ocasiones el Padre Celestial tiene que incomodarnos, movernos, sacudirnos un poco para que soltemos lo que tenemos que dar. Permite desafíos para que pongamos por obra lo que ya hemos aprendido y no retengamos lo que tenemos que invertir en su reino.

Si estás atravesando circunstancias que te están "sacudiendo", seguramente tienen el propósito de sacar lo mejor de ti. En las sacudidas oramos más, escuchamos más, aumenta nuestra fe y dependencia de Dios, y al fin, producimos los resultados que el Señor espera.

No te asustes por el "vareo", es el proceso de Dios para que abundes en frutos para su gloria.

Gracias Señor por las sacudidas porque a través de ellas daré el fruto que estás esperando. Que sea siempre para tu gloria.

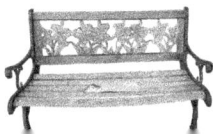

Cantando bajo la lluvia... de pruebas

"Pero a medianoche, orando Pablo y Silas, cantaban himnos a Dios; y los presos los oían. Entonces sobrevino de repente un gran terremoto, de tal manera que los cimientos de la cárcel se sacudían; y al instante se abrieron todas las puertas, y las cadenas de todos se soltaron."
Hechos 16:25-26

Cantamos cuando estamos alegres, cuando las cosas marchan bien y parece que la vida nos sonríe. Pero es difícil cantar cuando estamos tristes, cuando tenemos necesidades o en medio de circunstancias difíciles. Sin embargo, Pablo y Silas lo hicieron mientras estaban en la cárcel, lastimados, con dolor y en un cepo tortuoso e incómodo.

Sus canciones no eran de tristeza, dolor y angustia, ellos cantaban "alabanzas". Esta palabra en griego es *humnéo* y tiene el significado de cantar himnos, cantar una oda religioso, celebrar a Dios en canción. Eran canciones de celebración a Dios en el lugar menos pensado.

Si conoces el resto de la historia, recordarás que Dios envió un terremoto, las cadenas se soltaron y fueron liberados. Es imposible pasar por alto la relación que hubo entre sus himnos de alabanza a Dios y su liberación sobrenatural. ¡Qué distinta hubiera sido esta historia si Pablo y Silas se hubieran pasado la noche quejándose y preguntándole a Dios por qué tenían que pasar por todo eso! Estamos aprendiendo que la alabanza a Dios cambia las circunstancias.

Qué buena lección para nuestra vida. El Señor quiere que le alabemos mientras atravesamos nuestras pruebas, antes de que nos muestre la salida. Es fácil cantar en las victorias pero se ejercita fe cuando cantamos sin verlas todavía.

Si mantenemos nuestros pensamientos centrados en el Señor, recordando su bondad y fidelidad, entonces podremos bendecir a Jehová en todo tiempo, y su alabanza estará de continuo en nuestra boca (Salmo 34:1).

¿Estás pasando una prueba difícil? ¿Parece que es más fácil quejarse y buscar las causas? Hoy Dios te dice que lo alabes y su paz inundará tu corazón. El verdadero descanso y las fuerzas que necesitas solo pueden venir de su presencia. Acércate a Él con alabanzas.

Te alabo Señor, aun antes de la respuesta a mis oraciones.
Por fe puedo ver la victoria anticipada.

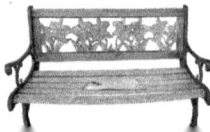

Libres de todas nuestras angustias

"Los ojos de Jehová están sobre los justos, y atentos sus oídos al clamor de ellos.
Claman los justos, y Jehová oye, y los libra de todas sus angustias."
Salmo 34:15,17

Nadie está exento de pasar por tiempos de angustia. Sí, sabemos que Dios es amoroso, protector, proveedor, hacedor de milagros y maravillas, pero eso no significa que nunca vayamos a pasar por pruebas difíciles.

En el original hebreo, la palabra "angustia" es *tsará* que tiene el significado de estar en aprieto, calamidad, conflicto, enfrentado por un rival, tribulación. Todas estas cosas han pasado a formar parte de la vida del ser humano desde el momento que el pecado entró al mundo. Sin embargo, cada hijo de Dios tiene la opción de recibir ayuda en sus tiempos de aflicción.

El salmista David pasó por muchos momentos de angustia, pero sabía que podía recibir ayuda del Señor. Dice que los ojos y oídos de Dios están sobre los "justos".

Por supuesto, sabemos por la Biblia que hoy, la única manera en que Dios nos vea justos es a través de Cristo. Él murió en la cruz para llevarse nuestros pecados y declararnos justos ante el Padre, si ponemos toda nuestra confianza en Él. Cuando el Señor nos declara justos significa que nos ve justos, pero como si nunca hubiéramos pecado. ¡Qué milagro de amor!

A partir de allí, Dios tiene su mirada atenta en cada justo, y sus oídos están atentos a sus oraciones. Si parece que se retrasa en la respuesta, no significa que nos ha olvidado, que hoy no nos ha mirado o que sus oídos están en otra parte. Él tiene un tiempo oportuno para cada respuesta, y a veces también necesitamos paciencia. ¡Dios siempre responde a nuestro clamor! De alguna manera, siempre se las arregla para que tengamos una salida a la situación más difícil.

Mientras esperas su respuesta, sigue descansando en los brazos amorosos de tu Padre Celestial. Él está trabajando en tu caso y la respuesta está en camino. No desesperes, porque cuando los justos claman, Él los libra de todas sus angustias.

Tremendo, Padre. Cada prueba es una oportunidad de experimentar una nueva faceta de lo grande que eres tú. ¡Eres digno de alabanza!

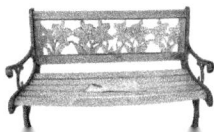

Seguridad que libra del temor

"Hizo salir a su pueblo como ovejas, y los llevó por el desierto como un rebaño.
Los guio con seguridad, de modo que no tuvieran temor…"
Salmo 78:52-53a

Las ovejas son los animales más indefensos que existen en el planeta. ¿Te preguntaste alguna vez cómo es que sobrevivieron desde su creación hasta hoy? La respuesta es muy simple: según la Biblia, los seres humanos las cuidaron siempre. Adán y sus hijos, viendo que necesitaban protección y guía, se hicieron cargo de ellas (Génesis 4:2).

Así como las ovejas necesitan guía y protección, el ser humano también. El salmista expresa que Dios sacó a Israel de Egipto y fue conducido hasta Canaán por Él durante todo el trayecto. Fíjate qué fue lo más importante que les dio: seguridad. Esta palabra en hebreo tiene el significado de lugar de refugio, que da confianza, tener esperanza, estar tranquilo y reposado.

Pero las ovejas también son tozudas, como lo fue Israel (hablamos de Israel, no de nosotros…). A veces el pastor debe usar su vara y cayado para evitar que se desbarranquen, sean presas de algún lobo, o se alimenten de malos pastos. El mismo salmo dice que ellos tentaron y enojaron al Dios Altísimo, y no guardaron sus testimonios; sino que se volvieron y se rebelaron como sus padres (Salmo 78:56-57). Obviamente, tuvieron que sufrir las consecuencias. Aun así, Dios mismo los fue a buscar para que llegaran a la tierra prometida. A pesar de la rebeldía del hombre, el Señor sigue siendo fiel a sus promesas.

El Señor Jesús hizo eso mismo por nosotros. La Biblia dice que todos nosotros nos descarriamos como ovejas, cada cual se apartó por su camino; pero el Señor cargó en él el pecado de todos nosotros (Isaías 53:6). En la cruz pagó nuestro rescate para darnos salvación y ¡seguridad eterna! El Buen Pastor dijo que Él mismo nos da vida eterna y no pereceremos jamás, ni nadie nos arrebatará de su mano (Juan 10:28). ¡Qué seguridad tremenda es estar en los brazos del Señor!

Si Jesús es tu Buen Pastor, puedes entregarle a Él todos tus temores y entonces te sentirás seguro. No importa lo difícil que a veces sea el camino, el Señor siempre estará contigo dondequiera que vayas.

Eres mi Buen Pastor. Soy tu oveja que sabes llevar a buenos pastor y me haces descansar. Tu vara y tu cayado me infunden aliento.

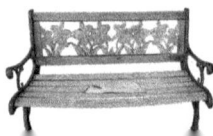

Que no se enfríe tu amor

"Y por haberse multiplicado la maldad, el amor de muchos se enfriará.
Mas el que persevere hasta el fin, este será salvo."
Mateo 24:12-13

Jesús dice que en los últimos tiempos el amor se iba a enfriar. No se refiere al amor pasional, tampoco al amor a uno mismo, sino el amor a Dios. Esta profecía ya está cumpliéndose en nuestro contexto.

El Señor menciona la causa de la pérdida de ese amor: la maldad. Definamos correctamente "maldad". Hay siete palabras griegas para definirla, pero aquí se usa el término *anomía* que tiene el significado de iniquidad. Se refiere a actuar y vivir al margen de la ley de Dios. Es manifestar rebeldía, un rechazo de la voluntad de Dios y la sustitución por la voluntad de uno mismo. ¿Tienes alguna duda de que esto está sucediendo en nuestros días?

La cultura ejerce una gran presión sobre los cristianos verdaderos para cambiar nuestros valores, nuestra manera de pensar y la forma de comportarnos. Si vamos en contra de la cultura nos catalogan de anticuados, irracionales, fanáticos religiosos, intolerantes, y esto genera temor en algunos. Temor a ser rechazados, a perder el trabajo, posiciones sociales, amistades.

Déjame decirte que cuando estos miedos se instalan en nuestra vida se debilita nuestro fundamento y comenzamos a justificar el pecado, y si aceptamos que la ley de Dios se puede cambiar o torcer, entonces nos volvemos insensibles a lo malo. En este punto, comenzamos a aceptar los valores seculares por sobre los bíblicos y empieza el proceso de enfriamiento. Nuestro amor por Dios y su Palabra se enfrían.

Recuerda la triste situación de la iglesia de Laodicea (Apocalipsis 3:14-22). Era tibia, ciega espiritualmente, conformista al mundo. Su amor por el Señor se había apagado. Jesús ya no estaba dentro de ella sino en la puerta. Y su historia termina muy mal.

Este es el asunto que cada cristiano debe enfrentar en estos últimos días: ¿Cambiarás la verdad que te transforma, que te guía, que destruye lo que te separa de Dios? O ¿permanecerás firme, amando y viviendo para Cristo, sabiendo que si perseveras hasta el fin, te espera una recompensa eterna?

Señor, quiero renovar mi amor hacia ti, que nunca se apague.
Que cada día pueda crecer en tu amor.

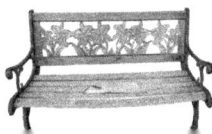

Más bienaventurado es dar

"Y recordar las palabras del Señor Jesús, que dijo:
Más bienaventurado es dar que recibir."
Hechos 20:35b

El Señor usó muchas veces la palabra "bienaventurado". Este vocablo en el original griego es *makarios* que tiene el significado de ser supremamente bendecido, afortunado, dichoso, glorioso.

A la mayoría de las personas les encanta recibir. Hacemos muchas cosas para que nos den lo que deseamos… Pero Jesús dice que la prioridad es dar antes que recibir. Contracultural.

Bienaventurados los que dan… bienes materiales a quienes lo necesitan. Los generosos, los que tienen un corazón desprendido, que hacen de sus bienes recursos para extender el evangelio y bendecir siempre a otros.

Bienaventurados los que dan… de su tiempo. Para ellos no existe el "perder" tiempo atendiendo a un indigente, despreciado, un alma necesitada de Jesús. Son felices invirtiendo toda su vida en el presente y en la eternidad.

Bienaventurados los que dan… el mensaje de salvación. Ofrecen esperanza al arrepentido, guía al que decide obedecer la Palabra de Dios y acepta que Jesús sea el Señor de su vida.

Bienaventurados los que dan… amor inmerecido. Los que hacen misericordia. Los que dan sin esperar nada a cambio. Los que dan aunque sean despreciados.

Bienaventurados los que dan… la preeminencia a otros. Ellos manifiestan verdadera humildad, saben que las verdaderas recompensas y posiciones están en los cielos. Saben distinguir muy bien entre lo temporal y eterno.

Bienaventurados los que dan… de sí mismos para que otros sean bendecidos. Dios puede usarlos porque son instrumentos dóciles en sus manos.

Malaventurados los que solo quieren recibir, porque no han comprendido el mensaje eterno.

Pero qué gozo inunda los corazones de aquellos que diariamente pueden experimentar que siempre es mejor dar que recibir. ¿Eres un bienaventurado?

¡Amén! Que nunca pierda el gozo de dar, y nunca olvide la verdadera bienaventuranza.

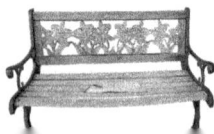

Regocijarse, un estilo de vida

"Regocijaos en el Señor siempre. Otra vez digo: ¡Regocijaos!"
Filipenses 4:4

La palabra "regocijarse" en griego es *jaíro* que tiene el significado de estar alegre, calmadamente feliz, gozarse, alegrarse. Muchos la usaban como un saludo al despedirse y significaba "que estés bien". ¡Qué buen saludo para animarnos mutuamente!

Quizás estés pensando en este mismo momento: "Si supieras por lo que estoy pasando…, no tengo motivos para regocijarme". Claro, muchas veces enfrentamos situaciones que no ameritan una expresión ruidosa de alegría. Sin embargo, "estar alegre" es una disposición del corazón más que una alegría momentánea. Se refiere más bien a un estilo de vida. Por eso Pablo nos dice a los creyentes que nos regocijemos en el Señor… siempre.

Cuando se nos hace difícil encontrar algún motivo para regocijarnos, podemos ir a la Palabra de Dios y recordar que:

Podemos regocijarnos sabiendo que nuestros nombres están escritos en el libro de la vida (Lucas 10:20). ¡Aleluya! A pesar de las pruebas, hemos sido registrados en el cielo como hijos de Dios. Ningún susurro del diablo debe quitarnos este gozo.

Podemos regocijarnos al experimentar su presencia (Salmo 16:11). Jesús nos prometió estar con nosotros "todos los días hasta el fin del mundo". ¡No estamos solos! Su presencia nos acompaña durante las veinticuatro horas de nuestro día.

Podemos regocijarnos al confiar en la protección y cuidado de Dios (Salmo 5:11-12). Dios bendice al justo y lo rodea como un escudo protector llenándolo de favores y misericordia.

Podemos regocijarnos esperando por fe en el tiempo en que Dios cumplirá sus promesas. Hoy tal vez estamos sembrando con lágrimas, pero vamos a cosechar con regocijo (Salmo 126:5).

Podemos regocijarnos al creer que este día ha sido planeado por Dios para que todas las cosas nos ayuden a bien porque estamos siendo formados según su propósito (Romanos 8:28).

Podemos regocijarnos porque este es el día que hizo el Señor; nos gozaremos y alegraremos en él (Salmo 118:24). Te saludo: ¡Regocíjate!

Me regocijo en ti, Jesús. Tu amor me llena de gozo el alma
y mi espíritu se alegra en tu salvación.

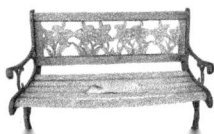

Añade virtudes a tu vida

"Vosotros también, poniendo toda diligencia por esto mismo, añadid a vuestra fe virtud; a la virtud, conocimiento; al conocimiento, dominio propio; al dominio propio, paciencia; a la paciencia, piedad; a la piedad, afecto fraternal; y al afecto fraternal, amor."
2 Pedro 1:5-7

Si eres padre o madre, seguramente te preocuparías si notas que tu hijo no está creciendo físicamente; pero también si no crece intelectual, emocional, social y sobre todo espiritualmente. Lo mismo sucede con nuestro Padre Celestial, su anhelo es que sus hijos crezcan.

En este pasaje se nos exhorta a revisar nuestras virtudes cristianas y a desarrollarlas si acaso no mostramos señales claras de crecimiento. A la fe inicial debemos "añadirle" otras virtudes.

La palabra griega para añadir es *epijoregeo* que significa "sumar a lo que está, suplir completamente, contribuir a lo establecido, suministrar". Aplicado al contexto de este versículo, significa desarrollar una virtud mediante el ejercicio de otra. En la antigüedad se usaba la palabra *epijoregeo* cuando se buscaba ensamblar las voces de un coro para que suenen en perfecta armonía.

Pedro usa esta palabra para exhortarnos a ensamblar todas las virtudes cristianas de modo que resulten en perfecta armonía. Observémoslas:

Fe: Convicción de que lo que Cristo dice es la Verdad.
Virtud: Valor. Energía moral. Fortaleza del alma.
Conocimiento: Discernimiento, saber actuar en cada situación.
Dominio propio: Capacidad de enfrentarse con uno mismo.
Paciencia: Fe que se mantiene en la lucha, espíritu que conquista.
Piedad: Que manifiesta compasión y misericordia por los demás.
Afecto fraternal: Demostrar amor por los hermanos.
Amor: Amor incondicional, que da sin esperar nada a cambio.

Si pensamos que en todas podemos puntuarnos con un 10, tal vez tendríamos que reconsiderar esa virtud llamada humildad… Si somos sinceros con nosotros mismos, sabremos exactamente en qué debemos crecer.

Permítele al Espíritu Santo obrar en tu vida. No cierres tus oídos a su voz y sigue creciendo.

Señor Jesús, quiero crecer espiritualmente. Deseo añadir virtudes que produce tu Espíritu en mi vida. Que otros puedan verte a ti en mi carácter.

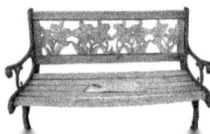

Sin puertas customizadas

"Entrad por la puerta estrecha; porque ancha es la puerta, y espacioso el camino que lleva a la perdición, y muchos son los que entran por ella; porque estrecha es la puerta, y angosto el camino que lleva a la vida, y pocos son los que la hallan."
Mateo 7:13-14

Tristemente, son muchos los que se pierden, lo dijo Jesús. Eso significa que no todos gozarán de la eternidad al lado del Señor, aunque Él ama a todo el mundo. Dios no obliga a nadie para ser salvo, pero la salvación depende del buen uso del libre albedrío de cada persona.

Entrar por la puerta estrecha significa arrepentirnos de todos nuestros pecados y vivir la vida según las normas que fijó Dios. Siguiendo la analogía de Jesús, no se puede "customizar" la puerta. No se hacen puertas a medida del pecador. Es la misma para todos.

No puedo idear una salvación según mis deseos, tomando lo que me conviene y rechazando lo que no me gusta. Las bendiciones sí, las demandas no; el amor sí, la responsabilidad no. Cuando recibo a Jesús como mi Salvador y Señor, estoy entregando mi vida entera de manera incondicional a Él.

A veces somos tentados por el diablo para "ampliar" la puerta estrecha. Hay pseudos predicadores que continuamente nos ofrecen puertas personalizadas, hechas a nuestra medida, con diseños exclusivos y originales. El mensaje es: "No hace falta dejar todo, puedes pasar con mucho equipaje, incluso con el que no está permitido", pero nunca te van a decir que lo que te espera detrás de esa puerta es realmente el camino ancho que te lleva a la perdición eterna.

No podemos cambiar la puerta, no podemos ensanchar el camino, no podemos customizar la entrada. Jesús dijo claramente: "Yo soy la puerta; el que por mí entrare, será salvo; y entrará, y saldrá, y hallará pastos" (Juan 10:9). No hay otra alternativa. Lo siento si te dijeron otra cosa. Es la única verdad.

El mensaje sigue siendo el mismo: Arrepentirnos de nuestros pecados, poner nuestra fe en Jesucristo porque solo Él murió por nosotros, y caminar al ritmo del Espíritu Santo quien nos guiará por el camino angosto.

¡Elige la puerta correcta!

Señor, te elegí a ti, porque eres el único Salvador. Me tomo de tu mano para transitar el camino angosto diariamente.

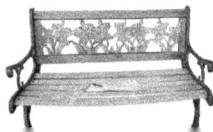

La compasión de Jesús

"Y salió Jesús y vio una gran multitud, y tuvo compasión de ellos,
porque eran como ovejas que no tenían pastor..."
Marcos 6:34a

Es importante leer el contexto de este versículo para saber por qué Marcos hizo énfasis en una característica en particular de Jesús. Hacía poco tiempo que el Señor se había enterado que el rey Herodes había decapitado a su primo Juan. Sin duda que Jesús, tan humano como nosotros, sintió esa pérdida. Además, su trabajo no se detenía nunca, a tal punto que les dijo a sus discípulos que se retiraran a un lugar aparte, a un lugar desierto, para descansar un poco. Los que iban y venían eran muchos, de manera que ni aun tenían tiempo para comer (v. 31). El Señor y sus discípulos estaban exhaustos. Necesitaban descansar y comer algo. Entonces se subieron a una barca y cruzaron el lago de Genesaret, pero allí los esperaba una multitud (v. 32). ¡Se acabó el descanso!

Así era la vida de Jesús. No tenía tiempo para descansar, no tenía tranquilidad para comer, no tenía vacaciones. Además, sabía que lo iban a dejar solo en la cruz, que lo iban a negar, traicionar, y muchos de los que le seguían, más tarde estarían gritando "¡crucifícale!". Entonces, ¿por qué atendía las necesidades que se le presentaban a cada paso? ¿Cómo es que nunca abandonó su tarea a pesar de todo lo que le esperaba?

La respuesta la tiene Marcos: "Tuvo compasión". Una palabra que significa sentir que las entrañas se conmueven, sentir pena, movido por misericordia, amor entrañable. El sentimiento de Jesús era muy profundo. Podía sentir el dolor de las personas, la soledad, la angustia, la tristeza y la desesperación. Jesús sabía todo, sentía todo, y no tenía necesidad de que nadie le enseñara antropología, pues él sabía lo que había en el hombre (Juan 2:25).

Hoy es igual, el Señor sabe lo que estamos pasando, conoce nuestro dolor, se identifica con nuestros sentimientos y su compasión lo mueve hacia nosotros. Su amor entrañable hace que sus brazos se extiendan hacia nosotros cuando clamamos por ayuda.

Jesús no es indiferente a lo que puedas estar enfrentando. Solo te pide que te acerques con fe, pongas tu confianza en Él, esperes con paciencia su respuesta y cuando llegue, lo alabes por su gran amor y misericordia. Él no se ha olvidado de ti.

¡Cuánto sufrimiento has tenido que pasar Señor, por venir a salvarme! Eternas gracias.

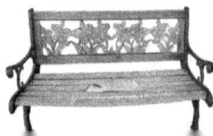

Uno tomado, otro dejado

"Os digo que en aquella noche estarán dos en una cama; el uno será tomado, y el otro será dejado. Dos mujeres estarán moliendo juntas; la una será tomada, y la otra dejada. Dos estarán en el campo; el uno será tomado, y el otro dejado."
Lucas 17:34-36

Jesús está hablando acerca del arrebatamiento de su pueblo, de aquellos que le aman y esperan su venida. Él dijo muchas veces que volvería otra vez, pero antes de que esto suceda, será necesario "tomar", llevarse, quitar de este mundo a los justos para que no pasen por el juicio que vendrá sobre los pecadores.

El Señor dijo que no todos serán arrebatados en el día de la resurrección. Los que no han sido justificados por Cristo se quedarán. Todo sucederá muy rápido. 1 Corintios 15:52 dice que será como un abrir y cerrar de ojos.

Puede suceder en cualquier momento; las señales ya están cumplidas. En un segundo pasaremos a la eternidad para disfrutar de todo lo que el Señor nos ha prometido.

Pensando en lo que sucederá, tengo dos preguntas para ti. Primero, ¿eres uno de los que se irán con Cristo? El Espíritu Santo es el que declara a tu corazón si eres parte del pueblo de Dios. Y segunda pregunta: ¿Qué sientes por los que podrían quedarse? Como dijo Jesús, muchos de tus familiares, compañeros de trabajo, amigos, pueden estar en este grupo, incluso aquel con quien duermes noche a noche. ¿Sientes tristeza por su condición? ¿O crees que no merecen ir con Cristo por todo el sufrimiento que algunos de ellos te han provocado?

Somos llamados a tener el corazón de Jesús. El Señor no quiere que ninguno perezca, sino que todos se arrepientan (2 Pedro 3:9). ¿Qué podemos hacer por los que por el momento parece que se quedarán? En primer lugar, orar. Podemos interceder por ellos para que tengan un corazón dócil al escuchar la Palabra de Dios y que el diablo no ciegue su entendimiento.

En segundo lugar, debemos compartirles el mensaje de salvación. Los primeros instrumentos de Dios somos nosotros. Pidámosle al Señor que nos valor y ponga sus palabras en nuestra boca, el Espíritu Santo luego hará su trabajo convenciendo de pecado.

No pierdas ninguna oportunidad, la vendida del Señor está cerca.

Estoy listo para el arrebatamiento. Mientras tanto, Señor, que yo sea un instrumento de salvación a otros.

¿Te sientes solo?

"Señor, a tus profetas han dado muerte, y tus altares han derribado;
y sólo yo he quedado, y procuran matarme."
Romanos 11:3

Hasta Elías, profeta que hizo descender fuego del cielo y controlar las lluvias con sus oraciones, se deprimió. Las razones para que se sintiera así era que nada de lo que había hecho para Dios produjo una real transformación espiritual en el pueblo, y para hacer más complicada la situación, la reina Jezabel quería matarlo. Me imagino a Elías pensando: "Si con todas las señales que hizo Dios las cosas no cambiaron, entonces, hasta aquí llegué... ¿Para qué seguir en un ministerio improductivo? ¡Señor, llévame contigo!"

Ni tú ni yo podemos juzgar a Elías. Si estuviésemos en sus zapatos, quizás haríamos la misma oración: "Soy más útil en el cielo que aquí..."

Muchas veces, cuando pasamos por esas situaciones que nos desgastan, nos entristecen, nos agotan, podemos llegar a pensar que somos los únicos que experimentamos tales cosas. Nadie tiene nuestra pasión, amor, fe, paciencia, doctrina, sensibilidad, sentido de excelencia. ¡Solo nosotros hemos quedado! Pero esto no es cierto.

El apóstol Pablo sufrió en carne propia lo que le pasó a Elías, ¡y muchas veces! Sin embargo, podía recordar la respuesta de Dios que levantó a Elías y a él también: "Me he reservado siete mil hombres que no han doblado las rodillas delante de Baal. De la misma manera, aun en este tiempo ha quedado un remanente escogido por gracia." (Romanos 11:4-5). ¡No estamos solos! ¡Hay miles de cristianos fieles en todo el mundo dispuestos a dar su vida por la Verdad de la Palabra de Dios!

Te pregunto, ¿sientes que a pesar de no ver resultados hay un "fuego ardiendo en tus huesos" que no te permite dejar de servir a Dios? ¡No estás solo! Hay miles que sienten lo mismo y siguen escuchando a Dios, testificando de Cristo, viviendo en la verdad y siendo fieles a su Palabra.

Levántate que Dios quiere hablarte, tiene instrucciones nuevas para ti. Y como Elías, solo tienes que dar el próximo paso, del resto se encargará el Todopoderoso que está a tu lado. ¡No estás solo!

Gracias Señor, por estar a mi lado en todo tiempo.
Seguiré adelante porque tú me fortaleces.

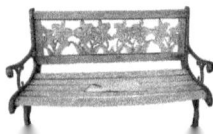

Caminatas con Dios

"Y caminó Enoc con Dios, después que engendró a Matusalén, trescientos años,
y engendró hijos e hijas. Caminó, pues, Enoc con Dios,
y desapareció, porque le llevó Dios."
Génesis 5:22, 24

Si hoy queremos conocer a una persona, nos reunimos en un restaurante o un café para conversar y pasar un buen tiempo juntos. En la antigüedad lo hacían caminando, dando paseos prolongados. Durante esas caminatas las personas conversaban, compartían sus inquietudes, sus conocimientos, se conocían mejor.

Enoc, séptima descendencia de Adán, descubrió la satisfacción de dar caminatas diarias con Dios. No tenemos mucha información sobre esos maravillosos tiempos que compartían, pero sabemos que este hombre de Dios pasaba mucho tiempo en su presencia y recibía revelaciones extraordinarias, incluso de los últimos tiempos. Dice en Judas 1:14-15 que Enoc, séptimo desde Adán, también había profetizado diciendo que venía el Señor con sus santas decenas de millares para hacer juicio contra todos, hablando de lo que sucederá en la segunda vista de Cristo.

Fue tan intensa esa relación con Dios, que al fin el Señor decidió llevárselo a su presencia sin experimentar la muerte. Hebreos 11:5 dice que por la fe Enoc fue sacado de este mundo sin experimentar la muerte; que lo buscaron pero no lo encontraron, porque Dios se lo llevó, incluso que antes de ser llevado recibió testimonio de haber complacido a Dios. Le agradó tanto a Dios que lo quiso tener a su lado para siempre.

Aunque hoy literalmente no podamos ver a Dios caminando a nuestro lado, sabemos que nos acompaña con su presencia en todo momento. Tenemos muchos pasajes bíblicos que nos dicen que el Señor está a nuestro lado siempre, que nos escucha, nos habla, nos alienta, nos guía, que responde nuestras oraciones.

El Señor nos invita a caminar con Él todo el día. No se trata de dar "un paseo" con Jesús por la mañana y el resto del día olvidarnos de Él. Caminar con Dios es un estilo de vida.

Hoy puedes comenzar tus "caminatas" con el Señor. Al Padre Celestial le encanta pasar tiempo contigo, a tal punto que en algún momento te "arrebatará" de esta tierra para que estés con Él para siempre. ¿Cómo van tus caminatas con el Creador?

Me encanta caminar contigo Señor. En la eternidad nadie ni nada nos separará.

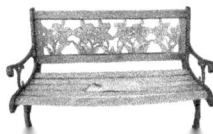

Por el Espíritu Santo

"Jesús, lleno del Espíritu Santo, volvió del Jordán, y fue llevado por el Espíritu al desierto… Y Jesús volvió en el poder del Espíritu a Galilea..."
Lucas 4:1,14b

Jesús, como Hijo de Dios, tiene todos los atributos divinos, sin embargo, no los usó cuando hizo su obra en la tierra durante tres años y medio. El Señor "se despojó a sí mismo" (Filipenses 2:6-7) para hacerse hombre, de tal modo que pueda identificarse totalmente con nosotros. Entonces, ¿cómo hizo tantos milagros? La respuesta está en los versículos de Lucas: Por el poder del Espíritu Santo.

En el bautismo de Jesús, el Espíritu Santo descendió sobre Él y a partir de allí comenzó su ministerio. Sin el Espíritu Santo no hubiera sido posible su obra total y perfecta. Cuando lees los evangelios, concluyes que el Espíritu actuó en Él permanentemente.

Por medio del Espíritu fue llevado al desierto para ser tentado por el diablo. Era necesario pasar por esa prueba. Salió victorioso usando la Palabra de Dios contra Satanás. Después de la tentación volvió a Galilea a comenzar su ministerio "en el poder del Espíritu". Pedro dice que todas las obras de Cristo las hizo porque fue ungido por el Espíritu de Dios (Hechos 10:38).

Todo esto tiene sentido para nosotros porque el mismo Señor dijo que nosotros haríamos "mayores obras" que Él (Juan 14:12). ¿Mayores en calidad? No, el Espíritu es el mismo. ¿Mayores en cantidad? Por supuesto. La Iglesia de Cristo ha sido usada por Dios a través del poder del Espíritu Santo por más de dos mil años para cumplir la misión que Jesús le encomendó.

Hoy, el mismo Espíritu Santo que estuvo en Jesús está en nosotros. Nos da poder para vencer las tentaciones, nos impulsa para hacer la voluntad del Padre, nos da sabiduría para tomar buenas decisiones y nos capacita con poder sobrenatural para hacer la obra.

Necesitamos hacer lo mismo que hizo Jesús, despojarnos de nosotros mismos y darle lugar al Espíritu Santo en nuestra vida.

Comienza tu día estrechando tu relación con el Espíritu Santo y antes de acostarte, dale gracias por todo, porque la diferencia la ha hecho Él en ti.

Espíritu Santo, me someto a ti para que me capacites y uses.
Guíame en cada decisión para que pueda agradarte en todo.

No lo niegues

"Porque el que se avergonzare de mí y de mis palabras en esta generación adúltera y pecadora, el Hijo del Hombre se avergonzará también de él, cuando venga en la gloria de su Padre con los santos ángeles."
Marcos 8:38

Vivimos en una generación adúltera y pecadora, indudablemente. El ritmo que sigue este mundo va en contra de los deseos de Dios. Cuando la Iglesia se levanta para presentar lo que Cristo vino a ofrecer a todo ser humano, la mayoría escucha el evangelio del amor y gracia de Dios, pero cuando llegamos a la parte de reconocer el pecado y arrepentirnos, los oídos se cierran y el corazón se endurece. En ese momento se multiplican aún más las burlas y desprecios hacia el verdadero pueblo de Dios.

Es muy difícil tratar de ser un buen cristiano y mantenernos en silencio frente a tanto pecado. Somos llamados a ser la sal y la luz del mundo, y Jesús dijo que es imposible escondernos (Mateo 5:14). En algún momento, el verdadero cristiano debe darse a conocer en su ambiente de trabajo, de estudios, en su círculo de amigos, incluso entre sus vecinos. Pero el diablo hace todo lo posible para que esto no suceda, susurrándonos que si queremos vivir tranquilos y evitarnos problemas, nos callemos. Su invitación en realidad es a negar nuestra fe. ¿Qué hacemos entonces? ¿Cedemos a sus engaños o escogemos la verdad?

Jesús fue contundente sobre esto: si nos avergonzamos de Él, cuidado... Él también se avergonzará de nosotros. Es más, el Señor también dijo que el que le negare delante de los hombres, será negado delante de los ángeles de Dios (Lucas 12:9). No hay entrada al cielo ni al reino eterno para el que se avergüenza y niega al Señor Jesucristo. No hay excepciones.

Necesitamos el fuego interior que tenían los apóstoles cuando fueron llenos del Espíritu Santo para no dejar de decir la verdad. El amor al Señor era mayor que la aceptación del mundo. No solo estaban dispuestos a perder amigos, familiares, trabajos, posición social, ¡sino hasta sus propias vidas!

Nos espera un reino eterno, maravilloso, viviendo bajo la presencia de Jesús y en comunión con millones que no se avergüenzan de llamarse cristianos. Los burladores terminarán en el lago de fuego y azufre. ¿Vale la pena buscar la aceptación de ellos? Sé fiel al Señor.

Señor, ¡qué locura es negarte! Si nos has dado vida, una relación maravillosa contigo y un plan eterno de gozo y paz.

Con el agua al cuello

"Sálvame, oh Dios, porque las aguas han entrado hasta el alma. Estoy hundido en cieno profundo, donde no puedo hacer pie… Respóndeme, Jehová, porque benigna es tu misericordia; mírame conforme a la multitud de tus piedades."
Salmo 69:1,2,16

Cuando David escribió este salmo sentía que se estaba ahogando. De manera alegórica, dice que estaba tan abrumado por los problemas que parecía que el agua le llegaba al cuello y no podía hacer pie porque sentía que estaba pisando un fondo pantanoso. ¡Necesitaba ayuda urgente, inmediata!

Siguiendo con la alegoría, David dice que estaba cansado de llamar, de pedir auxilio, pero nadie acudía a ayudarlo. Si lees todo el salmo verás que se habían levantado muchas personas en su contra, algunos se burlaban (v. 12), otros lo aborrecían (v. 14), e incluso llegó a decir que era un extraño para sus hermanos, y desconocido para los hijos de mi madre (v. 8). Wow, David sí que estaba desamparado.

El salmista sabía que la única ayuda tendría que venir desde arriba. Solo Dios era su socorro y refugio, solo el Señor podía extender su poderoso brazo y sacarlo del pozo cenagoso, de las aguas que le llegaban al cuello. Por eso es que comienza a clamar al Señor, a orar con todo su corazón, hasta con desesperación (vs. 13-18). Había que poner la fe en marcha y depender exclusivamente de Dios. Él era el único que podía sacarlo de la angustia.

La evidencia de la confianza total de David en Dios está en el v. 30 cuando dice que él iba a alabar el nombre de Dios con cántico, y a exaltarlo con alabanza. El salmista ya estaba preparando su celebración, aunque todavía no tenía una respuesta. Sabía que Dios no le iba a fallar; lo había librado tantas veces que su fidelidad lo movilizaría a actuar una vez más. ¡Qué confianza!

Si este salmo parece que te describe a ti también en este momento, entonces debes hacer lo mismo que hizo David: Clama a Dios con fe por una respuesta. Busca a Dios, y vivirá tu corazón (v. 32).

¡Comienza a alabar al Señor y proclama su liberación porque la respuesta está en camino!

Señor, te alabo aunque todavía no tenga respuestas. Mi fe puesta en ti me moviliza a agradecerte y a esperar con expectativas tu salvación. ¡No hay nadie como tú!

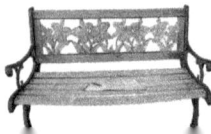

Recibir para compartir

"He aquí, yo enviaré la promesa de mi Padre sobre vosotros; pero quedaos vosotros en la ciudad de Jerusalén, hasta que seáis investidos de poder desde lo alto."
Lucas 24:49

Antes de ascender a los cielos, el Señor reunió a sus discípulos y les dio la orden de quedarse en Jerusalén temporalmente. Había un propósito en la espera, y era nada más ni nada menos que aguardar el descenso del Espíritu Santo que los iba a investir de poder. En otras palabras, Jesús les estaba diciendo: "No hagan nada antes de ser llenos del poder del Espíritu". Era imposible cumplir la misión de ir por todo el mundo con el evangelio si no tenían el poder necesario.

Si lees los primeros capítulos del libro de Hechos, verás que los discípulos obedecieron a Jesús y después de diez días de estar orando juntos, el divino Consolador llegó a sus vidas con manifestaciones extraordinarias. Lee la historia en Hechos 2.

Ahora sí que estaban listos. Entonces comenzaron a predicar y compartir las buenas nuevas de Jesús... en Jerusalén. Y solo en Jerusalén. ¿Qué pasó con ir a predicar a todo el mundo? Bueno, de alguna manera estaban acomodados a Jerusalén, su trabajo estaba ahí, la familia, los amigos, los recuerdos de la infancia. Pero Jesús dijo que después de haber sido llenos con el Espíritu Santo debían ir más allá de lo conocido, hasta lo último de la tierra.

Tuvo que venir una persecución para que salieran de Jerusalén. ¡Ay! Hechos 8:1-4 nos dice que hubo una gran persecución contra la iglesia que estaba en Jerusalén, y todos fueron esparcidos por las tierras de Judea y de Samaria. Pero la salida no tenía el propósito de un mero escape. Había un propósito de lo Alto. Dice que los que fueron esparcidos ¡iban por todas partes anunciando el evangelio!

Nosotros, aquí y ahora, tenemos la misma misión que los primeros discípulos, y también necesitamos ser llenos del Espíritu Santo. Sin embargo, debemos hacer nuestra parte: movilizarnos y no esperar que nos movilicen. Tenemos que salir de nuestra comodidad, lo conocido, nuestras cuatro paredes, para compartir el mensaje de Jesús a los que se pierden sin esperanza. No te conformes con "tu Jerusalén". ¿No te está inquietando el Espíritu Santo?

Espíritu Santo, Movilízame y capacítame para compartir con otros el evangelio. Dame gracia y creatividad para hablar a otros de Jesús.

¿Todo el pueblo lo sabe?

"Ahora pues, no temas, hija mía; yo haré contigo lo que tú digas,
pues toda la gente de mi pueblo sabe que eres mujer virtuosa."
Rut 3:11

Rut era moabita, pero hizo una decisión radical que afectaría su vida permanentemente, dejó su país, su familia, su cultura, sus dioses y se integró al pueblo de Israel (Rut 1:16-17). El testimonio de su suegra la llevó a tomar esta decisión. A partir de ese momento, Rut comenzó a conocer a Dios, pensar como pensaba el pueblo de Dios y actuar bajo los mandamientos de Dios.

El testimonio de Rut era intachable: trabajadora, servicial, fiel, humilde, emprendedora. Era una mujer llena de gracia, a tal punto que Booz, el dueño del campo en donde ella trabajaba, la definió como una "mujer virtuosa". ¡Qué alago!

La palabra hebrea para "virtuosa" da la idea de una persona llena de fuerza, de recursos, de valor y fortaleza, que es apta, de bien, capaz, esforzada, fuerte, ilustre, poderosa, que hace proezas, valiente, llena de virtud. ¡Wow! ¡Cuántas virtudes en una sola palabra! Así era Rut. ¡Tremenda mujer de Dios!

Además, Booz mencionó que toda la gente de su pueblo sabía esto. El chisme corrió de puerta en puerta, vecino por vecino… Todos hablaban bien de Rut, porque su conducta así lo demostraba.

Ahora viene la pregunta que puede incomodarnos un poquito: ¿Dicen lo mismo de nosotros? ¿Todos saben que somos virtuosos por lo que demostramos cada día?

Los que un día hemos tomado la decisión que tomó Rut, dejar el estilo de vida del mundo para ser parte del pueblo de Dios, tenemos la responsabilidad de conducirnos como hijos de Dios. Efesios 5:8 dice que en otro tiempo éramos tinieblas, pero ahora somos luz en el Señor; así que debemos andar como hijos de luz.

Si dejamos que el Espíritu Santo trabaje diariamente en nuestra vida, poco a poco las cualidades de un hombre y una mujer virtuosos se evidenciarán a través de nuestra conducta y carácter. Deja que todos sepan que eres parte del pueblo de Dios.

Espíritu Santo, sigue trabajando en mí. Hay mucho que transformar todavía.
Que otros puedan ver tus virtudes en mí.

Lo que diga el mundo, pasará

"La hierba se seca, y la flor se marchita, porque el viento del Señor sopla sobre ella.
Y a decir verdad, el pueblo es como la hierba. Sí, la hierba se seca, y la flor se
marchita, pero la palabra de nuestro Dios permanece para siempre."
Isaías 40:7-8

Dios le dice a Isaías que hay un contraste enorme entre lo que dice la mayoría de la gente y lo que Él dice; y usa una figura retórica para describir al pueblo: como hierba que se seca.

La palabra "pueblo" en el original hebreo es *am* que denota ser gente congregada, una etnia o tribu, una nación o un rebaño. Hace referencia al pensamiento colectivo de una población. Esta misma palabra la usa Jeremías para describir las costumbres, cultura y cosmovisión de un pueblo. Dice que las costumbres de los pueblos son vanidad (Jeremías 10:3). En síntesis, "pueblo" se refiere no solo a la gente sino también a su manera de pensar y actuar.

Creo que todos estamos de acuerdo en que la manera de pensar y actuar cambia permanentemente. Lo que hoy está de moda, mañana no lo está. Lo que hoy busca definir el estilo de vida de la gente, mañana es reemplazado por una nueva idea. Entonces, ¿es correcto basar nuestra vida en filosofías temporales? ¿Es racional dejarse guiar por estándares y valores que no tienen fundamento permanente? ¿Vamos a conducir nuestra vida por lo que dice la mayoría sin Dios, sabiendo lo que produce lo superficial y pasajero?

Solo, "la Palabra del Dios nuestro permanece para siempre". No es una moda, no es una filosofía temporal, no es una costumbre pasajera. Cuando nuestra vida tiene como fundamento lo que dijo Dios, podemos estar seguros de que caminamos en la verdad.

No olvides que en el sistema actual nada es permanente; el placer es temporal, la satisfacción corta, la felicidad pasajera. Solo podrás experimentar contentamiento, paz, gozo y esperanza, si las enseñanzas de la Palabra de Dios son tu alimento diario, y decides hacer siempre su voluntad cada día.

Recuerda lo que dice 1 Juan 2:17, que el mundo pasa, y sus deseos; pero el que hace la voluntad de Dios permanece para siempre.

Tu Palabra es la guía para mi andar diario.
Me pongo en tus manos para que en este día pueda hacer tu voluntad.

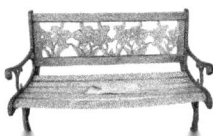

Déjale las formas a Jesús

"Y le trajeron un sordo y tartamudo, y le rogaron que le pusiera la mano encima.
Y tomándole aparte de la gente, metió los dedos en las orejas de él, y escupiendo,
tocó su lengua; y levantando los ojos al cielo, gimió, y le dijo: Efata, es decir:
Sé abierto. Al momento fueron abiertos sus oídos, y se desató
la ligadura de su lengua, y hablaba bien."
Marcos 7:32-35

Jesús conocía las intenciones de los corazones, no había nada que la gente pudiera hacer sin que Él lo supiera; por eso muchas veces actuó de manera inesperada, diferente, hasta contracultural. El Señor quería dejar en claro con palabras y acciones que era y es Soberano.

En cierta ocasión le trajeron una persona sordomuda para que la sanara, y llama la atención que le rogaran que "le pusiera la mano encima" como método de sanidad. Venían con la idea preconcebida que para que el necesitado recibiera un milagro debía hacerse así. Pero el Señor actuó de una manera que estoy seguro los dejó boquiabiertos (incluso a nosotros cuando leemos este pasaje). Necesitamos volver al comienzo del texto para saber que no nos equivocamos en la lectura: ¡Jesús le metió los dedos en las orejas!

Mientras las personas estaban mirando perplejas cómo Jesús estaba atendiendo al sordomudo, los volvió a sorprender con una acción más extraña todavía: ¡Jesús pone de su saliva en la lengua del enfermo! Con estas acciones Jesús demostró que no era el método sino su poder el que obra milagros.

¿Qué estaríamos dispuestos a aceptar para recibir un milagro del Señor? ¿Lo estamos condicionando a las formas que nosotros creemos que deben hacerse las cosas? Hasta que no dejemos de imponerle a Dios la manera en la que tiene que obrar, puede ser que nos quedemos sentados esperando el milagro sin ver nunca la respuesta.

Para el Señor, lo más importante es nuestro sometimiento a su voluntad, nuestra obediencia a su Palabra, la sujeción de nuestros deseos a los suyos. Cómo hará su obra, es asunto puro y exclusivo de Él.

Que hoy el Señor encuentre humildad y fe en nuestros corazones, ingredientes indispensables para que realice su obra en nosotros. Las formas déjaselas a Jesús, Él sabe cómo intervenir en tu vida.

Tú eres Soberano Señor. Haces como te parece mejor en tu sabiduría perfecta.
Mis peticiones están en tus manos para que obres a tu manera.

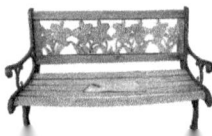

Si temor a las presiones

"Dios es nuestro amparo y fortaleza, nuestro pronto auxilio
en las tribulaciones. Por tanto, no temeremos…"
Salmo 46:1-2a

Ya sabemos qué es una tribulación. La Biblia define esta palabra como cualquier tipo de presión que venga sobre nosotros. Puede ser personal, familiar, laboral, financiera, espiritual. Naturalmente no nos gustan las presiones, pero son necesarias para purificar nuestra alma, afirmar nuestro corazón y hacernos más fuertes en Cristo.

En las presiones conocemos más a Dios y los recursos que tiene para nosotros. ¿Acaso no descubriste que tienes un punto de resiliencia mayor de lo que pensabas? ¿No experimentaste la sabiduría divina para tomar decisiones en medio de una tribulación? ¿No viste la mano de Dios en esos momentos difíciles?

El salmista menciona tres acciones de Dios hacia sus hijos en tiempos de prueba:

1. Nos "ampara". Si te gustan las palaras hebreas es el vocablo *makjasé*, que tiene el significado de refugio, confianza, esperanza, lugar donde alguien puede encontrar protección, abrigo, seguridad. Es sentirse acogido por Dios cuando nadie nos ofrece ayuda. El único refugio donde encontrar seguridad y protección.

2. Nos "fortalece". La palabra hebrea es *oz* y da la idea de fuerza, seguridad, poderío, potencia, vigor, muy seguro. Hace referencia a un castillo imponente e impenetrable. Así es Dios con nosotros en tiempos de dificultad. Estamos protegidos por Él. El diablo no puede tocarnos porque el Señor mismo nos ha cercado con su poder. ¡Aleluya!

3. Nos "auxilia". La palabra hebrea es *ezrá* que tiene el significado de ayudar, socorrer, defender, proteger. La expresión da la idea de actuar con vehemencia y rápidamente. Dios acude a nuestra ayuda con todo su poderío para intervenir a tiempo.

Las circunstancias que ejerzan presión sobre nosotros son oportunidades de ver la grandeza del Omnipotente. Cuanto más ponemos nuestra mirada en el Poderoso Gigante, más pequeños veremos los problemas.

Ven a refugiarte en Dios. Ora y pon tus cargas a sus pies. Él ya ha preparado la salida a tu prueba y serás testigo una vez más de su poder.

Gracias Señor por ser mi pronto auxilio en las presiones.
Me refugio en ti.

Nuestro futuro está en las manos de Dios

"Y quitó a los sacerdotes idólatras que habían puesto los reyes de Judá para que quemasen incienso en los lugares altos en las ciudades de Judá, y en los alrededores de Jerusalén; y asimismo a los que quemaban incienso a Baal, al sol y a la luna, y a los signos del zodíaco, y a todo el ejército de los cielos."
2 Reyes 23:5

El rey Josías fue tremendamente impactado por la Palabra de Dios cuando fueron hallados los antiguos rollos de la ley en el templo. Después de muchos años, el rey volvió a limpiar a Jerusalén de la idolatría y de todo lo relacionado con "los signos del zodíaco": astrología, adivinación y hechicería. Cuando ellos se volvieron a Dios y pusieron su confianza en Él, volvió la paz y la prosperidad al pueblo.

Los años han pasado y nada ha cambiado. El hombre sigue tratando de interpretar lo que "dicen" los astros sobre su destino. Muchos siguen creyendo que los signos del zodíaco tienen algo que decirles. Millones de personas diariamente consultan el horóscopo para saber lo que les deparará el día y ponen su confianza en ello. ¡Qué engaño del diablo!

Tengo un amigo que antes de conocer a Cristo trabajó en un medio de comunicación. Cuando se ausentaba el astrólogo de turno, encargado de decirle a la gente lo que podía esperar ese día según su signo zodiacal, le pedían a él que escribiera algo para el horóscopo del día… ¡Imagínate las cosas que inventaba! Podía escribir lo que se le ocurriera, y muchos seguirían al pie de la letra sus disparates.

Es difícil de creer que tantas personas confíen más en lo que supuestamente "dicen" los astros que en lo que dice el Creador de todo lo que existe.

La verdad sobre nuestro futuro la encontramos en la Palabra de Dios. Si necesitamos dirección, consejo o saber lo que podemos esperar en nuestro día a día, solo debemos abrir la Biblia y leer lo que Dios tiene que decirnos. Él es el único que conoce nuestro presente, pasado y futuro. Él único a quien le debemos confiar nuestra vida.

David dijo en el Salmo 16 que el Señor era su herencia y quien lo sostenía. Por eso le bendecía, porque siempre le aconsejaba, incluso en las noches le enseñaba a su conciencia. Decía que Él le guiaba en el camino de la vida y con su presencia se llenaba de alegría. Así es. ¡Solo a su lado seremos siempre dichosos!

Descanso en ti, Señor. Mi futuro está asegurado en tus manos.

No olvides sus beneficios

"Bendice, alma mía, a Jehová, y no olvides ninguno de sus beneficios."
Salmo 103:2

Sé que tenemos muchas peticiones que hacerle al Señor, pero necesitamos hacer un alto y recordar las bendiciones que derramó sobre nuestras vidas. Normalmente estamos más pendientes de lo que nos falta que de lo que recibimos, pero es necesario agradecer a Dios y dar lugar en nuestros corazones al gozo que produce ser bendecidos por el Señor de múltiples maneras.

La palabra bendecir en hebreo es *Barak*, y tiene el significado de arrodillarse en actitud de adoración y agradecimiento en referencia a la respuesta del hombre a las bondades y beneficios recibidos. Cuando hablamos de "beneficios" no estamos hablando únicamente de cosas materiales. Muchas veces los beneficios que recibimos del Señor son invisibles a los ojos. Solo en el cielo nos enteraremos de las veces que intervino a nuestro favor sin que nosotros lo supiéramos.

Es verdad que no merecemos nada, pero el amor de Dios es tan grande hacia nuestras vidas que desea bendecirnos. Por eso, no podemos olvidar de darle gracias por todo lo que nos ha dado.

- Ha perdonado todos tus pecados (v. 3a). Te ha hecho libre de culpa y puedes entrar a su presencia con total libertad.

- Sana tus dolencias (v. 3b). El Padre Celestial cuida de ti en todo tiempo, aun en enfermedades y dolencias.

- Te levanta cuando estás caído (v. 4). Cuando la ansiedad y el temor comienzan a apoderarse de tu alma, te su paz abundante.

- Te alimenta y provee incluso delicias (v. 5a). Dios está en cada detalle de tu vida, hasta en las pequeñas cosas.

- Te da nuevas fuerzas cada día (v. 5b). Dios te renueva con su poder y te da nueva motivación para seguir adelante.

- Es tu justicia (v. 6). Te defiende, es tu Juez justo y también escudo alrededor de ti.

- Cada día renueva sus misericordias (v. 8). Su fidelidad es eterna. Así que hoy es día de dar gracias.

Haz una lista de las bendiciones recibidas este año y toma tiempo para reconocer todo lo que Dios ha hecho por ti y alábalo.

Gracias Señor por todo lo que me has dado. Gracias por mi familia, trabajo, salud, alimentos, descanso, relaciones, aun cosas materiales. ¡Gracias Señor!

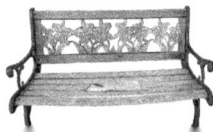

No a la indiferencia

"También os rogamos, hermanos, que amonestéis a los ociosos, que alentéis a los de poco ánimo, que sostengáis a los débiles, que seáis pacientes para con todos."
1 Tesalonicenses 5:14

Uno de los peligros actuales más grande que puede afectar al Cuerpo de Cristo es la indiferencia. Si buscamos causas, tal vez sea el impulso del pensamiento contemporáneo de vivir enfocado solo en uno mismo, el ser autosuficiente, y el condicionante de la tolerancia, todo esto hace que seamos más propensos a no corregir lo torcido y alentar lo recto.

Pablo le da una serie de consejos a la iglesia de Tesalónica con el fin de que vivan de acuerdo a lo establecido por Cristo, y que no sean indiferentes a aquellas cosas que necesitan atención en la familia espiritual.

El primer consejo del apóstol es que deben amonestar a los ociosos. Dios quiere que cada uno de sus hijos sea productivo, responsable y comprometido. Los "ociosos", según la palabra griega, son los que viven desordenadamente, manifiestan irresponsabilidad en sus trabajos, son incumplidores e insubordinados. Puede ser que muchos vengan al Señor con este estilo de vida, sin embargo, es nuestra responsabilidad corregir esto en amor para que vivan diligentemente.

Hay que alentar a los de poco ánimo. La frase "poco ánimo" hace referencia a los que les falta valentía, los que son temerosos. Fíjate que no hay que amonestar al desanimado. A los que están pasando por pruebas severas, hay que alentarlos para que puedan mantenerse constantes, firmes, y no retrocedan.

Hay que sostener a los débiles. Se refiere a los que están sin fuerzas, enfermos, débiles física y emocionalmente, frágiles. A ellos hay que extenderles una mano para levantarlos y ayudarlos a seguir adelante.

Hay que ser pacientes. Todos necesitamos que sean pacientes con nosotros muchas veces. La palabra griega para "paciente' se refiere a alguien que tiene un espíritu que sabe aguantar con paz y gozo, que tarda en enojarse. ¡Seguro que ese eres tú!

¡Gracias a Dios por la Iglesia, la verdadera familia espiritual! En su seno tenemos corrección, aliento y apoyo mientras crecemos. No olvidemos estos consejos y pongamos en práctica la Palabra.

Gracias por la Iglesia que tú fundaste. En ella me siento parte de tu Cuerpo y anhelo servirte cada semana. Ayúdanos a crecer siempre.

Corazón limpio

"Bienaventurados los de limpio corazón,
porque ellos verán a Dios."
Mateo 5:8

Hay un requisito indispensable para ver a Dios, ya sea verlo con nuestros ojos espirituales o con los físicos en la eternidad, debemos tener el corazón limpio.

Si hoy alguien nos preguntara si tenemos el corazón limpio, es probable que sin perder un segundo respondamos "¡por supuesto!" o "¡claro, yo soy cristiano!", sin embargo, unos minutos después, nuestra conciencia nos empieza a molestar. Hummm… algo no está bien. Bueno, limpio limpio…

¿Alcanza con haber recibido a Cristo en nuestro corazón para decir que siempre tendremos el corazón limpio? ¡Ojalá fuera así! Pero la realidad es que Satanás nos tienta diariamente, y a veces dejamos que algunos de sus dardos de fuego penetren nuestro corazón. Entonces se desvanece el gozo y la paz y solo queremos escondernos de Dios como Adán y Eva.

Pero no tenemos que vivir así. Si vamos al Señor y nos arrepentimos sinceramente de nuestros pecados, Él nos perdona y nos limpia. David lo expresó de esta manera en el Salmo 51:1-12. Le pide piedad a Dios conforme a su infinita misericordia; y que conforme a la multitud de sus piedades borrara sus rebeliones. Le pide al Señor que lo lavara de su maldad, y lo limpiara de todo pecado. Reconoce que solo contra Él había pecado y había hecho lo malo delante de sus ojos. Le pide que creara en él *un corazón limpio*, y renovara un espíritu recto dentro suyo. Que no lo echara de delante de Él, y no quitara su santo Espíritu. Además, que le volviera el gozo de su salvación. Un arrepentimiento sincero.

Ahora sí, con el corazón limpio, podemos ser "bienaventurados". Esta palabra (*makarios* en griego) denota a alguien muy feliz, muy bendecido. Expresa regocijo y satisfacción especial, concedidos a la persona que ha experimentado el perdón de Cristo y su salvación.

Le damos gracias Jesús por limpiar nuestro corazón aplicando el único "quitamanchas" que lo hace posible, ¡su preciosa sangre!

Perdóname Señor todos mis pecados. Renueva mi corazón.
Quiero agradarte cada día y vivir en santidad.

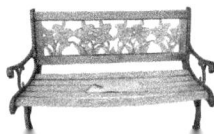

¿Quién como tú?

"Todos mis huesos dirán: Jehová, ¿quién como tú...?"
Salmo 35:10

¿Sabes por qué los judíos balancean su cuerpo mientras oran y recitan pasajes bíblicos? Según los rabinos, es justamente en cumplimiento de este salmo. Ellos dicen que alaban a Dios con todo su cuerpo, y cada uno de sus huesos exclama: "¿Quién como tú?"

Esta frase expresa la grandeza de un Dios incomparable, a quien aprendemos a conocer a través de la Biblia y por sus intervenciones poderosas en nuestra vida. Pero también es una declaración de fe y confianza, aun cuando todavía no tenemos todas las respuestas a nuestras peticiones.

Cuando David escribió este salmo estaba siendo perseguido. Él no había provocado esa situación (v. 7), incluso el texto parece indicar que las personas que lo rodeaban se hacían pasar por sus amigos cuando en realidad buscaban su destrucción. Entonces David clamó a Dios por ayuda, y seguro de que intervendría, exclamó: "Jehová, ¿quién como tú?"

La ayuda que puede ofrecernos nuestra familia o nuestros amigos es limitada. El único que puede ayudarnos siempre y de manera incondicional es el Señor. Él siempre está dispuesto y preparado para ayudarnos en nuestros momentos difíciles. Por eso podemos exclamar: "Jehová, ¿quién como tú?"

Observa algunos pasajes de personas que exclamaron esta frase al ver las obras sobrenaturales de Dios.

"¿Quién como tú, oh Jehová, entre los dioses? ¿Quién como tú, magnífico en santidad, terrible en maravillosas hazañas, hacedor de prodigios?" Éxodo 15:11.

"Y tu justicia, oh Dios, hasta lo excelso. Tú has hecho grandes cosas; oh Dios, ¿quién como tú?" Salmo 71:19.

"Oh Jehová, Dios de los ejércitos, ¿quién como tú? Poderoso eres, Jehová, y tu fidelidad te rodea." Salmo 89:8.

¿No te motivan estos pasajes a alabar Señor, reconociéndolo como el único Dios Todopoderoso? Todo nuestro ser, ¡incluyendo nuestros huesos!, deben manifestar que no hay nadie como nuestro Dios. ¡Quién como tú!

Reconozco que no hay nadie como tú, Señor. Tus obras son maravillosas,
tus intervenciones oportunas, tu misericordia y gracia infinitas.

Haga Jehová lo que bien le parezca

"Esfuérzate, y esforcémonos por nuestro pueblo, y por las ciudades de
nuestro Dios; y haga Jehová lo que bien le parezca."
1 Crónicas 19:13

David quiso ser misericordioso con los amonitas, una nación enemiga de Israel, pero ellos le devolvieron mal por bien. Formaron un ejército numerosísimo, tomando a sueldo al ejército de cuatro naciones más y atacaron a Israel. Joab, el general del ejército de David, organizó dos grupos para contrarrestar los ataques, y aunque la situación en la que se encontraban era muy difícil, él dijo: "Que Jehová haga lo que bien le parezca".

No parece ser la mejor declaración de fe, sin embargo, con estas palabras estaba manifestando verdadera dependencia de Dios. De hecho, en el original hebreo la expresión es: "Jehová nuestro Dios hará lo bueno a su parecer". Joab estaba diciendo que la última palabra la tenía el Señor y el resultado era exclusivamente suyo.

Pero había una parte que ellos sabían que debían hacer, tomar las armas y salir a pelear. Por eso Joab animó a todos a "esforzarse". Esta palabra en hebreo es *kjazác* que tiene el significado de ser fuerte, valiente, fortalecerse, conquistar, animarse, apoderarse, resistir, ser resuelto. ¡Aleluya! Cada una de estas palabras nos recuerda lo que dijo el apóstol Pablo en Filipenses 4:13 que todo lo podemos en Cristo que nos fortalece. El adiestra nuestras manos para las peleas espirituales. ¡En Él estamos siempre seguros y confiados!

Casi diariamente, como hijos de Dios, enfrentamos batallas espirituales. Hay días que los ataques del enemigo parecen más intensos que nunca. Aumentan las situaciones difíciles, personas que nunca hubiéramos imaginado se levantan contra nosotros. Sin embargo, eso no debe debilitar nuestra fe. Debemos declarar con confianza que Dios es nuestro Poderoso Guerrero y pelea nuestras batallas. ¡Hay victoria en Cristo!

Tu parte es esforzarte, levantarte con la autoridad que Jesús te delegó y no tener temor del enemigo. Como dijo Joab, ¡el Señor hará lo bueno por tu vida!

Mis batallas son tuyas, Señor. Tú tienes la salida a cada problema,
y propósito en cada desafío complicado. Haz lo que bien te parezca.

Sin agujeros

"Yo, yo soy el que borro tus rebeliones por amor de mí mismo,
y no me acordaré de tus pecados."
Isaías 43:25

Recuerdo cuando mi maestra de escuela primaria nos dijo que podíamos comenzar a escribir en nuestros cuadernos con lapicera de tinta. Hasta ese momento lo hacíamos con lápiz y corregíamos lo que estaba mal con la goma de borrar, esa era la manera fácil de ir perfeccionando nuestra letra. Cuando llegó el día de dejar a un lado el lápiz y usar tinta, no sentimos mayores, creímos que ya estábamos listos para firmar cheques y documentos oficiales como hacían los adultos.

Pero el problema apareció cuando quisimos corregir nuestros errores, ya no era tan fácil. Usábamos nuestra goma de borrar con determinación, intentando cada vez con más fuerza, hasta que por fin la mancha desaparecía y volvíamos a ver la hoja en blanco… ¡pero en realidad lo que se veía era la hoja de abajo a través del agujero que habíamos hecho al borrar!

Algo similar pasa con nuestro corazón. Cuando cometemos un pecado queremos borrarlo con nuestros propios esfuerzos, pero es como borrar tinta con una goma, podemos hacer más grande el problema; por eso necesitamos otro tipo de limpieza.

Dios dice que Él es el único que puede "borrar" para siempre nuestras rebeliones, a tal punto que no quedará ni rastro de los malos trazos. La palabra borrar en hebreo es *maká* que da la idea de golpear o frotar, alisar (como con aceite), deshacer, destruir, limpiar. Claro, en la época de Isaías no había goma de borrar, eran otros procedimientos. Para borrar algo escrito en metal, había que pulirlo, frotarlo. Si había que borrar un pergamino, se necesitaba raspar y frotar con aceite para recuperarlo. Y para la limpieza del corazón, el único "quitamanchas" lo tiene Jesús, solo Él puede eliminar el pecado definitivamente.

Lo más tremendo de esta limpieza es que Dios no se acuerda más de lo que habíamos hecho. Cuando nos arrepentimos sinceramente de nuestros pecados, podemos escuchar al Señor decirnos: "Yo perdono y olvido". ¡Qué descanso!

Démosle gracias al Señor Jesús por su sacrificio perfecto, completo y total para limpiar nuestros pecados, y dependamos cada día de su ayuda.

Mi corazón está limpio de pecado por tu obra redentora.
¡Gracias Jesús por tu salvación!

Expectativas por Jesús

"Y algunos de ellos dijeron: ¿No podía este, que abrió los ojos al ciego, haber hecho
también que Lázaro no muriera? … Y el que había muerto salió, atadas
las manos y los pies con vendas, y el rostro envuelto en un sudario.
Jesús les dijo: Desatadle, y dejadle ir".
Juan 11:37, 44

Lo que esperamos que Jesús haga en una situación extrema muchas veces es diferente a lo que Él tiene planeado. Cuando murió Lázaro, la gente que rodeaba a Marta y María se hacía esta pregunta: "¿No podía este, que abrió los ojos al ciego, haber hecho también que Lázaro no muriera?" En otras palabras, si Jesús tiene tanto poder, ¿por qué no impidió que muriera? Si Jesús lo amaba tanto, ¿por qué no lo sanó?

La pregunta no espera una respuesta, es más bien un argumento arrogante. "Si yo fuera Jesús, no hubiera hecho lo que Él hizo". "Si yo fuera Jesús, sería más compasivo y lo hubiera sanado". "Si yo fuera Jesús…" ¿De verdad creemos que podemos hacer las cosas mejor que el Señor? Jesús es omnisciente y sus planes son perfectos. El Señor tiene propósitos más elevados de los que nosotros podamos imaginar.

El Señor sabía que sus amigos estarían tristes por cuatro días, pero lo que experimentarían después de su intervención cambiaría sus vidas para siempre. Lázaro y sus hermanas jamás fueron las mismas personas; su fe creció a pasos agigantados. ¿No es lo mismo que Dios espera de todos nosotros? ¡Él quiere que experimentemos su poder glorioso y que tengamos testimonios personales de lo que puede hacer en nuestras vidas!

Hoy también muchas personas tienen ideas preconcebidas acerca de lo que Jesús debe hacer y cómo debe hacerlo, sin embargo, el "modus operandi" de Jesús ya está establecido en su Palabra. Él vino para salvar, esa es su prioridad, lo demás tiene que ver con los planes que trazó para nuestra vida, y debemos aprender a someternos a su voluntad perfecta.

Jesús todo lo puede, pero eso no significa que tenga que hacer las cosas a nuestra manera. Él sigue siendo Dios, Soberano, Sabio y Todopoderoso.

Si aún no has tenido respuesta a alguna de tus peticiones, confía en su sabiduría. Él sabe lo que está haciendo y su respuesta llegará en el tiempo que ha fijado. Descansa en su perfecta voluntad y en su inmenso amor por ti.

Tú sabes hacer las cosas perfectas a tu manera. Descanso en su voluntad.

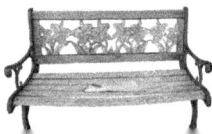

¿Para qué tenemos la Biblia?

"Pero estas se han escrito para que creáis que Jesús es el Cristo, el Hijo de Dios, y para que creyendo, tengáis vida en su nombre."
Juan 20:31

Hace algunos años atrás, mientras me realizaba un chequeo médico de rutina, vi que la enfermera que me atendía llevaba un colgante con la estrella de David, entonces le pregunté si era judía y me respondió que sí, pero también cristiana. Eso abrió las puertas a una corta pero impactante conversación. Me contó que su hijo se había enamorado de una chica cristiana, y para casarse ella tenía que cumplir con todos los ritos del judaísmo. La joven aceptó, pero con la condición de que ellos leyeran el Nuevo Testamento. Aceptaron a regañadientes, pero lo hicieron.

En este punto de la conversación la enfermera comenzó a cambiar su cara, y continuó su relato: "Usted no lo va a creer, pero cuando comenzamos a leer Mateo nos impactó todo lo que decía sobre Jesús. Fue increíble para nosotros ver como todas las profecías mesiánicas del Antiguo Testamento se cumplieron en Cristo. Nos devoramos el Nuevo Testamento, a tal punto que no solo recibimos a Jesús como nuestro Salvador, sino que ¡estamos esperando su Segunda Venida para reinar junto con Él por la eternidad!" ¡Wow…! ¡Qué tremendo testimonio de lo que hace la Palabra de Dios!

Ese es el propósito principal por el cual Dios nos dejó la Biblia. Juan dice que es para conocer al Hijo de Dios, su obra en la cruz, y para que creyendo en Él tengamos vida eterna.

Entonces, ¿por qué leemos la Biblia? ¿Para recibir bendiciones? ¿Para que seamos guardados del mal? ¿Para levantarnos el ánimo? ¿O hemos entendido el propósito eterno de Dios?

Jesús les dijo a los religiosos que escudriñaran las Escrituras; porque a ellos les parecía que en ellas tenían la vida eterna; pero ellas eran las que dan testimonio de Él (Juan 5:39). Esa es la clave. La Biblia nos revela a Jesucristo, y los cristianos apasionados por Él debemos leer su Palabra para conocerlo más profundamente, para tener su mismo corazón y para saber lo que significa pasar toda una eternidad con Él.

Leamos la Biblia, interpretémosla correctamente, apliquémosla en todos los órdenes de nuestra vida, y demos a conocer el mensaje a otros porque somos portadores de la verdad que salva.

¡Qué tremendos cambios produce tu Palabra! Quiero hoy obedecerla para crecer.

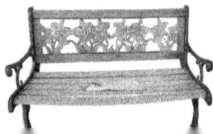

Como el rocío

"Yo seré a Israel como rocío; él florecerá como lirio,
y extenderá sus raíces como el Líbano."
Oseas 14:5

Las metáforas que Dios usa para revelarse a su pueblo como su Sustentador son maravillosas. Israel había visto muchas veces intervenir al Señor en tiempos de sequía enviando lluvias torrenciales, o con granizo para proteger al ejército de Israel de sus enemigos, pero ahora Dios se manifiesta como el "rocío" para Israel.

Durante unos seis meses al año, llueve muy poco en Tierra Santa, pero siempre cae un rocío que riega la vegetación. Los israelitas decían que cuando había sequía, gracias al rocío se engrosaban las uvas para tener una buena cosecha y mantener fuertes y sanas a las plantas y los árboles.

Por eso Dios le recuerda a su pueblo que Él será como el rocío, no importa la temporada, serán refrescados y renovados para que puedan crecer y producir frutos. Y añade que "florecerán como el lirio" y les dará estabilidad porque sus raíces profundas serán como las de los cedros del Líbano.

Dios quiere manifestarse a tu vida como el rocío, cada mañana, constantemente. Cuando Él nos alimenta, nuestro carácter comienza a ser transformado y comienza a verse hermoso como una flor del lirio. El Espíritu Santo manifestará su fruto, evidenciará los resultados de su trabajo dentro de ti, en momentos de presión y necesidad. No se trata de lo que tú hagas en tus propios esfuerzos, sino de lo que el Espíritu hace dentro de tu espíritu.

El riego de Dios tiene que ser constante y diario. A veces queremos solo un par de lluvias mensuales suyas, pero Él quiere relacionarse con nosotros diariamente, fluidamente, porque sabe que sin su "rocío" nos secamos.

No esperes a que los problemas te agobien o las circunstancias te desestabilicen, ve al Señor, deja que te refresque, que renueve y aliente tu corazón cada día. La acción de su Espíritu Santo sobre ti producirá vida y crecimiento.

Jesús tú eres quien alimenta mi espíritu constantemente.
Eres como el rocío de la mañana refrescando mi alma diariamente.

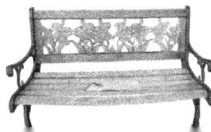

¡Ensancha mi corazón!

"Y Dios dio a Salomón sabiduría y prudencia muy grandes, y anchura
de corazón como la arena que está a la orilla del mar."
1 Reyes 4:29

Todos sabemos que Dios le dio a Salomón sabiduría e inteligencia extraordinarias, pero quizás no hemos puesto atención a que también le dio "anchura de corazón".

La persona que tenía un "corazón ancho" tenía una visión correcta de las cosas, sabiduría para ser aplicada en el momento oportuno y disposición para amar como Dios amaba.

Lo contrario a esto es tener un corazón estrecho. Muchas cosas pueden llevar a alguien a estrechar su corazón; pueden ser experiencias desagradables del pasado, miedo a la desilusión, vergüenza. Estas y otras cosas le roban el lugar a la esperanza, la generosidad, la paciencia que ayudan a ensanchar el corazón.

Cuando le entregamos nuestra vida a Cristo comienza un proceso de transformación (Ezequiel 36:26). Él comienza a ensanchar nuestro corazón para llenarlo con su amor (1 Juan 4:18).

El corazón ensanchado nos permite aplicar más y mejor la Palabra de Dios a nuestra vida. En el Salmo 139:32 el salmista expresa su deseo de correr por el camino de sus mandamientos, pero sucederá "cuando ensanche su corazón". Estas palabras nos dan a entender que con un corazón ancho siempre será más fácil vivir bajo los mandamientos de Dios.

El corazón ensanchado puede amar más allá de los límites humanos. El apóstol Pablo lo expresó a sus hijos espirituales diciendo que su boca se había abierto a ellos, los corintios; y también que "su corazón se había ensanchado" (2 Corintios 6:11). Este hombre de Dios podía amarlos de manera incondicional, abnegada, constante, porque tenía el corazón abierto para que el Señor lo llenara de su amor por ellos.

No es suficiente la inteligencia y la sabiduría, el Señor quiere que tengamos su mismo corazón, sensible, dócil, atento a las necesidades y a amar como Él nos ama. Pidámosle hoy al Señor que ¡ensanche nuestro corazón!

Jesús, quiero amar como tú, con la misma compasión, misericordia
y fidelidad. ¡Ensancha mi corazón!

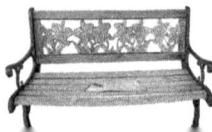

Preparados para el examen

"Hermanos míos, tened por sumo gozo cuando os halléis en diversas pruebas, sabiendo que la prueba de vuestra fe produce paciencia. Mas tenga la paciencia su obra completa, para que seáis perfectos y cabales, sin que os falte cosa alguna."
Santiago 1:2-4

En mis años de escuela secundaria tenía un compañero que sobresalía en todas las materias. Siempre sacaba diez en los exámenes. Nunca se inmutaba por un examen sorpresa, examen parcial o final, es más, parecía disfrutar el momento de la evaluación mientras todos los demás nos llevábamos las manos a la cabeza. Es que Raúl estudiaba y sabía lo que sucedería al final de cada prueba.

¿Y nosotros? ¿Podemos estar tranquilos mientras atravesamos tiempos de pruebas? Santiago dice que sí, es más, que debemos procurar alcanzar el máximo gozo. La palabra "sumo", *pas* en griego, tiene el significado de "el todo, completo". ¿Cómo alcanzar esto? Bueno, Raúl diría que "hay que prepararse para la prueba", y de esa manera estaremos seguros y tranquilos.

No estoy seguro de que nos hayan enseñado mucho acerca de "prepararnos para". Es más fácil "reprender al diablo" para que no tengamos pruebas y tentaciones que asumir que vamos a pasarlas. Ejercemos toda nuestra fe para proclamar que "ese examen" no nos llegará, pero cuando llega, nuestra fe se tambalea.

Necesitamos entender que las pruebas van a llegar, por lo tanto, debemos prepararnos para enfrentarlas. ¿Cómo? Estudiando la Palabra de Dios. El Espíritu Santo nos recordará todas las promesas de Dios de las que podemos echar mano para atravesarlas con éxito. Sin su Palabra no estaremos seguros y tampoco podremos conocer el o los propósitos que Dios espera cumplir en nuestra vida a través de esa situación.

También debemos afianzar nuestra relación con el Señor a través de la oración. Si vamos a esperar a que llegue la prueba para orar, estaremos en peligro. Los creyentes que pasan con gozo una prueba han permanecido en oración cada día y se han preparado para cualquier contingencia.

Las pruebas no durarán para siempre, pero como dijo el apóstol Pablo en 2 Corintios 4:17, gracias a ellas, Dios nos llenará de la gloria que dura para siempre.

Gracias por las pruebas, porque las permites para que pueda crecer. Vamos adelante.

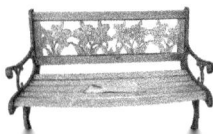

Nunca es en vano

"Así que, hermanos míos amados, estad firmes y constantes, creciendo en la obra del Señor siempre, sabiendo que vuestro trabajo en el Señor no es en vano."
1 Corintios 15:58

Aprópiate de esta verdad: Todo lo que hacemos en el Señor tiene repercusión en la eternidad.

Diariamente hacemos muchas cosas sin pensar en el impacto que puedan tener esas acciones. Ayudamos a un compañero de trabajo para que haga mejor su tarea, invitamos a un amigo a un café para animarlo, le damos un abrazo sincero a alguien que sufrió una pérdida irreparable, le hablamos con amabilidad a alguien que está alterado, y un sinnúmero de cosas que hacemos porque somos movilizados por el Señor.

Qué bueno es recibir una palabra de gratitud, aunque no la busquemos; pero lo cierto es que son más las veces que recibimos un mal por el bien que hicimos, un desprecio en vez de una recompensa, o indiferencia en lugar de reconocimiento, cosas que nos pueden desanimar en cuanto a seguir haciendo el bien. Por eso la Palabra nos anima a no desmayar. 2 Tesalonicenses 3:13 nos dice a los que somos hermanos en Cristo, que no nos cansemos de hacer el bien.

Por ahora no sabemos cómo y cuánto hemos afectado a otros con el bien que les hicimos, pero hay un día señalado en el que sabrás que tu trabajo en el Señor no fue en vano. Lo que estás haciendo dirigido por el Señor tiene recompensa eterna. Espero que hayas leído Apocalipsis 22:12 que nos recuerda que el Señor viene pronto y trae "su galardón" para "recompensar" a cada uno según lo que ha hecho.

Tomemos en cuenta el consejo del apóstol Pablo, "sigamos firmes y constantes". ¡Vamos, no te desanimes! El Señor te está mirando y sabe exactamente todo lo que has hecho por amor a Él.

Si tus brazos espirituales comienzan a cansarse, o tus rodillas a paralizarse, léete 2 Crónicas 15:7, que nos exhorta a esforzarnos y que no desfallezcan nuestras manos, porque hay recompensa para nuestro trabajo.

Falta muy poco para encontrarnos en el Tribunal de Cristo. Allí estará todo claro, y si has servido al Señor con amor y fidelidad, tu recompensa estará segura.

Señor, sé que nada que haga para ti será en vano. Tú sabes cómo dirigir mi vida para que sea un instrumento de bendición a otros.

Conservarnos en el amor

"Conservaos en el amor de Dios, esperando la misericordia
de nuestro Señor Jesucristo para vida eterna."
Judas 1:21

Cuando era adolescente, fui a ayudar a un familiar que había comprado un campo y necesitaba remover la tierra para hacer un pequeño huerto. Mientras cavaba, toqué un elemento con mi pala y creí que podía ser algo de vidrio por el ruido que hizo. Entonces las personas que estaban conmigo me dijeron que me detuviera y tratara de sacar con cuidado lo que estuviera enterrado. Para nuestra sorpresa era una botella de salsa de tomate que estaba intacta, y según los campesinos, lista para usarse. No sabíamos cuánto tiempo había estado allí, pero la manera de prepararla y cerrarla herméticamente, la había conservado en perfecto estado. ¡Qué hallazgo!

Judas, el hermano de Jesús, también hijo de María, escribe esta pequeña epístola exhortándonos a "conservarnos" en el amor de Dios. Esta palabra en griego es *tereo* y tiene el significado de guardar de pérdida o daño, preservar, mantener custodiado, reservar.

Vivimos en un mundo corrompido, donde diariamente estamos expuestos a diferentes "agentes contaminantes" que quieren destruir lo que Dios ha depositado en nuestro corazón. Por eso el Señor nos ha provisto de un conservante extraordinario: su amor eterno. Ese amor se cree, se recibe, se vive y se experimenta diariamente, de esa manera podemos preservar lo que nos ha sido dado.

No te canses de proteger lo que Dios te ha regalado. Evita lo que puede contaminar tu corazón. Pablo le dijo a Timoteo que se "conservara puro" (1 Timoteo 5:22). Sí, es la misma palabra griega. Si nos enfocamos en mantenernos puros, el diablo tendrá menos oportunidad de corromper nuestro corazón.

Proverbios 4:5-6 nos anima a buscar la sabiduría de Dios siempre, porque ella nos "conservará" en los tiempos difíciles.

Pasa tiempo en la presencia de Dios, y si te das cuenta de que algo está interfiriendo tu relación con Él, toma la decisión de quitarlo de tu vida. Consérvate en el amor de Cristo porque la eternidad está más cerca de lo que imaginas.

Señor, guarda mi corazón, consérvalo puro. Mantenme firme en
mis convicciones para que cada día tome decisiones sabias.

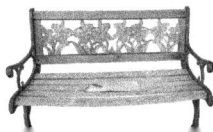

Prosperado en la cárcel

"No necesitaba atender el jefe de la cárcel cosa alguna de las que estaban al cuidado de José, porque Jehová estaba con José, y lo que él hacía, Jehová lo prosperaba."
Génesis 39:23

¡Qué impactante es la vida de José! Desde que Dios le habló en su adolescencia acerca de la posición de liderazgo que ocuparía, nunca dejó de depender del Señor a pesar de las circunstancias. Fue aborrecido por sus hermanos, vendido a unos mercaderes, comprado por Potifar en Egipto para servirle como esclavo, acosado por la mujer de su amo y llevado preso por las acusaciones falsas de esta mujer, y aun así nunca perdió su temor a Dios y se mantuvo fiel a los principios divinos.

No había ni un vestigio de esperanza de que José pudiera salir de esa prisión. ¿Qué haría el resto de su vida en una cárcel de máxima seguridad? Deprimirse, vociferar tras las rejas que era inocente, que la vida era injusta y que odiaba a todos. No, el hijo de Jacob era diferente.

Me hubiera gustado tener más detalles de sus días en la cárcel, pero puedo imaginarme a José calmando peleas entre sus compañeros de celda; animando al deprimido; haciendo más de lo que se le asignaba. Su comportamiento sin duda fue ejemplar porque llamó la atención del administrador de la prisión que pronto le delegó varias responsabilidades; prácticamente era el líder de ese despreciable lugar.

A través de su historia podemos reconocer varios motivos por los que marcaba una diferencia. José era un joven temeroso de Dios y fiel. Ninguna circunstancia le hizo desviar su mirada del Señor.

Además, Jehová estaba con él. Él vivía bajo la presencia de Dios continuamente. Pienso qué diferente serían nuestras vidas si viviéramos momento a momento conscientes de la presencia de Dios alrededor nuestro. Cuántas cosas veríamos de manera diferente.

Y por último, Jehová lo prosperaba. No me refiero a dinero. De hecho, en la cárcel no se le pagaba a nadie ni podían recibir cosas valiosas. La palabra hebrea usada aquí es *tsalákj* que da la idea de empujar hacia adelante, acometer, éxito, lograr. ¡Dios movía a José hacia adelante para cumplir los planes que había trazado!

Tú tienes al mismo Dios poderoso para mantenerte fiel y ayudarte a través de las situaciones difíciles que debas enfrentar. Decide confiar y apoyarte en Él cada día y lo verás hacer grandes cosas.

Señor, no importa la situación y el lugar donde esté, tú prometes estar conmigo en todo momento y ayudarme a salir victorioso. Confío en ti.

Alimentarnos de Jesús

"Como me envió el Padre viviente, y yo vivo por el Padre, asimismo
el que me come, él también vivirá por mí."
Juan 6:57

El Señor Jesús siempre nos dijo toda la verdad, nunca nos ocultó información. Ser un discípulo suyo implica apropiarse de todo lo que es Jesús. Sin embargo, muchos de sus discípulos se volvieron atrás y ya no andaban con él (v. 66) cuando escucharon esta palabra extraña. Hoy sigue pasando lo mismo.

Jesús dijo que debemos "comerlo". ¿Qué significa esto? El Señor nos la idea de alimentarnos de sus palabras y carácter; cuando lo hacemos, realmente somos transformados, nos da su mismo corazón y se fortalece nuestra relación con Él.

A Jesús hay que incorporarlo en todas las áreas de nuestra vida. El Señor debe estar presente en nuestras relaciones, en nuestro trabajo, cuando fijamos nuestras metas y ordenamos nuestras finanzas, debe estar presente en nuestros momentos de ocio y descanso, en la iglesia, en nuestra casa. Jesús debe ser siempre el centro de nuestros pensamientos, el forjador de nuestra conducta, el transformador constante de nuestros hábitos. Debemos incorporar a Jesús a nuestra vida a tal punto ¡que nos confundan con Él!

Hubo muchos discípulos que solo querían el "pan" de Jesús, es decir, su provisión, sus milagros, pero esto de comerlo todo el tiempo… era demasiado. "Un poco está bien, pero todo el tiempo…". Eran clientes, no discípulos. Las cosas no han cambiado mucho en estos tiempos.

No podemos tomar algo de Jesús y otro poco del mundo, un poco de las cosas de Dios y otro poco de las filosofías del sistema. La verdad es que el Señor nos llama a tomar una decisión, es Jesús o nada. Vida eterna o muerte eterna irreversible.

A la multitud le encanta seguir a Jesús… justo hasta cuando llega el momento de rendirlo todo a Él, entonces muchos se alejan.

Pero los verdaderos discípulos son los que dicen: Señor, ¿a quién iremos? ¡Solo tú tienes palabras de vida eterna! Y nos unimos a Pedro diciendo que nosotros hemos creído y conocemos que Él es el Cristo, el Hijo del Dios viviente (vs. 68-69).

Señor, eres mi Pan diario, el alimento vivo de mi alma.
Puede faltarme la comida, pero nunca tu presencia.

Jesús está pendiente de ti

"Y viéndoles remar con gran fatiga, porque el viento les era contrario,
cerca de la cuarta vigilia de la noche vino a ellos andando
sobre el mar, y quería adelantárseles."
Marcos 6:48

Los discípulos estaban pasando unas de las peores tormentas de sus vidas y físicamente Jesús no estaba con ellos. El Señor los había obligado a cruzar el lago mientras él despedía a la multitud que se había reunido para escuchar sus enseñanzas, y ahora ellos no sabían qué hacer en medio de la tormenta.

Imagino algunos de sus pensamientos: "¿Por qué Jesús nos habrá metido en este lío? ¿Acaso él no sabía lo que nos iba a pasar? ¿Es más importante la multitud de oyentes infieles que nosotros? ¡Deberíamos habernos quedado en la orilla! ¡Esto nos pasa por ser demasiado obedientes! ¡Buaaa… Jesús nos ha abandonado…!"

¿Qué hubiéramos hecho nosotros? O más bien, qué hacemos nosotros en nuestras "tempestades". Estoy seguro que más de una vez hemos pensado que Jesús nos ha dejado solos y nuestra barca está tan llena de agua que naufragaremos.

La verdad es que, aunque Jesús no estaba presente en el barco, sí estaba pendiente de sus discípulos. Observa que el texto dice que el Señor los "vio remar con gran fatiga". Además de verlos en su omnisciencia, sabía lo que sentían, conocía lo que significaba tener una gran fatiga, esas que te ponen mal, que te hacen enojar o te frustran, porque Él mismo pasó por esas circunstancias.

Todos sabemos que nuestras tempestades no son meteorológicas, sino espirituales, y el Señor Jesús sabe lo que sientes en medios de tus dificultades, conoce tu corazón. Por eso Él nos prometió estar a nuestro lado siempre, lo puedas sentir o no.

Él está ahora mismo a tu lado, ahí donde estás, leyendo este devocional. Está afirmando tu fe para que sigas creyendo que preparó una salida.

Deja que tome el control de lo que te preocupa y verás que la tormenta pasará gracias a su poderosa intervención.

Señor, gracias por estar pendiente de mí. Cuando pase por las aguas de tempestad, estarás conmigo. Tú haces bonanza en las tormentas.

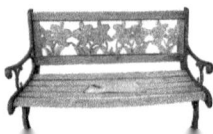

La puerta parece cerrada

"Escribe al ángel de la iglesia en Filadelfia: Esto dice el Santo, el Verdadero, el que tiene la llave de David, el que abre y ninguno cierra, y cierra y ninguno abre."
Apocalipsis 3:7

Simbólicamente, una "puerta abierta" en las Escrituras es una oportunidad que Dios presenta para avanzar. Puede abrir un nuevo camino, mostrar una salida, responder una oración. En la revelación a Juan, el Santo y Verdadero dice que cuando Él abre una puerta nadie la cierra, y si Él la cierra, nadie la abre.

Por otro lado, el mismo Jesús nos ha dicho que debemos "llamar" para que se abra una puerta. En Lucas 11:9 Jesús nos dice que pidamos y se nos dará; que busquemos, y hallaremos; que llamemos y se nos abrirá la puerta. Aquí no hay contradicción, sino que se refiere a la sincronía que debe haber entre Dios y nosotros. La llave la tiene el Señor y la puerta se abrirá cuando llamemos.

Pero hay algo que no podemos olvidar, y es que debemos estar frente a la puerta correcta para que se abra. Dios no abre cualquier puerta, sino aquellas por las que quiere que pasemos.

Hay "puertas" que nos atraen, pero por los motivos incorrectos, esas no se abrirán. Dios sabe lo que es mejor para nosotros, entonces lo que debemos hacer es preguntarle a Él delante de qué puerta debemos pararnos y llamar.

Quizás ya sepas cuál es la puerta, pero has estado llamado por mucho tiempo y aún no se abre, eso no significa que no se vaya a abrir. Dios lo hace en el tiempo perfecto.

Pedro experimentó esto mismo, cuando estuvo toda la noche pescando y no logró nada (Lucas 5:1-11). Pero cuando Jesús le dio la orden, el discípulo vio como su red se rompía por la cantidad de peces que había atrapado. Dios hace todo perfecto en su tiempo. Recuerda que Eclesiastés 3:1 nos dice que todo tiene su tiempo, y todo lo que se quiere debajo de los cielos tiene su hora.

¿Estás enfrentando una puerta cerrada? ¿Has orado sin ver una respuesta? Sigue llamado y creyendo. La llave está en la mano del Señor y nada ni nadie podrá detener lo que Él ha prometido hacer. Él es el que abre y ninguno cierra.

Obedezco Señor a tu Palabra y llamaré a la puerta que tú me indiques. Confío que se abrirá en el tiempo oportuno.

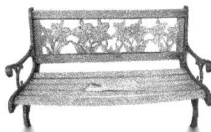

¡Señor, despierta mi espíritu!

"Entonces se levantaron los jefes de las casas paternas de Judá y de Benjamín, y los sacerdotes y levitas, todos aquellos cuyo espíritu despertó Dios para subir a edificar la casa de Jehová, la cual está en Jerusalén."
Esdras 1:5

Hacía 70 años que los judíos habían sido llevados cautivos a Babilonia. Ya se había levantado una tercera generación desde que habían llegado a esas lejanas tierras como consecuencia de haberse apartado de Dios. ¿Tendría deseos esta nueva generación de regresar a Jerusalén, la tierra de sus padres, o ya se habrían acomodado mucho a la idiosincrasia babilónica-persa al punto de parecerles ridículo y sin sentido tener que salir de ese lugar?

A pesar de su realidad, el plan de Dios con ellos no había cambiado y lo llevaría a cabo. Eran su pueblo y debían adorarlo de la manera y en el lugar que Él había determinado. Nunca Babilonia fue la tierra prometida por Dios, aunque brillara demasiado por su suntuosidad y maravilla humana.

Dios sabía cómo movilizar a la nueva generación. La Palabra nos dice que sus espíritus estaban adormecidos y había que "despertarlos". Esta palabra en hebreo es *ur* y tiene el significado de abrir los ojos, alzar, avivar, levantar, mover, suscitar. Sus ojos espirituales estaban cerrados y fue Dios quien los despertó a tiempo.

Esdras dice que después que Dios abrió sus ojos espirituales, "se levantaron" y actuaron. Si lees todo el libro de Esdras verás que fueron a su tierra, reconstruyeron el templo y fueron avivados espiritualmente por la Palabra de Dios.

Hoy, Dios sigue despertando el espíritu de su pueblo, sacándolos de la pereza, abriendo sus ojos espirituales, levantándolos de las caídas para formar un pueblo celoso de buenas obras, que ponga en prioridad la edificación espiritual de sus vidas, sus casas y sus iglesias.

Si has leído hasta aquí, quiero decirte que Dios está despertando tu espíritu para que te sometas a su voluntad, sus planes y propósitos. Eres parte del remanente que Dios usará en este último tiempo para manifestar que Él es el único que tiene poder para cambiar vidas.

¡Aleluya! Gracias por ser parte de tu hermoso pueblo fiel, creado para la alabanza de tu gloria. Despierta mi espíritu para buscarte, obedecerte y servirte.

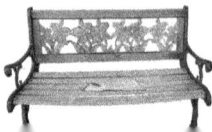

¡Él se deleita en su pueblo!

"Porque Jehová tiene contentamiento en su pueblo;
hermoseará a los humildes con la salvación."
Salmo 149:4

¿Has recibido a Jesucristo como tu único y suficiente Salvador? ¿Él es el Señor que tiene el control de tu vida? Entonces eres parte del pueblo de Dios que ha salvado por su gracia y misericordia. Él te ha "hermoseado" con su salvación porque le has rendido tu vida entera a Él, sin reservas.

Debes saber también que si eres parte de su pueblo, Dios tiene "contentamiento" contigo. Esta palabra en hebreo es *ratsá* que tiene el significado de agradarse con alguien, amar, complacer, estimar, gozar, recibir, reconocer. Dios está sumamente complacido con cada hijo que ha adoptado para sí. ¡Eres su máximo gozo!

Si lees los primeros versículos del salmo, verás que debido a que hemos sido salvados por Dios y que tiene contentamiento con nosotros, debemos alabarlo en todo tiempo. Nos exhorta a cantar al Señor un cántico nuevo, y que su alabanza esté en la congregación de los santos. Debemos alabar su nombre con danza, con todo tipo de instrumentos musicales y cantarle con el corazón (vs. 1-3). ¡Tienes motivos suficientes para alegrarte en tu relación con el Padre Celestial!

Medita en todo lo que ha hecho por ti. Comienza por los valores eternos que te ha dado: Te ha salvado de la perdición, te ha dado vida nueva, te ha dado preciosas y grandísimas promesas, eres parte de una familia espiritual. Además, te llena de favores y misericordia día a día. ¡Eres bendecido por el Padre Celestial!

Cuando se te acabe la lista de agradecimientos, léete el Salmo 103 y continúa agradeciendo por todo lo que te hayas olvidado. No podemos dejar de alabar a Dios por todo lo que hace.

Exprésale en tus palabras lo que Él significa para ti. Cántale de corazón. Deja a un lado el temor, la vergüenza, y comienza a alabar a tu Dios. Tu espíritu se renovará y tu alma tendrá otra perspectiva de las cosas que te sucedan en este día al regocijarte en Él. Y si hay alguien en casa contigo, ¡que se una a tu celebración!

¡Te alabo Señor Dios Todopoderoso! No dejaré nunca de agradecerte por todo lo que haces y harás en mi vida y mi familia. ¡Eres increíble!

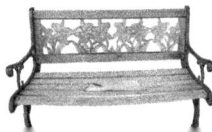

Librados en aguas impetuosas

"Cuando pases por las aguas, yo estaré contigo; y si por los ríos, no te anegarán...
Porque yo Jehová, Dios tuyo, el Santo de Israel, soy tu Salvador..."
Isaías 43:2-3a

Es importante notar que el v. 2 comienza afirmando que "vamos a pasar por las aguas". No está diciendo "si en una de esas pasas por las aguas". Eso significa que en algún momento de nuestra vida vamos a atravesar dificultades, pero Dios nos hace una promesa: "Estaré contigo protegiéndote".

Hay que cruzar el "río" para alcanzar la promesa. El agua aquí simboliza los desafíos que podemos tener por delante, situaciones difíciles que debemos atravesar, pruebas o tentaciones que son necesarias para crecer.

Tal vez tengas una intervención quirúrgica y debes confiar que Dios tiene todo bajo su control. Quizás tengas un vencimiento de pago que no sabes cómo solucionar y debes creer que hay una salida. Hay un conflicto con un ser querido que hay que solucionar y Dios es el que te puede dar la sabiduría y las palabras adecuadas. ¿Qué representa para ti ese río?

Puede ser que en algún momento sintamos "el agua al cuello", que no podamos ver la orilla, pero podemos estar seguros que no vamos a morir ahogados. ¿Recuerdas el momento en el que Pedro se atrevió a salir de la barca para caminar sobre el mar? Cuando comenzó a hundirse por sus dudas, el Señor extendió su mano y no dejó que se ahogara.

Aprendemos mucho de las situaciones que nos sobrepasan. Conocemos algunos aspectos de las formas en las que Dios obra, pero también descubrimos cosas sobre nosotros mismos. Aspectos de nuestro carácter, nuestra relación con el Señor, la firmeza de nuestra fe, entre muchas otras cosas.

La forma en la que reaccionamos al pasar por "aguas profundas", también puede ser un testimonio de la fidelidad de Dios para los demás, si pueden vernos confiar y depender de Él.

¿Estás pasando por una experiencia difícil? Sea que tus pies solo estén mojados o sientas que la fuerza del agua quiere arrastrarte, puedes estar seguro de que el Señor jamás soltará tu mano. ¡Confía que Dios te hará pasar al otro lado!

Señor, tú me socorrerás en medio de la adversidad. Tú eres mi Roca firme.

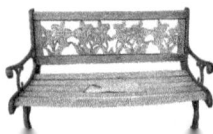

Jesús, nuestro Yeshúa

"He aquí Dios es salvación mía; me aseguraré y no temeré;
porque mi fortaleza y mi canción es JAH Jehová,
quien ha sido salvación para mí."
Isaías 12:2

El profeta Isaías escribió este capítulo como un cántico al Señor. En él proclama que Dios es su salvación, su fortaleza y su canción. Nos identificamos con el profeta y nos apropiamos de estas palabras de alabanza porque nosotros hemos sido salvos por la gracia de Dios a través de Jesucristo.

La palabra salvación en hebreo es *yeshúa*, de donde proviene el nombre Jesús, que tiene el significado de algo que es salvado, liberado, auxilio, triunfo, victoria.

Cuando decimos que Dios en nuestra salvación, no es solo el que nos salva del infierno, sino también el que interviene para librarnos de peligros, de tentaciones y de toda trampa del enemigo. ¡La liberación de Dios es completa!

Jesús venció en la cruz al pecado, al diablo y a sus huestes para darnos victoria. Por eso creemos en lo que dice Romanos 8:37, que en todas estas cosas somos más que vencedores por medio de Aquel que nos amó. Somos más que vencedores porque no tuvimos que pelear para ganarla, la hemos recibido por la gracia de Jesucristo. Él comparte su victoria con nosotros. ¡Tenemos la victoria asegurada!

Ahora, Isaías también nos dice que debemos "asegurarnos" de esta verdad constantemente. En hebreo esta palabra tiene el significado de apresurarse a refugiarse, confiar, esperar, estar tranquilo. Significa que nuestra relación diaria con el Señor afirma nuestra fe, sostiene nuestra confianza, renueva nuestra esperanza y aleja todo temor. ¡Él es nuestra fortaleza y salvación en tiempos de angustia!

Si las dudas golpean tu mente, si la incertidumbre se ha apoderado de tu corazón, los miedos te han paralizado en tu andar cristiano, vuelve a renovar tu fe en *Yeshúa*, Jesús tu Salvador.

Que el gozo de la salvación se mantenga constantemente en tu corazón, y en tu mente haya perpetua alabanza. ¡La gloria a nuestro Salvador por siempre!

Señor, Jesús, eres mi Salvador. Me has salvado por gracia y me sostienes
de tu mano diariamente. Camino contigo hasta el fin.

Vigor al alma

"El día que clamé, me respondiste; me fortaleciste
con vigor en mi alma."
Salmo 138:3

Si has leído los Salmos, sabrás que el rey David pasó por muchas situaciones difíciles y desafíos abrumadores. En ocasiones sentía que no tenía las fuerzas requeridas para luchar, pero era ahí justamente donde siempre experimentaba la ayuda de Dios.

David tuvo que batallar contra su propio hijo que había sublevado al pueblo para que se opusiera a la autoridad de su padre. También contra un primo que estaba en contra de su reinado. ¡Qué familia!

En otras ocasiones tuvo que enfrentar hasta a sus propios amigos, aquellos a los que les compartía sus pensamientos más personales, en quienes había depositado su confianza, y sin embargo lo traicionaron. ¡Qué amigos!

Y qué decir de los enemigos de Israel que atacaban de manera sorpresiva y no permitían que David bajara ni por un momento la guardia. No tenían respeto ni por Dios ni por el ser humano, eran sanguinarios, crueles y despiadados. ¡Terribles enemigos!

Así que el Salmo 138, uno de los últimos que escribió David, expresa claramente la ayuda y las fuerzas que recibía cada vez que debía enfrentar una batalla, usando la frase: recibir "vigor a su alma". La palara hebrea para "vigor" es *rajáb* que tiene el significado de hacer osado a alguien, envalentonar, asegurar, levantar. ¡La valentía de David venía del mismo Señor!

A nosotros muchas veces nos pasa lo mismo que a David. Nos quedamos sin fuerzas, sin motivaciones, incluso nos llenamos de ansiedad y temor. Pero podemos levantar los ojos al cielo y clamar a nuestro Dios Todopoderoso. Su ayuda sobrenatural nunca llega tarde, sus salidas siempre son oportunas, y nos capacita con valentía para seguir adelante y hacer su voluntad.

No bajes los brazos. Sigue confiando en Aquel a quien le has clamado. Dios no se ha olvidado de ti. ¡Hoy llenará tu alma de su vigor sobrenatural!

Señor, cuando mi alma se sienta cansada, defraudada o traicionada,
recurriré a ti, porque siempre me brindas ayuda oportuna.
Contigo enfrentaré mis desafíos con fe.

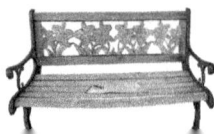

Amar es un mandamiento, no lo olvides

"Esto os mando: Que os améis unos a otros."
Juan 15:17

Antes de ir a la cruz, Jesús les compartió muchas enseñanzas a sus discípulos. ¡Cuántas cosas tenía que decirles el Maestro! ¿Cuál sería la mejor recomendación a sus seguidores para que pudieran permanecer unidos? ¿Cómo decirlo en pocas palabras para que nunca se les olvide?

Así Jesús les da un mandamiento. No es una recomendación, no es una opinión, tampoco es una declaración filosófica que hay que saber interpretar. ¡Nada de eso! Es una orden que debe acatarse sin excepciones: Debemos amar.

No sé si habrás escuchado que hay varias palabras griegas para expresar el tipo de amor que podemos compartir. *Eros* para el amor romántico, *fileos* para el amor por afinidad, y *ágape* para el amor que viene de Dios. ¿Quieres adivinar a cuál de las tres se refiere el Señor? Pues sí, al amor *ágape*. Amar sin esperar nada a cambio. Amar sin condiciones. Amar a pesar de las circunstancias. Amar unilateralmente, aunque no haya reciprocidad. En otras palabras, amar como Jesús nos ama.

El Señor no le da este mandamiento a la gente que no lo sigue. No, es un mensaje para sus discípulos, los que le han recibido como Salvador y Señor de sus vidas. Por eso, no podemos pensar que los que no han tenido un encuentro con Jesús amen con este amor. De hecho, Él nos dijo que esperemos del mundo más bien aborrecimiento antes que amor.

No podemos esperar "sentir" para amar. Recordemos que es una orden. Pero, ¿amar a los que nos hacen daño? Bueno, Jesús nos dijo que debemos amar a nuestros enemigos (Mateo 5:44). No pudo ser más claro.

El amor de Cristo me lleva a perdonar a quienes me hirieron, entregando esa situación injusta al Señor para que Él se encargue. Sin rencores, sin amarguras, sin deseos de venganza. El amor lo hace posible.

No puedo pedirle a Jesús que me dé amor para amar, porque Él ya me lo dio (Romanos 5:5). Lo que debemos hacer es negarnos a nosotros mismos y obedecer la Palabra con la ayuda del Espíritu Santo.

Los que aman como Jesús, son los únicos que realmente hacen una diferencia en este mundo. Ese amor es el único que puede transformar vidas para su gloria.

Señor, decido amar como tú me amas. Ayúdame a perdonar
y no guardar rencor.

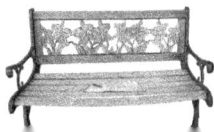

Ahí viene el Esposo

"Y a la medianoche se oyó un clamor: ¡Aquí viene el esposo; salid a recibirle! Entonces todas aquellas vírgenes se levantaron, y arreglaron sus lámparas."
Mateo 25:6-7

En la iglesia donde nací, mientras el pastor predicaba con mucho entusiasmo acerca de la venida de Cristo, dijo con toda su fuerza: "¡Cristo puede venir hoy!" Ahí nomás, se levantó una ancianita y le respondió: "¡Ay, no, justo esta semana que nos dan un aumento a los jubilados…!"

¿Hay algo que a ti te impida gozarte con la exclamación: "¡Ahí viene el Esposo!"?

En esta parábola, el Señor Jesús, el Esposo de la Iglesia, nos advirtió que va a volver otra vez y que será en cualquier momento. Por lo que leemos en las Escrituras, es muy probable que la Iglesia esté medio dormida a su regreso. Uy… entonces sin duda puede venir hoy mismo.

Si prestamos atención a la condición de la Iglesia de Cristo en este tiempo, podemos afirmar que está cabeceando y durmiendo. Nos hemos detenido en muchas áreas que Jesús nos dijo que fuéramos responsables. Estamos ocupados en millones de cosas, y en lo último que pensamos es que el Señor puede venir hoy. Eso significa que todo lo que estemos haciendo se va a terminar. Entonces, ¿qué es lo que realmente vale la pena a la luz del arrebatamiento de la Iglesia?

Debemos escuchar el clamor: "Ahí viene el esposo, salid a recibirle". Se refiere a estar atentos a las señales de los últimos tiempos.

Frente a esta realidad, te pregunto: ¿qué harías que no estás haciendo, y qué dejarías de hacer? ¿Cuáles serían tus prioridades y motivaciones si Cristo viniera esta semana?

¿Y qué pasa si el Señor se retrasa? ¿Perdemos tiempo? ¿Vivimos como si no fuera a regresar? La realidad de su venida debería ajustar varias cosas en nuestra vida: nuestra relación con Cristo, la dedicación a la misión que nos encomendó, corregir nuestra escala de valores, determinar lo que es prioritario. Estas son las cosas que realmente tienen valor eterno.

¿Estás listo si el Señor viniera hoy? ¿O has dejado que todo lo que te rodea te haya adormecido? Mira que somos muchos los que día a día estamos escuchando el clamor que dice "¡El Esposo viene!"

Señor Jesús, las señales para el arrebatamiento de la Iglesia están cumplidas.
Hoy puede ser el gran día de nuestro encuentro.
Que me halles cumpliendo tu misión.

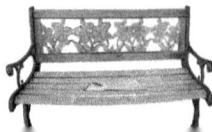

¿Oramos eficazmente?

"La oración eficaz del justo puede mucho."
Santiago 5:16b

¿Habrá algo más importante que la oración en la vida del cristiano? Si en la Biblia la palabra oración se repite más de 650 veces, debe ser crucial. Si no oramos…
- Perdemos unidad en el matrimonio y la familia.
- No distinguimos los ataques del diablo.
- Nos olvidamos que Cristo viene.
- Perdemos bendiciones.
- Cedemos a las tentaciones.
- Se enfría nuestra relación con Dios.
- Se debilita nuestra fe, porque confiamos más en nosotros mismos
- No sabemos lo que Dios quiere, sus propósitos, planes.
- Perdemos visión de eternidad porque vemos solo lo inmediato.

Santiago nos exhorta a hacer oraciones eficaces. La palabra eficaz en griego es *energéo* que tiene el significado de ser activo, eficiente, obrar, operar. ¿Cómo debe ser esa oración?

La oración eficaz es la que se considera *una prioridad*. ¿Puedes pasar un día sin orar? ¿Qué sientes si no pasas tiempo en la presencia de Dios? Sabes que cuando oramos, administramos mejor el tiempo y somos librados de engaños de Satanás para hacernos perder tiempo. Y no olvidemos que en la oración tenemos dirección para poder guiar a la familia, en el matrimonio, el trabajo.

La oración eficaz es la que se entiende como *un diálogo*. Para eso debemos aprender a escuchar a Dios. Tener la disposición que tuvo Samuel: "Habla Jehová que tu siervo oye". Después de hablar con Dios, el paso siguiente es la obediencia, porque de nada sirve haber escuchado audiblemente su voz si no lo obedecemos.

La oración eficaz es la que se mantiene como *una relación constante*. Pablo nos exhorta a orar sin cesar (1 Tesalonicenses 5:17) y a perseverar en la oración, velando en ella con acción de gracias (Colosenses 4:2). Escuchemos también la exhortación del Salmo 55:17 que dice que por la tarde, la mañana y al mediodía oraré y clamaré, y Él oirá mi voz.

No abandones la oración. Es la manera de experimentar a Dios diariamente. Abre tu corazón, obedécelo, y tu oración será eficaz.

Me dispongo a orar sin prisas y sin interrupciones.
Deseo escucharte para obedecerte siempre.

No te "apoderes" de Jesús

"Pero entendiendo Jesús que iban a venir para
apoderarse de él y hacerle rey, volvió a
retirarse al monte él solo."
Juan 6:15

La palabra "apoderar" en griego es *jarpázo* y tiene el significado de arrebatar, tomar para uno mismo, es decir, manipular, controlar para satisfacción de nuestros deseos, adueñarse de lo que uno cree conveniente.

Creo que se explica mejor el término si pensamos en Jesús como "el rey que quiero para…" La frase podemos terminarla de muchas maneras: "para que me dé una casa nueva", "para que sane mi cuerpo", "para tener suficiente dinero", "para tener control sobre las personas…"

Eso les pasó a los israelitas cuando Jesús multiplicó los panes y los peces. Pensaron: ¡Este es el rey que buscamos! ¡Alguien que nos dé de comer y no tengamos que trabajar! ¿Te imaginas a Jesús viniendo al mundo para eso? No… Sabes que ese no era el plan de Jesús.

El Señor no es el "genio de la lámpara" que vino para cumplir nuestros deseos. ¡Es el Dios Todopoderoso, Rey del universo! Él no existe para hacer realidad nuestras pretensiones, sino que nosotros existimos para llevar a cabo los planes que trazó para nuestra vida. Él establece las normas de su reino y como hijos debemos obedecerlas. Y jamás podemos cambiarlas.

Jesús dijo: "Mas buscad primeramente el reino de Dios y su justicia, y todas estas cosas os serán añadidas" (Mateo 6:33). Hay una orden, y es buscar su reino, es decir, poner en prioridad lo que Él quiere, hacer su voluntad. También hay una promesa: Todas las cosas que necesitamos las proveerá al cumplir la primera premisa. Si lo buscamos por las añadiduras, entonces buscamos "apoderarnos" de Él de la manera incorrecta.

Permite que Jesús se apodere de ti. Cuando Él controla tu vida a través del Espíritu Santo, llega la satisfacción total a tu corazón, el gozo de la salvación se renueva en ti, la seguridad de su venida te llena de esperanza y sabrás que todo lo que necesites será provisto por Aquel que te ama y quiere lo mejor para tu vida.

¡Apodérate de mi ser, Jesús! Tú me diste vida. Yo existo para agradarte.
Muéstrame claramente tu plan para hoy.
Que pueda ser útil en tus manos.

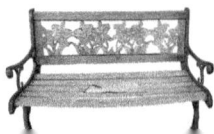

Dios ama al recibidor... perdón, al dador alegre

"Pero esto digo: El que siembra escasamente, también segará escasamente; y el que siembra generosamente, generosamente también segará. Cada uno dé como propuso en su corazón: no con tristeza, ni por necesidad, porque Dios ama al dador alegre."
2 Corintios 9:6-7

Cuando nuestra generosidad se pone de manifiesto y además lo hacemos con alegría, el Señor se goza con nosotros porque estamos experimentando que "es más bienaventurado dar que recibir".

¿Qué visión tenemos de las celebraciones de fin de año? Para muchos se trata de la obligación de hacer algún regalo para poder recibir otro a cambio. Otros solo piensan en lo que van a recibir, pero mantienen su corazón cerrado a la generosidad. ¿Qué pasó con el dar sin esperar nada a cambio? Dar por el simple deseo de bendecir. Dar como una manera de hablar de Aquel que dio su propia vida por nosotros.

Claro, no necesitamos las fiestas de fin de año para quitarle el polvo a nuestra generosidad, sin embargo, una celebración es una buena oportunidad para bendecir a otros y hablarles de Cristo. Es verdad que no celebramos a un señor gordito en traje rojo, pero podemos aprovechar momentos donde las personas están más sensibilizadas para hablar del amor de Jesús y manifestarlo de manera práctica.

No es lo mismo dar las gracias que una acción que manifiesta agradecimiento. "De gracia recibimos, damos de gracia". Tal vez tu situación económica no sea muy favorable en estos momentos, pero no se trata solo de dinero. Seguramente si pones en marcha tu creatividad descubrirás que hay muchas maneras de manifestar generosidad. Tal vez puedas cocinar algo especial para un vecino o invitar a compartir tu mesa a alguien que está solo; podrías ofrecerte a reparar algo a alguien que no lo puede hacer, o preparar unas tarjetas especiales con versículos que expresan gratitud... Podemos hacer muchas cosas prácticas. Vamos, ¡pon tu creatividad en marcha!

¿No te parece maravilloso estimular acciones de gracias en otros? Así lo dice el apóstol Pablo es 2 Corintios 9:12-13 que el dar a los necesitados no solamente suple lo que les falta, sino que también abunda en muchas acciones de gracias a Dios, ya que al experimentar el dar glorifican a Dios por la obediencia a Cristo, y por la generosa contribución para ellos y para todos. ¡Aleluya!

Señor, que tenga una visión de dar antes que de recibir. Ayúdame a aprovechar las oportunidades para ser un dador alegre.

Al mundo paz

"¡Gloria a Dios en las alturas, y en la tierra paz,
buena voluntad para con los hombres!"
Lucas 2:14

¡Qué difícil es vivir sin paz! Casi a diario surge algo nuevo que inquieta nuestra mente y corazón, sin embargo, leemos en la Biblia que el mayor problema que tenemos como seres humanos es no tener paz con Dios.

Nacemos apartados de Dios, el pecado nos alejó de Él y aunque tratamos de hacer las paces a través de sacrificios o buenas obras, no lo logramos. No importa cuántas buenas acciones intentemos añadir a la lista, nuestra conciencia sigue intranquila.

La verdadera paz solo se consigue a través de una relación con Jesús. Cuando recibimos a Cristo como nuestros Salvador, Él perdona todos nuestros pecados y restaura nuestra relación con Dios, entonces sí podemos experimentar verdadera paz. Romanos 5:1 nos dice que somos justificados por la fe, y la primera evidencia es que tenemos paz para con Dios por medio de nuestro Señor Jesucristo.

Además, Jesús prometió darnos paz en medio de las situaciones más desafiantes. Él mismo lo dijo en Juan 14:27 que la paz que nos da, no es como el mundo la da. Al recibir esta paz extraordinaria, no debe turbarse nuestro corazón, ni tener miedo. ¡Qué tranquilidad al corazón es saber que tenemos a Dios de nuestra parte!

A veces puede parecer que somos víctimas de este mundo tan estresante, pero en realidad, como hijos de Dios, podemos elegir vivir con la paz de Jesús.

Toma tiempo para meditar si tu alma está en paz con Dios. Si eso es cierto, debes tener la confianza de saber que todo está bajo su control. Sus planes dependen de su sabiduría perfecta. En su soberanía ejerce su perfecta voluntad. Eso nos ayuda a descansar sabiendo que Él está reinando sobre nosotros. Si es así, su paz se manifestará en todo nuestro ser.

Que en momentos difíciles puedas recordar y hasta cantar "Al mundo paz". Somos los portadores de una paz que el mundo no conoce pero que necesita con urgencia.

Señor, tú eres mi paz. La quiero compartir con todos los que me rodean.
Que ellos también tengan tu paz.

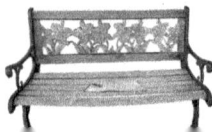

Adoración al Rey

"¿Dónde está el rey de los judíos, que ha nacido? Porque su estrella
hemos visto en el oriente, y venimos a adorarle."
Mateo 2:2

Los magos de oriente, muy lejos de Israel, estaban seguros que el Rey había nacido, sin embargo, en Jerusalén nadie se había percatado de semejante acontecimiento.

Estos hombres dejaron su país y emprendieron el largo camino a Judea con el propósito de adorar al niño que había nacido. La misma estrella que les había señalado la llegada del Mesías en su país de origen, también los dirigió hasta la misma casa donde estaba Jesús. Suena tan desconcertante que personas paganas tuvieran más deseos de adorar al Rey que había nacido que el mismo pueblo de Dios.

Las acciones de los magos estaban enfocadas en la exaltación del recién nacido Rey de los judíos. Eran hombres que creyeron la señal que Dios les había dado. Cuando llegaron a la casa donde estaba Jesús, "postrándose, lo adoraron" con temor reverente y humildad. Entonces le ofrecieron oro, incienso y mirra, presentes dignos de un rey. Ya nada fue igual para estos hombres después del encuentro con el Salvador del mundo.

El Rey ha nacido hace más de 2000 años y se encuentra preparando su segunda venida para reinar literalmente en el mundo. Mientras tanto, sigue buscando adoradores que le adoren en espíritu y en verdad. Personas que se rindan completamente a Él y le hagan Señor de sus vidas.

El verdadero adorador es una persona que refleja con todo su ser la relación en la que está profundamente envuelto. La adoración es el resultado de un profundo encuentro con Dios. Le adoramos porque le conocemos.

Si realmente queremos darle a Jesús una verdadera adoración, será imposible hacerla hasta que nos arrepintamos de nuestros pecados y le recibamos como Salvador. Cuando morimos a nosotros mismos es recién cuando estamos listos para hacerlo Rey de nuestra vida. El resultado será una vida de comunión íntima con el Señor a tal grado que lo único que queremos será adorarlo.

Señor Jesús, eres mi Rey absoluto. Te ofrezco mi vida en gratitud a ti.
Deseo amarte y servirte hasta que me encuentre eternamente contigo.

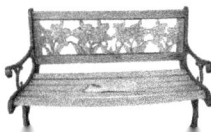

¿Qué visión tienes de Jesús?

"Y en su vestidura y en su muslo tiene escrito este nombre:
REY DE REYES Y SEÑOR DE SEÑORES."
Apocalipsis 19:16

Hay muchas personas que solo mantienen en sus mentes la imagen del Jesús bebé. Lo ven con ternura y simpatía, pero les parece una criatura frágil y necesitada de cuidados.

En el caso de los hispanos con tradición religiosa, la mayoría tienen la imagen del Jesús sufriente, clavado en la cruz con una corona de espinas, en eterna agonía. Les resulta difícil acerarse a Él porque creen que necesita más ayuda que ellos mismos. Como se escuchó decir a alguien en un cine mientras veía la película La Pasión: "¡Ay, pobre Jesús!"

Sin embargo, hay muchos que pueden vislumbrarlo en todo su poder y gloria. Pueden creer que el Jesús glorioso está sentado en su trono, preparándose para venir a juzgar al mundo y a reinar por la eternidad.

Han leído toda la Palabra de Dios y saben, por el relato de Juan en Apocalipsis 1:13-16, cómo se ve nuestro Señor: "Y en medio de los siete candeleros, a uno semejante al Hijo del Hombre, vestido de una ropa que llegaba hasta los pies, y ceñido por el pecho con un cinto de oro. Su cabeza y sus cabellos eran blancos como blanca lana, como nieve; sus ojos como llama de fuego; y sus pies semejantes al bronce bruñido, refulgente como en un horno; y su voz como estruendo de muchas aguas. Tenía en su diestra siete estrellas; de su boca salía una espada aguda de dos filos; y su rostro era como el sol cuando resplandece en su fuerza".

Sí, celebramos a Jesús porque sabemos a qué vino al mundo: a salvarnos y a perdonar nuestros pecados (Mateo 1:21). Se hizo hombre con el propósito de identificarse con nosotros, tomar nuestros pecados, crucificarlos en la cruz y regalarnos la vida eterna.

Ya no está en un pesebre, no está en una cruz, y tampoco se quedó a vivir en Galilea. Ascendió a los cielos y hoy está sentado en su trono listo para encontrase con su Iglesia constituida por todos los que le adoran con fe, amor y fidelidad.

¡Hoy, el Jesús glorioso es el Rey de reyes y Señor de señores, digno de toda alabanza y adoración! En el cielo hay fiesta permanente, ¡cómo no va a haberla también aquí en la tierra!

Te adoro Señor Jesús. Estás reinando con poder y gloria, marcando los tiempos de tu plan eterno. Todo se cumplirá y el final será maravilloso.

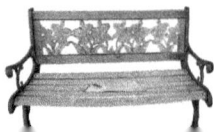

¿Otro Goliat?

"Hubo otra vez guerra en Gob contra los filisteos, en la cual Elhanán,
hijo de Jaare-oregim de Belén, mató a Goliat geteo, el asta
de cuya lanza era como el rodillo de un telar."
2 Samuel 21:19

¿Cómo? ¿Había dos Goliat? ¿No era suficiente con uno que tenía que haber otro? Pues, así era. Varios años después de que el joven David matara al primero con una piedra, apareció otro que también enfrentó al pueblo de Israel. Esta vez el héroe de la fe fue Elhanán. Hasta es difícil pronunciar su nombre.

Lo que hizo este guerrero de Israel debe ser celebrado tanto como lo que hizo David con Goliat. El gigante que enfrentó tenía una lanza similar a la de su predecesor: "El asta de cuya lanza era como el rodillo de un telar". Venía con la misma intención de destruir al pueblo de Dios, pero Elhanán lo enfrentó y este gigante también cayó.

Lamentablemente no sabemos mucho del hijo de Jaare-oregim, tenemos solo un versículo, pero es suficiente para dejarnos hoy una tremenda lección.

¿Tienes tú un nuevo "Goliat" en tu vida? ¿Habías creído que ya nunca más te lo ibas a enfrentar? ¿Pensaste que una victoria te iba a permitir descansar de los ataques del enemigo? Esta historia nos dice que debemos velar diariamente, vigilar por nuestra vida espiritual, nuestra casa, nuestra iglesia.

Satanás no descansa. Él usa infinidad de estrategias para intentar debilitar nuestra autoridad, intimidarnos, y que nuestra fe desfallezca. Sin embargo, el Espíritu de Dios que está dentro de nosotros sabe cómo mantenernos alertas y vigilantes. Él nos recordará que debemos tomar la armadura espiritual cada día y no tenerle miedo al enemigo.

Tus victorias pasadas te ayudarán a recordar que Dios sigue peleando tus batallas, y es Él quien te ayudará a vencer. Confía, descansa en sus promesas y actúa con la autoridad que te ha delegado. ¡Hay victoria en Jesús!

Recuerda la promesa de Dios en Romanos 8:37 que dice que en todas las cosas somos más que vencedores por medio de Aquel que nos amó. ¡Qué gozo!

Confío en ti Señor y en tu victoria. Aunque se levante el enemigo
como un gigante, tú siempre serás el Altísimo.

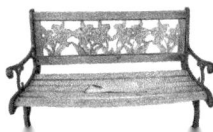

Plenamente convencidos

*"Tampoco dudó, por incredulidad, de la promesa de Dios, sino que se fortaleció
en fe, dando gloria a Dios, plenamente convencido de que era también
poderoso para hacer todo lo que había prometido."*
Romanos 4:20-21

Qué impactante es la historia de Abraham. Ha sido declarado el padre de la fe de todas los creyentes en Cristo. Su fe fue probada muchas veces, pero permaneció firme en sus convicciones espirituales. Tuvo encuentros con Dios transformadores y escuchó promesas que parecían imposibles de concretarse. Imagínate que te digan que serás padre de multitudes cuando tu esposa es estéril y acaba de soplar noventa velitas…

¿Cómo hizo Abraham para permanecer creyendo en las promesas de Dios a pesar del tiempo que debió esperar para su cumplimiento? Se fortaleció en fe "dando gloria a Dios". Me imagino que cuando este hombre era atacado con alguna duda, se respondía a sí mismo cantando alguna alabanza que afirmaba su fe. "Bueno es Dios, siempre fiel", "Eres Todopoderoso, "No hay nadie como Tú", en fin, imagina tú las alabanzas que traigan gloria a Dios en medio de la espera. Abraham había hecho de su relación con el Señor una prioridad y la alimentaba continuamente.

Abraham no permitía que ninguna duda se alojara en su mente. Confiaba en las promesas de Dios y esperaba su cumplimiento sabiendo que Dios no miente. Nadie podía hacerlo dudar de eso. Dice el texto que estaba "plenamente convencido". Esta expresión en griego es la palabra *pleroforéo* que da la idea de estar completamente seguro, ser ciertísimo, cargado abundantemente de evidencias. Es decir que cada vez que una duda venía a la mente de Abraham, él recordaba sus encuentros con Dios y afirmaba su fe en la verdad de Quién es el Señor. ¡Tenía suficientes evidencias como para saber que Dios cumple sus promesas!

Siendo honestos, nosotros tenemos más evidencias que Abraham. ¡Tenemos una Biblia entera que nos habla del poder de Dios! Por eso, cuando nuestra fe sea probada al pasar por momentos difíciles, desafiantes y de espera, no podemos dar lugar a los dardos del diablo cargados de dudas e incredulidad. Es nuestra responsabilidad afirmar nuestra fe en el Todopoderoso. Si Dios te ha dado una promesa, confía en Él hasta ver su cumplimiento.

---

*No permitiré que ninguna duda se aloje en mi corazón.
Creo en tus promesas que son fieles y verdaderas.*

Servir a Jesús con alegría

"Si alguno me sirve, sígame; y donde yo estuviere, allí también estará
mi servidor. Si alguno me sirviere, mi Padre le honrará."
Juan 12:26

Cuando Jesús habla de servirle, utiliza la palabra griega *diako* que se usaba para describir a un ayudante, un mesero, o aquel que hacía tareas domésticas. También se usaba para describir a la persona que ayudaba al anfitrión de un banquete.

En el pasaje de Juan, el Señor está invitándonos a ser sus siervos. ¡Qué privilegio es poder hacer cualquier tarea para Jesús! Sin embargo, en los tiempos que corren, pocos aceptan y valoran esta invitación. Hoy se persigue con más empeño ser servido que servir, olvidando el ejemplo que nos dio el Señor que se despojó voluntariamente de su gloria y se hizo siervo, humillándose a sí mismo por amor a nosotros

El Señor ha planeado para cada uno de sus hijos diferentes oportunidades para servir. Y no solo hizo un plan, sino que junto con el plan vienen los recursos. Nadie puede decir que no es apto para servir al Señor, porque en realidad no se trata de lo que nosotros podemos hacer, sino de lo que le dejamos hacer a Él través de nosotros.

Además, Jesús se adelanta a nuestros pensamientos y nos dice: "mi Padre le honrará". Hay una recompensa para el que sirve a Jesucristo. ¿No vale la pena recibir una recompensa eterna, que una temporal y pasajera? El Señor también nos dijo que hasta por darle un vaso de agua a un pequeño no perderemos recompensa (Mateo 10:42). Por supuesto que un buen siervo fiel no hace la tarea motivado por una recompensa, sino por el gozo de servir al Rey de reyes. ¡No hay mayor recompensa que recibir una sonrisa de aprobación de Cristo por haber hecho algo en su nombre!

Recuerda, servir no se trata de ver cuánto tiempo te sobra para hacer algo en tu iglesia o un favor a alguien. Servir es una manera más de manifestar nuestro amor al Señor y nuestro compromiso con la comisión que nos ha dado.

Las tareas son diversas, los ministerios variados, pero lo más importante no es lo que hacemos, sino a Quién servimos. No pierdas más tiempo, sirve al Señor, y que cuando llegue el momento de encontrarte cara a cara con Él, puedas escuchar: "Bien, buen siervo y fiel, entra en el gozo de tu Señor".

Quiero servirte Señor, con todo mi ser, con todos mis recursos, con todo mi tiempo.

Exclusiva posesión

*"Y Jehová ha declarado hoy que tú eres pueblo suyo, de su exclusiva posesión,
como te lo ha prometido, para que guardes todos sus mandamientos."*
Deuteronomio 26:18

Antes de conocer a Cristo vivíamos en pecado y nuestro destino eterno era terrible. Pero gracias a su misericordia y perdón, todo cambió. Nuestro destino es la eternidad y poder disfrutar las cosas maravillosas que el Señor ha preparado para sus hijos. Él pagó el rescate por nosotros en la cruz del Calvario y ahora le pertenecemos a Dios. Nunca debemos olvidar su maravillosa obra.

Dios mismo dice que nosotros somos su "exclusiva posesión". Esta expresión castellana es una traducción de la palabra hebrea *segullá* que tiene el significado de un tesoro, riqueza guardada, algo muy preciado y único. ¡Aleluya!

¡Qué hermosa expresión de Dios hacia su pueblo! Él dice que somos su tesoro más preciado y exclusivo. Cada día se deleita en vernos, escucharnos, guiarnos, cuidarnos, amarnos.

Dios no comparte sus tesoros con nadie; de hecho, es celoso de lo suyo. Eso dice Éxodo 34:14 y por eso Israel no debía inclinarse ante ningún otro dios, pues Jehová, cuyo nombre es Celoso, Dios celoso es. Por eso el Señor está en contra de los ídolos, no porque tenga alguna disputa con ellos, porque obviamente no existen, sino porque el ser humano deja de vivir para agradarle a Él.

Hoy tenemos la oportunidad de comenzar este día reconociendo a Quién le pertenecemos y gozarnos por lo que Él dice que somos. 1 Pedro 2:9-10 dice que nosotros somos su linaje escogido, real sacerdocio, nación santa, pueblo adquirido por Dios, con el propósito de anunciar las virtudes de Aquel que nos llamó de las tinieblas a su luz admirable. Además, nos recuerda que en otro tiempo no éramos pueblo, pero que ahora somos pueblo de Dios; que en otro tiempo no habíamos alcanzado misericordia, pero ahora la hemos alcanzado. ¡Aleluya!

Alégrate porque eres un tesoro para Dios. Recibe su paz porque Dios guarda y protege a los que le pertenecen. Disfruta su amor. Dale gloria porque Él está escuchando tu alabanza. Manifiesta adoración con todo lo que hagas porque estás hecho para alabanza de su gloria.

---

*Wow, Señor, tu amor es incomprensible, pero maravilloso al disfrutarlo.
Soy tuyo y de posesión eterna.*

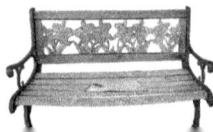

No te canses de buscar

"Y yo os digo: Pedid, y se os dará; buscad, y
hallaréis; llamad, y se os abrirá"
Lucas 11:9

Hay asuntos espirituales que solo maneja Dios. Las respuestas a nuestras oraciones llegan en el tiempo definido por Él. Por eso la exhortación de la Palabra es perseverar en oración y seguir tocando a la puerta.

Buscar ser llenos del Espíritu es muy probable que no sea el resultado de una sola oración. Lo que nos dijo Jesús es que debemos buscar hasta encontrar. Tal vez Dios quiere ver cuánto lo deseamos, si de veras estamos comprometidos con la obra espiritual que quiere llevar a cabo el Espíritu Santo. Dios tiene muchos propósitos al hacernos esperar una respuesta.

Esperar con paciencia sin abandonar la búsqueda nos hace más sensibles espiritualmente hablando. Nuestro oído se afina para escuchar mejor a Dios. Estamos más expectantes de lo que Él hará. Nos enfocamos más en las cosas trascendentales que en las pasajeras. Damos prioridad a los asuntos eternos más que a los temporales.

Cuando el Espíritu Santo nos llena, debe evidenciarse lo sobrenatural. Fíjate que cuando el Espíritu así lo hacía en los primeros discípulos de la iglesia de Hechos, cosas extraordinarias ocurrían: hablaban en lenguas desconocidas, estaban llenos de gozo aunque sufrían persecución, hablaban proféticamente las maravillas de Dios, predicaban con denuedo, hacían muchos milagros. Nadie detenía a los que eran llenos del Espíritu.

No te conformes con una "mojadita" del rio de agua viva cuando lo que necesitas es que te cubra por completo. Puede que lo primero que haga el Señor al comenzar a llenarte sea limpiar tu vaso, purificar tu alma, darte poder para vencer tentaciones. Y eso es solo el principio. Hay mucho más. Quiere seguir llenándote para manifestar sus dones en tu vida. Dios quiere usarte poderosamente, y la única manera es siendo controlado y capacitado por el Espíritu Santo.

No te canses de buscar. Sigue orando. Dios cumplirá su promesa.

Espíritu Santo lléname con tu poder. Toma control de mi voluntad
para hacer la del Padre. Quiero ser un instrumento
en tus manos para glorificar a Cristo.

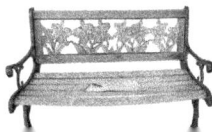

El Fuerte

"El redentor de ellos es el Fuerte; Jehová de los ejércitos es su nombre;
de cierto abogará la causa de ellos…"
Jeremías 50:34

En las profecías de Jeremías se ve a Israel siendo oprimido por los babilonios, el recurso extremo que Dios permitió para que se volvieran a Él de todo corazón. El profeta anunció, una y otra vez, que el juicio vendría y ya no había manera de detenerlo. Sin embargo, el Señor les reveló que después de ese tiempo de disciplina en una tierra extraña, los perdonaría, restauraría y los haría regresar a la tierra prometida. Si lees los libros de Esdras y Nehemías verás que Dios cumplió su Palabra.

Cuando el Señor habla hay que prestar atención a cada una de sus palabras. En la promesa que le dio a su pueblo a través de Jeremías les dice que iban a ser redimidos por "el Fuerte". ¡Qué tremendo título para que el pueblo pudiera ver a Dios como el que nunca puede ser vencido! La palabra hebrea para este título es *kjazác* que tiene el significado de ser firme, fortísimo, audaz, poderoso, recio, valiente. Nunca es un Dios débil, incapaz, vulnerable, indiferente o pasivo. ¡Es el que se hace cargo de las luchas de su pueblo!

Los enemigos de Israel eran superiores en número y armamentos, sin embargo, eran siempre más los que estaban con ellos que los que estaban en su contra (2 Reyes 6:16). El Fuerte tiene un ejército celestial invencible. ¿Quién puede contra Él?

Israel necesitaba ser liberado de la opresión, esclavitud e injusticia, por eso el Fuerte prometió que "abogaría la causa de ellos". Abogar en hebreo es la palabra *rib* que da la idea de luchar, defender, alegar, amparar, juzgar, sustentar. Además de ser el Juez de toda la tierra, también es el Abogado defensor de sus hijos. Se hace cargo de cada caso, saca a luz la verdad y hace justicia.

¿Estás necesitando que el Fuerte intervenga en tu vida? ¿Tienes situaciones que ya no sabes cómo manejar? Es hora de ponerte en las manos del Todopoderoso para que pelee por ti.

Dios te pide que creas en Él. Confiar significa entregarle tu caso sin reservas y esperar en lo que hará a favor de ti. Tú redentor es el Fuerte. ¡No hay nadie como Él!

Señor, tú eres mi Fuerte Dios. Cuando mis debilidades afloren, me someteré a ti
para recibir tu fuerza y poder. Contigo avanzo sin temor.

Apuntes personales

....

....

....

....

....

....

....

....

....

....

....

....

....

....

....

....

....

....

Si fuiste bendecido con el libro...

Reposo para el alma

no te puedes perder...

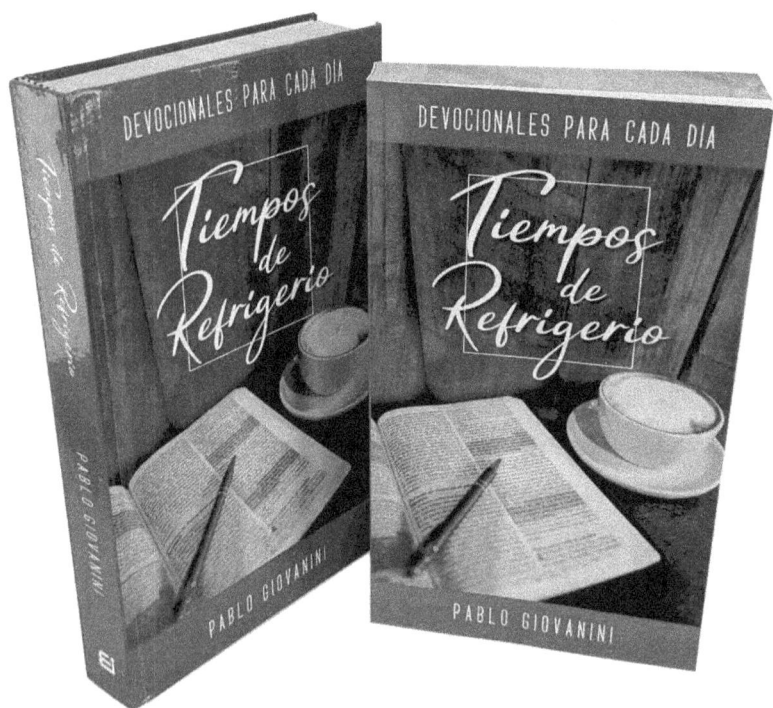

Tiempos de Refrigerio

Adquiéralo en Amazon